主　编　简　介

金　伟　长期于工业和信息化部装备工业发展中心从事低空经济及无人机领域规划政策制定和行业研究，参加了《无人驾驶航空器飞行管理暂行条例》及其配套规章、政策，《国务院办公厅关于促进通用航空业发展的指导意见》《通用航空装备创新应用实施方案（2024—2030年）》以及绿色航空、战略性新兴产业、重大技术装备相关国家级规划政策文件起草制定，先后承担过通航/低空经济管理改革及体系建设、民用无人机生产管理、通用航空产业综合示范区建设等专项工作。主持或参加了30余项国家及省部级研究课题和地方规划政策制定，编著发表了《中国战略性新兴产业研究与发展·通用航空》等著作、专业文章40余篇（部）。

姜洪涛　从事航空产业高质量发展、低空经济、数字化发展、新型能源体系建设、企业创新能力等领域的研究，2019年至今开展《中国发展观察》低空经济高质量发展研究项目。对区域经济、产业园区规划与发展、西部特色经济进行长期跟踪研究，参与了10余省份的低空产业规划政策制定，深度研究低空经济与旅游、运动、装备制造等产业领域的融合发展。

现代化新征程丛书

隆国强　总主编

LOW-ALTITUDE ECONOMY

FORGING A NEW ENGINE FOR ECONOMIC GROWTH WITH NEW QUALITY PRODUCTIVE FORCES

低空经济

以新质生产力打造经济增长新引擎

金　伟　姜洪涛　主编

中国发展出版社
CHINA DEVELOPMENT PRESS

图书在版编目（CIP）数据

低空经济 ：以新质生产力打造经济增长新引擎 / 金伟，姜洪涛主编. — 北京 ：中国发展出版社，2025. 4.

ISBN 978-7-5177-1478-1

Ⅰ. F562

中国国家版本馆 CIP 数据核字第 2025KN6311 号

书　　名： 低空经济：以新质生产力打造经济增长新引擎
主　　编： 金　伟　姜洪涛
责任编辑： 王　沛
出版发行： 中国发展出版社
联系地址： 北京经济技术开发区荣华中路 22 号亦城财富中心 1 号楼 8 层（100176）
标准书号： ISBN 978-7-5177-1478-1
经　销　者： 各地新华书店
印　刷　者： 北京博海升彩色印刷有限公司
开　　本： 710mm × 1000mm　1/16
印　　张： 36.5
字　　数： 450 千字
版　　次： 2025 年 4 月第 1 版
印　　次： 2025 年 4 月第 1 次印刷
定　　价： 168.00 元

联系电话：（010）68990630　68990625
购书热线：（010）68990682　68990686
网络订购： http://zgfzcbs. tmall. com
网购电话：（010）88333349　68990639
本社网址： http://www.develpress. com
电子邮件： 370118561@qq.com

联合编制单位

国研智库
中国社会科学院工业经济研究所
中共浙江省委政策研究室
工业和信息化部电子第五研究所（服务型制造研究院）
清华大学技术创新研究中心
清华大学人工智能国际治理研究院
清华大学美术学院
上海交通大学健康长三角研究院
上海交通大学健康传播发展中心
浙江省发展规划研究院
苏州大学北京研究院
江苏省产业技术研究院
中国大唐集团有限公司
广东省交通集团有限公司
行云集团
上海昌进生物科技有限公司
广东利通科技投资有限公司
北京国兴投航空科技有限公司
北京联合基业通航科技有限公司

《低空经济：以新质生产力打造经济增长新引擎》编委会

总 序

党的二十大报告提出，从现在起，中国共产党的中心任务就是团结带领全国各族人民全面建成社会主义现代化强国、实现第二个百年奋斗目标，以中国式现代化全面推进中华民族伟大复兴。当前，世界之变、时代之变、历史之变正以前所未有的方式展开，充满新机遇和新挑战，全球发展的不确定性不稳定性更加突出，全方位的国际竞争更加激烈。面对百年未有之大变局，我们坚持把发展作为党执政兴国的第一要务，把高质量发展作为全面建设社会主义现代化国家的首要任务，完整、准确、全面贯彻新发展理念，坚持社会主义市场经济改革方向，坚持高水平对外开放，加快构建以国内大循环为主体、国内国际双循环相互促进的新发展格局，不断以中国的新发展为世界提供新机遇。

习近平总书记指出，今天，我们比历史上任何时期都更接近、更有信心和能力实现中华民族伟大复兴的目标。中华民族已完成全面建成小康社会的千年夙愿，开创了中国式现代化新道路，为实现中华民族伟大复兴提供了坚实的物质基础。现代化新征程就是要实现国家富强、民族振兴、人民幸福的宏伟目标。在党的二十大号召下，全国人民坚定信心、同心同德，埋头苦干、奋勇前进，为全面建设社会主义现代化国家、全面推进中华民族伟大复兴而团结奋斗。

走好现代化新征程，要站在新的历史方位，推进实现中华民族伟大复兴。党的十八大以来，中国特色社会主义进入新时代，这是我国发展新的历史方位。从宏观层面来看，走好现代化新征程，需要站在新的历史方位，客观认识、准确把握当前党和人民事业所处的发展阶段，不断推动经济高质量发展。从中观层面来看，走好现代化新征程，需要站在新的历史方位，适应我国参与国际竞合比较优势的变化，通过深化供给侧结构性改革，对内解决好发展不平衡不充分问题，对外化解外部环境新矛盾新挑战，实现对全球要素资源的强大吸引力、在激烈国际竞争中的强大竞争力、在全球资源配置中的强大推动力，在科技高水平自立自强基础上塑造形成参与国际竞合新优势。从微观层面来看，走好现代化新征程，需要站在新的历史方位，坚持系统观念和辩证思维，坚持两点论和重点论相统一，以“下好先手棋、把握主动权”的思路，充分依托我国超大规模市场优势，培育和挖掘内需市场，推动产业结构优化和转型升级，提升产业链供应链韧性，增强国家的生存力、竞争力、发展力、持续力，确保中华民族伟大复兴进程不迟滞、不中断。

走好现代化新征程，要把各国现代化的经验和我国国情相结合。实现现代化是世界各国人民的共同追求。随着经济社会的发展，人们越来越清醒全面地认识到，现代化虽起源于西方，但各国的现代化道路不尽相同，世界上没有放之四海而皆准的现代化模式。因此，走好现代化新征程，要把各国现代化的共同特征和我国具体国情相结合。我们要坚持胸怀天下，拓展世界眼光，深刻洞察人类发展进步潮流，以海纳百川的宽阔胸襟借鉴吸收人类一切优秀文明成果。坚持从中国实际出发，不断推进和拓展中国式现代化。党的二十大报告系统阐述了中国式现代化的五大特征，即中国式现代化是人口规模巨大的现代化、是全体人民共同富裕的现代化、是物质文明和精神文明相协调的现代化、是人与自然和谐共生的现代化、是走和平发展道路的现代化。中国式现代化的五大特征，反映出我们的现代化新征程，是基于大国经济，按照中国特色社会主义制度的本质要求，实现长期全面、绿色可持续、和平共赢的现代化。此外，党的二十大报告提出了中国式现代化的本质要求，即坚持中国共产党领导，坚持中国特色社会主义，实现高质量发展，发展全过程人民民主，丰富人民精神世界，实现全体人民共同富裕，促进人与自然和谐共生，推动构建人类命运共同体，创造人类文明新形态。这既是我们走好现代化新征程的实践要求，也为我们指明了走好现代化新征程的领导力量、实践路径和目标责任，为我们准确把握中国式现代化核心要义，推动各方面工作沿着复兴目标迈进提供了根本遵循。

走好现代化新征程，要完整、准确、全面贯彻新发展理念，着力推动高质量发展，加快构建新发展格局。高质量发展是全面建设社会主义现代化国家的首要任务。推动高质量发展必须完整、准确、全面贯彻新发展理念，让创新成为第一动力、协调成为内生特点、绿色成为普遍形态、开放成为必由之路、共享成为根本目的，努力实现高质量发展。同时，还必须建立和完善促进高质量发展的一整套体制机制，才能保障发展方式的根本性转变。如果不能及时建立一整套衡量高质量发展的指标体系和政绩考核体系，就难以引导干部按照新发展理念来推进工作。如果不能在创新、知识产权保护、行业准入等方面建立战略性新兴产业需要的体制机制，新兴产业、未来产业等高质量发展的新动能也难以顺利形成。

走好现代化新征程，必须全面深化改革、扩大高水平对外开放。改革开放为我国经济社会发展注入了强劲动力，是决定当代中国命运的关键一招。改革开放以来，我国经济社会发展水平不断提升，人民群众的生活质量不断改善，经济发展深度融入全球化体系，创造了举世瞩目的伟大成就。随着党的二十大开启了中国式现代化新征程，需要不断深化重点领域改革，为现代化建设提供体制保障。2023年中央经济工作会议强调，必须坚持依靠改革开放增强发展内生动力，统筹推进深层次改革和高水平开放，不断解放和发展生产力、激发和增强社会活力。第一，要不断完善落实“两个毫不动摇”的体制机制，充分激发各类经营主体的内生动力和创新活力。公有制为主体、多种所有制经济共同发展是我国现代化建设的重要优势。推动高质量发展，需要深化改革，充分释放各类经营主体的创新活力。应对国际环境的复杂性、严峻性、不确定性，克服“卡脖子”问题，维护产业链供应链安全稳定，同样需要为各类经营主体的发展提供更加完善的市场环境和体制环境。第二，要加快全国统一大市场建设，提高资源配置效率。超大规模的国内市场，可以有效分摊企业研发、制造、服务的成本，形成规模经济，这是我国推动高质量发展的一个重要优势。第三，要扩大高水平对外开放，形成开放与改革相互促进的新格局。对外开放本质上也是改革，以开放促改革、促发展，是我国发展不断取得新成就的重要法宝。对外开放是利用全球资源全球市场和在全球配置资源，是高质量发展的内在要求。

知之愈明，则行之愈笃。走在现代化新征程上，我们出版“现代化新征程丛书”，是为了让社会各界更好地把握当下发展机遇、面向未来，以奋斗姿态、实干业绩助力中国式现代化开创新篇章。具体来说，主要有三个方面的考虑。

一是学习贯彻落实好党的二十大精神，为推进中国式现代化凝聚共识。党的二十大报告阐述了开辟马克思主义中国化时代化新境界、中国式现代化的中国特色和本质要求等重大问题，擘画了全面建成社会主义现代化强国的宏伟蓝图和实践路径，就未来五年党和国家事业发展制定了大政方针、作出了全面部署，是中国共产党团结带领全国各族人民夺取新时代中国特色社会主义新胜利的政治宣言和行动纲领。此套丛书，以习近平新时代中国特色社会主义思想为指导，认真对标对表党的二十大报告，从报告原文中找指导、从会议精神中找动力，用行动践行学习宣传贯彻党的二十大精神。

二是交流高质量发展的成功实践，释放创新动能，引领新质生产力发展，为推进中国式现代化汇聚众智。来自20多家智库和机构的专家参与本套丛书的编写。丛书第二辑将以新质生产力为主线，立足中国式现代化的时代特征和发展要求，直面各个地区、各个部门面对的新情况、新问题，总结借鉴国际国内现代化建设的成功经验，为各类决策者提供咨询建议。丛书内容注重实用性、可操作性，努力打造成为地方政府和企业管理层看得懂、学得会、用得了的使用指南。

三是探索未来发展新领域新赛道，加快形成新质生产力，增强发展新动能。新时代新征程，面对百年未有之大变局，我们要深入理解和把握新质生产力的丰富内涵、基本特点、形成逻辑和深刻影响，把创新贯穿于现代化建设各方面全过程，不断开辟发展新领域新赛道，特别是以颠覆性技术和前沿技术催生的新产业、新模式、新动能，把握新一轮科技革命机遇、建设现代化产业体系，全面塑造发展新优势，为我国经济高质量发展提供持久动能。

“现代化新征程丛书”主要面向党政领导干部、企事业单位管理层、专业研究人员等读者群体，致力于为读者丰富知识素养、拓宽眼界格局，提升其决策能力、研究能力和实践能力。丛书编制过程中，重点坚持以下三个原则：一是坚持政治性，把坚持正确的政治方向摆在首位，坚持以党的二十大精神为行动指南，确保相关政策文件、编选编排、相关概念的准确性；二是坚持前沿性，丛书选题充分体现鲜明的时代特征，面向未来发展重点领域，内容充分展现现代化新征程的新机遇、新要求、新举措；三是坚持实用性，丛书编制注重理论与实践的结合，特别是用新的理论要求指导新的实践，内容突出针对性、示范性和可操作性。在上述理念与原则的指导下，“现代化新征程丛书”第一辑收获了良好的成效，入选中宣部“2023年主题出版重点出版物选题”，相关内容得到了政府、企业决策者和研究人员的极大关注，充分发挥了丛书服务决策咨询、破解现实难题、支撑高质量发展的智库作用。

“现代化新征程丛书”第二辑按照开放、创新、产业、模式“四位一体”架构进行设计，包含十多种图书。其中，“开放”主题有“‘地瓜经济’提能升级”“跨境电商”等；“创新”主题有“科技创新推动产业创新”“前沿人工智能”等；“产业”主题有“建设现代化产业体系”“储能经济”“合成生物”“绿动未来”“建设海洋强国”“产业融合”“健康产业”“低空经济”等；“模式”主题有“未来制造”“未来城市”等。此外，丛书编委会根据前期调研，撰写了“高质量发展典型案例（二）”。

相知无远近，万里尚为邻。丛书第一辑的出版，已经为我们加强智库与智库、智库与传播界之间协作，促进智库研究机构与智库传播机构的高水平联动提供了很好的实践，也取得社会效益与经济效益的双丰收，为我们构建智库型出版产业体系和生态系统，实现“智库引领、出版引路、路径引导”迈出了坚实的一步。积力之所举，则无不胜也；众智之所为，则无不成也。我们希望再次与大家携手共进，通过丛书第二辑的出版，促进新质生产力发展、有效推动高质量发展，为全面建成社会主义现代化强国、实现第二个百年奋斗目标作出积极贡献！

隆国强

国务院发展研究中心副主任、党组成员

2024年3月

序　言

党中央、国务院高度重视发展低空经济，党的二十大以来，党和国家领导人站在中国式现代化战略全局高度多次考察和部署发展低空经济，提出要打造低空经济等战略性新兴产业和新增长引擎。党的二十届三中全会提出，发展通用航空和低空经济。发展低空经济是以习近平同志为核心的党中央作出的战略部署，具有十分重要的战略意义。

低空经济是新质生产力的典型代表。低空经济既包括传统的通用航空，又包括新兴的无人机、电动垂直起降航空器（eVTOL）、飞行汽车等；既包括低空飞行、安全监管，也包括低空制造、服务及应用等低空产业，是以通航产业为主体、以无人机等为主导的综合性业态。当前，新一轮科技革命和产业变革向纵深发展，正引发重大航空技术变革和产业密集创新。低空技术、装备等加快与5G、北斗、人工智能、新能源等新技术融合，催生低空产品形态、应用场景、运行模式、监管方式、服务业态、基础设施等发生颠覆性变化，低空经济成为集科技创新、绿色低碳、跨界融合于一体的新兴业态。低空技术革命性突破，生产要素创新性配置，产业模式和企业组织形态深度变化，正深刻改变着人们生产生活面貌，航空应用大大拓展，空间维度呈现跃升，低空经济在促进经济社会发展、满足人民日益增长的美好生活需要等方面有着巨大潜力。发展低空经济，是面向世界科技前沿、面向经济主战场、面向国家重大需求的重要部署，是因地制宜发展新质生产力、构建现代化产业体系的重要探索，是塑造发展新动能新优势、实现高质量发展的重要举措。

当前，我们正面临着低空经济发展的重大战略机遇。低空装备竞争优势初步形成并不断巩固，民用无人机领域已具备全球领先优势，eVTOL也处在与欧美发达国家并跑并在适航取证方面走在前列的地位，我国已构建起较为完备先进的低空装备体系；低空应用服务持续拓展，空域管理改革加速推进，低空空域资源不断释放，低空应用场景加快创新，各类低空飞行活动日益活跃，低空应用及飞行展现巨大的潜力和蓬勃的发展生机；低空法规标准体系不断健全，《无人驾驶航空器飞行管理暂行条例》及配套部门规章颁布实施，低空技术标准、运行标准、管理标准加快制定，一套适合我国国情并日臻完善的法规标准体系加快探索；低空政策环境不断优化，国家部委完善职能设置，组建低空经济发展司、成立领导小组等，地方积极布局并纷纷出台规划政策，涌现出许多典型做法，金融资本持续加码支持，低空监管系统、无人机综合监管平台等加快建设，为未来低空安全高效运行提供了坚实的基础支撑。同时，我国有着低空经济发展的重要技术基础，5G、北斗等全球规模最大，低空智能网联技术理念先进，借助新能源汽车等产业链优势和“换道超车”经验，我国低空经济在技术储备、发展模式等方面都形成了巨大的优势。

但也应看到，低空经济作为跨界融合创新的全新赛道，还有许多问题亟待解决，特别是低空安全挑战巨大。总体来看，低空经济发展面临技术装备、创新主体、应用场景、标准适航、服务监管、基础设施等产业链全要素变革和不足带来的系统性安全挑战。与此同时，企业推进“虚火”、地方发展“过热”等问题也值得重视，低空经济并不是一个可以快速回笼资金、迅速看到收益的领域，仍需持续投入、耐心培育。

低空经济的发展是一项系统性工程，纵观国际、放眼全球，欧美有着传统通用航空发展的基础和优势，但不具备新兴的低空经济发展的探索和领先经验。低空经济发展没有成熟的路径和经验可借鉴，然而我国有着新型举国体制下的诸多基础和优势。我们是在通用航空近乎一张白纸的基础上发展低空经济，我国的低空经济发展极富想象空间和实践潜力，在技术推动和政策支持下必将加快走向成熟。展望未来，我国低空经济一片繁荣，以无人化、电动化、智能化为技术特征的低空装备将全面融入人民生产生活各领域，低空经济将成为新的经济增长极。

我们处在一个低空的时代，面对这一万亿级蓝海，该如何认识低空经济、发展低空经济？这是所有低空人都在思考的问题。由金伟、姜洪涛主编的《低空经济：以新质生产力打造经济增长新引擎》一书，以专业化的视角、务实性的描述解答了这些问题，特别是基于传统通用航空衍生到新领域的发展，结构合理，总结全面；对于新兴领域的探讨，也把握准确，逻辑严谨，思路明晰，对于我们发展低空经济、从事低空经济都很有启发性。

中国工程院院士

2025 年 3 月

前 言

中央定调发展低空经济后，不断有人，包括政府部门、行业从业人员等纷纷问我，什么是低空经济？为什么要发展低空经济？低空经济与通用航空是什么关系？低空经济现状如何？未来发展趋势如何？怎样发展低空经济？等等。尤其关注的是，传统通航发展多年，但大多仍依靠补贴生存，那么如何在低空经济发展浪潮中实现商业盈利？如何才能实现安全持续规范快速发展？本书聚焦大家关心的问题，基于研究角度，开展相关探讨。鉴于低空经济概念新、内容新，涉及范围广、领域多，本书并不能完全解答上述所有问题，但基于十余年的从业经验，通过阅读大量资料进行梳理、研究，书中相关内容能够回答上述绝大部分问题。

低空经济是一种全新的经济形态，包含的不仅有传统的通用航空，更多的是新兴的无人、智能、网联、绿色航空领域；既包含相关产业，又面临着全新的安全、高效监管运行挑战。特别是，新一代信息技术、新能源技术等与航空技术的深度融合，使得低空技术形态、商业模式、应用场景、生产组织方式、监管策略、适航体系、市场主体等都发生了深刻改变。低空飞行不再是单机、偏远、小众，而完全有可能跟地面交通一样，深入生产生活各个领域。新的低空技术、装备成为交通革命、能源革命与信息技术革命相结合的时代产物，具有颠覆性的作用，将完全改变以往传统航空运输模式和产业形态。低空经济势必将成为一个普惠产业，其带动的市场规模将远大于曲高和寡的传统通用航空，代表着运输方式变革的巨大机遇，是发起和推动第三次航空革命的重要引擎。

在改革驱动、政策引导和技术创新的多重推动下，我国低空经济发展迅猛、热度空前。行业管理部门积极稳妥推进，各地方“重仓”投入和布局，市场主体纷纷涌入这一新赛道，低空经济正焕发蓬勃朝气、释放出澎湃动能。2024年作为低空经济的元年，可以看作是行业的“狂欢年”。但是也要看到，低空经济是新兴产业，尚处在起步阶段、培育阶段，其发展规律、思路路径还有待完善，发展预期也有待有效引导。本书以理性的视角、现实的分析，深入浅出地阐述了低空经济特点与意义、经验和启示、现状与未来、机遇和挑战，力求解锁低空经济高质量发展“秘钥”，为业界呈现一幅低空经济的完整画卷和良好预期。既有美好畅想，又有理性呼唤；既有理论研究，又有科学实践。

全书分为基础、产业、监管、政策、实践及未来六大篇共十六章。其中，基础篇阐述了低空经济的概念由来及内涵、特点及意义、与通用航空等的关系、低空产业链等，描绘了低空产业和飞行运行两个关键点及其相互关系，为未来既要发展经济，又要确保安全提供理论支撑。

产业篇中，首先总结了国内外传统通用航空产业发展现状，总结了相关经验；其次对新兴的无人机、电动垂直起降航空器等领域进行了研究，重点围绕低空产业链，从整机到零部件，从低空制造到低空应用、低空服务及低空基础设施等进行了深入剖析，浓墨重彩地对航空应急救援、低空物流、城市空中交通及垂直起降场地、低空智联网、低空装备检测验证等细分领域和关注热点进行了阐述。既有国内外现状进展的描述，又有技术特点的分析。

监管篇中，鉴于传统通用航空的法规规章、标准规则、监管制度等还将沿用并持续，因此首先研究揭示了传统通用航空的规章制度体系，有助于行业内外人士了解传统通用航空的监管现状，也有助于提炼总结针对新兴领域安全监管的经验建议。其次，对新兴领域法规规章、制度标准体系等进行了研究，有助于国内外在新兴领域的先进经验的对比互鉴。最后，重点围绕无人机等新领域的低空空域开放、空中交通管理、飞行服务保障、适航监管策略等进行了深入研究，分析了当前现状，剖析了存在的问题，并提供了有关案例介绍。

政策篇中，针对国内外低空经济相关政策进行了梳理分析，特别是对近年来的重要政策进行了归类和解读，列举对比了各地方促进低空经济发展的政策，对部分政策进行了详解。但由于国内外及各地方都处于探索实践阶段，新的政策有效性分析仍略显不足。

实践篇中，重点对低空经济发展较早较好，具有相关改革试点经验的地区、园区、集群及示范区等进行了研究分析，总结提炼了相关经验，为促进低空经济的进一步落地提供可资借鉴的支撑。

未来篇中，对低空经济发展的基础和优势、现实焦虑和挑战进行分析，展望了低空经济发展的市场规模、技术趋势，特别是对未来大规模高密度高频次多异构的低空飞行运行、安全管理及基础设施发展趋势进行了畅想，同时基于新能源汽车等领域发展经验，探讨了我国低空经济发展的路径、思路及模式，提出了主要策略和建议。

全书论述充分、内容连贯，具有一定的逻辑性。如对于低空智能网联体系的建设，在产业篇中介绍了技术进展及应用，体现了技术创新及产业化情况；在监管篇中，阐述了利用低空智能网联技术进行空中交通管理的规则及做法，侧重的是监管实践；未来篇中，统筹展望了低空智能网联技术、应用及监管服务趋势，提出了建设路径和策略建议。

需要说明的是，书中仍有不少篇幅是关于传统通用航空的。这主要在于，低空经济是传统通用航空的继承和发展，包含传统通用航空相关内容及发展理念等。特别是，在新的规范、新的体系尚未建立起来之时，现有的规则标准、现有的航空器还将发挥重要作用。低空经济不能脱离传统通用航空而发展，需要吐故纳新，也需要先立后破，需要从历史的经验、发达国家的历程中汲取发展的养分。

我们经历了通用航空发展的潮起潮落，正面临低空经济发展的海浪叠加。通用航空发展，路阻且长；低空经济发展，路通应缓。低空经济建设，不可能一蹴而就，也不会一帆风顺。面对时代赋予的重大机遇，应以更理性的分析、更长远的谋划、更务实的推进，为低空经济的安全规范、高效健康发展作出积极的贡献！

鉴于低空经济发展变化很快，本书大部分数据截止到2024年中，部分数据资料截止到2024年底。

由于编者水平有限，书中难免存在疏漏及不足之处，愿与业内人士交流探讨，希望得到业界的批评指正。

2025年2月

目　录

基　础　篇

产 业 篇

监 管 篇

政 策 篇

实 践 篇

未 来 篇

基础篇

第一章

低空经济概述

“低空经济”的提出具有一定的必然性，是技术、经济发展到一定阶段的产物和必然需要。其出现时间较短，但低空经济的热度已达到前所未有的高度。对于低空经济概念、内涵、特点等进行探讨，是有效了解并把握低空经济发展的前提和关键。

一、概念由来及内涵

（一）概念演变

2009 年，在“十二五”规划前期研究的一次“中国通用航空发展研究”课题研讨会上，与会专家首次提出了“低空经济”概念。“低空经济”最早的公开报道见于 2010 年 4 月 17 日出版的《安阳日报》第 1 版。在 2011 年第 4 期的《中国民航大学学报》上，由覃睿、李卫民、靳军号、王霞撰写的《基于资源观的低空及低空经济》文章首次对低空经济的概念进行了理论性的梳理和确定。随后，相关学术专家将低空经济作为一种经济形态概念，对其存在的理论与现实基础、产业构成等进行了系统的分析和论述。此后，徐淑杰（2012）、卜鹏楼（2013）、范恒山（2022）等先后从不同视角、采用不同方法对低空经济的概念定义、产业构成等进行了阐述。

近些年，“低空经济”频繁地出现于各类媒体报道、论坛与政策中，使用范围越来越广、频次越来越高。尤其是 2021 年 2 月，中共中央、国务院印发《国家综合立体交通网规划纲要》，首次提出发展“低空经济”，这可以作为国家规划层面对低空经济的第一个顶层设计。低空经济在全国范围内迅速兴起，各地政府陆续出台对低空经济的支持政策，研究机构、社会资本和企业加强低空经济相关资本投入、技术研究和应用开发。

2023 年 12 月，中央经济工作会议提出了“打造生物制造、商业航天、低空经济等若干战略性新兴产业”的战略部署。2024 年 1 月 19 日，《人民日报》刊发了《科技引领，促进低空经济腾飞（评论员观察）——经济新亮点、发展新赛道》评论文章。随后，1 月 28 日，中央电视台《新闻联播》对低空经济进行了长达 210 秒的新闻报道，播出了名为《活力中国 ·“低空高飞”开启万亿产业新赛道》的新闻。这种强烈的信号释放将全国对低空经济的概念研究、投融资、产品技术研发、运营落地等活动的热情推向了前所未有的高度。2024 年初全国省级两会期间，大部分省（自治区、直辖市）政府工作报告对低空经济进行了论述、定位和工作部署，各地人大代表和政协委员提出大量相关提案。2024 年 3 月，十四届全国人大二次会议《政府工作报告》指出，积极打造生物制造、商业航天、低空经济等新增长引擎。全国各省（自治区、直辖市）政府积极贯彻落实国家部署，先后制定出台了大量的低空经济政策。

结合通用航空的发展，自 2010 年以来，低空经济的发展共经历了三波热潮：第一波是 2010 年 8 月，国务院、中央军委印发《关于深化我国低空空域管理改革的意见》，激发了对通用航空大发展的期待；第二波是 2016 年 5 月，《国务院办公厅关于促进通用航空业发展的指导意见》发布，激起了发展通用航空的决心和信心；第三波是当前阶段，党中央顶层战略部署，全国上下同心协力，低空经济步入全面发展的快车道（见图 1–1）。

（二）主要内涵

“低空经济”这一概念术语是根据我国通用航空发展实践创新提出的，是对低空空域资源科学配置与管理改革推进的结果。该概念旨在构建一个符合中国国情的航空产业发展框架，它综合考虑了竞争性技术、产业影响、科技进步以及时代发展等多重因素。起初，“低空经济”只是在高校和科研机构的学术讨论中使用。技术的推进，以及时代发展的需要，

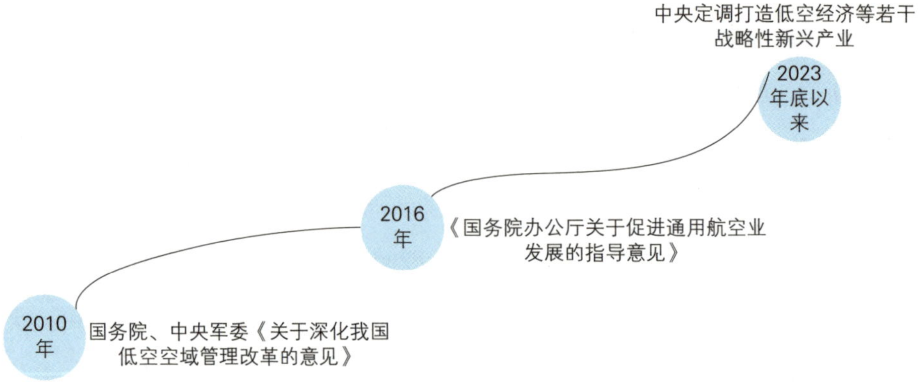

图 1–1　低空经济概念自提出以来发展的三波热潮

资料来源：根据公开资料绘制。

特别是新能源航空动力技术、无人驾驶航空技术、先进航空制造技术和新一代信息技术等航空器应用达到前所未有的广度和高度，大幅提升了低空空域的可获得性和可利用率，并诞生了大量的新兴业态和创新探索，同时提出了很多传统“通用航空”概念和传统管理方法、思路不能解决的问题，带来了理论创新和实践的客观需求。

当前，低空经济尚无术语标准。确定低空经济的概念内涵，首先应明确“低空”和“经济”两个概念。“低空”一般是指垂直高度在3000米以下，但可根据不同地区特点和实际需要具体划设高度范围的空域。随着低空领域应用的不断深化，管理部门和业内普遍认可将高度进一步提升，甚至将所有原属于通用航空的活动全部纳入低空经济范畴。“经济”是生产、流通、分配、消费一切物质精神资料的总称，是价值的创造、转化与实现，是与一定的社会生产力相适应的生产关系的总和；还有观点认为，经济是指耗费少而收益多，是节约成本而扩大效益。根据中国国情和发展实际，目前，学术界与实践方提出了以下三种概念内涵。

一种观点认为，低空经济是由于通用航空市场应用拓展才得以出现并发展起来的，提出低空经济是以各种有人和无人驾驶航空器的低空飞行活动为牵引，辐射带动航空器研发、生产、销售以及低空飞行活动相关的基础设施建设运营、飞行保障、衍生综合服务等领域产业融合发展的综合经济形态。该概念由国家低空经济融合创新研究中心最早提出，也是被业界广泛认可的一种概念内涵解释。

另一种观点认为，低空经济是依托低空空域资源带来的各类经济活动的总称。这一观点是基于新技术的突破，以及国家监管体系的变化，能够让低空产生经济、让低空更加经济。人们依托陆地资源，打造形成（高速）公路网和（高速）铁路网，依托水上资源而形成水路网，依托空域资源提供服务，形成低空运行网络体系，将产生并转化为巨大的经济价值。

还有观点认为，低空经济是以航空载运与作业装备为主要工具、以低空空域为主要活动场域、以低空飞行活动为最终产出形式的系列经济活动。它是与新质生产力相适应的新型生产关系的总和，同时新的生产力技术能够使低空产业更加容易实现规模化，从而降低成本、提升效益，变得更为“经济”。可以说，低空经济在主体上体现为一种“组合式”经济形态，核心是航空器与各种产业形态的融合。

二、不同概念关系梳理

（一）低空经济与通用航空的关系

低空经济与通用航空有着必然的联系，从发展阶段来看，低空经济是通用航空的延续，但两者也有很大的不同。首先，通用航空只是航空活动，通用航空产业主要是围绕通用航空活动所形成的产业。而低空经济是经济的概念，覆盖更全、范围更广。

通用航空（General Aviation）的术语，由美国航空航天工业协会（Aerospace Industries Association，AIA）多用途委员会于1950年提出，专指轻型飞机制造商生产的多用途飞机的飞行运行，也即运行活动，是航空活动的一种。我国通用航空最早叫专用航空，从20世纪50年代起就有了相关活动。1986年1月8日，国务院颁发《关于通用航空管理的暂行规定》，将其正式改名为通用航空。《中华人民共和国民用航空法》定义的通用航空，是指使用民用航空器从事除公共航空运输以外的民用航空活动，包括从事工业、农业、林业、渔业和建筑业的作业飞行以及医疗卫生、抢险救灾、气象探测、海洋监测、科学实验、教育训练、文化体育等方面的飞行活动。按照2003年1月颁布实施的《通用航空飞行管制条例》，通用航空是指除军事、警务、海关缉私飞行和公共航空运输飞行以外的航空活动，包括从事工业、农业、林业、渔业、矿业、建筑业的作业飞行和医疗卫生、抢险救灾、气象探测、海洋监测、科学实验、遥感测绘、教育训练、文化体育、旅游观光等方面的飞行活动。

通用航空产业，源于通用航空制造商协会（General Aviation Manufacturers Association，GAMA，由多用途委员会于1969年从AIA独立出来并更名）于2006年的定义，即美国联邦航空管理局（Federal Aviation Administration，FAA）颁发适航证的航空器制造与应用，但公共运输航空公司和军方所使用的航空器除外。《国务院办公厅关于促进通用航空业发展的指导意见》提出的是通用航空业的概念，并将其定义为“以通用航空飞行活动为核心，涵盖通用航空器研发制造、市场运营、综合保障以及延伸服务等全产业链的战略性新兴产业体系”（见表1-1）。

表 1–1　低空经济与通用航空（产业）比较

	通用航空	通用航空产业	低空经济
概念对象	除运输航空以外的民用航空飞行活动	从事通用航空产业链上下游的经济组织的集合体	各种低空飞行活动及与之直接和间接相关的经济社会活动的集合体
所涉及空域范围	地面—临近空间	地面—临近空间	以低空空域为主
定义方法	外延定义法		内涵定义法
“属”概念	民用航空飞行活动	民用航空产业	经济领域
代表性科技	飞行技术	航空科技	

资料来源：覃睿,《再论低空经济（之二）：与通用航空（产业）的联系与区别》，2022 年。

从上述概念可以看出，低空经济与通用航空有相当大的关联性。从飞行活动来看，通用航空的飞行活动不仅有低空活动，还涉及中高空活动；而低空经济中的飞行活动，除了民用航空活动外，还涵盖了警用、海关和军事等在低空领域的活动。业界也有种说法：通用航空产业是低空经济的主体，通用航空产业与低空经济活动的主要内容是一致的（见图 1–2）。

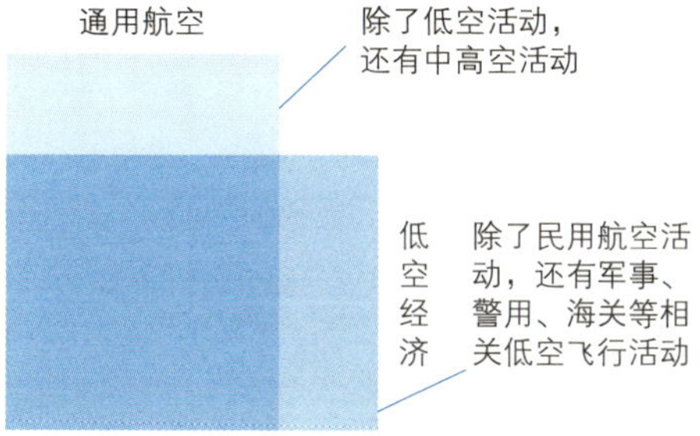

图 1–2　低空经济与通用航空的关系

资料来源：作者根据相关概念定义自制。

低空经济范围的延伸和拓展，主要得益于航空技术的突破和创新。从航空器角度来看，用于通用航空活动的航空器叫作通用航空器。

航空器包括重于空气的航空器和轻于空气的航空器（见图 1–3）。通用航空器包括平常人们所说的通用飞机（固定翼航空器）和直升机、扑翼机、滑翔机、飞艇、气球等，也有根据用途区分的公务机、教练机、特种飞行器（水上飞机、水陆两栖飞机）等。这些航空器大多数是有人驾驶、使用燃油动力的，一般将使用这些航空器的通用航空活动称为传统通用航空，简称“传统通航”；而将使用无人机、电动垂直起降航空器（eVTOL）等新型航空器的通用航空活动称为新兴通用航空，业界也称为“新通航”。随着经济形态的发展，未来低空经济，占据主导地位的无疑将是这些新技术、新业态。对于所有用于低空经济活动的航空器，则统称为低空飞行器。

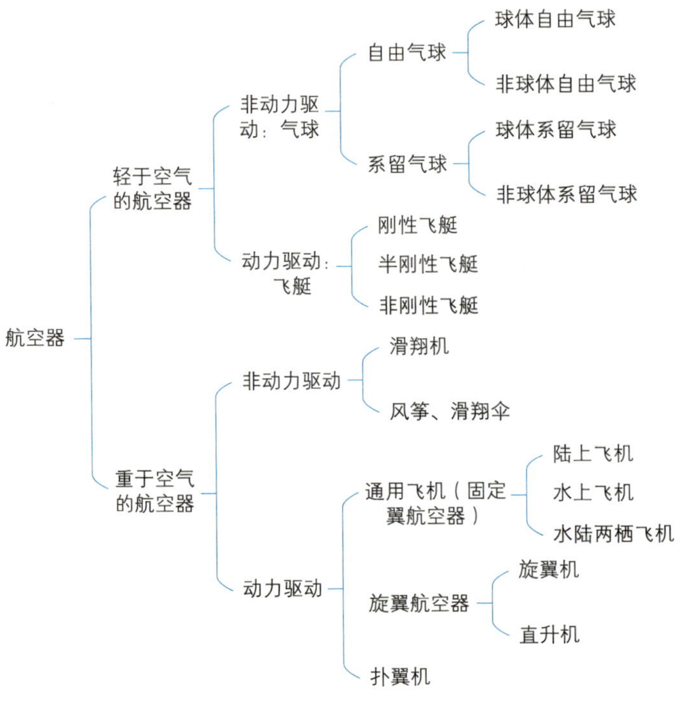

图 1–3 航空器分类

资料来源：金伟，高远洋 . 中国战略性新兴产业研究与发展 · 通用航空［M］. 北京：机械工业出版社，2021.

（二）其他相关概念及其关系

1. 无人机

无人机，专业术语为无人驾驶航空器。按照国务院、中央军委发布的《无人驾驶航空器飞行管理暂行条例》（以下简称《无人机条例》）的规定，无人驾驶航空器是指没有机载驾驶员、自备动力系统的航空器。无人机 / 无人驾驶航空器一般以系统的形式出现，叫作无人机系统或无人驾驶航空器系统（Uncrewed Aircraft System，UAS）。按照《无人驾驶航空器系统术语》（GB/T 38152—2019）国家标准，无人驾驶航空器系统是以无人驾驶航空器为主体，配有相关遥控站、所需的指挥和控制链路以及设计规定的任何其他部件，能完成特定任务的一组设备。按照《无人机条例》，无人驾驶航空器系统是指无人驾驶航空器以及与其有关的遥控台（站）、任务载荷和控制链路等组成的系统。其中，遥控台（站）是指遥控无人驾驶航空器的各种操控设备（手段）以及有关系统组成的整体。可以说，通用航空器当中，除气球外，其他航空器的无人化产品都属于无人机。

无人机分类比较复杂，按照不同的标准有不同的分类。国际民用航空组织（ICAO）认为，可以按照最大起飞重量（MTOW）、动能、各种性能标准、运行的类型或区域、能力等标准对无人机进行相应分类。《民用无人驾驶航空器系统分类及分级》（GB/T 35018—2018）国家标准，基于平台构型、起飞降落方式、动力及能源、控制方式、导航方式、感知与规避能力、最大设计使用高度、最大真空速度、续航时间、遥控距离、用途、操作可视性、应急处置、运营许可、身份识别、坠撞危害 16 个方面对无人机进行了分级分类。

《无人机条例》将无人驾驶航空器（包含军用和民用）按照性能指标分为微型、轻型、小型、中型和大型，是目前最为规范的分类方法（见表 1–2）。

表 1–2　无人驾驶航空器分类

类别	分类标准及指标	机型示例
微型无人驾驶航空器	是指空机重量小于 0.25 千克，最大飞行真高不超过 50 米，最大平飞速度不超过 40 千米 / 时，无线电发射设备符合微功率短距离技术要求，全程可以随时人工介入操控的无人驾驶航空器	 DJI Mini 4 Pro
轻型无人驾驶航空器	是指空机重量不超过 4 千克且最大起飞重量不超过 7 千克，最大平飞速度不超过 100 千米 / 时，具备符合空域管理要求的空域保持能力和可靠被监视能力，全程可以随时人工介入操控的无人驾驶航空器，但不包括微型无人驾驶航空器	 DJI Mavic 3 Pro
小型无人驾驶航空器	是指空机重量不超过 15 千克且最大起飞重量不超过 25 千克，具备符合空域管理要求的空域保持能力和可靠被监视能力，全程可以随时人工介入操控的无人驾驶航空器，但不包括微型、轻型无人驾驶航空器	 DJI 经纬 M600
中型无人驾驶航空器	是指最大起飞重量不超过 150 千克的无人驾驶航空器，但不包括微型、轻型、小型无人驾驶航空器	 DJI FlyCart 30

续表

类别	分类标准及指标	机型示例
大型无人驾驶航空器	是指最大起飞重量超过 150 千克的无人驾驶航空器	 EH216-S

资料来源：作者根据《无人机条例》自行整理。

一般来说，行业内还将民用无人机分为“消费级”和“行业级 / 工业级”两大类，而对行业级无人机，又根据应用领域进行了细分。《国民经济行业分类》（GB/T 4754—2017）在“计算机、通信和其他电子设备制造业”项下“智能消费设备制造”中提出了“智能无人飞行器制造”细分小类行业，即指按照国家有关安全规定标准，经允许生产并主要用于娱乐、科普等的智能无人飞行器的制造，这是最典型意义上的消费级无人机。目前市面上的无人机产品，主要以轻小型多旋翼、中大型垂直起降以及中大型固定翼无人机为主。

随着无人驾驶成为低空经济的主要趋势，无人机产业也成为低空经济发展的主要内容。无人机产业是指以无人机制造、应用为核心的，包含无人机监管服务的全产业链条。其中，无人机制造包括整机研发制造以及飞控系统、动力系统、通信导航、任务载荷、地面系统等研发制造；无人机应用服务范围较广，包括应急救援、航拍测绘、农林植保、能源巡检、物流配送、城市空运、警用安防、消费娱乐等各类场景应用；无人机监管服务包括监管云、检测认证、试飞验证、会展赛事、维修服务、飞手培训、科普教育、金融保险、反制等，以及针对用户使用过程的数据采集、航拍服务等基于应用场景的专业服务。

2. 电动垂直起降航空器（eVTOL）

电动垂直起降航空器（electric Vertical Take-off and Landing，eVTOL），目前没有明确统一的概念，比较通俗的理解就是电驱动的，且不需要跑道就可垂直起降的航空器。VTOL（Vertical Take-off and Landing）的概念自第二次世界大战中直升机技术的成熟而逐渐得到关注，第二次世界大战后一度有电动化改装直升机的广泛讨论和尝试。现代 eVTOL 概念兴起于 2009 年，美国航空航天局（National Aeronautics and Space Administration，NASA）发布了海鹦电动尾坐式 VTOL 飞机论文及视频，因其电动驱动的高可靠性和效率、低发动机重量和维护水平、低冷却阻力和体积要求、低噪声和振动水平，以及零排放等现代化设计理念受到广泛关注。

欧洲没有使用 eVTOL 这一术语，在 2022 年，欧洲航空安全局（European Union Aviation Safety Agency，EASA）引入了 VCA（VTOL-Capable Aircraft）的概念：指除飞机或直升机以外的，由动力驱动、重于空气的，能够通过升力或推力装置完成垂直起降的航空器。在 2024 年 5 月由欧盟委员会批准、EASA 具体实施的创新空中交通实施条例（EU 2024/1111）中，再一次将垂直起降航空器定义为 VCA，并将其归入旋翼类航空器类别。此类航空器还包含直升机，并定义其为一种主要依靠空气对最多两个主要在垂直方向安装的动力驱动的旋翼的作用力而飞行的旋翼机。

我国现阶段使用的 eVTOL 概念，相关法规、标准尚未明确定义。在中国民用航空局最新发布的《民用无人驾驶航空器操控员执照考试管理办法》中，将垂直起降固定翼改名为动力升空器；在 2024 年 6 月 14 日民航局发布的《民用垂直起降场地技术要求（征求意见稿）》中，使用了 VCA 的概念，并定义 VCA 是除直升机外，具有分布式动力系统、可进行垂直起飞和着陆的航空器。

eVTOL 分有人驾驶和无人驾驶两种，其中，欧美国家以有人驾驶为主，我国以无人驾驶居多。eVTOL 因概念提出较晚，当前全球范围内尚无产业化产品，但 eVTOL 的概念完美契合航空无人化、电动化发展方向，能够满足随时起降、大规模运行需求，是未来低空经济的主要发展类型，特别是将成为城市空中交通主要运行的航空器。此外，随着航空电动化的发展，还出现了一些新的概念和新型的航空器产品类别，这也将成为低空经济未来发展的方向之一，主要有以下两种。

（1）eSTOL（electric Short Take-off and Landing），即电动短距起降飞行器，兼顾了起降便利（短跑道）与航程（长续航）的双重优势，主要采用分布式电动螺旋桨推进技术，便于在极短距离内获得足够升力。代表性产品有美国 NASA 于 2016 年正式立项的纯电飞机 X-57、美国创业公司 Electra 的飞机等。

（2）eCTOL（electric Conventional Take-off and Landing），即电动常规起降飞行器。与传统飞机类似，此类飞行器需要较长的跑道，只是将燃油发动机改成了电驱动，以有人驾驶为主，例如，我国辽宁通用航空研究院设计研发的锐翔电动飞机、瑞典创业公司 Heart Aerospace 设计的飞机等。

3. 飞行汽车

飞行汽车是一种通俗说法，主要来源于空中的士、空中出租车等概念，一般是指可在空中飞行或陆地行驶，可变成汽车，也可变身飞机的一种跨界交通产品。1917 年，飞行汽车之父格伦 · 柯蒂斯第一次向人们展示了飞行汽车这种新型交通工具；1991 年，第一款垂直起降飞行汽车问世；近十年来，优步（Uber）公司、通用汽车、特斯拉等相继推动并展示飞行汽车技术发展，飞行汽车已由最初个人梦想的小范围实践，发展到受到航空和汽车领域的重视，并成为资本和科技关注的热点。

从航空技术角度讲，给汽车加装旋翼或“翅膀”让汽车直接飞起来并不科学。因为汽车需要有一定重量的底盘，而航空器则越轻越好，不需要底盘等来增加重量。现在，飞行汽车概念已经脱离了汽车范畴，就如同电动汽车不再依靠汽油驱动一样，其概念已经泛化。行业内一般将载人 eVTOL 或其他载人的垂直起降航空器都称为飞行汽车，尽管大多数 eVTOL 或垂直起降航空器并没有路面行驶的功能。根据中国汽车工程学会发布的《飞行汽车发展白皮书 1.0》，电动（纯电 / 混动）、垂直起降和智能推进是飞行汽车的三大基本特征，广义的飞行汽车，是指面向低空智能交通和立体智慧交通的运载工具，是可以垂直起降的、大众化使用的“飞车”，未来大众化发展将接近汽车的量级。实际上，飞行汽车更是一种既可以飞行又可以路面行驶的载人交通运输方式，这种方式也是未来低空经济发展的一种新业态、新模式。

4. 空中交通相关概念

前述三种概念主要是从航空器或飞行装备的角度来讲的，而空中交通或空中出行，主要是从交通出行的角度来说的，涉及的概念更多更繁杂，比较典型的有下列四种提法。

（1）城市空中交通（Urban Air Mobility，UAM）。这是目前比较广泛认可的一种说法，来源于 2016 年 10 月优步公司发布的《快速飞入城市空中交通的未来》。2018 年 6 月，NASA 发布《城市空中交通空域融合概念和考虑因素》，将 UAM 定义为在城市内可以安全、高效运行的载人或无人空中交通运行模式。早在 20 世纪 40 年代直升机发展初期，纽约航空和洛杉矶航空就已经利用直升机进行城市空中交通的商业化运输。其发展大致分为三个阶段：第一阶段为 1941—1979 年，城市空中运输服务主要依托直升机展开。行业主管部门和产业界对城市空中交通商业化运营、空中交通管制、发展规划等方面开始进行系统性的思考，诞生了初步的城市空中交通流理论框架。第二阶段为 1980—2016 年，行业发展进入低潮期，但对城市空中交通运行、航空器性能特性等方面进行了更全面、细致的探索和研究，提出了新的商业模型、运行概念，最终随着信息技术、自动化控制技术、电动航空技术的成熟，催生出了现代城市空中交通。第三阶段为 2017 年至今，这一时期无人机应用全面普及，带动了航空器电动化、智能化发展，全球主要工业强国都在研究适应无人驾驶、数字低空等新型空域用户的管理体系。

经过多年的发展，城市空中交通已成为低空经济最主流、最具市场潜力的领域。业界普遍达成共识，认可 UAM 是通过无人机和载客空中出租车等新型航空器，在人口稠密的城市及周边地区建立安全高效的空中运输系统的一种业态和模式。美国 FAA、NASA 认为，UAM 是美国提出的先进空中交通（AAM）的子集（载人领域），关注城市内和周边区域的飞行，典型任务距离不超过 121 千米。

（2）先进空中交通（Advanced Air Mobility，AAM）。这一概念是美国提法，最早由 NASA 于 2020 年引入，基于美国按需出行（ODM）和城市空中交通的研究及应用而提出。2021 年 5 月，美国国会颁布《先进空中交通协调与领导法案》，定义 AAM 是一种使用先进技术航空器在管制和非管制空域飞行，在美国境内两点之间运输人和货物的交通运输系统，涉及小型无人机、电动飞机、eVTOL、eSTOL、自动空中交通管理等系列创新性航空技术。该法案是授权、指导和规范美国交通部及 FAA 就产业规划和落地、安全、基础设施、法规政策制定和执行等建立跨部门协调机制和工作组的法律依据。AAM 概念最核心的理念是新技术应用，认为 eVTOL 正是这场空中变革的起点和关键。AAM 的愿景是，帮助新兴航空市场安全地开发航空运输系统，使用颠覆性的新型航空器在诸如本地区、区域内、跨区域或者城市等之前没有航空服务或者航空服务不完善的地区开展货运或客运服务。它包含飞行服务半径 121 千米的大都市区域内的 UAM，也包括 121~805 千米的区域空中交通 RAM。

可以看到，美国 AAM 与低空经济的新技术新业态新模式理念一致，但路径上有所不同。美国 AAM 致力于实现一个运行高度安全、服务易获取、系统高度自动化和成本可承受的物流配送、货物运输和空中乘客运输服务系统，其前期的主要服务目标是满足现有的交通系统难以触及的城市区域和乡村区域。2023 年 7 月，FAA 发布《先进空中交通（AAM）实施计划 V1.0》（Innovate28），提出 AAM 是一种新兴的航空概念，涉及使用无人机、eVTOL、eSTOL 和其他新技术来实现更高效、更环保的空中交通。近期将聚焦 AAM 的未来，在 2028 年前实现 AAM 规模化运营，并重点明确了所需的各关键要素和措施步骤，包括运营、基础设施、电力网络、安全、环境、社区参与等多个方面。

（3）创新空中交通（Innovative Air Mobility，IAM）。它是欧洲使用的一个概念，由 EASA 于 2022 年 6 月通过《引入无人机运行法规框架——允许以“特殊”类型运行的可载人创新型空中交通、无人机系统进行初始适航和持续适航取证》（NPA 2022–06）引入，其定义是：安全、可靠、可持续性的空中客货运输方式，可以通过最新一代技术集成到多式联运系统中。同样，EASA 认为 IAM 既包含载人 eVTOL/ 城市空中交通，也包含载物的无人机，是创新型航空服务（Innovative Aerial Services，IAS）的一部分，其概念定义和内涵与中国和美国均有一定差异。欧洲未来产业发展规划、政策法规和标准体系建立都在 IAM 这一体系基础上开展（见图 1–4）。

（4）智慧空中出行（Smart Air Mobility，SAM）。此概念首次出现于 2024 年 3 月由中华人民共和国工业和信息化部等四部门印发的《通

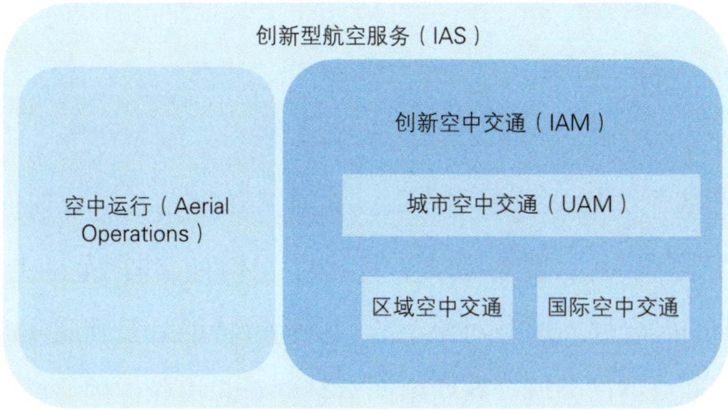

图 1-4 欧洲的 IAM 航空器运行分类

资料来源：《2024 年全球低空经济政策与发展环境》。

用航空装备创新应用实施方案（2024—2030 年）》，其中明确提出支持智慧空中出行（SAM）装备发展。SAM 重在“智慧”上，目前，国内外尚无 SAM 的定义及内涵说法，但可以从中国民用航空局智慧民航建设中窥得一二。近年来，中国民用航空局加快推进数字技术创新应用，发布了《中国新一代智慧民航自主创新联合行动计划纲要》《智慧民航建设路线图》《关于落实数字中国建设总体部署 加快推动智慧民航建设发展的指导意见》等文件，对智慧民航建设相关领域进行了整体部署和系统推进。智慧民航聚焦民航运行、服务、管理等领域，以智慧出行、智慧空管、智慧机场、智慧监管为抓手，强化民航数字技术创新及赋能，构建泛在智联的民航数字基础设施，实现对民航全要素、全流程、全场景进行数字化处理、智能化响应和智慧化支撑的新模式新业态。其中智慧出行方面，将推进全方位“航空 +”服务以及综合性航空物流服务等；智慧空管方面，构建安全稳、效率高、智慧强、协同好的新一代空中交通管理系统，推进基于四维航迹的精细运行、基于算力的融合运行等，实现广域覆盖感知、深度网络互联、数据融合赋能、智能协同响应和智慧高效运行。

三、低空经济的特点

低空经济作为战略性新兴产业，具有产业链条长、辐射面广、成长性和带动性强等特点，具备活动空间上的立体性、作用范围上的区域性、运行模式上的融合性、服务对象上的广泛性等特征，是新质生产力的典型代表。习近平总书记强调，新质生产力是创新起主导作用，摆脱传统经济增长方式、生产力发展路径，具有高科技、高效能、高质量特征，符合新发展理念的先进生产力质态[①]。它由技术革命性突破、生产要素创新性配置、产业深度转型升级而催生，以劳动者、劳动资料、劳动对象及其优化组合的跃升为基本内涵，以全要素生产率大幅提升为核心标志，特点是创新，关键在质优，本质是先进生产力。从低空经济的概念内涵及发展特点来看，特别是随着技术的推进和形势的变化，无人驾驶、绿色动力、智能网联已成为主要方向，低空经济已具备了典型的新质生产力特征。

第一，创新引领特点突出。航空工业号称“工业之花”，低空经济是在传统航空技术基础上，以技术创新驱动为主导，以新材料、新能源、新构型等高技术为支撑的经济形态，集中体现了科技创新和产业创新深度融合的发展特征。现如今，技术的进步使航空产业进入门槛明显降低，集中体现了科技创新和产业创新深度融合的发展特征，创新效率大幅提升，产品技术迭代极快。例如，无人机产品种类超千款，运营企业上万家，无人机年产销量百万级，年飞行小时数千万量级，这些都是传统通用航空产业难以企及的。从劳动者角度看，低空经济从业者普遍年轻、创新能力强。以美团无人机为例，该公司年轻的软硬件开发师等

① 《习近平在中共中央政治局第十一次集体学习时强调　加快发展新质生产力　扎实推进高质量发展》，《人民日报》2024 年 2 月 2 日。

高技能人才占比高达 70%。从劳动资料看，数据、数字技术正成为低空经济的重要生产要素，低空经济未来技术发展方向将集中在电池电机、感知避障、通信导航、自动飞行、数字监管、AI 算法应用、网联无人机等方面，这些都是技术创新明显的领域。从劳动对象看，低空经济大幅扩展了航空服务范围，不断提高航空服务占比，新技术支持的低空空域管理将显著提升空域资源供给与开发效率。低空经济发展还将拉动航空领域教育、科技与人才的良性循环，推动要素生产力进一步跃升。

第二，绿色低碳特点鲜明。低空经济将创新发展、绿色发展贯穿始终，当前发展的低空经济和低空产业，是以新能源为主，零排放、高效能、更环保的新兴产业。一方面，新能源动力的绿色环保特性适应当前绿色发展需要，航空器将更可能贴近百姓生活场景应用；另一方面，电动推进系统的技术要求，相比航空发动机技术难度要低得多，而且我国在电动汽车、电推进的高铁列车等方面都具有优势，使大规模的低空经济发展变得更加容易。此外，电机相对发动机更加小型化、轻量化、低噪声的特点使分布式电推进布局得以实现，这可以使航空器控制更加高效灵活、机型构型更加多样化，安全冗余度也大幅提升。从 2010 年起，全球主要国家和地区启动了以最高层级创新计划支持的低空技术研发项目，其中重点关注的一个方面就是电动、氢能、降噪等绿色低碳技术方向。

第三，跨界融合特点显著。低空经济具有十分明显的数字技术与实体技术融合特性，数字化、智能化、绿色化技术已广泛应用于低空产业技术体系。如无人机既是一类航空工业产品，也是电子产品，轻小型航拍无人机甚至曾被归类为飞行照相机；又如 eVTOL 与新能源汽车共用高达 70% 以上的产业链，与高铁、无人驾驶汽车、商业航天等都有技术结合点。智能网联低空飞行，将深度融合 5G、北斗、人工智能等新技术，变得更加安全、可靠、高效、智能、绿色。尤其是在新一轮科技革命和产业变革下，新能源技术、新一代信息技术与航空技术加速融合，正在催动产业蜕变、技术群体突破，培育全新的低空产业形态。

第四，市场发展潜力巨大。低空经济的“经济”二字，主要体现在低空经济具备了交通运输的属性，有着巨大的市场潜力。随着垂直起降、数字链接、智能驾驶、环保降噪等技术的发展和成熟，航空飞行将更高效更便捷，更加随时随地，不用机场跑道，脱离流量管控，也可大大缩短申报审批时间，飞行活动不再受限于对人群的影响，低空经济正快速融入立体交通网络及人民生产生活各个方面。很明显，未来的低空飞行器将同汽车一样进入千家万户，成为大众化出行的交通产品、消费产品，低空经济的经济价值和效益将得到充分释放。

第五，低空经济还具有立体性、局地性等特征。低空经济运行空间立体性较强，更多的是利用无人机、eVTOL 等新型航空器“看”或“运”等特性，“飞行在空中、作用在地面”，空地衔接十分紧密，是一种典型的依托三维空间发展的经济形态。而这些飞行器，一般容量较小、飞行距离有限，适合小区域飞行、分散式作业，加上空域精细化分类改革，这使低空经济与各地区的关联度十分紧密，具备了一定的属地经济、区域经济特性。同时，低空经济部分领域是充分竞争的市场经济，以民营企业为主的民用无人机产业，充分反映了社会主义市场经济的特征。

四、低空经济之全貌

综合来看，低空经济可分为低空产业和飞行运行两大方面。其中低空产业是低空“经济”之基础，没有产业就没有经济；飞行运行是“低空”经济之关键，低空经济就是围绕低空飞行活动来展开的（见图 1–5）。

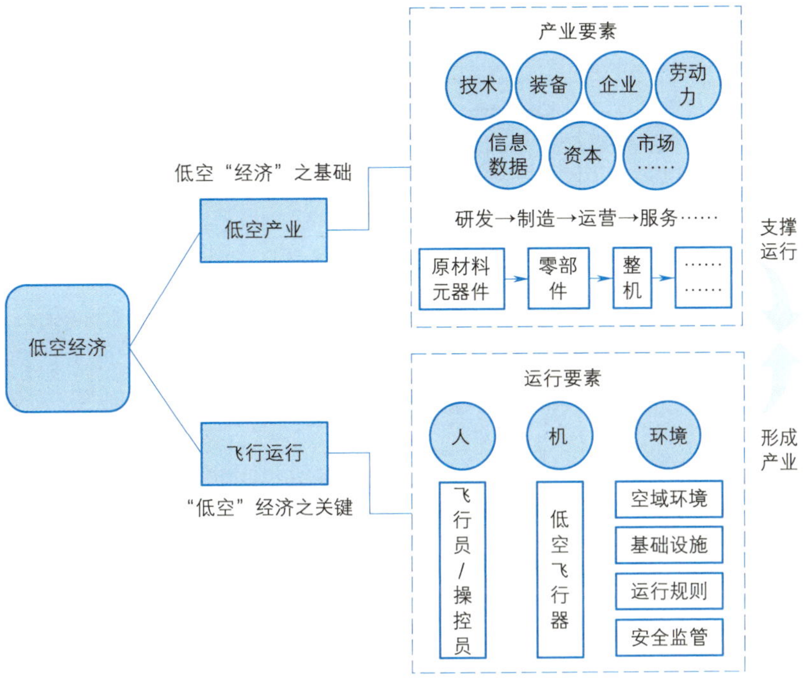

图 1-5　低空经济全貌

资料来源：根据相关研究整理绘制。

（一）低空经济产业链

低空经济产业链是低空经济发展的基础，低空经济产业链按照不同方法有不同的分类，本书主要分成低空研发制造、低空飞行应用、低空服务保障三大核心部分，以及低空基础设施这一关键支撑领域（见图 1-6）。这四大领域也是拉动低空经济规模增长的核心驱动力。

1. 低空研发制造

低空研发制造是低空经济的物质技术支撑，包括低空飞行器整机制造，关键系统、零部件及材料制造，以及下游支撑技术和装备研发制造等。

（1）低空飞行器整机制造：主要包含了无人机、eVTOL、轻小型固定翼飞机（通用飞机）、直升机、浮空器、氢能飞机以及其他新能源

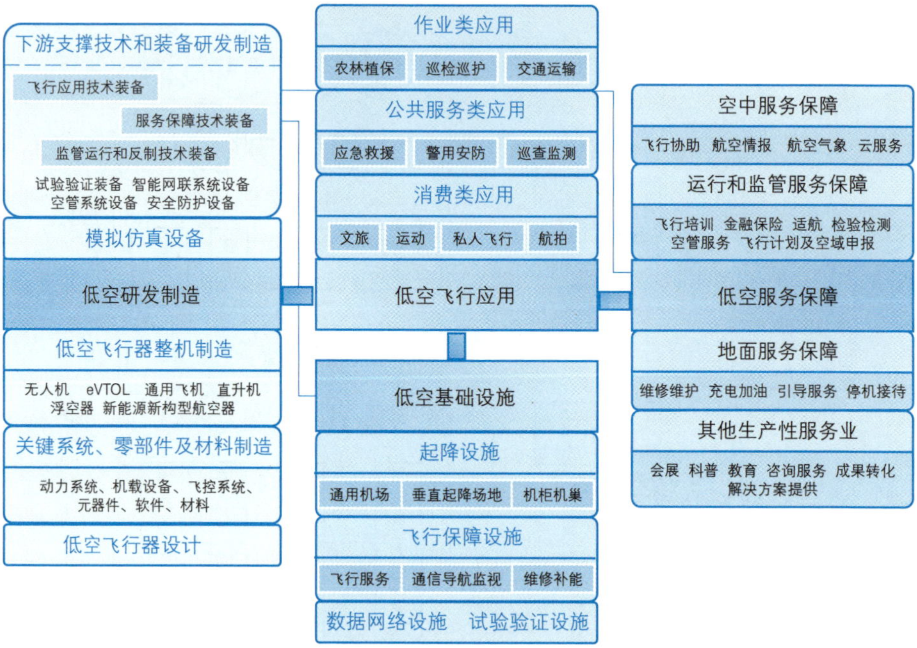

图 1–6　低空经济产业链

资料来源：根据赛迪顾问《中国低空经济发展研究报告（2024）》等整理绘制。

新构型航空器等。

（2）关键系统、零部件及材料制造：主要包含了低空飞行器动力系统、机载设备、飞控系统、机身结构件以及零部件等。其中，动力系统又分为传统的燃油发动机，包括用于通用飞机的活塞、涡桨、涡扇发动机，以及主要用于直升机的涡轴发动机和新兴的电推进系统，包括电池、电机、电调、电驱，以及与动力系统相关的关键零部件、元器件等。机载设备系统包括机载通信、导航、监视设备及系统，感知避障系统，航电飞控系统等，以及与机载系统相关的零部件、元器件、传感器、软件等。材料主要包含了结构件材料、动力系统材料、电池材料、复合材料、新材料等。

（3）下游支撑技术和装备研发制造：主要是指应用于低空飞行、

服务保障、监管运行和反制等技术领域的设备的研发制造。飞行应用技术装备是指支撑各场景应用及创新的专用技术装备，包括光电吊舱、喷洒装置等机载任务设备（载荷），场景模拟仿真系统、软件、显示设备等；服务保障技术装备是指支撑空中服务和地面服务等各种低空服务业态的技术装备，如培训系统设备、云系统、维修设备、充电设备等；监管运行和反制技术装备是指服务于高效运行及安全监管需要的试验验证装备、智能网联系统设备、空管系统设备、安全防护设备等。

低空研发制造是低空产业的主体，是支持整个低空经济安全健康发展的有力保障。新技术装备的研发制造，也是引领并创造低空新需求、促进低空经济变革的重要力量。

2. 低空飞行应用

低空飞行应用是低空经济的主要驱动源，包括作业类应用、公共服务类应用、消费类应用三大部分，以及相互交叉、跨界融合的应用等。

作业类应用主要包括农林植保、电力巡检、海上石油作业、港口巡检、道路桥梁巡检巡查、铁路管道巡护、建筑监测、航拍测绘，以及低空物流配送、短途运输、客运服务、立体交通等，其中交通运输应用是未来发展的着力点和低空经济增长的动力源之一。

公共服务类应用包括城市安全、城市消防、监视监控等城市应用，应急通信、应急投送、森林灭火、搜索救援、医疗救护等航空应急救援应用，以及警用安防、资源勘探、气象探测、环境监测、海关缉私等政府部门应用。公共服务类应用特别是航空应急救援，是最易启动且能最快见效的领域，是低空经济发展的重要领域。

消费类应用主要包括低空文旅、航空运动、飞行出行、飞行表演、航拍摄影等面向个人或团体的消费活动。消费类应用场景的开发，是低空经济大众化普及、规模化发展、安全规范化运行的必要基础，其中，未来空中出行是低空经济最具潜力的市场场景。

低空飞行应用是低空产业的需求端、应用端，对整个低空经济有着巨大的拉动作用，也是以低空经济为基础催生的跨界融合新生态的重要内核，不同场景所对应的航空器类型也各有差别（见图 1–7）。

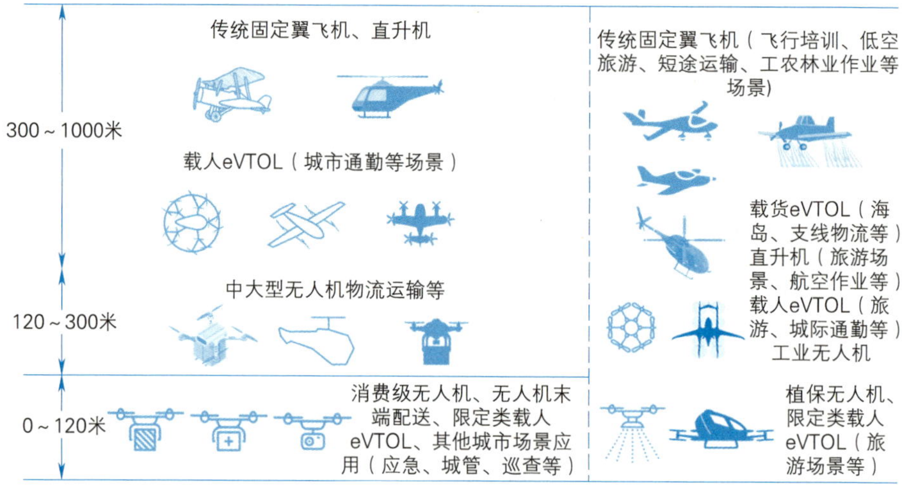

图 1–7 低空飞行应用场景

资料来源：作者根据公开研究资料整理。

3. 低空服务保障

低空服务保障是低空经济的重要组成部分，包括地面服务保障、空中服务保障、运行和监管服务保障，以及其他生产性服务业等。

地面服务保障主要涉及航空器维修维护、托管服务（飞机 4S 店）、充电加油补能服务、起降引导服务、停机服务等；空中服务保障主要涉及飞行协助服务、航空情报服务、航空气象服务、飞行云系统服务等；运行和监管服务保障主要包括飞行培训、航空器租赁、金融保险、适航服务、检验检测、试飞验证、飞行计划及空域申报等保障运行及支撑监管的服务；其他生产性服务业主要包括会展赛事、科普教育、创新成果孵化转化、咨询服务、解决方案提供等延伸服务。

低空服务保障是发展低空产业新的着力点之一，是低空经济改革创新及新技术新业态新模式迸发的主要领域。

4. 低空基础设施

低空基础设施是开展低空飞行活动、发展低空经济的基石，包括起降设施、飞行保障设施、数据网络设施、试验验证设施等。

起降设施主要包括传统的通用机场及机场相关设施，如飞行场地、机库，以及垂直起降场地、移动机柜机巢、移动停机坪等新型基础设施；飞行保障设施包括空管导航设施、通信雷达设施、维修补能设施、驱鸟设施、起降引导设施、飞行助航设施、机场地面服务设施、安全保卫设施及飞行服务站等设施；数据网络设施包括 5G 基站、通信网络及算力等信息基础设施；试验验证设施包括试飞场地、试验台等。

垂直起降场地、机柜机巢、维修补能、试验验证、低空信息基础设施等新型基础设施，是低空经济未来发展的重要保障，也是低空产业发展的重要基础，但这些新的领域，很大程度上还需要进行新的规划和建设。

从航空器的角度看，低空经济产业生态有三个核心。一是传统通用航空产业。这一产业已经在全球发展超百年，虽然传统通航产业规模、发展速度、社会经济拉动作用不及预期，但它在应急救援、航空人才储备培养、警务航空等领域仍有不可替代的作用，是政府发展低空经济的重要抓手，也为众多低空经济业态发展提供必不可少的基础设施（如飞行服务站、无人机空域管控服务设施、通用机场等）。二是无人机产业，由民营企业占据主导地位，极具活力，在近 20 年内兴起发展、迅速壮大，盈利能力显著好于传统通航产业，资本机构和投资活动更加活跃，是低空经济中最具活力和盈利能力的组成部分。三是新兴的 eVTOL、UAM（城市空中交通）、SAM 等，采用新能源、自动驾驶、分布式推进等全新概念和技术，提供传统航空器无法实现的近似端到端、成本更低的出行服务，创造了新需求和新市场。在经历了对欧美发展经验的借鉴与反思、考虑了我国国情和产业基础之后，我国提出了与美国的 AAM 和欧洲的 IAM 理念不同的 SAM 概念，未来发展将更加强调智能化、网络中心化，这也将是中国特色 eVTOL 发展之路。这一行业刚刚兴起，无论在我国还是全球，都是航空业界、资本投资界最热门的领域，具备很大发展潜力和应用潜力。

（二）飞行运行及监管服务

低空飞行运行涉及飞行“人”“机”“环境”三大方面及多个要素，包括飞行活动四要素——飞行员或操控员，航空器，空域、机场，及基础设施等，以及运行相关要素，包括飞行规则、运行管理等。其中，航空器是飞行活动的工具 / 载具，“人”是飞行运行的责任主体和服务对象，飞行规则是保障飞行运行安全的根本。飞行运行及管理是牵引低空经济发展的动力，也是确保低空经济安全发展的核心内容。

低空产业与飞行运行两者并不是割裂的，而是紧密相关的。低空产业的发展支撑着低空运行及监管。正是因为有了新的技术突破以及相关的 5G、人工智能、新能源汽车等产业体系，低空经济才具备了大众普及和规模化发展的可能。随着数字技术的发展与深度融合，如何运用新技术实现安全高效的飞行运行及管理，已经成为低空经济领域研究的一项重大课题，也是低空经济高质量发展迫切需要解决的关键问题。这一过程将推动低空技术创新、突破、变革，形成新的产业业态、组织模式等，推动低空产业迈向高端化、智能化、绿色化，形成现代化产业体系，进而牵引并保障低空运行向智能化、网联化迈进，不断螺旋式上升，促使低空经济成为增长新引擎。

（三）低空现代化产业体系

现代化产业体系是现代化经济体系的重要内容和关键系统，是推进中国式现代化的物质基础。现代化产业体系具有完整性、先进性、安全性、协调性、包容性五个方面的特征。发展低空经济，也要形成具备这些特征的产业体系，包括在低空技术创新和产业创新、装备产品、应用场景、安全运行、监管服务、基础设施建设、法规标准、要素保障等方面，在低空经济全产业链方面，在低空企业培育、集群发展、跨界融合等生态建设方面，在政策支持和保障措施方面，完善体系建设，加快发展低空新质生产力。后续章节及内容，也都主要围绕低空经济产业链四个环节、低空产业及飞行运行两大方面、低空现代化产业体系建设等内容展开，并相互穿插，进行体系化阐述。

参考文献

［1］蔡宁．习近平关于科技创新重要论述研究［D］．北京：北方工业大学，2024.

［2］姜玉泉．“七位一体”推动低空经济万亿级市场爆发［J］．通信世界，2024（7）．

［3］鲁阳，杨敏，蒯洺妍．“低空经济”，清风徐来［J］．经理人，2024（5）．

［4］明慧．低空空域改革助力通用航空振翅腾飞［N］．中国改革报，2023-05-22（3）．

［5］覃睿．再论低空经济：概念定义与构成解析［J］．中国民航大学学报，2023，41（6）．

［6］王颖，王谋，印春峰．中国低空经济发展热现象下的冷思考

［J］. 中国工程咨询，2024（3）.

［7］吴法苓. 我国民用直升机制造业发展前景广阔［J］. 国际航空，1997（6）.

［8］习近平. 习近平谈治国理政（第三卷）［M］. 北京：外文出版社，2020.

［9］徐莎莎，李海军，何倩. “双循环”新发展格局下武汉通用航空产业体系构建研究［J］. 武汉社会科学，2022（3）.

［10］徐淑杰. 低空经济——资本市场的新焦点［J］. 空运商务，2012（18）.

［11］张新生，郑琼洁. 发展低空消费新业态的现实困境与实践进路［J］. 南京邮电大学学报（社会科学版），2024，26（3）.

［12］张旭. 低空空域开发现状与低空经济发展策略［J］. 中国航务周刊，2024（13）.

［13］中国科学院. 科技强国建设之路［M］. 北京：科学出版社，2019.

第二章

发展低空经济的重要意义

低空经济，是党和国家高度重视的战略性新兴产业，是新质生产力，是新的经济增长极和增长引擎。发展低空经济，具有十分重要的意义，对于国民经济和社会发展都具有重大的促进作用。

一、低空经济的战略作用

（一）为国民经济发展提供新动力

低空经济产业集群庞大、应用领域广泛、创新带动作用明显，对国民经济具有显著的拉动效应。国际经验表明，作为低空经济主导产业的通用航空业投入产出比为 1∶10、就业带动比为 1∶12。2023 年美国通用航空为美国 GDP 贡献了 1781 亿美元，约占美国经济比重的 0.64%，并带动 130 万人就业。如果我国低空经济规模达到国外传统通航发展水平，将极大地拉动制造、服务、金融、能源、文化旅游等相关产业提质增量发展。中国民航大学航空经济发展研究所（AIR）发布的《中国低空经济发展指数研究报告（2019—2023）》显示，2019 年和 2023 年中国低空经济发展指数分别为 100 和 328.35，增幅为 228%。其中，产业成长增幅为 157%，低空运营、飞行器制造和保障服务产业成长增幅分别为 31%、143% 和 206%；经济贡献增幅为 264%，GDP 类、就业类指标增幅分别为 299%、203%。可见，中国低空经济发展增幅（228%）明显大于同期国民经济增幅（30%），揭示了低空经济处于裂变式增长阶段；经济贡献增幅（264%）远大于产业成长增幅（157%），印证了低空产业经济带动特点，蕴含着巨大的经济社会效益。在国家大力支持及各方重视下，中国低空经济发展已按下“加速键”，有望在 2030 年形成万亿元级市场规模，将成为经济发展的新引擎。

（二）为改善民生福祉提供新手段

人民对美好生活的向往体现在追求更好的物质和精神文化生活、更高水平的医疗服务、更可靠的社会保障等各方面。发展低空经济，可有效促进公共服务高级化，可有效提升政府治理体系和治理能力现代化，为人民实现美好生活提供有效支撑。近年来，随着“政务无人机化”的加速发展，无人机在航空应急救援、医疗救护、政务执法等领域具有特殊的、不可替代的作用。公安系统已成为我国无人机保有量最大的行业之一，无人机数量从 2014 年不到 100 架快速发展到目前的万余架，在刑事侦查、治安管理、禁毒、交通管理等警务飞行任务中发挥着越来越大的特殊作用，为人民生产生活水平的提高提供了有效的助力和保障。

（三）为区域经济发展提供新空间

基于区域性、立体性特征，发展低空经济在我国当前优化区域经济布局、促进区域协调发展中无疑将发挥重要作用，打造区域经济新的增长点。低空经济能够加速推动区域经济由“平面”向“立体”模式转变，进一步提升协调联动水平。改革开放 40 多年来，铁路网、公路网和航空运输网相继为我国经济发展提供了重要支撑。低空经济将进一步丰富空地协同发展模式，拓展经济发展的空间维度和层次，推动区域经济全方位和立体化发展，打造协同互动、优势互补的空间经济新格局，为沿边开放开创新模式、开辟新领域，是融合区域内经济支柱产业与低空产业发展的新机遇、新途径。例如，通过发展低空物流、公务飞行、低空水域监测、公共管理和服务等，将对京津冀、长江经济带、粤港澳大湾区和长三角、成渝都市圈等区域发展产生极大的促进作用。

二、低空经济的美好前景

飞行是人类的梦想，随着航空科技日新月异、人们生活水平不断提高，低空经济发展将帮助更多的人实现飞天梦想。从交通方式来看，从步行到马车，再到汽车和火车的发展，人们交通出行只是二维空间速度和能源的变革。但低空产业的发展，不仅有能源方式从传统燃油向电动、新能源的转变，驾驶方式从有人到无人化，以及运行速度的变化，也有从二维平面向三维立体的空间跃升，推动人民生产生活主空间从地面向低空拓展。低空活动从传统作业延伸到生产生活各领域，是向天空要发展的实现，是空域资源的价值变现。特别是，依托我国在新能源技术、新一代信息技术方面的工业基础优势，规模庞大、丰富多样的低空应用场景优势，以及新型举国体制优势等，未来以无人机为主的低空装备将更加普适、泛在、多样，低空经济势必成为新的经济增长极。

当前来看，低空经济已被广泛认定为最可能像新能源汽车一样成为下一个“换道超车”的新领域、新赛道。城市空中交通又是低空经济领域中极其重要的业态，将成为直接推动低空经济跨越式发展的主力军。有关金融机构纷纷作出预测，全球城市空中交通会在2040年之前达到万亿美元规模，潜力巨大。中国、美国、欧盟、德国、英国、加拿大、日本、以色列、巴西等国家和地区普遍出台相关战略举措，构建低空经济版图，力图抢占发展制高点。

三、低空经济的时代要求

低空经济不是突然出现的，而是我国历经几十年通用航空业发展、空域改革和科学技术积累，多方因素叠加而推动的，是将技术与实体经济进行深度融合的新兴领域。发展低空经济，一是经济发展的现实要求。低空经济的高速发展，已成为我国重点打造的新增长引擎。低空经济作为新质生产力的典型代表，将传统二维地面经济拓展为三维立体经济，更加体现在与地面经济的深度融合，辐射带动了各领域的融合发展，有效解决了传统发展模式面临的瓶颈问题。二是技术革新的集中体现。新技术能够引领创造需求，当前，以无人驾驶、垂直起降为代表的低空经济，使低空出行的获取更加容易，可加速将航空活动范围由偏远机场、空旷上空等人口低密度区拓展到城市上空等人口高密度区，从运输航空的上万米高空出行下沉至3000米以内的低空大范围出行。而且，5G、北斗、大数据、云计算、人工智能等前沿技术集中应用在低空交通管理中，将加快推动以“电台+雷达”等有人为主的管控模式向无人驾驶、智能网联模式转变。三是融合发展的显著趋势。低空经济的发展不是孤立的，须与区域经济和数字经济充分结合。其中，与数字经济结合体现在低空经济成为产业数字化的重要领域，数字化贯穿低空制造、低空飞行、低空保障、综合服务各领域。四是产业绿色发展的新要求。碳约束时代“双碳”目标倒逼产业转型发展，主要大国围绕绿色低碳标准的博弈持续升级，相较于传统航空产业，我国在低空领域，以电动飞机为代表的新能源航空器正在加快推动低空产业转型升级，产业绿色低碳化发展程度越来越高。

当前，新一轮科技革命和产业变革正在重构全球创新版图，颠覆性技术革新时间大幅缩短，带来中国引领全球新一轮发展的重大战略机遇。低空经济既承继了传统通用航空业态，又融合了以无人机、eVTOL等为支撑的新型低空生产服务方式，将人工智能、信息技术、数字技术等前沿技术融合创新和集成应用，形成了一种容纳并推动多领域协调发展的极具活力和创造力的综合经济形态，成为全球产业重构的新赛道。以无人机为主导的低空经济不仅产生了量变，而且引领航空制造业在生产组织模式、产业生态、生产关系等方面发生了质变。航空制造业的生产组织模式正在从项目型向批量型转变，主制造商—供应商的产业关系将重塑，高水平专业化配套公司将更具话语权，例如，机型按照电池、卫星通信等来设计。以往研发一款航空器，往往需要耗费数年甚至十几年时间，而现在的无人机，仅仅需要几个月就可以更新换代，模块化批量化供应将更加普遍。除了制造领域，低空经济也在低空飞行、低空保障、低空管控等方面对传统固化的模式提出了新挑战、推动了新变革。低空经济引领的变革，促使航空产业更加开放，技术创新更加活跃，带动作用更加明显。人类工业革命进程表明，交通、能源及通信技术的变革，往往是推动产业革命的主动力。结合低空经济的特点来看，新型低空飞行器就是交通革命、能源革命与信息技术革命相结合的时代产物，具有颠覆性作用。

参考文献

[1] 陈海涛，丁志龙，刘永粤．警用无人机实战应用技战法探究[J]．山东警察学院学报，2023，35（2）．

[2] 郭辰阳，敖万忠，吕宜宏．充分把握发展机遇，加快推进低空经济高质量发展[J]．财经界，2022（25）．

[3] 韩玮，江红玲，闫卉．打造低空经济等若干战略性新兴产业及建议[J]．现代国企研究，2024（6）．

[4] 郝照平．为加快发展新质生产力贡献航空工业力量[J]．智慧中国，2024（4）．

［5］雷童尧 . 我国低空经济发展现状、制约因素及对策建议［J］. 新西部，2024（5）.

［6］李凯，丁晓宇，吴沂宁 .eVTOL 航空器研制现状及发展趋势［J］. 民航管理，2023（12）.

［7］沈映春 . 低空经济："飞"出新赛道［J］. 人民论坛，2024（8）.

［8］王卉 . 发展通用航空对海南地区经济影响分析［J］. 科技展望，2014（19）.

［9］徐政，郑霖豪，程梦瑶 . 新质生产力赋能高质量发展的内在逻辑与实践构想［J］. 当代经济研究，2023（11）.

产业篇

第三章
传统通用航空

传统通用航空产业是低空经济发展前半场的主要产业形态，具有技术和应用成熟、监管运行体系完善、以美欧为引领等特点。传统通用航空成熟的监管体系、运行模式、产业形态及发展经验对于低空经济后半场具有重要的参考借鉴意义。

一、全球通用航空产业发展现状

（一）总体情况

目前，全球通用航空呈现以美洲为首、欧洲次之、亚洲追赶的总体态势。截至目前，全球约有 44 万架通用飞机，其中约 21 万架在美国，13 万架在欧洲。美洲以北美的美国和加拿大、南美的巴西为代表，在 20 世纪就已经形成成熟的通航产业体系和政策法规制度，涌现出以德事隆集团、庞巴迪公司、巴西航空工业为代表的整机制造龙头企业，有着成熟的运营和应用市场。欧洲的法国、德国、英国、意大利等同样具有完善的通航产业链，拥有空中客车、罗尔斯·罗伊斯（简称罗罗）、钻石（奥地利）飞机等知名企业，产品享誉全球。同时，欧洲地区国家在公务机、私人直升机飞行及航空应急救援等应用领域发展较好。亚洲传统通航产业基础相对薄弱，与欧美地区具有较大差距。此外，澳大利亚作为连接东西方世界的桥梁，其通航产业在客货运输、农林作业、公务飞行等方面具有一定的市场规模，已经成为亚太地区最发达、最成熟的市场之一（见图 3–1）。

在制造方面，全球通用航空器制造交付数量比较稳定，近几年呈现缓慢增长的趋势。目前全球每年交付各类通用航空器 3000~4100 架，交付金额为 270 亿美元左右（见图 3–2）。

按照所使用发动机类型，通用航空器一般分为活塞、涡（轮螺旋）

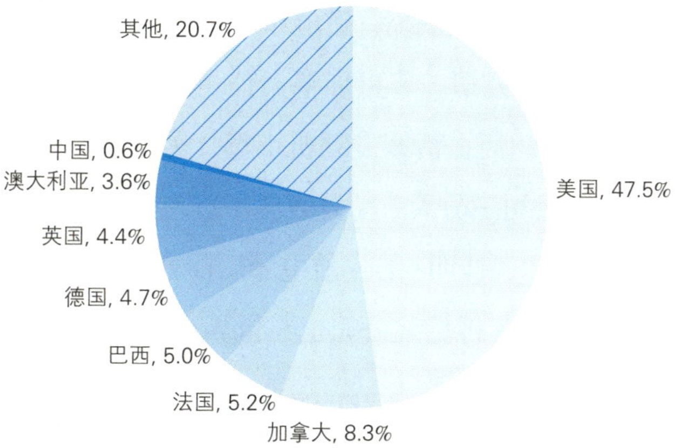

图 3-1 全球通用飞机存量区域分布

资料来源：GAMA。

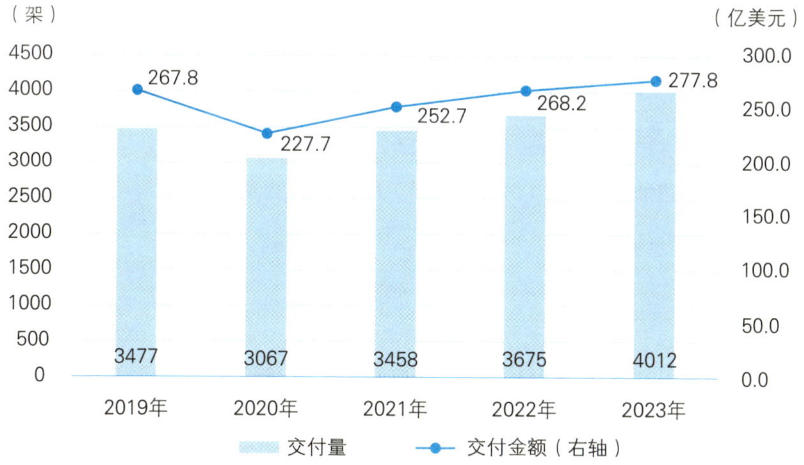

图 3-2 2019—2023 年全球通用航空器交付量及交付金额

资料来源：GAMA。

桨、涡（轮风）扇飞机和活塞、涡（轮）轴直升机。从市场结构看，每个细分市场均呈现寡头垄断的情况。由于航空器所具有的系统复杂、可靠性高等特点，世界各国、各地区的通用航空制造业发展并不平衡，以美国为首的发达国家掌握着世界上最先进的通用航空研发制造技术，每年全球半数以上的新交付通用航空器来自美国威奇托市的几家厂商。除整机制造，美国的航空动力系统、航电系统、机载设备等制造能力也世界领先，美国霍尼韦尔公司、普惠加拿大公司涡桨发动机几乎占据世界80%~90%的市场份额；而在活塞发动机市场，美国莱康明公司、大陆公司以及奥地利Rotax公司三分天下（见表3–1）。在航电系统领域，洛克韦尔·柯林斯、霍尼韦尔、佳明、L–3航电等厂商处于行业主导地位。哈策尔、麦考利、森森尼奇等螺旋桨公司也在世界市场中处于绝对优势地位。

表3–1 全球中小型民用航空发动机主要生产商及产品

类别	主要生产商	主要产品	功率/推力范围
民用涡轴发动机	赛峰直升机发动机公司	阿赫耶（Arriel）系列发动机 阿蒂丹（Ardiden）系列发动机 马基拉（Makila）系列发动机	450~1600千瓦
	普惠加拿大公司	PT6B/C系列发动机	400~1400千瓦
	罗罗公司	250–C系列发动机	200~500千瓦
民用涡桨发动机	普惠加拿大公司	PT6A、PW100系列发动机	350~4000千瓦
	罗罗公司	AE2100、T501系列发动机	2400~4000千瓦
	CE公司	CT7系列发动机	1200~1500千瓦
	霍尼韦尔公司	TPE331系列发动机	500~1300千瓦
民用涡扇发动机	普惠加拿大公司	JT15D系列发动机	1000~15000牛
		PW300/500/600系列发动机	4000~35000牛
	GE公司	CF34系列发动机	40000~80000牛
	霍尼韦尔公司	HTF7000系列发动机	27000~33000牛
民用活塞发动机	莱康明公司	IO–360/540系列发动机	100~250千瓦
	Rotax公司	Rotax582/912系列发动机	40~100千瓦
	大陆公司	O–200、TSIO–550系列发动机	70~230千瓦

资料来源：全球通用航空动力竞争格局和产业版图。

在运营方面，各国通过政策扶持、技术创新、人才培养、文化引领等阶段的发展，建立符合本国国情的特色应用。例如，美国孕育了以私人飞行为主的产业形态体系，空域管理、运营保障、机场建设都是围绕私人飞行服务，是世界最大的通用航空消费国；德国建立了全球最完善的航空医疗救护网络，与地面救护体系共同形成一个覆盖全国的有机整体。作为新兴经济体的巴西，通用航空活动以公务飞行和短途运输为主，形成了覆盖全国特别是热带雨林地区的空中交通网络，促进了巴西综合交通运输的发展。

在保障方面，使用便捷的低空空域、网络密布的通用机场和完善高效的飞行服务体系是通用航空发达国家的共性特点。由于国情差异，各国空域管理不尽相同，但其共性特征包括以下五点：有专为通用航空划设的空域类别，有切实有效的军民空域协调机制或机构，有广覆盖和信息化的航空情报体系及飞行服务体系，建立了分级管理的通用机场体系，构建了网络化的基础设施等。

（二）各类型通用航空器制造情况

1. 通用飞机

全球通用飞机主要在美国生产。根据 GAMA 统计，2023 年，在全球交付的 3050 架通用飞机中，由美国制造的有 2104 架，占比约 69%，其中美国生产的活塞类通用飞机总量为 1136 架，包括单发活塞飞机 1113 架（全球占比为 73.8%），双发活塞飞机产量为 23 架（全球占比为 14.5%），涡桨飞机总量为 475 架（全球占比为 74.5%），公务喷气机总量为 493 架（全球占比为 67.5%）。

（1）活塞式飞机

GAMA 数据显示，2012—2023 年，全球活塞式飞机累计交付 1.46 万架，交付总金额为 74.24 亿美元（不含 2023 年数据，见图 3-3）。

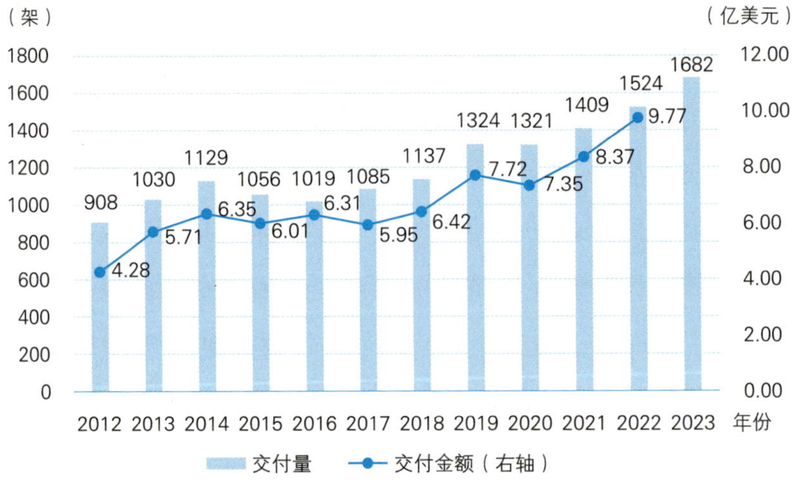

图 3-3 全球活塞式飞机交付情况

资料来源：GAMA。

从交付去向来看，北美地区依然是最主要的市场，2023 年，北美市场占全球活塞类通用飞机交付量的 77.1%；其次是欧洲，占比为 9.5%；再次是亚太地区，占比为 7.2%。

按制造商分类，2023 年交付量位居前列的制造商包括：西锐、德事隆航空（塞斯纳飞机）、钻石飞机公司、泰克南飞机公司、派珀飞机公司等，累计交付量均在 1500 架以上。

按机型分类，近十年累计交付量居前十位的机型主要有西锐 SR22T、SR22、SR20，塞斯纳 C172S，钻石 DA-40、DA-42 等机型。

（2）涡桨式飞机

GAMA 数据显示，2012—2023 年，全球涡桨式飞机累计交付 6850 架，价值 191.4 亿美元（不含 2023 年数据，见图 3-4）。

北美地区涡桨飞机采购量占全球交付量的 53.6%；其次是欧洲，占比为 16.9%；再次是拉丁美洲地区，占比为 16%。

按制造商分类，交付量位居前列的制造商包括：空中拖拉机公

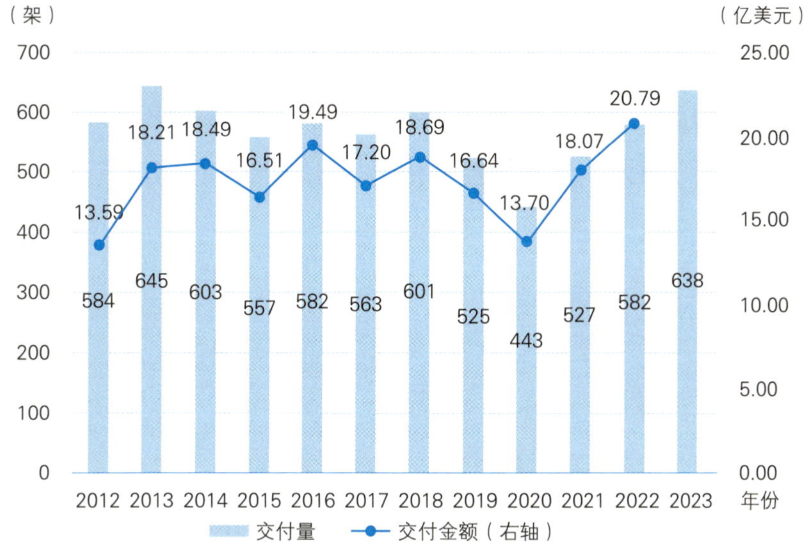

图 3-4 全球涡桨式飞机交付情况

资料来源：GAMA。

司（Air Tractor）、德事隆航空（比奇飞机、塞斯纳飞机）、皮拉图斯（Pilatus）、法国达赫公司（Daher）、派珀飞机公司等。

按机型分类，近十年累计交付量居前十位的机型分别为：PC-12、C208、空中国王 350、AT-502B、AT-802A、空中国王 B200、PA-46-500TP、Kodiak100、PA-46-600TP、AT-402B。

（3）喷气式飞机

GAMA 数据显示，2012—2023 年，全球喷气式飞机累计交付 8436 架，价值 2145 亿美元（不含 2023 年数据，见图 3-5）。

从交付去向来看，北美地区居全球首位，其次是欧洲、亚太地区。从增长趋势来看，北美在全球的比重呈上升趋势，而亚太地区、拉丁美洲地区占比波动性较大。2023 年，北美市场占全球喷气式飞机交付量的 74.9%，欧洲占比为 12.1%，亚太地区占比为 5.5%。

从品牌来看，塞斯纳交付的喷气式公务机数量最多，2023 年共交付了168架奖状系列公务机，含奖状CJ3、奖状CJ4、奖状XLS、奖状君主、奖状X，以上几款公务机座位数在12人以下，属于小型公务机。庞巴迪交付数量为138架，主要有挑战者及环球快车系列，位居第二。巴航工业交付了115架，超越湾流交付量（111架），位居第三。

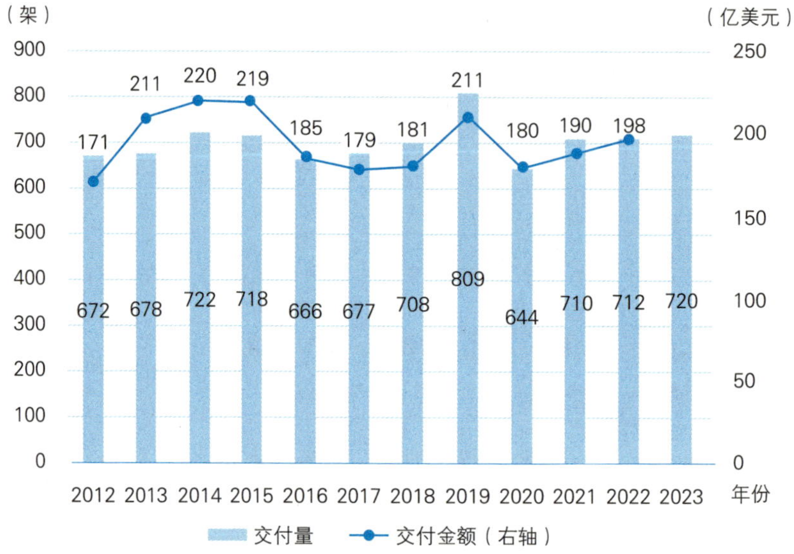

图3–5 全球喷气式飞机交付情况

资料来源：GAMA。

从机型来看，SF50是交付数量最多的机型。自2016年开始交付以来，西锐公司的SF50 Vision飞机交付量令人瞩目，2023年交付96架，同比增长6架。该机型的航程约2200千米，座位数在7个左右，其整机降落伞带来的安全性和约100万美元的价格使其受到公务机市场的欢迎。此外，巴航工业交付了54架飞鸿300E轻型喷气式飞机、塞斯纳交付了41架奖状君主双发涡扇公务机。

2. 民用直升机

GAMA数据显示，2012—2023年，全球民用直升机累计交付1.21万架，价值511亿美元（不含2023年数据，见图3–6）。

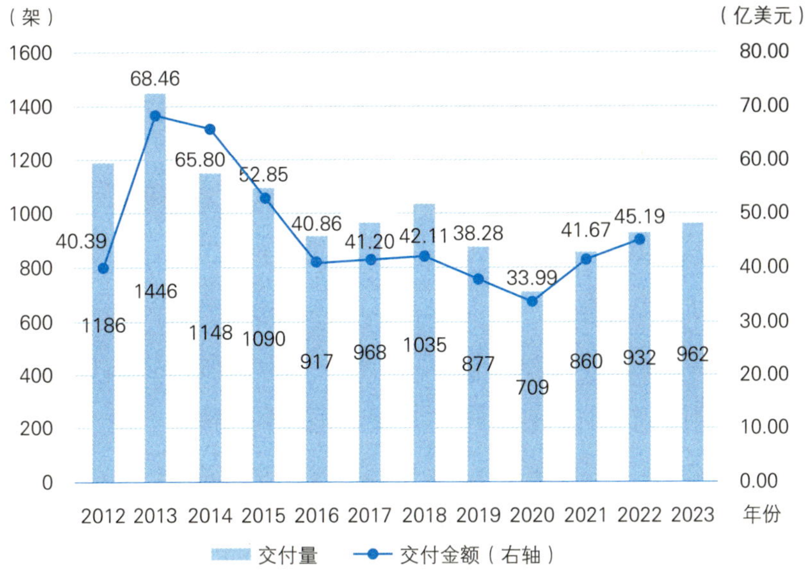

图 3-6 全球民用直升机交付情况

资料来源：GAMA。

2023 年，空客直升机公司共交付 327 架民用直升机，占全球直升机交付量 32.8% 的份额，维持其市场第一的地位。罗宾逊公司共交付 296 架，占据 30.7% 的市场份额。贝尔和莱昂纳多分别交付 171 架和 113 架（莱昂纳多不包含第四季度数据）。

二、主要发达国家通航产业状况

（一）美国

美国是全球范围内通航产业发展最早的国家，发达的通航制造业、完善的保障体系、成熟的空域管理制度、多元化的市场需求、优秀的飞行培训体系、健全的法律制度是美国通航产业得以飞速发展并领先世界的主要原因。从基础数据看，在航空器数量、种类、飞行小时数、通用机场数、对于国内生产总值（GDP）的贡献量等方面，美国较其他国家领先很多。据 GAMA 统计（2023 年数据），美国通用航空产业带动了 130 万人就业，产值 3392 亿美元，通航产业对其国内生产总值（GDP）的贡献达到人均 529 美元，平均每个工作岗位创造 2.6 个就业机会[①]。美国拥有全球最大的通用航空市场和最发达的通用航空产业体系，拥有 2 万多个机场、3000 多家固定基地运营商、70 多万名飞行员，各项均为世界之最。

事实上，美国通用航空自诞生以来，并未保持持续的快速增长态势。美国通用航空制造业在 1978 年达到顶峰，1980 年之后交付量和产值出现大滑坡，交付量从 1978 年的 17811 架降低到 1983 年的 2691 架，到 1992—1994 年三年美国通用飞机交付量不足 1000 架。1980 年是美国通用航空飞行量的高点，一般运行飞行业务量达到 3640 万小时，其后大幅下滑到 1994 年的 2220 万小时，目前基本维持在这一水平。1994 年美国国会颁布的《通用航空振兴法案（GARA）》让通用航空制造业恢复一些生机，通用航空器交付量从 1994 年的 929 架增长到 2007 年的 3279 架。此后，美国大力支持通用航空发展，出台了一系列项目支持计划，但这些项目对于美国通航的复兴作用有限。2010—2019 年，美国通用航空器年均交付量只有 1500 架，与高峰期年交付量 1.7 万架相比降低了 90% 以上。

目前，美国通用航空器已覆盖活塞式、涡桨式、涡喷式通用飞机，旋翼机，滑翔机，试验机，轻型运动类飞机等全系列多品种，主要用于个人飞行、公务包机、教学飞行等，其中个人飞行占比 60% 以上（见表 3-2）。根据 GAMA 预计，到 2028 年，美国通用飞机总量将稳定在 21 万架左右。

---

① 数据来自普华永道会计师事务所（Pricewaterhouse Coopers，PwC）调研报告《2023 年通用航空对美国经济的贡献》。

表 3-2　美国通用飞机的主要用途

主要用途	个人飞行	公务包机	教学飞行	空中的士	空中救援	旅游观光	其他
数量（架）	143178	26496	16976	6315	2129	1583	15072
占比	67.6%	12.5%	8.0%	3.0%	1.0%	0.7%	7.1%

注：数据采用 2018 年数据。因数据进行了四舍五入，可能加总数据不是 100%，以下同。
资料来源：GAMA。

（二）欧洲

欧洲的通航制造业处于世界领先地位，有很多优秀的飞机制造企业，但机载设备制造商相对较少，配套能力较弱，总体来说，欧洲的通航产业规模略逊于美国。

在活塞式飞机市场，欧洲产品的占有量呈现逐年升高的趋势，全球占比从 2008 年的 14.5% 升高到 2020 年的 37.8%，这主要归功于一批杰出的活塞式通用飞机制造商，包括奥地利的钻石飞机工业有限公司、意大利的泰克南公司、德国的飞行设计公司和 Extra Aircraft 公司等。在涡桨式飞机市场，近年来欧洲产品的出货量占比基本维持在 20%~40%，知名的涡桨式飞机制造商有法国的达赫（Daher）集团、瑞士的皮拉图斯飞机制造有限公司、意大利的比亚乔集团等。欧洲在涡扇喷气公务机领域一直表现不佳，市场占有率维持在 10% 左右，这是因为喷气公务机市场一直被美国的德事隆集团、湾流宇航公司、加拿大的庞巴迪公司和巴西的巴航工业公司控制，欧洲具备生产涡扇式公务机能力的整机制造商包括法国的达索集团、瑞士的皮拉图斯飞机制造有限公司以及空中客车有限公司。

（三）加拿大

加拿大是全球通航产业最为发达的国家之一，具有良好的产业发展基础和开放的飞行环境。作为美国邻国，其产业发展的驱动要素与美国类似，通航产业的大力发展伴随着政府支持、机场建设、飞行员培训和基础设施等方面的提升。

在第二次世界大战之后的几十年间，加拿大通航产业经历了快速增长期，通用飞机总数从20世纪50年代初的2000多架增长到20世纪80年代的近30000架，年均增长率超9%，飞机总数以及人均拥有数量均位列世界前三。加拿大通航产业在第二次世界大战之后的稳定增长持续到1990年前后，这一阶段主要以超轻型飞机增加为主，其数量由1282架增加至3363架，增长至近3倍。1991—2000年，加拿大通航产业陷入停滞阶段，很大原因要归咎于其邻国美国通航产业在此阶段的没落。为了振兴通航产业，加拿大政府重视技术革新，从顶层设计推动通航产业发展，2001—2014年，加拿大通航产业经历快速增长阶段，通用飞机总数由28493架增加至36374架，年均增长率约为1.76%。

近年来，虽然加拿大通航市场依然在不断增长，但增长速度逐渐下滑，2015年至今年均增长率仅为0.3%（见图3-7）。

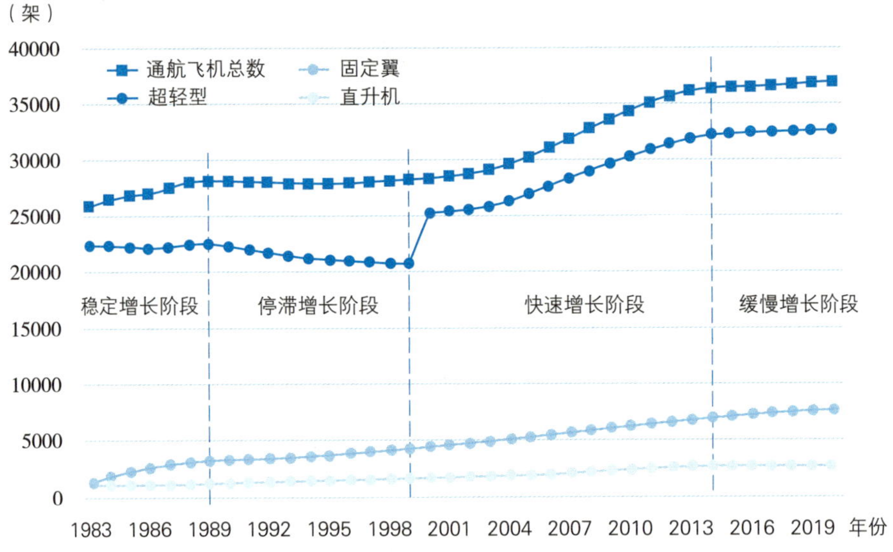

图3-7 1983—2019年加拿大通用飞机数量变化

资料来源：GAMA。

（四）巴西

巴西通航产业在 20 世纪 60—90 年代进入高速增长阶段，通用飞机数量从不足 2000 架增长到近 1 万架，年均增长率超 5%。2010 年以来，巴西通航市场呈现稳定增长的趋势。近 20 年，通用飞机总数由 14217 架增加到 22219 架，年均增长 2.3%；实验类飞机总数由 3152 架增加到 5665 架，年均增长近 3.0%，主要包括超轻型、热气球、旋翼机和实验类固定翼等；认证类飞机总数由 11065 架增加到 16554 架，年均增长 2.0%。

（五）其他国家和地区

英国是世界航空工业强国，通用航空制造业有过辉煌的历史。其中，罗尔斯·罗伊斯是世界上最重要的民用和军用发动机制造商之一，出产用于喷气式公务机和通用飞机 / 直升机的涡扇、涡桨和涡轴发动机；道蒂公司是世界最重要的大功率螺旋桨供应商之一；穆格公司是飞控系统及部件制造商；史密斯航空航天公司是世界上重要的航电和飞机系统设备厂商；伊派科集团是重要的飞机内饰和座椅供应商，此外还有多家小功率活塞发动机公司。

法国是世界上少数几个拥有完整航空工业体系的国家之一，作为其整个航空工业体系的一部分，该国的通用航空制造业也非常发达。达索是法国最负盛名也是世界排名靠前的喷气式公务机厂商，其“猎鹰”系列喷气式公务机享誉世界。达赫（Daher）也是比较重要的通用飞机制造商，主要产品为 TBM700/850/900 系列六 / 七座单发涡桨高端私人飞机 / 公务机。兰斯飞机公司（现为 GECI 的子公司）曾经大量生产塞斯纳单发飞机，目前的产品为 F406 十座双发涡桨多用途飞机。在航空动力方面，法国的斯奈克玛公司已经把产品扩展到喷气式公务机领域，SMA 发动机公司生产世界领先的航空柴油发动机，另外还有多家小功率活塞发动机和螺旋桨企业，如JPX、Vija、e-Props等。泰雷兹和赛峰都是世界级航电和机载设备供应商，它们有很多产品应用于通用飞机。卓达（Zodiac）是世界重要的飞机系统设备、座舱内饰和救生设备供应商，其产品广泛用于喷气式公务机和通用飞机。梅西埃-道蒂公司则是世界级起落架制造商，能为多款喷气式公务机提供起落架。圣戈班苏利公司是重要的舷窗/风挡玻璃供应商。拉蒂考公司则大量承担喷气式公务机的部件和电缆制造工作，是十分专业的民机部件转包商。

德国在第二次世界大战（以下简称“二战”）后航空工业基础被破坏，但20世纪50年代后期开始有所恢复，逐步建立起较为完整的航空工业体系，并重新达到国际领先水平。其通用航空制造业也得到了较好发展，代表性机型是道尼尔Do28、128、228系列高性能飞机。此外，德国在滑翔机、动力滑翔机、小型通用飞机领域也堪称世界领先。

意大利的航空工业整体实力也比较强，目前拥有莱昂纳多、比亚乔宇航、泰克南、Vulcanair、SG Aviation等约30家通用飞机/直升机企业。比较知名的飞机产品有比亚乔P180、泰克南P2006等。在直升机领域，莱昂纳多公司近年来在民用直升机新产品开发、技术创新领域方面的成绩卓著，AW139/189等极具竞争力的新产品成功赢得市场。

捷克的通用飞机技术很先进，尤其是超轻型/轻型运动飞机性能优异，大量出口到世界各地。爱维特飞机公司是发展比较好的公司，飞机产品从EV-97单发活塞双座超轻型飞机开始，实现系列化改型发展。该公司与布尔诺大学联合研制了VUT100系列单发活塞四座飞机，目前正在研制EV-55十座双发涡桨多用途飞机。值得一提的是，捷克轻型飞机协会很活跃，对推动捷克通用航空发展起到了举足轻重的作用。

奥地利通航制造业的代表企业是钻石飞机公司和小功率活塞发动机制造商 Rotax。钻石飞机公司 20 世纪 80 年代从全复合材料动力滑翔机开始，发展出系列通用飞机产品，在市场销售方面取得较大成功，目前已被中国浙江的万丰航空工业有限公司整体收购。Rotax 发动机公司是世界第一大小功率活塞发动机制造商，产品在世界市场上占有很大的份额。

三、发达国家通航产业经验启示

（一）特殊历史机遇造就

以美国为例，美国通用航空的快速崛起有其自身的特殊历史背景：20 世纪 50 年代之前，通用航空常被称为私人飞行。通用航空是美国军事航空和商业航空的起源，美国航空业的发展史可以追溯到 1903 年莱特兄弟飞机试飞。当时，全球航空业刚刚起步，私人飞行是航空业的主要形式。随着飞机性能逐步稳定，军方关注到飞机在战争中的巨大优势，将飞机引入军事领域。两次世界大战期间，大量民营飞机制造企业参与军机制造，大量军机需求推动了飞机制造工艺技术进步，积累了大量成熟的产业工人和成熟飞行员，在技术、产品、运营、管理等多方面推动航空产业快速发展。“二战”以后，美国将 85% 的空域划归民用，1958 年美国颁布《联邦航空法》，成立美国联邦航空管理局，并陆续修建小机场。另外，“二战”结束后，大量飞行员涌入通航产业。充沛的飞行员供给、产业政策的支持以及空域的放开推动美国通航产业保持了近 30 年的稳定增长。根据 GAMA 数据，1946—1980 年，美国通用航空机队从 7.6 万架增长到 21.1 万架，年均增长近 4000 架。

当前，我国正处于低空经济发展的重要机遇期，政策大力支持、监管加速改革、技术密集创新、产业快速增长，我国正展现出低空经济发展的雄心与决心。

（二）政策法规大力支持

世界通用航空强国的成功经验表明，健全和完善的法律法规体系是通用航空产业持续、快速发展的动力，是营造良好产业环境的保障。完善的法规政策能够为通航的发展提供有利环境，从而保障产业创新发展，但过于严格且烦琐的审批程序一定程度上阻碍了通用航空的快速发展。

仍以美国为例，在美国通用航空发展历程中，曾有许多标志性的事件，其中不乏法规政策的变动，对美国通用航空发展起到了正面或负面的影响。美国针对第一次世界大战（以下简称“一战”）后一些富有创新冒险精神的人想开飞机、想用飞机的需求，出台首个航空业管理法案《空中商务条例》，促进飞行；“二战”后又为大量退役老兵支付飞行培训费用，以此维持飞行活跃程度，促进制造、飞行、维修等产业快速发展。1970 年颁布的《机场和航线发展法》、1978 年颁布的《航空公司放松管制法》，极大地促进了通航企业和个人的热情，是 20 世纪 70 年代美国通航产业蓬勃发展的关键因素。到了 20 世纪 80 年代，受飞机老化导致的产品责任诉讼问题影响，美国通航产业呈现衰退趋势。因美国严格推行产品责任法，通用航空制造商频繁成为诉讼对象，高昂的诉讼费用和被动提高的产品责任保险费用，最终导致美国通航产业规模大幅萎缩。为此，美国国会于 1994 年通过了《通用航空振兴法案（GARA）》，其核心内容即为通用飞机的产品责任规定了除斥期间，将飞机制造商的责任限制于产品交付后 18 年内，即在通用飞机售出 18 年后，任何人不得就该航空器发生事故所造成的损失，向航空器或其零部件制造商提起民事诉讼。该法案的出台，极大地激发了通航制造业的热情，使更多企业重新投身制造业中，重振了美国通航制造业，帮助美国在 20 世纪后期逐渐恢复了其在国际通用飞机的主要供应商地位。21 世纪以来，受“9・11”事件、世界经济危机影响，通用飞机年交付量出现大幅下降。美国于 2013 年出台《小型飞机振兴法案》，推动降低新飞机引进和现有飞机（包括航电等设备）改造升级成本，有效遏制了通航产业的持续衰退。

此外，美国对于机场、空域的支持，也对其通航产业的发展起到了促进作用。如“一战”后美国政府修建了大量通用机场，战后转为民用继续使用。政府早期的航空邮政服务、政府对机场等基础设施的补贴以及 20 世纪 30 年代开始的飞行员培训计划也为通用航空发展提供了助力。

当前，我国低空经济新兴领域主要处于培育发展期，例如，eVTOL 属于幼稚产业，更需要政策引导和支持。

（三）市场需求牵引带动

通用航空产业的发展受市场影响最为直接，我国通航产业发展迟缓，一直被认为是市场开发不足，没有找到适合国情特点的市场。发达国家如美国的通航产业，市场影响十分明显，“二战”后美国通航快速发展的市场影响主要体现在以下四个方面：一是军方退役飞行员源源不断进入通航产业，带来培训、飞行等大量需求；二是战后经济繁荣支持了市场需求增长；三是由于大多数机场不缴纳管理费用，通航运营的成本较低，市场需求将更容易释放；四是积累的产能和超额生产的飞机，降低了航空价格，同时促进制造商推动飞行培训的宣传，航空文化的影响也在一定程度上带来了市场需求。与此同时，澳大利亚发展飞行培训、欧洲发展直升机和公务机，也是市场带动最充分的体现。

当前，受无人化、电动化、智能化网联等技术的发展和推动，大规模物流配送、空中交通等市场应用场景得以开发，庞大的市场需求能够释放，低空经济展现出巨大的增长潜力，这也是我国低空经济发展面临的一个良好契机。

（四）经济水平支撑保障

经济发展水平是影响行业市场的重要因素，一定的经济发展水平是通用航空器研制应用的前提条件。国际经验表明，人均国内生产总值（GDP）在1000美元以内时，消费以家电、自行车等为主；人均GDP超过2000美元时，开始消费家庭汽车；人均GDP超过4000美元时，飞机将进入家庭，通用航空将进入快速发展阶段；当人均GDP超过8000美元的时候，公务机及私人飞机将占到通用航空消费的60%以上（见图3–8）。

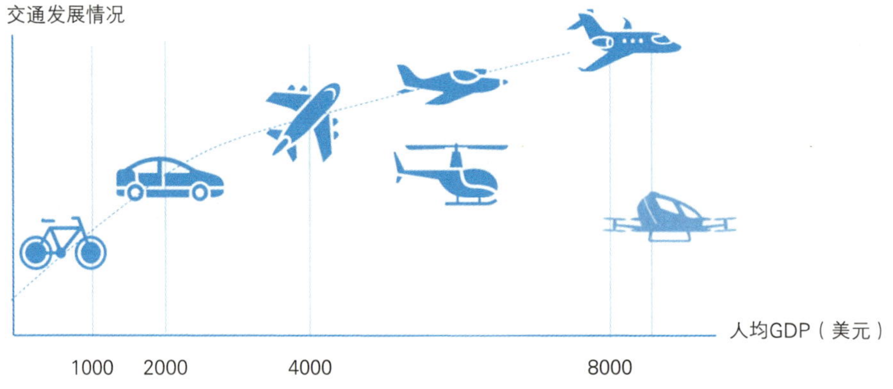

图3–8　经济发展水平与交通发展情况的关系

资料来源：根据相关资料整理绘制。

经济水平的支撑保障充分体现在推动通航消费更加高端化、高价值化。例如，1992—2019年，美国通用航空器交付数量降低时，交付金额却从1992年的18.4亿美元大幅增长到2019年的139.7亿美元。这表明单个航空器的价值在增加，通用航空从满足个人飞行的中低端航空器向高端航空器（如喷气式公务机）发展，这成为通用航空制造商的主要收入来源，美国通用航空开始走向高端化与精英化（见图 3–9）。

同样，无人机特别是城市空中交通、eVTOL 等，是产业高端化智能化的先进领域，应有相应的经济水平来支撑。目前，低空飞行体验票价在 10 分钟 1000 元左右，价格仍相对较高，但已被一些人接受。

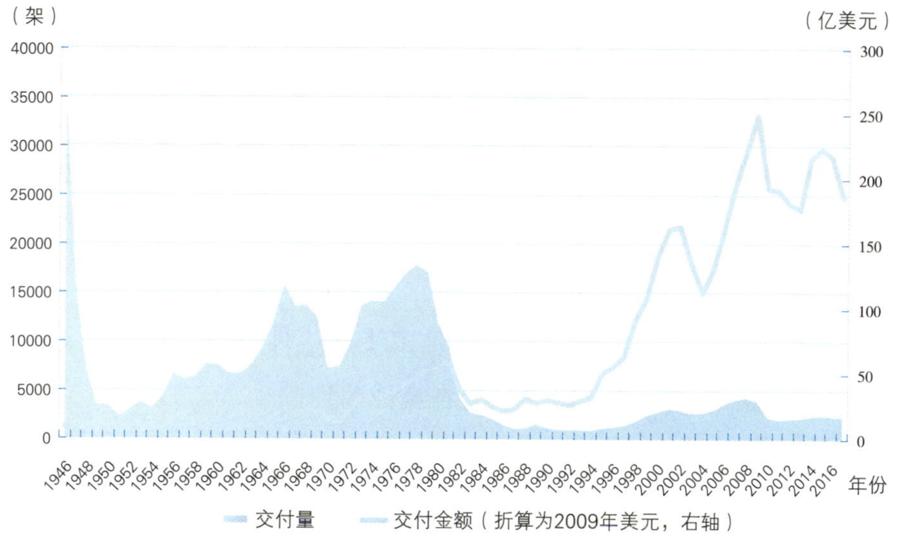

图 3–9 美国通用航空器历年交付量及交付金额

资料来源：GAMA。

（五）技术进步推动发展

技术创新是欧美国家和地区通航产业发展的重要保障。美国研究表明，通航发展速度放缓的根本原因是技术创新放缓阻碍了通航向大众化普及。通用航空要实现规模化发展，必须突破技术、运行、公共关系以及安全的瓶颈，其中技术创新是最关键的驱动因素。美国政府在其通航发展的早中期，持续营造技术创新氛围，鼓励和支持其通用航空企业技术创新，通过“绿色研发”补贴等创新奖励政策，鼓励企业不断加大科技创新投入力度，既遵守了 WTO 有关规定，又为传统通用航空企业的技术创新营造了良好的市场氛围。此后，美国相继出台“先进通用航空运输设备（AGATE）提案”、通用航空动力项目（GAP）、小型航空器运输系统项目以及新一代航空运输系统项目等，大力支持通航产业技术创新。然而，从近二三十年的发展可知，由于通用航空领域技术迭代更新放缓，导致制造商不愿在通用航空器研发领域给予过多投入，因此美国通用航空器在近些年实际上没有本质的技术代际升级。与此同时，驾驶飞机仍然很复杂，大量的训练要求制约了飞行员人数的增长，这些因素限制了规模和创新，使个人交通的航空无法大规模推行，最终导致传统技术无法支持通用航空成为满足个人航空市场需求的产品。

因此，美国在先进空中交通发展中注意到了这一点，开始通过各项政策和手段支持企业创新，正是由于有这种创新的环境，美国在 eVTOL 研制领域才相当活跃，已走在全球前列。

技术进步对通航产业的影响还体现在人才方面。专业技术人员是发展通用航空产业的基础和关键。美国国内的高等院校普遍开设有航空专业，全美各州也都设有航空专业技术学院，美国民间教育体系可根据市场需求和企业需求制定针对性的教育培训方案，满足通用航空企业专门人才的培养需求；巴西成立专门的空管人员培训学校，成为国际民航组织委托的面向南美、非洲地区多个国家培训空管人员的学校。当前，我国在低空经济人才培养方面也在加大支持力度，一些专业院校专门开设了低空经济、无人驾驶航空器系统工程等专业，如北京航空航天大学、中国民用航空飞行学院、南京航空航天大学、电子科技大学、中国民航大学、江西飞行学院等，国家在职业技能人才中也充分考虑了低空经济方向的人才设置，我国低空经济发展正面临着良好的人才环境。

（六）社会文化作用明显

航空文化对通用航空产业的发展也具有显著的影响，传统通航发达的国家一般都有着深厚的航空文化基础。但文化的不同影响发展理念，发展模式也有不同。美国具有深厚的航空文化基础，由于“二战”及特殊历史形成的航空文化氛围成为美国传统通航发展最肥沃的土壤。美国充分利用通用航空群众性、大众化特征，不断培育发展航空文化，将广大航空爱好者等大众变为国家航空产业发展的主体和推动者。每年7月底，在美国威斯康星奥什科什州举办的EAA飞来者大会吸引了超过60万人、上万架飞机云集。除了EAA大会外，还有在美国佛罗里达州举办的国际飞行大会、在德国腓特烈港举办的AERO航展等全球著名的通用航空展会。除了世界级通用航空展会，在欧美国家还有众多的地区级/社区级航空会展或航空节会活动。航空会展活动是展现航空文化的重要载体，航空博物馆则是常态化的航空文化园地。在通用航空发达的国家有为数众多的航空博物馆，包括国家航空博物馆及州省级、社区级及私人航空博物馆。此外，航空科普也是发达国家通航产业发展的一大助力。

由此可见，在低空经济发展的阶段，重视航空文化的作用，不仅能提供文化环境氛围、提升大众认知和技能水平，而且航空文化本身也是一个巨大产业，是低空经济发展的基础。

四、我国传统通用航空产业现状

（一）发展现状

近年来，我国通用航空产业总体呈现快速发展态势，通航制造、运营企业数量、机队规模和飞行总量稳步增长，无人机产业快速发展，成为增长最快的新兴业态之一。

经过多年发展，我国已具备了研制生产多种型号直升机、轻型运动飞机、多用途飞机、特种飞行器等能力，建立了应急救援航空装备体系，培育了一批整机制造企业，形成了各具特点、优势互补的通用航空器研制生产和运营服务基地。目前，我国通用航空器共有 70 余款。其中，固定翼飞机有近 50 款。从通用航空产品取证情况上看，共有 70 多款产品（含发动机、螺旋桨等）获得中国民航 TC 证（型号合格证），20 多款产品获得 VTC 证（型号认可证），130 多款产品获得 PC 证（生产许可证）。

截至 2023 年底，全国经营性通用航空企业达到 679 家，非经营性备案的单位（个人）40 家 / 人（见图 3–10），无人机运营企业超过 1.98 万家；有人驾驶航空器（含固定翼、直升机、超轻型飞机及其他类型航空器等）达到 3468 架，企业注册的经营性无人机达到 29.22 万架；2023 年，有人驾驶航空器飞行总量超过 137 万小时（见图 3–11），同比增长 12.4%；民航局 UTMISS 系统登记的无人机飞行总量超过 2000 万小时[①]。

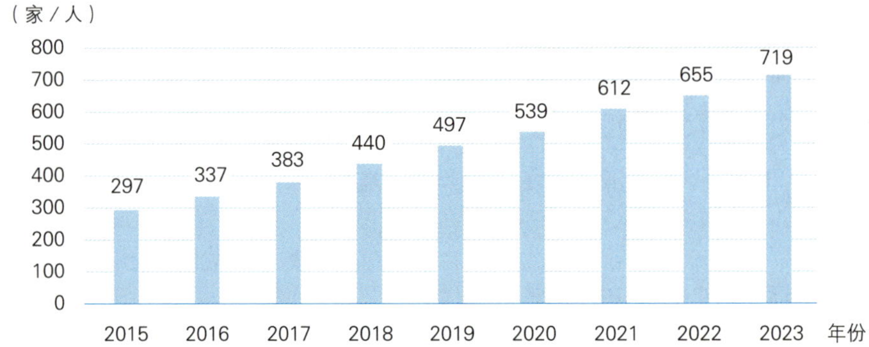

图 3–10　2015—2023 年通航企业和非经营性备案单位（个人）数量增长情况（合计）

资料来源：《中国民用航空统计年鉴》、通用航空管理系统。

① 数据来自《中国民用航空统计年鉴》、通用航空管理系统。

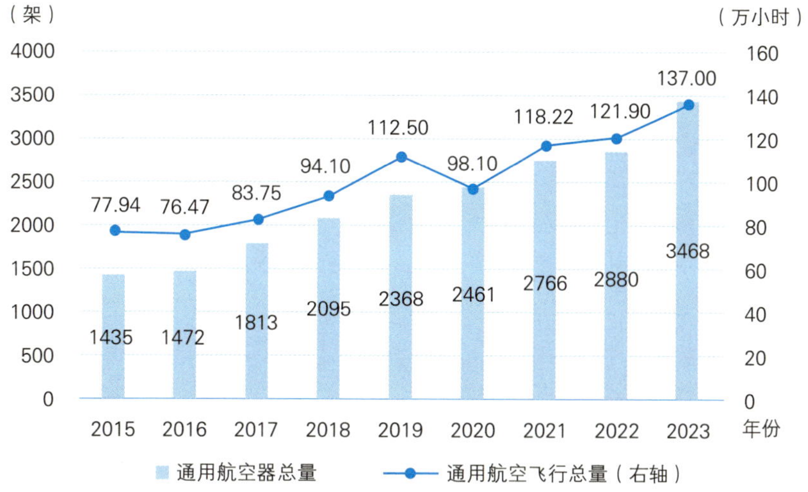

图 3-11 通用航空器（有人驾驶）总量及飞行总量增长情况

资料来源：《中国民用航空统计年鉴》、通用航空管理系统。

从业务结构看，执照培训仍然占据飞行量的主体，占比达到62.5%。以空中旅游、高空跳伞等为代表的面向大众消费的飞行业务发展迅速，通用航空正在逐渐从专业作业飞行向大众化服务转变。

从航空器增长情况看，“十三五”以来，我国处于运行状态的航空器数量保持了11.56%的年均增速，平均每年增长222架。固定翼飞机、直升机、运动类/特种飞行器/其他类型航空器平均每年分别增加117架、79架、26架，年均增速分别为9.85%、12.13%、36.18%。

（二）发展特点与存在问题

1. 我国通用航空正在经历从专业作业向大众化服务的转变

新中国成立以来，我国通用航空经历了70多年的发展历程。从不同历史阶段通用航空发展速度来看，我国通用航空大体经历了起步发展期（1949—1959年，年均增速达到42.4%）、发展低潮期（1960—1971年，受自然灾害等影响，飞行总量年均增速几乎为0）、恢复发展期（1972—1991年，年均增速约为3%）、市场化改革期（1992—2002

年，年均增速约为 3.3%）以及较快发展期（2003—2022 年，年均增速约为 12.3%，见图 3–12）。

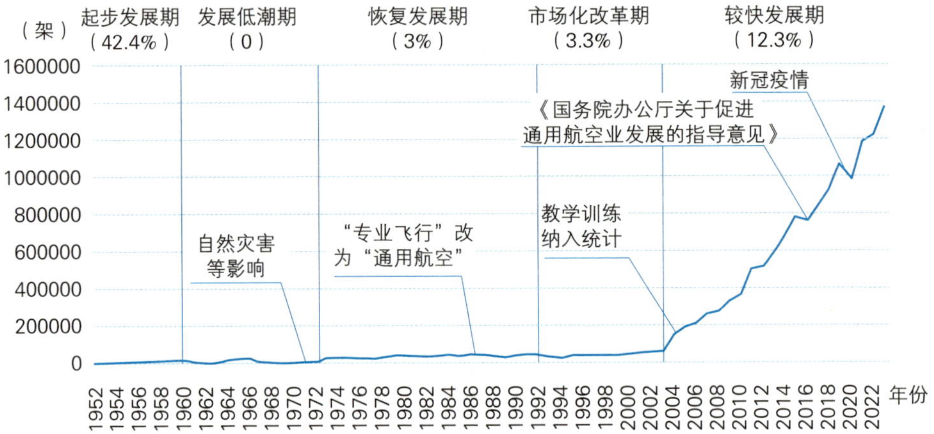

图 3–12 我国通用航空发展历程（1952—2022 年）

资料来源：根据相关资料整理绘制。

在 70 多年的发展历程中，我国通用航空经历了从专业作业向大众化发展的开端，标志之一是 1986 年通用航空的专业术语从“专业飞行”改为“通用航空”。在此之前，通用航空飞行主要集中在专业的工农林业飞行，主要服务于我国经济建设；在此之后，通用航空开始向更广范围的作业领域发展，应急救援、空中旅游、公务航空、短途运输、跳伞飞行、医疗救护等服务社会公共服务和大众消费的业态开始出现。通用航空作业领域的扩展，预示着通用航空的服务对象从第一产业和第二产业扩展到第三产业，逐步成为服务我国经济建设和社会发展的一个更加综合性、多元化工具。

2. 服务领域的拓展使通用航空市场结构开始演变

2010 年之前，我国通用航空的主要服务领域为工业、农林业以及民航的人才培养，因此工业作业、农林作业和培训飞行这三类业务合计占到了飞行总量的 91.5%。2010 年之后，随着通用航空在交通运输、大众消费、应急救援等领域的应用不断增加，特别是随着《国务院办公厅关于促进通用航空业发展的指导意见》及民航局《新时代民航强国建设行动纲要》等系列政策文件提出要“构筑功能完善的通用航空体系”，空中旅游、短途运输、医疗救护、应急救援等业态实现较快发展，通用航空服务第三产业的飞行量比例逐渐增加。2023 年，我国通用航空交通运输类飞行（以短途运输、公务航空、包机飞行为主）市场占比达到 2%，大众消费类飞行（以空中旅游、跳伞飞行、个人娱乐飞行为主）市场占比达到 3.3%（见图 3–13）。2017—2021 年，我国空中旅游载客量扩大 50 倍，跳伞飞行服务载客量扩大近 70 倍，运动类执照数量年均增长 14.8%，全国航空飞行营地超过 400 个，这反映了通用航空在大众化发展过程中市场结构的变化趋势。

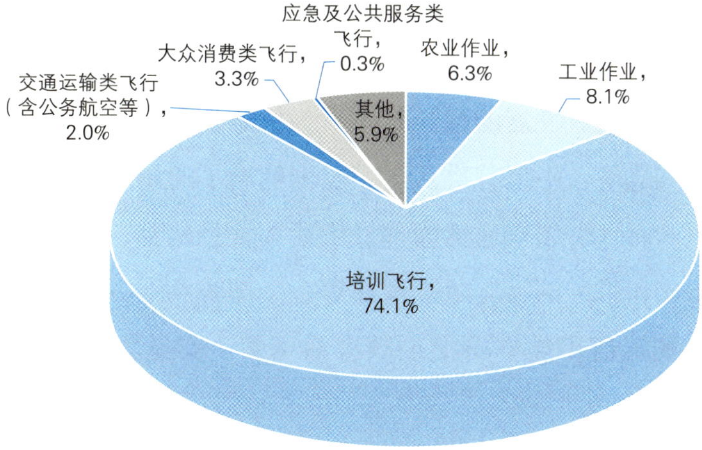

图 3–13 2023 年我国通用航空市场结构

资料来源：中国民航局网站、中国民航网。

需要注意的是，当前我国通用航空的大众化发展水平仍然处于起步阶段。例如，2023 年我国空中旅游载客量为 59.6 万人次，同期我国旅游业共接待 48.91 亿人次，巨大的市场潜力尚未转化为通航市场现实需求；2023 年我国通用航空短途运输及包机飞行等载客类业务共运输

8.06 万人次，仅占我国综合立体交通全年旅客运输量的 0.001%，通用航空的交通运输功能小到几乎可以忽略。

3. 政策始终是通航发展的驱动力之一，但政策实施效果需要总结分析

如果从 1996 年中国民航局党委印发的《关于发展通用航空若干问题的决定》算起，我国通用航空的政策体系建设迄今历经 29 年，大体可分为两个阶段。第一阶段是 2016 年之前，在此阶段除了国家和相关部委出台的政策外，例如，2010 年国务院、中央军委印发的《关于深化我国低空空域管理改革的意见》、2012 年国务院印发的《国家航空应急救援体系“十二五”建设规划》，行业政策以民航局出台的系列政策为主：2009 年的《关于加快通用航空发展的措施》、2010 年的《建设民航强国的战略构想》、2012 年的《通用航空发展专项资金管理暂行办法》等。第二阶段是 2016 年之后，以《国务院办公厅关于促进通用航空业发展的指导意见》为标志，通用航空发展开始逐渐上升为国家战略，不仅首次从国家层面明确了通用航空的战略性新兴产业地位，而且引领交通运输部、工业和信息化部、国家卫生健康委员会、文化和旅游部、应急管理部等多个部委及地方政府出台系列政策，进入我国通用航空历史上频次最密集、支持力度最大的政策发布期。

回顾近年来这些支持政策，其实施效果需要总结。如果单从行业规模看，这些政策的确对行业发展起到了助推作用，但也并未达到预计的“爆发式增长”效果。例如，2011—2015 年，我国通用航空飞行总量年均增速为 8.75%，但 2016—2023 年，我国通用航空飞行总量年均增速仅为 8.7%，甚至略有下降。如果不考虑新冠疫情的影响，疫情前 2016—2019 年年均增速为 11.67%，虽比 2016 年之前增长快，但也

远未达到此前民航强国战略提出的 19% 的年均增速目标。这表明政策的出台对于行业发展的确具有助推作用，但行业发展并不是政策这一种因素所能决定的，还受到其他多种因素的综合影响。

4. 高成本始终是制约我国通用航空大众化发展的重要因素

我国通用航空在政策强刺激下也未能出现“爆发式增长”，其原因是多方面的，其中较为重要的一个因素是当前我国通用航空的成本和支付价格仍然较高。以空中旅游为例，这是一类典型的面向大众消费的细分市场。当前我国空中旅游产品的价格大致行情是 100 元 / 分钟，即一个 10 分钟左右的主流空中旅游产品的市场价格一般为 1000 元左右。但在 2023 年，我国旅游市场总收入为 4.91 万亿元，共接待 48.91 亿人次，人均贡献 1004 元，也就是说，一个空中旅游产品的价格就相当于平均每个人每年所有的旅游支出，这个价格水平对于我国旅游市场而言显然是过高的。

我国通用航空高成本的原因是多方面的，一是来自航空器的成本。据统计，在我国运行的通用航空器中，仅有 1/4~1/3 为国内研制产品，大部分为进口航空器。通航企业在引进航空器的时候，需要支付较高的价格，而且在后期的维修维护中，发动机等关键部件需要返厂维修，这无疑推高了通用航空器整个寿命周期的成本。二是运营保障体系尚不健全，例如，航油保障体系、维修体系等仍然不能满足行业发展需要，在尚未实现规模化发展的前提下，通航企业只能付出较高的运营成本。三是我国通用机场的建设成本仍然较高。当前，各地通用机场在规划建设时经常存在贪大求全的问题，通用机场建设规模和标准过高，给后期的运营和投资回收带来很大压力。近年来，国内新建的通用机场大都投资额度较高（超过 5 亿元），但通用航空的运营需求并不饱和，导致机场资源存在闲置情况。截至 2023 年底，我国

A类和B类通用机场合计有449个，但其中水上机场、草地跑道机场等低成本通用机场仅为个位数，在未来的通用机场建设中，特别需要在满足安全保障标准的前提下，提倡通用机场的低成本建设、低成本运营。

总结我国传统通航发展落后的原因，主要在于安全监管责任、航空文化基础等，这决定了美欧传统通航发展模式在我国难以复制。因此，我国低空经济发展亟待寻找并完善更加适合我国国情的模式。

参考文献

［1］李广春．空中交通管理基础［M］．北京：电子工业出版社，2023.

［2］刘凡．我国空域管理体制的现状分析与对策研究［D］．上海：上海交通大学，2012.

［3］吕人力，于一，沈振．中国通用航空蓝皮书中国通用航空业研究报告（2015–2016）［M］．北京：中国民航出版社，2016.

［4］欧阳杰．中国通用机场规划建设与运营管理［M］．北京：航空工业出版社，2016.

［5］平安银行交通金融事业部，中国城市临空经济研究中心．经济新常态下的中国通用航空产业发展研究［M］．北京：中国民航出版社，2015.

［6］曾光，许自豪，吴颖．国内航空小镇规划建设经验及其对江西的启示［J］．城市，2017（12）.

［7］赵玮萍．中国民航业管制制度变迁研究［D］．沈阳：东北大学，2012.

［8］中国民用航空局．“十四五”通用航空发展专项规划［EB/OL］．

［9］Anna Straubinger，Raoul Rothfeld，Michael Shamiyeh，Kai-Daniel Büchter，Jochen Kaiser，Kay Olaf Plotner.An overview of current research and developments in urban air mobility - Setting the scene for UAM introduction［J］. Journal of Air Transport Management，87（2020）.

［10］FAA.National Aviation Research Plan(FY 2024-2028)［R］.2023.

第四章

新兴低空产业

新兴低空产业主要涉及无人机、eVTOL及其电推进系统、飞控系统等方面，国内外在这些方面发展不一，但都十分重视。总体而言，全球低空经济呈现传统通航稳步发展、新通航活力迸发的态势。新技术、新产品不断涌现，应用领域越发广泛，全球主要国家均在新兴低空产业领域进行积极布局，以无人机、eVTOL、飞行汽车等为主的领域已成为竞争的焦点，各国展现出不同的优势和特点。

一、总体概况

目前，在全球范围内，美国凭借庞大的通用航空产业及附属行业积累了丰富的航空经验，特别是在飞行器设计、空中交通管理等领域具备较大优势。美国在通用航空和低空经济领域培育了一批优秀的企业。政策利好、空域开放、金融创新环境优等因素为美国奠定了领先地位。美欧已在eVTOL领域走在前列，并且通过制定法案、发布标准路线图、颁布优先事项及愿景战略等大力推进。美国提出，2028年前实现无人机、eVTOL等规模化运营。欧洲国家在低空产业的布局也较为领先，以法国、德国等为代表的未来交通产业发展迅猛，已经初步形成完备的低空经济产业链。日本在空中交通领域的布局较早，其颁布了《航空脱碳化新技术路线图》与《增长战略跟进计划》，丰田等日本知名车企也早就在低空产业领域布局。韩国政府提出了K–UAM概念，制定了一系列城市空中交通路线图及计划，用以支持从2025年开始的eVTOL商业化运营。我国在民用无人机特别是轻小型无人机领域具有领先优势，在eVTOL领域也有较好的优势，已处于世界前列且具备“换道超车”的条件，低空经济发展后劲足（见图4–1）。

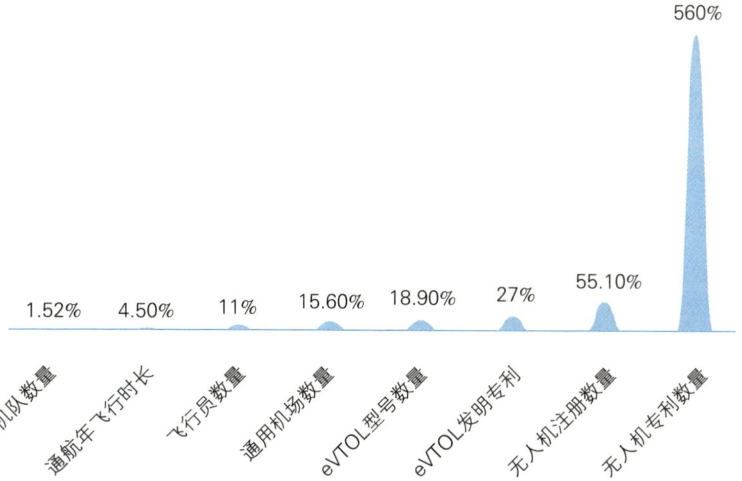

图 4–1 中美低空产业相关数据对比

资料来源：根据《2024 中国低空经济行业研究报告》（亿欧智库）等相关资料整理。

近年来，在空域政策、行业政策、经济政策的多重加持和推动下，我国低空经济正处于发展的快车道，已经具备较好的发展基础，呈现四个特点。

一是规模增长率高。赛迪研究院《中国低空经济发展研究报告（2024）》显示，2023 年我国低空经济总体规模为 5059.5 亿元，增速高达 33.8%（见图 4–2），其中低空制造与低空运营合计占比接近 55%。以无人化、电动化、智能化为主要发展方向的低空经济得到快速发

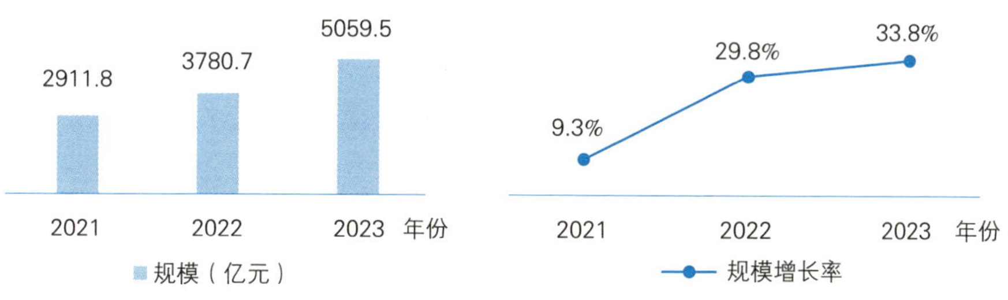

图 4–2 2021—2023 年中国低空经济规模与增长率

资料来源：赛迪研究院，《中国低空经济发展研究报告（2024）》。

展，有人机经济规模年均增长率在10%左右，无人机经济规模更是呈高速发展态势，已广泛覆盖我国20个大类行业、近300种细分应用场景，且仍在持续拓展中。可以说，无人机的迅猛发展为低空经济发展注入了强劲动力。

二是科技创新活跃度高。发明专利数量是反映科技创新活跃度的一个重要指标，相关数据显示，我国低空经济领域发明专利申请公开量由2014年的852件增长至2023年的14134件，民用无人机近三年持续保持超万件发明专利申请公开量。截至2024年6月，全国低空经济企业授权专利总量共277147件。在研发机构方面，全国低空经济产业现有省级及以上研究机构近千家，其中工程研究中心数量最多，占比约45%。凭借技术引领，同时借助新型举国体制优势，我国在新能源航空器、eVTOL、飞行汽车等新兴领域加快发展和追赶。

三是行业覆盖面广。低空经济服务领域持续拓展，支撑产业转型升级和降本增效作用持续增强，正在深度融入国民经济和社会发展的各个领域。在生产作业类、公共服务类低空飞行服务中，工具“无人机化”、服务“无人机化”正加速推进，支撑应用场景向无人化、数字化、网络化、智能化方向发展。此外，个人娱乐飞行、空中旅游、低空物流、城市空中交通、eVTOL等航空消费类场景正在呈现出快速发展态势。天眼查数据显示，截至目前，我国与“低空经济”相关企业有近7万家，涉及低空经济产业链及相关行业的各个方面。国家低空经济融合创新研究中心《中国上市及新三板挂牌公司低空经济发展报告（2024）》显示，2023年，中国上市及新三板挂牌公司中，与低空经济相关的公司共有324家，其中有低空业务营业收入的有42家，2023年低空业务总收入434亿元，仍以有人机业务为主，占比高达83.6%。此外，据统计，低空经济相关的专精特新企业有273家、国家高新技术企业1597家。

四是地方发展各具特色。相关报告显示，我国低空经济已形成了各具特点的发展格局。在低空飞行器制造方面，广东、四川、江苏等依托深圳、自贡、南京、苏州等地制造业基础，以无人机为主的低空装备市场规模占全国比例超过95%；在低空运营方面，山东、四川、新疆等省（自治区）借助省（自治区）内多个飞行学院（校），飞行架次等指标领先全国；在低空保障服务方面，广东、海南、山东等地提供充裕资源，新业态新模式亮点鲜明。江苏、浙江依靠零部件配套及民营经济活跃优势，积极承接长三角乃至全国的低空科技研发成果并快速产业化；北京发挥科技创新和政策标准引领优势，大力发展低空技术产业；上海凭借大飞机制造的技术溢出效应，带动低空研发创新、金融租赁等快速增长；深圳依托低空管理改革创新，在无人机全产业链方面走在前列；东北发挥大规模农林植保应用、合肥发挥全空间无人体系场景示范、天津发挥环渤海地域优势等，加快发展低空经济。《城市低空经济“链接力”指数报告（2024）》显示，深圳、北京、上海、成都、西安、武汉、广州、南京和苏州等城市是目前低空经济企业主要的聚集城市，并且北京在企业聚集度、资本活跃度和创新聚集度指标上领跑全国，深圳则在环境友好度上居全国第一。

二、无人机

（一）国内外发展情况

1. 全球无人机产业快速增长

近年来，全球民用无人机产业快速发展，民用无人机市场规模不断扩大，应用领域持续拓展，服务保障日益完善，对经济社会发展的支撑带动作用越来越强。根据无人机行业领域著名咨询机构 Drone Industry Insight（DII）数据，2022 年全球民用无人机产业市场规模约为 304 亿美元，比上年年均增长 15.6%，预计到 2026 年将达到 413 亿美元，年复合增长率约为 8%（见图 4–3）。根据 Frost & Sullivan 测算，近十年，国际市场无人机投资规模年均复合增长率达到了 60% 以上，体现出快速增长的潜力。

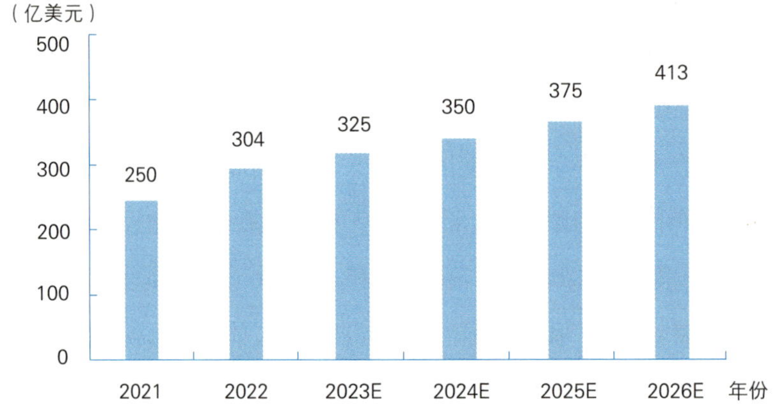

图 4–3　全球民用无人机市场规模

资料来源：根据 Drone Industry Insight、东莞证券研究所、安邦智库（ANBOUND）整理。

根据 DII 数据，全球无人机市场增速前三的地区分别为亚洲、北美和欧洲，2022 年增速分别为 11.9%、8.1% 和 6.8%，亚洲无人机市场持续保持高景气。中国是消费级无人机主要制造国，美国、亚太（中、日、韩）、欧洲（德、英、法、意）是工业级无人机的三个主要制造市场。中国、美国、法国、德国、以色列五个区域研发创新能力世界领先。美国是无人机技术开发和应用的主要国家，美国军方和各行各业一直在使用无人机，其工业级无人机投资同样活跃。欧洲国家也一直在将无人机用于农业、环境监测等，无人机操作的法规和标准在持续发展。其中，德国、奥地利、瑞士等制造业优势已延续到了无人机领域，比如，活塞发动机技术演进为汽油或重油航空发动机、飞行汽车和无人机实现共性发展等。亚太市场上，中国已成为无人机市场的重要参与者，无论是在生产制造还是商业应用方面均处于引领地位。日本、韩国等国工业级无人机发展势头强劲，印度、澳大利亚等国一直在探索无人机在农业、采矿、搜救等方面的应用，政府也一直在制定法规，以支持无人机行业的发展。东南亚是当今全球人口结构最年轻、经济最具活力的区域之一，其中印度尼西亚是拥有超过 1.4 万个岛屿的群岛国家，无人机在这种水陆交通效率不高的区域优势凸显。此外，拉丁美洲、中东及非洲对无人机技术在各种应用上的兴趣也日益浓厚，显示出良好的增长潜力。例如，巴西近两年农业无人机得到了很大的推广应用。

2. 美欧无人机市场逐步成熟

在无人机产业领域，欧美发达国家扮演着无人机主要市场用户的角色。美国无人机市场发展较早，无人机已广泛应用于美国的消费娱乐、警用安防、政务服务、能源巡检、建筑监测等各个方面。美国从 2015 年开始实施无人机注册登记制度，要求 250 克以上的无人机都需要到 FAA 注册登记。在娱乐 / 模型无人机方面，美国的注册规则是注册娱乐运营商，但不是每架飞机都要登记，即登记数量与无人机并不是一一对应的。据 FAA 统计，截至 2023 年底，美国累计注册的娱乐 / 模型无人机运营商约有 154.2 万家（见图 4–4），大约拥有 176.7 万架无人机。但实际上，美国有效在册 / 活跃的娱乐无人机数量约为 557300 架，预计 2028 年这一数量将达到 628800 架。根据美国 FAA 再授权法案，要求所有娱乐无人机飞行人员必须通过航空知识和安全测试（TRUST）。截至 2023 年 12 月，美国约 646000 名娱乐飞行人员完成了 TRUST 测试认证。

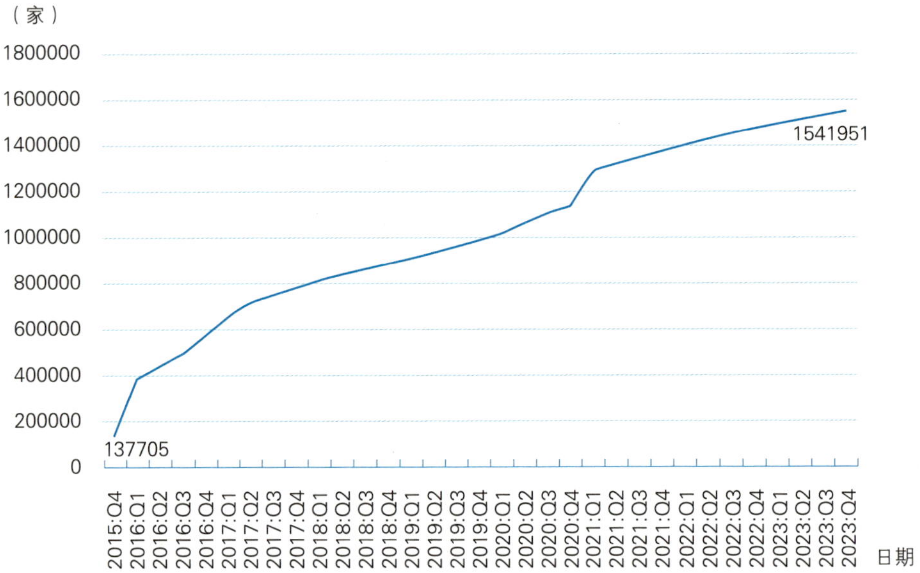

图 4–4　按季度 / 年的美国娱乐 / 模型无人机运营商累计注册数量

资料来源：FAA，《航空航天 2024—2044 财年预测》。

与娱乐 / 模型无人机注册规则不同，商业无人机要求所有者注册每架小型无人机，从而在注册数量和无人机之间建立一一的对应关系。截至 2023 年底，美国有 115000 多家商业运营商累计注册了超 84.2 万架商用无人机（自 2016 年 4 月以来）。其中，活跃注册数量约 36.1 万架，每月平均注册数量约 10000 架，这表明美国商业小型无人机行业仍充满活力。特别是在美国允许小型无人机夜间飞行及制定远程识别规定之后，行业表现出更强增长势头。到 2028 年，商用无人机数量或将超过 100 万架，达到约 112.2 万架。

美国将商业无人机分为消费级和专业级，其中消费级无人机通常是指价格低于 10000 美元的无人机。目前，消费级无人机在商业无人机领域占据主导地位，市场份额接近 90%。但随着各类商业应用的成熟和行业整合，消费级商业无人机的市场份额可能会下降（见图 4–5）。

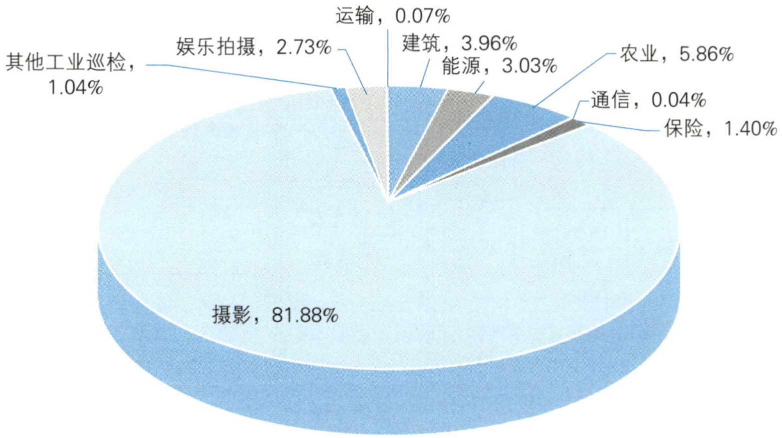

图 4-5 美国消费级商业无人机应用分类

注：图中数据包含 107 部注册数量和娱乐无人机注册数量。

资料来源：FAA《航空航天 2024—2044 财年预测》。

其中，尽管物流运输无人机数量较少，但美国政府大力支持，未来增长潜力巨大。

此外，截至 2023 年底，美国远程无人机运营人注册数量为 36.9 万人，大型无人机在册数量为 2311 架，随着“44807 豁免”的推进，预计 2028 年将达到 24000 架。2023 年，美国进口无人机 77.6 万架，其中从马来西亚进口 62.5 万架。

国外无人机应用市场不断成熟的另一个表现在于，无人机应用服务占比相当高。DII 对其跟踪研究的 1000 多家无人机相关企业进行了评估并绘制了产业链图（见图 4-6），结果表明从事无人机应用服务的企业数量占到了将近 2/5。实际上，DII 数据表明，无人机应用服务市场已经占到了整个无人机市场规模的 70% 以上。其中，截至 2022 年底，全球前三大无人机行业应用分别为能源（14%）、建筑（12%）和农业（9%），前三种应用方式为测绘（34%）、侦查（24%）和航拍（10%）。

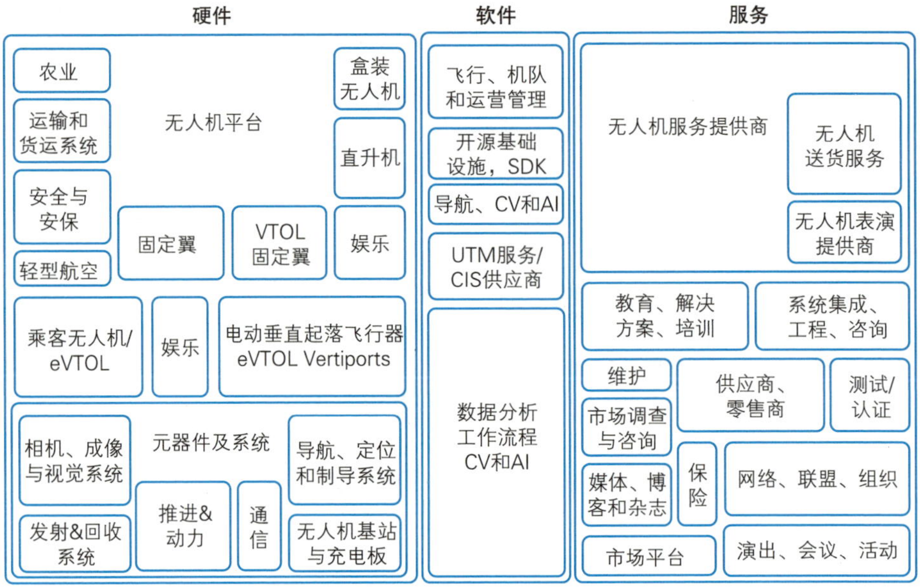

图 4-6 无人机产业链分布

资料来源：Drone Industry Insight。

3. 我国无人机产业优势明显

我国无人机产业在国家政策引导及支持下，适应全球发展趋势，取得了长足发展。民用无人机产业规模不断扩大，2023 年，我国无人机产品交付 322 万架，实现产值 321 亿元，消费级民用无人机已占全球市场 70% 以上，工业级无人机市场份额也达到 68%。海关数据显示，2024 年，我国出口无人机 372.34 万架（同比增长 33.3%），出口金额 159.93 亿元（同比增长 20.8%），其中对美欧出口金额占比近 60%。全国民用无人机生产企业超过 700 家，产品超两千种。截至 2023 年底，全国实名登记民用无人驾驶航空器达到 126.7 万架，型号达 3000 个，无人机操控员执照已颁发超过 19 万本，全国注册无人机运营企业已达 1.9 万家。2024 年新增注册无人机 110.3 万架，飞行 2666 万小时。我国有着丰富的无人机市场应用场景，农林植保、巡线巡检等传统作业不断拓展，应急救援、物流配送、城市空中交通等加快试点推广，无人机注册数量、运营企业数、飞行小时数、操控员执照数量等，都保持年均 30% 以上的速度增长，均已远超传统通航。2023 年，我国民用无人机市场规模约为 1500 亿元（见图 4–7），同比增速达 25%。

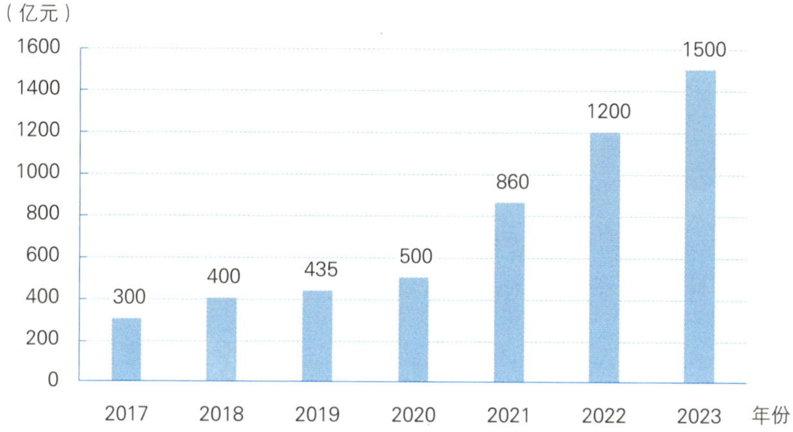

图 4–7　2017—2023 年我国民用无人机市场规模

资料来源：行业调研数据。

民用无人机技术水平不断提高，中国已成为全球第一大技术来源国。近年来，美国凭借波音、洛克希德·马丁等技术积累优势，在军用无人机技术研发方面走在前列，而我国在民用无人机领域，逐步形成了以大疆创新为引领的世界领先的技术实力。据统计，我国无人机专利申请量占全球无人机专利总申请量的 70% 以上，是美国的 5.6 倍（见图 4–8），大疆创新的无人机专利申请量是波音公司的约 7.5 倍。目前，我国电动轻小型无人机各部件均可自产，已形成完善的、技术水平世界先进的供应链体系，电池电机、数据链路、应用软件、有效载荷等具有较为领先的技术储备。中国民航局已为多个民用无人机颁发了适航资质，包含全球首张载人及货运无人驾驶 eVTOL、大疆植保无人机，以及天域鸿雁（HY100）、航天飞鹏 FH–98 等。

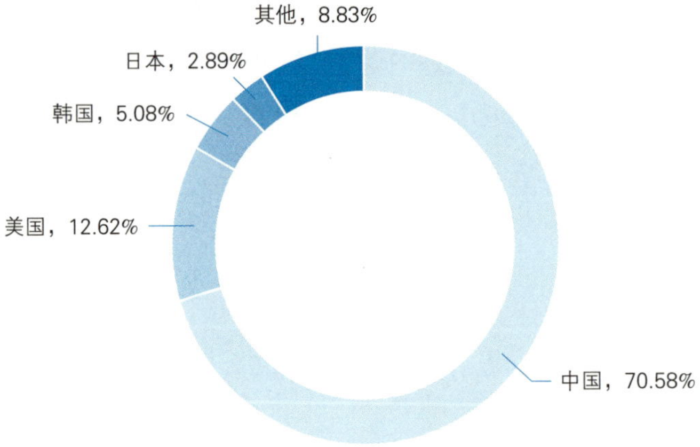

图 4-8 全球无人机行业技术来源国分布情况

资料来源：根据前瞻产业研究院相关资料整理。

主要民用无人机企业不断发展壮大，带动形成优势产业链和产业集群。目前，我国民用无人机产业已形成以民营企业为主导的发展格局，民营企业数量占比超过 90%。大疆无人机牢牢占据全球消费级市场第一的位置，亿航智能、四川纵横、中航无人机等企业实现上市。通过龙头企业带动，我国民用无人机已在粤港澳大湾区、长三角、京津冀、成渝等区域实现链式集聚发展，轻小型多旋翼、中大型垂直起降、大型固定翼等明显的无人机产业链形成布局。以大疆创新为龙头、以深圳为核心的轻小型无人机产业集群，是我国民用无人机集聚度最高的地区；通过翼龙、腾盾等的带动，成都、自贡等地成为中大型无人机制造先行区；以北京、上海等为主的地方，无人机研发、设计、测试、融资等持续聚集发展。

（二）市场应用概况

无人机作为一种载具，主要起到“运输载荷”和“信息节点”等作用。对于运输载荷应用，可以运输人、物资和设备；对于信息采集和传输节点应用，可以通过挂载摄像头、激光雷达、光电吊舱等任务载荷来采集数据，也可以做空中基站。无人机的市场应用，正是基于其作用而来。

1. 消费级无人机市场潜力仍巨大

消费级无人机市场经过十几年的快速发展已十分成熟，上下游产业链条分工细致明确、竞争激烈，对企业市场营销能力、成本控制等要求都很高。当前来看，大疆创新在消费级无人机领域的领先优势，主要得益于其制造成本优势。随着无人机产业链逐渐成熟及成本、售价的不断降低，消费级无人机市场关注度持续攀升，市场规模快速增长。据 Gangtise 投研预测，在低空经济快速发展的带动下，尽管相比工业级无人机而言，消费级无人机的市场占有率将会逐步下降（见图 4–9），但仍将保持增长态势，预计 2030 年消费级无人机市场规模将超 2000 亿元。消费级无人机是典型标准货架产品，简单易用，不需要复杂的使用培训和客户开发过程，凭借出色的成本和质量优势，我国消费级无人机在全球市场上有很强的竞争力。

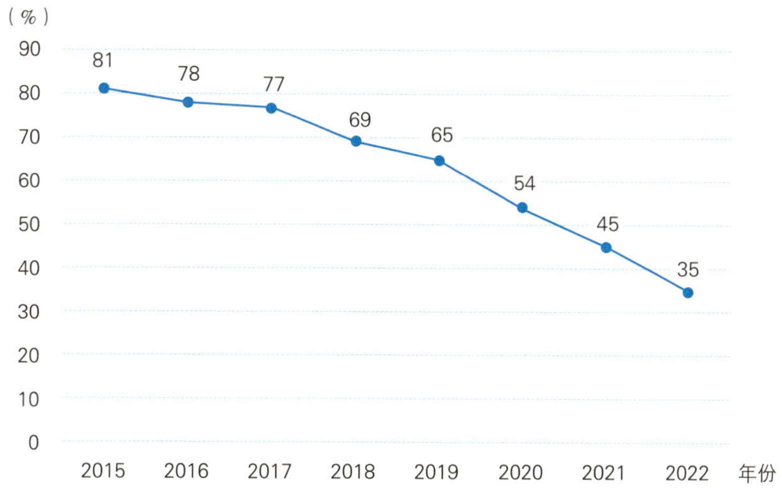

图 4–9　2015—2022 年消费级无人机的市场规模占有率

资料来源：根据相关机构数据整理。

2. 工业级无人机市场即将迎来爆发式增长

随着技术进步和行业解决方案的成熟，无人机应用逐渐被社会公众和用户普遍接受，工业级无人机应用场景日益完善，目前工业级无人机已成熟应用于巡检、测绘与地理信息、安防监控、农林植保等领域，正在进一步拓展应急、环保、气象、物流运输等新兴场景，市场规模迅速增长。据 Gangtise 投研预测，近年来民用无人机产业发展重点向工业领域转移，工业级无人机的市场占有率迅速提升，从 2021 年的 51.8% 提升至 2022 年的 56%（见图 4-10），预计到 2030 年工业级无人机市场规模将超 4800 亿元。Frost & Sullivan 机构认为，多旋翼无人机、垂直起降固定翼无人机是占比较高的工业无人机类型。我国在工业级无人机这一领域也拥有很强的优势，据观研天下报告，国内工业级无人机应用领域中，地理测绘、农林植保、巡线巡检、应急救灾占比分别为 29.3%、24.9%、24.4% 和 5%。

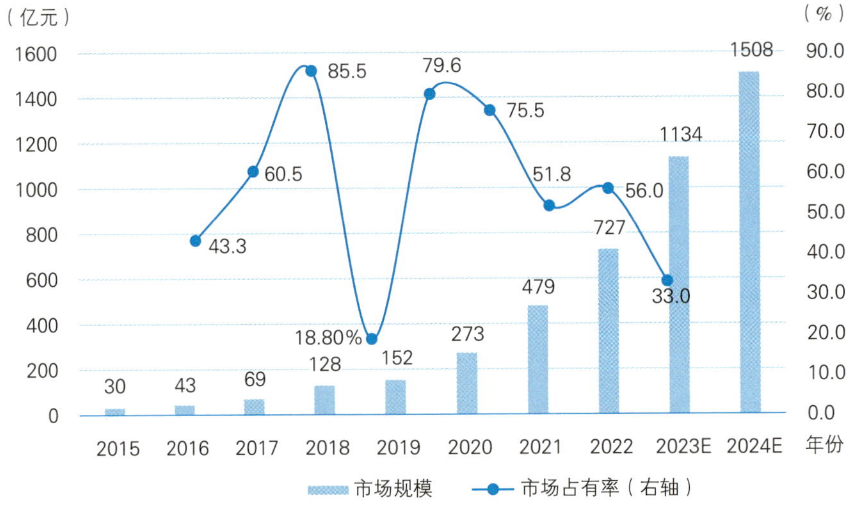

图 4-10　2015—2024 年我国工业级无人机市场规模及市场占有率

资料来源：Frost & Sullivan、观研天下。

我国工业级无人机主要企业集中于农业、测绘、警用等领域，且多数领域呈现一家独大的行业格局。目前，我国农林植保无人机保有量已超过 20 万架，警用无人机形成规模化装配，应急救援无人机在疫情防控、通信中继、灾害搜救中发挥了重要作用，迅蚁、顺丰、美团等纷纷获得无人机物流试运行或商业运营许可并开展运营。未来，我国无人机将在农林植保、警用安防、应急救援等领域持续快速增长，在物流配送、载人飞行等新兴领域将加快突破和应用（见表 4–1）。

表 4–1 各应用领域无人机主要机型特点及参与企业情况

应用领域	轻小型多旋翼	中大型垂直起降	中大型固定翼	主要企业
消费娱乐	√			大疆、道通、哈博森、飞米、司马、华科尔、逗映、翼飞、百达等
农林植保	√	√	√ 林业应用	大疆、极飞、拓攻、惠达、极目机器人、启飞智能等
巡线巡检	√ 电力巡线		√ 管线巡检	大疆、远度、纵横、因诺、飞马、云圣智能、普宙、中科云图等
应急救援	√	√ 应急投送	√	大疆、远度、纵横、傲势、卓翼智能、哈瓦、时代星光、新兴际华等
物流配送	√ 末端配送	√ 支线物流	√ 干支线	大疆、智航、迅蚁、顺丰、航天飞鹏、圆通、美团、京东等
气象应用			√	腾盾、中航无人机、航天彩虹等
道路监视	√			大疆等
警用安防	√	√		大疆、哈瓦、傲势、时代星光、科卫泰、汉飞鹰、浙江华飞等
海关边防	√	√	√	大疆、哈瓦、傲势、时代星光、科卫泰、汉飞鹰等
空中交通		√		亿航、沃飞长空、上海峰飞、时的、沃兰特、御风未来、零重力等
遥感勘测	√		√	大疆、纵横、飞马、蜂巢航宇、航天宏图、南方测绘、华测导航等

续表

应用领域	轻小型多旋翼	中大型垂直起降	中大型固定翼	主要企业
海洋监测			√	傲势、汉飞鹰等
环境保护	√	√	√	大疆、远度、纵横、普宙等
空基通信	√	√	√	腾盾、翼龙、佰才邦、飞思通信、远度、纵横、云洹科技等
影视航拍	√	√		大疆、翼飞智能、百达等
建筑监测	√			大疆、道通等

资料来源：作者根据相关资料整理。

3. 无人机监管和服务市场不断成长

随着无人机法规标准及监管要求不断完善，当前，围绕无人机飞行的安全监管和服务得到了很大发展，无人机管控技术研发、监管服务系统建设、解决方案提供，以及无人机反制、检测认证、试飞验证、维修服务、金融保险、会展赛事、科普教育等成为无人机企业争相布局的领域。其中，操控员培训、科普教育及会展赛事等是现阶段的主要盈利领域。

三、电动垂直起降航空器（eVTOL）

（一）概述及分类

近些年，电储能和电驱动相关技术的进步，使得航空器设计能够摆脱传统集中式动力系统的约束。一方面，电池替代燃油，电机相比航空发动机的机械结构大幅简化，技术可获得性、使用维护成本等大幅提升；另一方面，电推进系统体积上远远小于传统石化燃料动力输出装置，可以进行分布式布局，这就意味着多冗余度及更安全，单个电机的失效不会产生灾难性后果。而 eVTOL 作为一种短期内（5~8 年）可实现且具备相对明确商业应用场景的产品，得到了行业关注和资本追捧，产品设计呈现出百花齐放的发展状态，航空器形态、系统架构变化层出不穷，正成为低空经济领域最具潜力和代表性的方向。

除此之外，相对于传统的通用飞机和直升机，eVTOL 的优势包括其便捷性，不依赖机场跑道，可实现点对点快速到达，同时还具有出行成本低、噪声小、纯电动、绿色环保等特点（见表 4–2、表 4–3）。

表 4–2 eVTOL 与固定翼飞机、直升机相关指标比较

类别	固定翼飞机	直升机	eVTOL
安全性（失效率）	可达到 10^{-9}	可达到 10^{-7}	分布式动力冗余度高，可达 10^{-7}
便捷度	依赖机场跑道，只满足指定路线	点对点快速可达	随时随地起降，点对点快速可达
出行成本	价格可低至 100 万元以下，但公务机价格高	主流直升机价格均上千万元，不适合公共出行	多旋翼为两三百万元，倾转构型为上千万元，倾转涵道价格更高，但未来大规模应用成本会降低
噪声水平	低空使用地面噪声 140 分贝；舱内噪声 72 分贝以上	低空使用地面噪声 90 分贝；舱内噪声 100 分贝以上	低空使用地面噪声 50 分贝以下；舱内噪声 65 分贝以下
碳排放	碳排放高	碳排放高	纯电动、绿色环保

资料来源：根据保时捷咨询、观察者网等相关研究报告整理。

表 4–3 eVTOL 与豪华汽车、低端直升机成本对比

	亿航 216	梅赛德斯 S600	宝马 760	特斯拉 Model X	罗宾逊 R22
飞行器成本（元）	2000000	2200000	2000000	890000	2450000
道路建设（亿元 / 千米）	—	0.6~1.0	0.6~1.0	0.6~1.0	—

续表

	亿航 216	梅赛德斯 S600	宝马 760	特斯拉 Model X	罗宾逊 R22
机场建设（万元）	1000	—	—	—	8000
司机/飞行员（元/年）	—	100000	100000	100000	525000
维修费用	低	中	中	低	高
排量	—	6升	6升	—	5.24升

资料来源：亿航，《城市空中交通系统白皮书》，2020年。

从分类来看，根据SMG咨询统计，当前eVTOL种类非常丰富，全球有数十种甚至上百种构型，型号达上千款，按照不同方法有不同的分类。按照整机构型可以分为单旋翼、多旋翼、复合翼（升力+巡航）、矢量推进（倾转旋翼、倾转机翼、倾转涵道）等，按载重能力可以分为轻型、中型、重型等，按运行模式可以分为有人驾驶、无人驾驶等，按运载形式可分为载人、载货及两者兼容等，按动力形式可分为全电动、混合电动等（见表4-4）。

表4-4　eVTOL分类

类别	具体形态	类别	具体形态
整机构型	单旋翼	运行模式	有人驾驶
	多旋翼		无人驾驶
	复合翼（升力+巡航）	运载形式	载人
	矢量推进（倾转旋翼、倾转机翼、倾转涵道）		载货
			载人、载货兼容
载重能力	轻型（有效载荷100~200千克）	动力形式	全电动
	中型（有效载荷300~500千克）		混合电动（锂电池+氢燃料、锂电池+航空燃油）
	重型（≥1000千克）		

资料来源：智研咨询。

按 MIT《World Wide eVTOL》的标准，可按照升力来源或直接力的方式大致将 eVTOL 当前主要构型分为四类，即多旋翼构型（无升力机翼）、组合翼非倾转构型（固定升力螺旋桨 + 巡航升力机翼 + 推进螺旋桨）、组合翼倾转构型（可倾转螺旋桨 + 巡航升力机翼）及全倾转机翼构型。对于这四类的构型优劣势定性分析如下。

构型一：完全靠多旋翼（螺旋桨）产生升力，悬停效率最高，对其运行姿态的调整依靠对不同螺旋桨的转速（或者桨距）调控来实现，例如，在巡航状态下需要由旋翼分别在航向及垂直方向上产生的分力实现“推力 + 升力”的目的（当然实际情况要更加复杂，如考虑空气扰动的影响），因其没有机翼提供巡航升力导致其巡航效率较差，这意味着其航程及商载能力较其他构型会更低，但这种构型适用于需要频繁起降的城市内人员或物资运输（短途），是行业早期发展多采用的构型，其飞行动力学及控制模型与我国发展较好的多旋翼小型无人机非常相似。

构型二：为了弥补多旋翼构型的天然不足，此种构型增加了机翼及推进（拉动）式螺旋桨，在起降或悬停阶段使用螺旋桨产生升力，在巡航阶段使用机翼产生升力（巡航阶段螺旋桨不产生升力），利用飞机尾部的推进式螺旋桨产生推力。此种构型虽然解决了构型一完全依赖螺旋桨提供升力的缺点，但在巡航阶段其螺旋桨不产生任何有利作用，还额外带来了无效重量及阻力。此外，对于需要频繁起降、巡航距离非常短的（通常在几千米至十几千米）城市内运行场景，其提供升力的机翼的有效工作时间较短，这反而成为整机的无效重量。整体上，构型二的速度、航程及商载相对构型一有一定提升，能够兼顾的运行场景更广泛。

构型三：为了解决构型二在巡航阶段升力螺旋桨作为无效重量的缺点，其将提供固定升力的螺旋桨改为矢量推力（拉力）螺旋桨机构，即通过倾转机构将螺旋桨提供固定方向的推力（拉力）改变为受控方向上的力。在起降或悬停阶段螺旋桨提供升力，在巡航阶段提供航向上的拉力或推力，在起降或悬停向巡航过渡的阶段，需要用复杂的控制来确保螺旋桨提供的矢量推力（拉力）能够同时兼顾升力或巡航推力的要求。当然，如果考虑空气扰动、配载等因素，这一控制将更加复杂。此外，倾转结构本身也会给飞机带来额外的结构重量及可靠性降低。目前，构型三是同业中的主流，其速度、航程及商载性能较前两种构型进一步提高。

构型四：其同样使用了矢量推力技术，较构型三其改进之处在使用了涵道式风扇（涵道式电动矢量推力）和减少了倾转机构。构型四的代表型号是德国的 Lilium，其将数量众多的小型涵道式风扇并排集成在机翼后段襟翼结构中，通过襟翼整体绕安装轴的转动实现推力的矢量化。此种构型的倾转机构数量较构型三进一步减少，以实现减重的目的，但采用涵道式风扇在减少噪声、提高推力的同时增加了结构重量及复杂程度。从原理层面来看，构型四应当算是构型三的一个变种，但目前采用此种构型的型号较少，业界将此种构型称为倾转“机翼”构型，虽然真正实现矢量推力依靠的是倾转襟翼而非机翼（见表 4–5）。

表 4–5 不同构型的 eVTOL 对比

构型	多旋翼	组合翼非倾转	组合翼倾转	全倾转机翼
图例		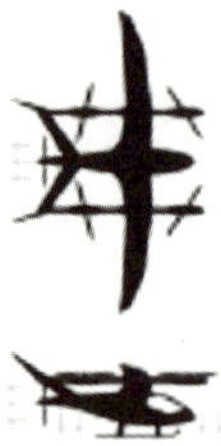		

续表

旋翼系统功能	垂起时提供全部升力，巡航时提供全部拉力	垂起时提供全部升力，模式切换时提供部分升力	垂起时提供全部升力，倾转过渡时提供部分升力和拉力，巡航时提供全部拉力	垂起时提供全部升力，倾转过渡时提供部分升力和拉力，巡航时提供全部拉力
飞行速度	0~20 千米 / 小时	0~250 千米 / 小时	0~300 千米 / 小时	0~300 千米 / 小时
优点	易操控	性能介于两者之间	气动效率高、飞行速度快，航程和有效载荷有明显优势	噪声小，消除了开放性螺旋桨在安全方面的隐患
缺点	能效低、有效载荷和航程都相对有限	机构复杂、重量效率低	倾转技术难度大	悬停、垂起效率低、矢量控制技术难度大
应用场景	低空旅游、紧急救援、物流运输（短途）	物流运输、紧急救援、城市交通运营等	物流运输、紧急救援、城市或城际交通运营等	物流运输、紧急救援、城市或城际交通运营等
代表机型	 亿航 216  Volocopter	 御风未来 M1B  Archer Midnight	 沃飞长空 AE200  Joby S4	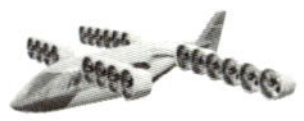 天翎科  Lilium
进展情况	国内外均为无人驾驶，国内亿航已取得适航三证，国外尚无取证产品	国内以无人驾驶为主，峰飞已取得载物机型 TC 证；国外以有人驾驶为主，尚无取证机型	国内外均为有人驾驶，且均在适航审定中，处于验证实施阶段，Joby 进展较快	国内外均为有人驾驶，国外在适航审定中，国内尚在缩比验证、设计迭代阶段

资料来源：根据相关资料整理。

可以看出，多旋翼构型是可迅速落地的方案，组合翼倾转构型在落地时能覆盖更多应用场景，具有较强的市场竞争力。

（二）国内外发展现状

由于 eVTOL 行业还处于发展初期，各厂商对于各自产品披露的数据非常有限，且产品并未投入运行，缺少真实数据开展分析，因此只能针对构型选择权衡开展定性分析。国内外 eVTOL 发展主要有以下特点。

1. eVTOL 构型不断增多

eVTOL 发展最早、进展最快的是美国，其已集聚了一批 eVTOL 制造商。据美国垂直飞行协会（Vertical Flight Society，VFS，前身为美国直升机协会）统计，目前，其收录的全球范围内的 eVTOL 概念设计超过了 1000 项（全球范围内超过 400 家公司）。2017 年 VFS 刚开始统计时只有 6 项（见图 4–11）。从全球来看，目前主要是多旋翼方案已走到小规模生产阶段，进度最快，但在综合考虑航程和巡航速度、有效载荷时都不具备优势；组合翼倾转构型获得青睐较多，

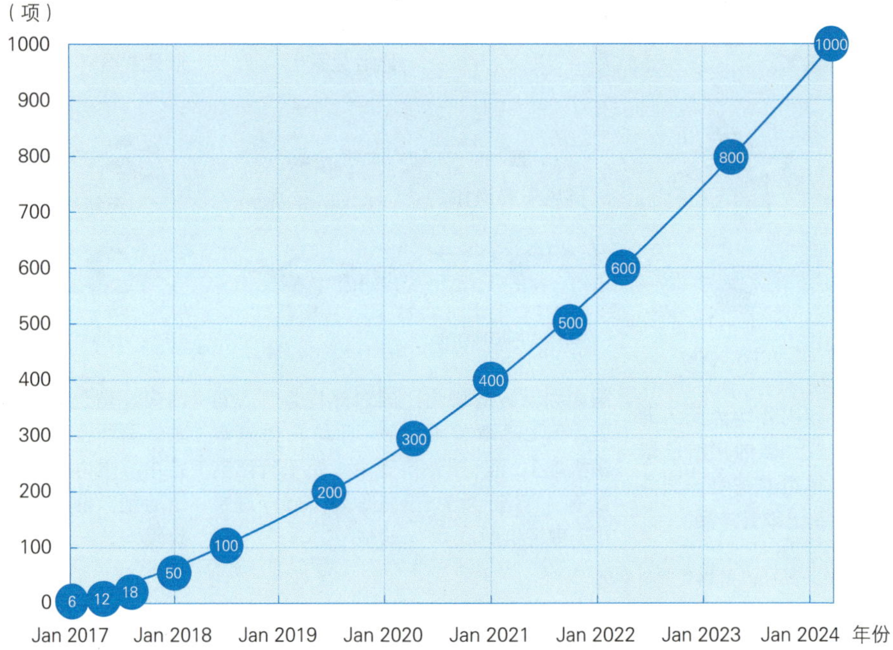

图 4–11　VFS 统计的全球 eVTOL 概念设计项目数量

资料来源：Vertical Flight Society。

具有更加强大的性能及更安全可靠，但成本高昂。从事 eVTOL 研制的单位包括传统的航空航天公司、汽车厂商、初创企业、科研院所和机场与航空公司等，类型同样丰富多样。

2. 发达国家的研制走在前列

根据 SMG 咨询公司 2024 年 7 月发布的 eVTOL 企业现实能力指数，在市场融资、业务团队、核心技术、取证进度和生产制造五个维度的综合榜单中位列前十的企业分别是：VoloCity、亿航智能、Joby、BETA、Archer、Wisk、EVE、Vertical Aerospace、Lilium 和 Pipistrel。在项目进度上，VoloCity、亿航智能、Joby 和 Archer 四家公司持续领跑。按照 VFS 统计，美国 eVTOL 项目数量占全球比重的 40% 以上，欧洲占 30% 以上（见图 4–12）；美国 eVTOL 订单量全球最高，占到 1/3。

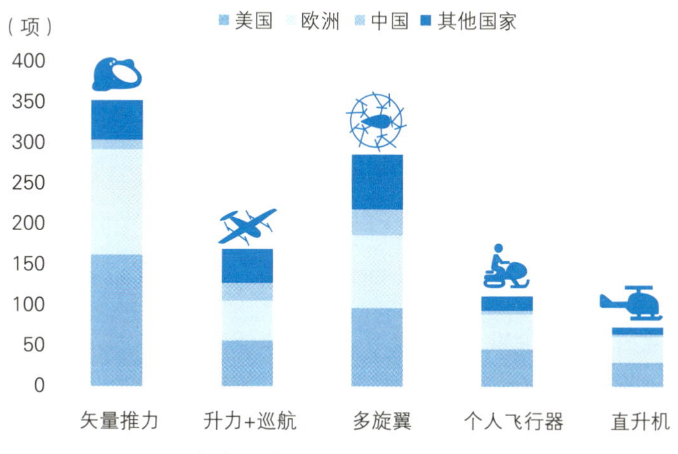

图 4–12 各个国家和地区 eVTOL 项目分布情况

资料来源：evtol.news。

美欧领先的原因主要在于：①美欧国家的 eVTOL 大多还是有人驾驶，而美欧在有人机领域优势明显，沿用有人驾驶的法规、标准、规则及运行监管服务保障技术手段等方面都具备基础，拥有完整的机型研发设计及生产制造经验；②美欧金融发达、创新活力高，主要企业融资规模都超过 5 亿美元，多家 eVTOL 企业在美上市，其中美国企业占 1/3；③工程经验足，许多企业和团队都有完整的航空机型研发经验；④应用场景丰富、配套设施设备完善，美欧主要聚焦 ToB 端运营，大力发展空中出租、机场接驳、城市摆渡飞行等，且有一批大型航空企业、机场集团、动力系统和基础设施等企业参与，发展 eVTOL 环境较好。

目前，美国 Joby Aviation 公司是全球 eVTOL 领域融资和市值最高的公司，成立于 2009 年，总部位于加利福尼亚州 Santa Cruz。截至 2024 年 4 月，其融资总额已经超过 22 亿美元，对外宣称的取证时间为 2025 年。自成立以来，Joby Aviation 先后推出了 Monarch、Lotus、S2 等机型，经过多次迭代，最新的在审型号 S4 可携带 1 名驾驶员和 4 名乘客以 322 千米 / 小时的速度飞行，航程 240 千米，最大起飞重量为 2177 千克。2022 年 10 月，FAA 发布 S4 eVTOL 适航审定专用条件（SC），这是 FAA 发布的第一个 eVTOL 适航审定专用条件；2022 年 12 月，S4 的空中滑行通过 FAA 的系统审查；2023 年 10 月 4 日，Joby 宣布扩展试飞大纲内容，将有 1 名试飞员随机试飞，其试飞团队的 4 人已在预生产型原型机上进行了飞行，完成一系列初步测试，包括自由推力悬停，前飞向半推力悬停飞行转换等科目的试飞。目前，其主要工作重心正在从适航向批量生产过渡。

其他境外研制企业方面还包括 Archer、Wisk、Lilium 等，上述企业对外宣称的取证及 EIS（首次交付）时间在 2025—2027 年，但业界预计其普遍会延迟 12~36 个月，其原因主要集中在适航审定以及大量使用新技术带来的可靠性“不确定”这两个方面（全新的产品，兼具传统固定翼及旋翼的技术特征，当前的规章需要大量裁剪并补充约束，缺少历史数据支持导致无论规章对安全性的要求作何限制，均存在不可预测、不可解释或过渡约束的部分）。尽管如此，境外 eVTOL 研制企业的整体技术水平、供应链成熟度及研制（适航）进展在全球范围内还是领先的。从另一个角度来看，其已经完成的大部分实质性研制工作正在表明 eVTOL 在技术层面是可行的（见表 4–6）。

3. 我国追赶速度较快

我国 eVTOL 型号项目出现相对较晚，在技术研发与创新、产业链完善程度、政策支持与法规环境、资本市场与投资环境、商业化进程以及国际合作与竞争等方面与美国相比仍有一定差距（见表 4–7）。但我国政府高度重视 eVTOL 发展，依托市场、成本、生态等多方面优势及新能源汽车产业链的溢出效应，我国 eVTOL 追赶速度较快，在多旋翼方面已有比较优势。特别是“低空经济”概念提出后，我国 eVTOL 概念设计项目不仅在数量比例上进一步缩小差距，而且在技术水平上不断实现突破，在产品适航取证方面也处在领先地位。2023 年 10 月，亿航智能获得 EH216–S 无人驾驶载人航空器系统型号合格证（TC）；2024 年 4 月，获得生产许可证（PC）和标准适航证（AC），获准进行持续生产、批量生产。2024 年 3 月，峰飞航空科技 V2000CG 无人驾驶航空器系统获颁 TC。

在国家大力支持及各方积极投入下，eVTOL 行业迎来了新一轮热潮，很多国有资本和单位也纷纷入局。当前，国内共有 70 多家企业和科研机构从事 eVTOL 研制，包括概念设计在内的项目有 40 多个，主要分布在长三角、粤港澳大湾区及成渝地区，约有 20 个项目完成了缩比样机级别以上的技术验证。研制进度较快或者整体规模较大的企业主要有峰飞航空、亿航智能、沃飞长空、小鹏汇天等。其中，峰飞航空 eVTOL 是全球同类构型中航程最远的，达到 250.3 千米；亿航智能已在美国纳斯达克上市，累计融资超过 10 亿元；沃飞长空系吉利集团全资子公司，其 AE200 全尺寸适航技术验证机已顺利完成全倾转过渡飞行，成为全球第二个完成该试验项目的载人 eVTOL；小鹏汇天是小鹏汽车旗下飞行汽车主体，具有分体式飞行汽车产品构型等（见表 4–8）。

表 4-6　全球主要 eVTOL 企业及产品概况

公司	型号	国家	技术路径	动力	操作方式	载人	巡航速度（千米 / 小时）	航程（千米）	适航进度
Joby	S4	美国	倾转旋翼	电动	有人	1+4	322	277	正在适航审定中，验证实施阶段
Archer	Midnight	美国	复合翼	电动	有人	1+4	241	32~80	正在适航审定中，验证实施阶段
Vertical	VX4	英国	复合翼	电动	有人	1+4	241	161	正在适航审定中，目标 2026 年取证
Wisk	Cora	美国	倾转旋翼	电动	有人	4	180	144	与新西兰政府签署了谅解备忘录
VoloCity	Volocopter	德国	多旋翼	电动	无人	2	110	35	第一家获得 EASA 设计保证体系认证
Lilium	Jet	德国	涵道矢量	电动	有人	1+5	252	186	正在适航审定中，目标 2025 年下半年取证
空客	Vahana	欧洲	倾转旋翼	电动	无人	1	190	50	试飞完成
峰飞航空	V1500M	中国	复合翼	电动	无人	4	200	250	2023 年 5 月适航审定转入 C2 阶段，货运 TC 已发
沃兰特	VE25 X1	中国	复合翼	电动	有人	1+4	200	200	2023 年 10 月 CAAC 受理 TC 申请
沃飞长空	AE200	中国	倾转旋翼	电动	有人	1+4	250	200~300	2024 年 3 月 13 日完成审定项目公示
御风未来	Matrix1	中国	复合翼	电动	无人	5	200	250	2024 年 1 月 CAAC 受理 TC 申请
时的科技	E20	中国	倾转旋翼	电动	有人	1+4	260	200	2023 年 10 月 CAAC 受理 TC 申请
亿航智能	EH216-S	中国	多旋翼	电动	无人	2	130	30	获得 CAAC 适航认证，TC、PC、AC 齐全

资料来源：根据中泰证券等公开资料收集整理。

表 4-7　中美 eVTOL 发展情况对比

对比内容	美国	中国
技术研发与创新	在 eVTOL 领域的研发起步较早，拥有较为成熟的技术和创新体系。eVTOL 企业如 Joby、Archer 等在电动航空器的设计、制造和测试方面积累了丰富的经验	eVTOL 企业虽然发展迅速，但在技术创新和研发方面仍需进一步积累和突破
产业链完善程度	拥有完善的航空产业链，包括先进的制造技术、成熟的供应链管理和丰富的航空人才资源	航空产业链虽然在快速发展，但在某些关键技术和材料方面仍依赖进口，本土化发展存在一定难度
政策支持与法规环境	在 eVTOL 领域的政策支持和法规制定方面较为成熟，已经有较为明确的适航认证流程和标准	取证产品领先，相关政策和法规体系仍在完善之中
资本市场与投资环境	资本市场对 eVTOL 领域的投资较为活跃，许多 eVTOL 企业通过资本市场获得了充足的资金支持	资本市场虽然对 eVTOL 领域也表现出浓厚的兴趣，但相较于美国，投资规模和活跃度仍有提升空间
商业化进程	eVTOL 企业在商业化进程方面较为领先，已有企业开始进行商业运营测试，并与多家公司合作开展空中出租车服务	eVTOL 企业在技术研发、测试飞行和产品取证等方面取得了进展，商业化运营仍处于初期阶段
国际合作与竞争	eVTOL 企业在国际合作方面较为广泛，与全球多家航空公司和制造商建立了合作关系	eVTOL 企业虽然也在积极开展国际合作，但在国际市场的影响力和竞争力方面还需进一步加强

资料来源：根据相关资料整理。

表 4-8　我国企业和科研机构从事 eVTOL 研制情况

序号	研发制造单位	机型和技术路线	成立时间
1	广州亿航智能技术有限公司	EH216、VT30，多旋翼和复合翼	2014 年
2	景德镇添翼航空科技有限公司	T-1，多旋翼	2016 年
3	上海峰飞航空科技有限公司	V2000CG、V1500M，复合翼	2017 年

续表

序号	研发制造单位	机型和技术路线	成立时间
4	沃飞长空（成都）科技有限公司	AE200，倾转旋翼	2017 年
5	必昂擎空（北京）科技有限公司 力动几何（成都）科技有限公司 **	复合翼	2017 年
6	牧羽航空科技（江苏）有限公司 牧羽天航空科技（江苏）有限公司	AT1200，复合翼	2018 年 2023 年
7	中国商用飞机有限责任公司 北京民用飞机技术研究中心 *	ET120、ET480，复合翼和矢量推进型号	2019 年
8	天津斑斓航空科技有限公司 *	eT-124、eT-C22、eTA-216，多旋翼	2019 年
9	大众汽车（中国）投资有限公司 *	V.MO，复合翼	2020 年
10	广州汇天航空航天科技有限公司	含多个多旋翼、倾转机型，如航旅者 X2 等	2020 年
11	中航通用飞机有限责任公司 **	复合翼、半倾转复合翼构型，AG-EX	2020 年
12	上海时的科技有限公司	E20，倾转	2021 年
13	上海沃兰特航空技术有限责任公司	VE25，复合翼	2021 年
14	零重力飞机工业（合肥）有限公司	ZG-ONE、ZG-VC2、ZG-T6，多旋翼、复合翼和倾转	2021 年
15	酷黑科技（北京）有限公司	涵道 / 多旋翼分体式飞行汽车	2021 年
16	广州君腾航空科技有限公司 **	复合翼和矢量推进构型 eVTOL	2021 年
17	广汽研究院 *	GOVE，多旋翼分体式、复合翼	2021 年
18	广东海鸥飞行汽车集团有限公司	Eagle-212，多旋翼分体式飞行汽车	2021 年
19	山东尚飞航空科技有限公司	JX1022，多旋翼	2021 年
20	深圳凌悦航空科技有限公司	EVAC，多旋翼	2021 年

续表

序号	研发制造单位	机型和技术路线	成立时间
21	山河星航实业股份有限公司	代工设计、制造大众 V.MO，复合翼	2021 年
22	御风未来飞行科技（珠海）有限公司	M1，复合翼	2022 年
23	亿维特（南京）航空科技有限公司	ET9，复合翼	2022 年
24	追梦空天科技（苏州）有限公司 **	混动倾转	2022 年
25	陕西化羽先翔智能科技有限公司 长沙华羽先翔航空科技有限公司 **	鸿鹄 Mark1，倾转	2022 年
26	倍飞智航（浙江）科技有限公司 **	TW-500X，倾转	2022 年
27	清华大学车辆学院	猛狮飞行汽车，多旋翼	2022 年
28	重庆宇燕科技有限责任公司	宇燕 F1，多旋翼	2022 年
29	厦门腾希航空科技有限公司	Dragonfly-EV2000，升力风扇和倾转涵道	2022 年
30	广西天际线航空科技有限公司 **	君玉，倾转	2022 年
31	上海览翌航空技术有限公司 **	LEU100、LEU200，复合翼	2023 年
32	航空工业直升机所、航空研究院、中航科工 **	H-eVTOL，多旋翼	2023 年

注：带“*”单位的时间为 eVTOL/UAM 整机项目研制启动时间。
“**”表示该单位尚未有 1∶1 样机下线、试飞。
资料来源：《2024 年中国 eVTOL 产业发展报告》。

在整体技术水平和研制进展上，国内 eVTOL 集中在多旋翼这种简单的、性能潜力较低的非主流构型上，在组合翼倾转、全倾转机翼等构型上研制进展较国外行业头部企业至少还有 3~5 年的技术（研制进度）差距，其原因包括两方面：一是境外头部企业是 eVTOL 概念的提出者，起步远早于国内；二是境外头部企业获得的资金支持远远多过国内企业，仅 Joby 一家的融资总额及人员规模就已经超过了国内全部企业之和。

此外，目前国内的 eVTOL 产业生态中，研发制造企业和社会资本相对积极，而其他环节尤其是配合 eVTOL 未来大规模应用的生态建设整体上仍还在起步推进阶段。

四、关键部件系统及材料

（一）动力系统

低空飞行器的动力系统主要包括电池、航空电机、电机控制器、油动发动机及燃油系统等，考虑到低空经济未来电动化发展方向和趋势，本节对电池、航空电机及驱动系统等进行详细介绍。

1. 电池

低空经济的发展对动力电池提出了更高的参数要求。低空飞行器对电池的要求包括高能量密度、高功率、快速充电、长寿命及高安全等，尤其是未来用于城市空中交通的 eVTOL，对电池的要求与新能源汽车相比有很大的不同，部分性能指标需求要远远高于汽车。如 eVTOL 巡航飞行时电池放电倍率在 1.2C，而起飞和降落过程中动力电池的瞬时放电倍率可高达 4.8C。电池的能量密度决定飞行器续航能力、重量和有效载荷，功率密度影响飞行器起飞、降落效能及加速等能力，充换电速度决定运行间隔，充电循环次数决定使用寿命。尽管一些混动推进机型可实现 400 千米 ~500 千米的航程，但目前国内外主流机型主要采用纯电技术路线，所用电池（电芯）能量密度为 250~300 瓦时 / 千克，航程只有 100 千米 ~200 千米，飞行时间普遍低于半小时，一些多旋翼 eVTOL 飞行时间更短，航程甚至不超过 50 千米。美国能源部橡树岭国家实验室研究认为，电池的功率和性能要求会显著缩短其循环寿命。因此，eVTOL 要飞得久、飞得快且载重大，就必须提高电池能量和功率密度，成本将大幅增加。eVTOL 单日飞行次数也很大程度上影响电池的更换频率，按照 eVTOL 要求的 7~20 分钟完成充电，每天数十个架次起降、数十次充电循环的使用，现有的电池性能、充放电安全、电机水平等还远不能满足需要（见图 4-13）。

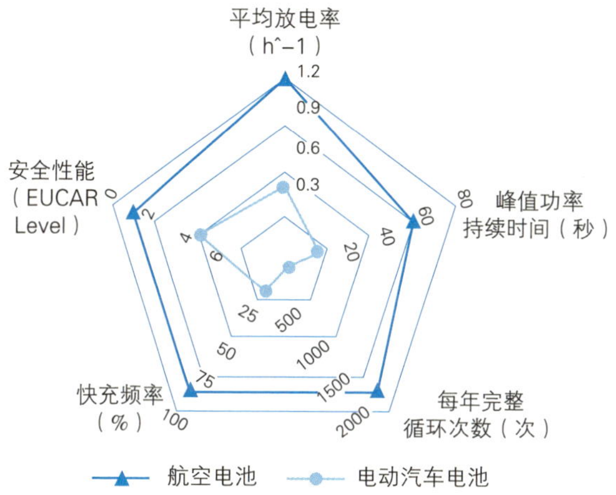

图 4-13 航空电池与电动汽车电池参数比较

资料来源：Kearney。

当前，航空用电池普遍采用锂电池技术路线。锂电池可根据不同的标准进行分类，常见的分类主要按正极材料，可以分为磷酸铁锂电池、钴酸锂电池、锰酸锂电池、镍钴锰酸锂电池（三元聚合物锂电池）等，负极材料主要为石墨。正极材料是锂电池最为关键的原材料，同时也是成本占比最高的材料，约占锂电池电芯材料成本的 40%。对电池性能的影响主要是正极材料，因而其一直是锂电池材料研究的焦点和热点。锂电产业基本上由中、日、韩三国特别是我国占据产能绝对主导地位，其他工业强国则试图在新一代电池技术上进行突破，抢占产业发展优势。固态锂离子电池被视为锂电池极具潜力的一大发展方向，相比传统液态电解液的固态电解质，具有更高的安全性与稳定性。此外，固态电解质的离子电导率更高且工作温度范围更广，使电池性能得以大幅提升。从长期来看，氢燃料电池的能量密度可以达到锂电池的上百倍，但是，氢能产业链和生态建设发展慢于纯电路线，制氢、储运等存在很多问题。氢燃料电池瞬间放电能力较差，并不太适合 eVTOL 这种对瞬时功率要求高的场景。

目前，汽车行业内水平领先的试验室已经达到 500 瓦时 / 千克（电芯）这一能量密度量级，按照集成效率在 70%~80% 估算，电包的能量密度将至少超过 350 瓦时 / 千克，这极大地增强了无人机及 eVTOL 应用的信心。我国相关配套产业处于全球领先位置，在轻小型电动无人机领域，我国已具备完整的、具有批量化供应能力的包括电池、电机及控制系统在内的产业链，宁德时代工业化量产的航空动力电池能量密度接近 300 瓦时 / 千克，并且 500 瓦时 / 千克凝聚态电池已在吨级以上飞机进行了初步验证，产业化产品预计还需要 2 年以上的时间。而依靠汽车实现突破的电池距离航空领域实现大规模量产尚待时日，因此，近期规模化生产的电芯能量密度巅峰仍将停留在 300~350 瓦时 / 千克这一最高水平。对于 eVTOL 整机制造商而言，其需要的可直接用于航空且同时满足高放电倍率、高功率长时间持续输出、可快速充电和长寿命的电池货架产品还需继续等待（见图 4–14）。

除宁德时代外，国内上海牛瓦时克、孚能科技、力神电池、盟固利、欣旺达、ATL、格瑞普等企业都在进行无人机、eVTOL 的电池配套，且部分企业已形成一定规模。国外电池企业大部分为创业型公司，电池形状多样，多种路线并行开发，与低空飞行器整机制造企业形成了合作配套关系（见表 4–9）。此外，也出现了从事氢燃料电池的企业，包括环球氢能、HyPoint 等。

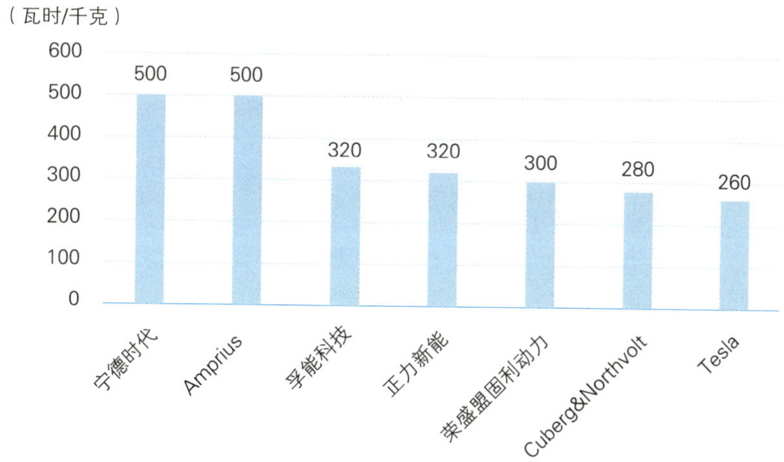

图 4-14　主要航空电池能量密度

资料来源：《航空电动化推进技术与发展》。

表 4-9　国外部分 eVTOL 电池供应商

序号	公司	公司介绍	类型	国家和地区	产品	配套企业
1	Mobius Energy	位于美国南加利福尼亚州，大功率电池供应商	创新企业	美国	磷酸铁锂电池，800V 电池动力	Skyworks
2	Ionblox	专注于低排放航空的电池片，目前正在努力扩大规模	创新企业	美国	锂电池	Lilium
3	Customcells	特殊锂离子电池开发最具领导性地位的公司之一，计划生产硅负极片电池。2021 年与保时捷成立合资公司研发高性能锂电池	创新企业	德国	锂电池	Lilium
4	Cuberg	股东包括波音、美国能源部等，2021 年被 Northvolt 收购	创新企业	美国	锂电池	Boeing
5	Rolls Royce	英国罗尔斯·罗伊斯航空发动机公司	传统企业	英国	锂电池和氢动力	Vertical

续表

序号	公司	公司介绍	类型	国家和地区	产品	配套企业
6	EP Systems	航空电池领导者，专门做可适航的航空电池	创新企业	美国	电池、电力系统	Archer
7	Molicel	锂离子电池制造商	创新企业	中国台湾	锂电池	Vertical
8	Amprus	股东包括斯坦福大学，Google 董事长 EricSchmidt 等	创新企业	美国	锂电池	Airbus

资料来源：根据相关资料整理。

2. 航空电机及驱动系统

航空电机是低空飞行器实现电动化的关键，相较于航空发动机，航空电机技术相对容易实现，而且价格相对便宜得多。目前，无人机常用无刷直流电动机，具有效率高、维护成本低、寿命长等优点，国内外在这类中低功率电机及电驱动系统上基本处于同一水平线。但在 eVTOL 等大型航空器方面，特别是吨级产品上，电机还存在尺寸或重量、输出功率密度等方面的技术挑战。航空电机技术水平对这些产品研制存在很大的影响，已出现不少企业因为缺少适用的航空电机而被迫修改构型方案的案例。航空电机与传统电机相比，也须具备更高的功率密度、更高的效率和更小的体积，以满足航空器高功率和轻量化的要求。目前，国际领先的航空电机有英国 YASA 公司研制的 YASA P400 电机，功率密度达到了 10 千瓦 / 千克，广泛用于 eVTOL 的霍尼韦尔、西门子、赛峰等电机功率密度也在 5 千瓦 / 千克以上（见图 4–15）。我国与之相比，还具有一定的差距。目前一些主流 eVTOL 如 Joby S4、Archer Midnight 等采用的是永磁同步电动机，具有功率密度高、调速范围广、电磁转矩大等优势。

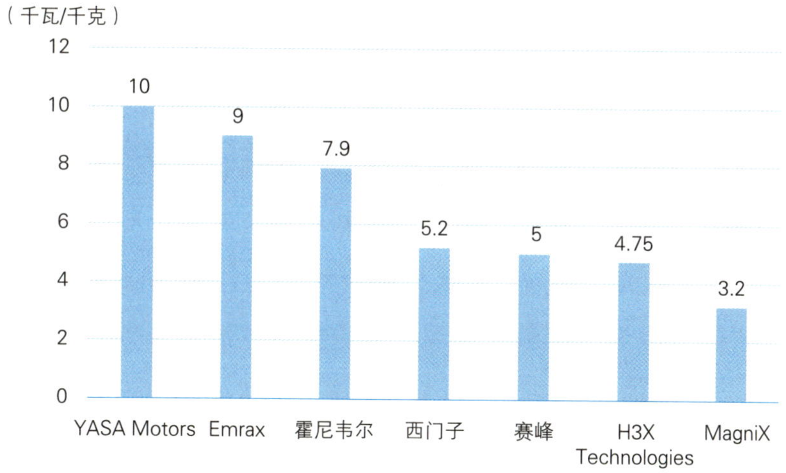

图 4-15 主要航空电机功率密度

资料来源：《航空电动化推进技术与发展》。

从全球范围来看，目前电机多与主机厂随机适航，尚无单独取证的货架电机产品。当前全球所有在研型号所采用的电机只能在自研或委托供应商定制化开发两种方式上选择，自研面临技术跨界大、成本投入高等问题，而定制化开发则面临与供应商磨合匹配度较低等问题。国内外尚无商业化运营的 eVTOL 产品，整机企业缺乏足够的生产交付量来摊销定制电机的研制费，现有电机研制往往面临多批次、极小批量交付的窘境。因此，资金充足的整机企业自己开发电机或收购电机项目，如 Joby 采用自研模式，其 S4 机型单个电机的峰值功率为 236 千瓦，双绕组电机和电调重量为 28 千克，最大功重比约 8.4 千瓦 / 千克，Archer、亿航、峰飞等在进行电推进系统自主研发；其他企业只能选择现有产品，按照已有电机型号来进行整机研发设计，这也是目前全球拥有超过 1000 款 eVTOL 概念设计的原因之一，同时也带来了电驱动系统在 eVTOL 产品成本中占比高的问题。一些组合翼倾转构型对电机技术要求更高，不含电池的电驱动系统在整机成本中甚至占到了接近一半。根据2021年的Lilium Analyst Presentation，其eVTOL单机成本约250万美元，其中推进系统（电机电控、螺旋桨等）和能源系统（电池等）共占比50%，推进系统占比为40%。

目前，国外电驱动系统主要的配套供应商有罗罗、赛峰、霍尼韦尔等传统航空动力企业，以及一些创新企业。其中，罗罗通过收购西门子的电力和混合动力航空航天推进业务eAircraft，来加速其电气化战略，并增强其成为飞机电动和混合动力推进系统领域领先供应商的实力。eAircraft早前就与罗罗、空客开展E-Fan X项目的合作，以研发可满足区域飞行动力需求的混合电力推进系统。

从国内来看，无人机电机电调等参与企业众多，据市场研究咨询公司观研天下的数据，2021年我国无人机动力系统市场规模已达到300亿元。在eVTOL领域，近些年涌现出较多的电机配套企业，大多为工业级无人机配套企业，整体技术水平距离eVTOL成熟商业运行的目标要求存在较大差距。目前我国提供航空电机解决方案的供应商已有多家，主要包括上海卧龙电气、江苏迈吉易威电动科技、天津松正、苏州澎湃电气、南昌三瑞智能、山东精创磁电产业技术研究院等。一些企业推出了250千瓦级航空电机及驱动系统投入量产，500千瓦级产品实现小规模验证的目标，达到国际先进水平。相较于国外罗罗、赛峰、霍尼韦尔等企业在eVTOL产业链上的大量投入，国内传统航空产业链配套企业相对较少，在混动电推进系统上还处于跟进状态，产品主要用在轻型运动飞机上，如中国航发湖南动力机械研究所研制的混合电推进系统已配装SA60L轻型运动飞机并实现首飞。

动力能源系统的进步推动了无人机和eVTOL技术的成熟和成本下降，加速了其商业化进程，使更多企业和用户能够负担和使用这些先进技术。但因电机及电驱动系统技术、产业链配套等问题，未来 eVTOL 等构型将针对不同的运行场景趋同，甚至集中于某一两种构型。通过提升电磁设计技术、热管理技术和轻量化技术，降低电机结构重量、体积和散热系统辅助重量，不断提高电机的功率密度和宽范围变工况动力输出能力，是 eVTOL 动力系统的主要发展趋势。

（二）飞控、航电、载荷及链路

飞行控制系统相当于航空器的“大脑”，负责控制飞行器的稳定性、飞行路径及飞行任务执行等，保证飞行器的操纵性，是无人机和 eVTOL 中飞行控制和飞行管理的关键，也是航空器产品差异化和核心竞争力的关键。例如，大疆能够处于市场优势地位，其出色的飞控系统就是主要原因之一。目前，自主控制、半自主控制、指令控制与人工控制是常见的无人机控制方式，无人机厂商多为 OEM 集成商，通过采购飞控系统、机载航电系统、电池电机等进行集成。从全球来看，民用无人机飞控以开源飞控为主，除一些整机龙头企业外，专门从事飞控系统开发且具备核心技术能力的系统产品不多，但高通、德州仪器、英特尔、三星等跨国企业都在从事无人机飞控芯片的研制。民用无人机飞控系统在无人机整体成本中占比也较高，这或归因于飞控模块中所需数量较多的飞控与导航系统一体化模块的高技术含量属性。据航空产业网统计，2023 年全球无人机市场飞控系统市场规模约为 45 亿美元，预计到 2030 年将达到 130 亿美元。国内成熟的飞控系统主要集中在科研院校或大疆、纵横、边界智控、翔仪飞控等新兴民营企业，一些 eVTOL 企业则自主研发适配其自身产品的飞控系统。

低空飞行器要实现安全飞行和高效作业，除飞控系统外，机上通信、导航、数据处理系统等也十分重要，这些都是机载航电系统的组成部分，目前已呈现高性能、集成化、小型化的发展趋势。先进的无线通信技术（如 5G、Wi-Fi6）提供高带宽、低延迟的通信链路，使得无人机和 eVTOL 能够实时传输高清视频、传感器数据等，提升了远程操控的精度和可靠性；卫星通信技术，结合 GPS、GLONASS、北斗等多种卫星导航系统的配置，使得无人机和 eVTOL 可以在全球范围内操作，特别是远离地面基站或在海洋等偏远地区执行任务；实时动态差分定位（RTK）和后处理动态定位（PPK）技术提供厘米级精度的定位服务，提升了无人机和 eVTOL 的导航精度，适用于精密农业、测绘等需要高精度定位的场景；通过高速通信链路，无人机和 eVTOL 可以实时传输采集的数据，进行云端处理和分析，即时反馈结果，支持实时决策和响应；车联网技术的应用，使无人机和 eVTOL 能够与其他飞行器、地面车辆和基础设施进行通信，协同完成复杂任务，提高空域使用效率和安全性。

同时，民用无人机载体特征较为突出，核心功能在于数据获取，这一功能的实现，在于利用不同的任务载荷，在不同的应用场景获取原始数据。例如，测绘领域主要通过无人机搭载相机、激光雷达、光学相机等载荷获取测绘与地理信息数据；电力巡检领域利用无人机搭载可见光、红外、紫外、激光雷达等检测载荷对输电线路进行巡检；安防监控领域利用无人机搭载高清数码相机、摄像机等模块，完成空中侦察等任务。无人机载荷，按类型主要分为相机和传感器、雷达和通信以及其他。未来无人机的应用及性能提升将与载荷息息相关，其主要系统如机载系统、发动机系统及材料等，甚至将在无人机产业发展中占据主导作用。近年来，随着无人机应用的发展，无人机载荷市场显著增长。根据美国 CMI 团队的市场研究，2022—2032 年，全球无人机有效载荷市场的年复合增长率预计为 18%，到 2032 年，这一数值预计将达到 339 亿美元（见图 4-16）。

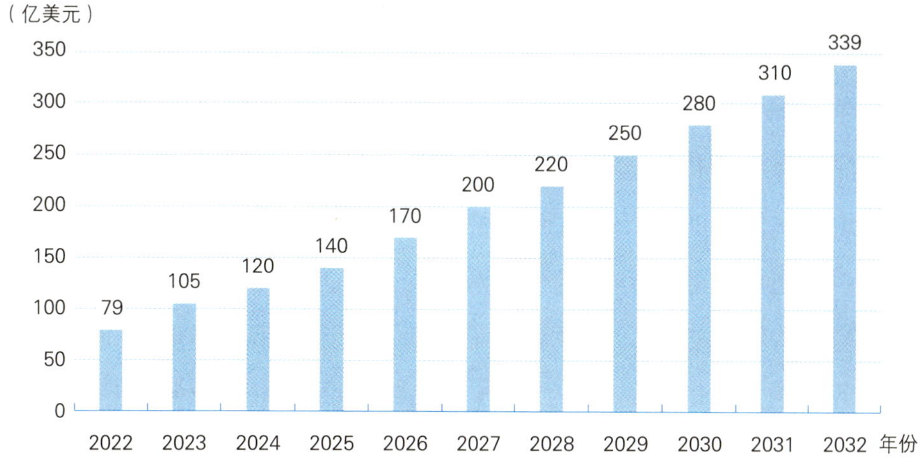

图 4–16　全球无人机有效载荷市场（2022—2032 年）

资料来源：CMI 团队。

链路是无人机的重要组成部分，分上行链路（无人机控制信息传输）和下行链路（无人机遥测信息和任务载荷数据传输），包括飞控链路（数传链路）、载荷链路（图传链路）等，直接关系到无人机的控制和任务执行。链路的机载部分主要有机载数据终端（ADT）和天线，终端包括 RF 接收机、发射机（数传电台）以及连接接收机、发射机和系统其他部分的调制解调器。目前，大多数无人机数据传输链路采用无线通信技术，如 2.4GHz、5.8GHz 等，但存在传输距离受限、传输速率较低、稳定性较差、易受环境因素（如信号遮挡、电磁干扰等）影响等问题。国外无线通信技术发达，依托军事应用基础，涌现出了一批无人机链路配套企业，如 uAvionix、Qorvo、U–blox 等，成为大疆等无人机通信导航系统及元器件的主要供应商。我国无人机链路企业主要集中在大型央企集团、科研院所等单位，但随着无人机的发展，也出现了一批专业化的链路供应商。

飞控、载荷等在 eVTOL 领域主要包含在机载航电系统中，因

eVTOL 飞行更多地同传统有人机飞行相似，传统航空配套企业依托在有人机领域的优势正逐渐成为 eVTOL 机载系统配套领域的主力。以霍尼韦尔、BAE Systems、Garmin、Collins Aerospac 为代表的传统企业从大型民航客机或传统通用航空器系统切入，不仅技术领先，而且有助于缩短适航认证时间，但也面临 eVTOL 轻量化、低成本、智能化等挑战。一些创新企业在自主飞行、网络安全等领域发力，整体上提供部分配套技术解决方案，主要为传统配套企业或者整机企业提供技术配套服务，例如，Daedalean 的 AI 自主飞行产品的主要服务客户为霍尼韦尔等。同时，一些企业在通信系统领域呈现了跨领域融合，例如，英国卫星终端企业 Inmarsat 已经开始布局 eVTOL（见表 4-10）。我国机载控制系统多为 eVTOL 企业自研，专业化配套供应商相对有限，一些企业聚焦飞行控制、态势感知、通信等领域，加快机载配套系统领域的研发，但整体来看与国外仍有较为明显的差距。

表 4-10　国外 eVTOL 机载配套供应商

序号	公司名称	国家	产品和业务	配套企业
1	Acronis	美国	网络安全保护解决方案	Airspeeder
2	Avidyne	美国	综合导航系统、导航和通信系统	
3	BAE Systems	英国	飞行控制计算机	Supernal
4	Collins Aerospace	美国	飞控	Lilium
5	Curtiss-Wright	美国	飞行计算机、以太网交换机	
6	Daedalean	德国	AI 自主系统	Honeywell、Intel
7	Diehl	德国	飞行控制和光通信、飞行控制	Volocopter、Airbus

续表

序号	公司名称	国家	产品和业务	配套企业
8	DUC Hé lices Propellers	法国	螺旋桨和旋翼	Eve
9	Embention	西班牙	飞控、航电、电子式调速器	
10	FACC	奥地利	复材件代工设计制造	Eve
11	Honeywell	美国	航电、推进和雷达等，飞行面板、传感器、卫星通信系统以及姿态航向数据模块和电传	Vertical、Volocopter、Lilium、Nuuva
12	Inmarsat（Viasat）	英国	卫星通信系统、紧凑式卫星终端，Velaris SATCOM 服务	Supernal
13	Intergalactic	美国	电池热管理、温控系统	Eve
14	Iris Automation	美国	自主系统	
15	Garmin	美国	综合导航系统	Archer、Joby、Eve
16	Liebherr	德国	电传飞控机电作动器	Eve
17	Near Earth Autonomy	美国	自主飞行技术	Volocopter
18	Parker Aerospace	美国	襟翼系统、热管理、振动和噪声管理	Eviation
19	RECARO	美国	座椅	Eve
20	Thales	法国	航电、飞行控制、导航和通信，飞行控制	EVE、SkyDrive、Airbus
21	Universal Avionics	美国	增强着陆和导航	Urban Aeronautics
22	Astronics	美国	配电系统、充电系统	Lilium 等 10 家主机厂

资料来源：根据相关资料整理。

针对 eVTOL 仍具有很大比例的有人驾驶特性，近几年学术界和工业界还提出了 SVO（Simplified Vehicle Operations）的简化飞行操纵概念，认为 eVTOL 应当在部分操作上用飞控软件替代飞行员。SVO 将采用汽车的自动驾驶分级（分阶段，L1~L5）策略，逐步直至最终完全替代驾驶员，实现 eVTOL 的自主驾驶。

（三）复合材料

随着低空经济的持续发展，无人机、eVTOL、直升机等对复合材料的需求不断增加，这些航空器由于需要考虑自重对动力功率与能耗的影响，一般需要尽可能降低自身结构重量。在结构材料中，玻璃纤维、碳纤维等复合材料以高强度、轻质、耐高温等特性，成为无人机和 eVTOL 等航空器的理想选择，对航空器结构轻质化、小型化和高性能化起到了至关重要的作用。如美国全球鹰无人机的复合材料占比为 65%，而 X–47B、“神经元”等军用无人机的复合材料使用比例高达 90%，“翼龙”I–D 无人机是我国自主研发的第一型全机身复合材料无人机，其中机体复合材料比例达到约 75%。我国无人机研制中，采用材料正从玻璃纤维复合材料，逐渐转向碳纤维复合材料。目前中、高温环氧树脂基复合材料，T300 级碳纤维、R 级高强玻璃纤维、无碱玻璃布均得到了广泛应用。主流 eVTOL 设计方案均采用碳纤维为主要机身结构材料，根据中国复合材料工业协会引用 Stratview 数据，eVTOL 中超过 90% 的复合材料为碳纤维，剩下约 10% 为玻璃纤维。如亿航智能的 EH216–S 机身结构采用环氧基碳纤维复合材料和航空铝合金进行搭配，小鹏汇天的旅航者 X2 采用全机身碳纤维材质，以及旋翼桨叶也采用了环氧基碳纤维复合材料。

从复合材料应用系统部件来看，有 80% 以上用于机身结构部件和推进系统，航电载荷系统用材比例也占到 10% 以上。据测算，单架

eVTOL 对碳纤维需求在 100 千克 ~400 千克，随着 eVTOL 的快速兴起，未来将有望拉动千吨级需求。根据 Emergen Research 最新评估，到 2027 年，全球无人机复合材料市场价值预计达 32.223 亿美元；根据 Stratview Research 的报告，eVTOL 对复合材料的需求预计将在 6 年内增长约 20 倍。

近年来，中国碳纤维产能呈现显著的增长趋势，全国碳纤维产能从 2019 年的 2.69 万吨提升至 2023 年的 13.83 万吨，近五年平均复合增长率达 50.66%。碳纤维的快速发展，将成为我国低空经济的有效助力。

参考文献

[1] 陈义友，张建平，邹翔，等 . 民用无人机交通管理体系架构及关键技术 [J]. 科学技术与工程，2021（31）.

[2] 杜伟，孙娜 . 电动垂直起降飞行器的发展现状研究 [J]. 航空科学技术，2021（11）.

[3] 巩斌 . 竞速低空经济，怎样才能“高飞”[J]. 决策，2024(1).

[4] 郭辰阳，敖万忠，吕宜宏 . 充分把握发展机遇，加快推进低空经济高质量发展 [J]. 财经界，2022（25）.

[5] 韩玉琪，朱大明，付玉，等 .2022 电动垂直起降飞行器主要进展 [J]. 航空动力，2023（1）.

[6] 红瓷，张通 . 冲上云霄的中国无人机 [J]. 中国工业和信息化，2021（10）.

[7] 黄凤娟 . 中国无人机行业的发展分析 [J]. 安徽电子信息职业技术学院学报，2020，19（5）.

［8］金伟.把握低空经济发展三“航道”［J］.中国发展观察，2024（4）.

［9］孙淮涟，高荷.无人机走向多领域与智能化未来［J］.中国减灾，2020（11）.

［10］王彪.eVTOL飞行器视觉自主避障技术仿真研究［D］.广汉：中国民用航空飞行学院，2022.

［11］张洪.城市空中交通产业生态系统战略规划研究［J］.空运商务，2022（10）.

第五章 低空应用及服务

低空飞行应用牵引低空经济发展、低空飞行服务及保障等业态，包括低空装备检验测试等，将成为低空经济的发展重点和重要价值来源。

一、低空飞行应用

低空飞行应用主要包括低空消费、低空作业、低空公共服务和低空运输。目前，应用场景还处于初步开发阶段，各种应用市场规模还较小。据估计，当前各低空应用领域市场规模普遍在 500 亿元以下，其中农林植保、航拍、电力巡检等的市场规模排在前列，城市交通、旅游、地理测绘的市场规模较小。但随着“低空 + 各种应用场景”逐步开发，到 2030 年，多数领域或发展至千亿元规模以上。地理测绘、航拍、农林植保领域可能规模领先，旅游、军用、应急救援领域市场规模较小（见图 5-1）。

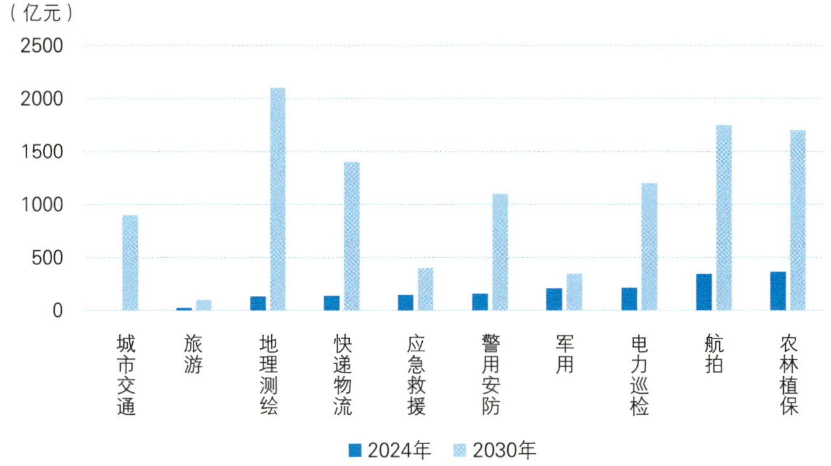

图 5-1　2024 年与 2030 年低空应用场景市场规模对比

资料来源：根据相关资料整理。

（一）低空消费

低空消费涵盖多种活动和应用，这些活动利用低空空域提供的三维空间，为消费者提供新颖、刺激的飞行体验。以下是一些典型的消费娱乐类低空飞行项目。

1. 低空旅游

低空旅游是“通用航空＋传统旅游”衍生出的新型旅游方式。近年来，各类型航空飞行营地在中国的兴起，掀起了低空运动和观光旅游的新热潮。加上旅游消费个性化、多样化升级，空中观光游览正从小众、高端逐渐走向大众化，推动了低空旅游空前发展。低空旅游消费包含低空观光游览、低空飞行体验等，包括直升机、热气球观光，滑翔伞、跳伞、动力伞飞行体验，以及新近兴起的 eVTOL 旅游体验等。

在低空空域开放背景下，为了不断满足新型旅游消费需求、丰富旅游产品供给，旅游产业与体育产业、通用航空产业等新兴产业融合发展，被纳入国家重点支持的旅游项目。低空旅游以其时尚性、体验性、刺激性等特点，逐渐成为旅游消费需求的焦点之一。低空旅游有以下四个不足之处：一是准入难度大，由于涉及安全等问题，制度规范严格，市场准入门槛高；二是供给规模小，市场处于培育期，低空旅游企业主体少；三是消费价格高，低空旅游产品是小众产品，供需匹配难度大导致低空旅游价格高，游客望而却步；四是宣传力度小，对低空旅游安全性、体验性等低空旅游文化，以及低空旅游产品优秀项目内容等低空旅游产品的宣传不足。

作为“航空＋旅游”的新兴项目，低空旅游这种时尚体验式观光旅游的战略性新产品，为旅游市场开拓了疆界，不仅成为旅游业供给侧结构性改革的一个重要方面，也为传统旅游业转型升级提供了一种新的发展思路。这让投资人以及旅游从业者都看到了更多的可能。中研产业研究院的报告显示，据不完全统计，近几年国内开展直升机空中旅游的航线有100余条，具备空中游览资质的通航公司超过百家，单次飞行时间普遍为10~20分钟，报价600~2500元不等。2023年，国内低空游览人数约60万人。

从目前的市场情况来看，低空旅游行业在我国有着十分活跃的创新投资和发展活动，从投资航空器到建立通向旅游景点的路线，都有十分明显的发展趋势。此外，投资者也在加大对市场经营等方面的投入力度，以期能够有效解决工作中所面临的技术难题，从而改善航旅服务质量，满足游客的真实需求。在航旅融合的大趋势下，低空旅游本身就是景区可以打造的一个新卖点。景区通过开发低空旅游产品，能够提升整个景区消费场景的品位。未来，围绕低空经济和航旅融合，叠加更多资源，或将孕育出更多文旅消费新场景，为文旅产业的发展提供更多新活力。据预测，到2030年，低空旅游经济规模有望超过2000亿元，其增量空间巨大，将成为旅游业的重要增长点。

2. 航空运动

航空运动是指利用飞行器或其他器械在空中进行的体育运动，包括跳伞、滑翔伞、三角翼飞行等刺激的极限运动，也包括探索性的航空模型运动等。国家体育总局联合多部门于2016年发布的《航空运动产业发展规划》中指出，我国正式开展的航空运动包括运动飞机、热气球、滑翔伞、飞机跳伞、轻小型无人驾驶航空器、航空模型六大类共26个运动项目。近年来，高空弹跳、高低空绳索、悬挂式滑翔器和滑翔翼等新型航空运动逐步流行。

航空运动一般是指在固定空域范围内运动爱好者的团体活动，美国和欧洲国家的航空运动比较发达，但在我国尚属一项新兴运动，产业处在初始发展阶段。高空跳伞是近年来最热门的航空运动项目之一，目前，我国海南、广东、江浙沪、川渝等地均有跳伞基地分布，海南和广东地区的跳伞基地数量较多。

航空运动的发展取决于飞行营地的建设，2015 年 12 月，我国公布了第一批共 50 家飞行营地，标志着航空运动产业在组织化、规模化方面迈出了重要一步。随后的几年中，飞行营地的数量快速增长，第二批有 87 家、第三批有 56 家、第四批有 69 家，第五批高达 120 家，显示出我国航空运动产业的迅猛发展态势。当前，全球航空运动行业市场规模约为 2000 亿美元，据预测，2030 年我国航空运动市场规模将超过 3000 亿元。

航空运动发展的一个重要趋势就是与生态旅游相融合，通过在景观区进行滑翔伞、跳伞等航空飞行体验，为消费者提供观光和体验。由此，《户外运动产业发展规划（2022—2025 年）》提出了“自然资源向户外运动开放试点工程”，将蓝天白云和绿水青山有机结合，在保护生态环境的基础上让优质自然资源合理地向航空运动项目开放，拓展了航空运动项目的发展空间。同时，推进户外运动消费场景与乡村旅游、休闲农业等融合，利用滑翔伞等航空运动项目场地和滑雪场等户外运动场地共同的特点，利用航空运动项目支撑滑雪场反季节运营需求，打造四季运营产品等。

此外，近些年国内外还出现了一些新的航空运动产业模式。如“航空运动 + 互联网”，模拟飞行、无人机竞速等一系列新兴项目突破了原有传统体育项目在时间和空间上的约束，创造出丰富多彩的竞赛活动和大众参与模式，主要是一些运动赛事活动等；“航空运动 + 教育培训”，让航空运动走进校园，为青少年种下飞行的梦想，培养更多具备专业技能、专业知识，既能够飞行又懂得管理的专业技术人才。

3. 新型低空娱乐

新型低空娱乐是指利用航空器和低空空间进行的娱乐活动，主要包括无人机表演（灯光秀）、空中绘画、野外CS空战、有线旋翼跳伞、娱乐航拍、空中飞天戏剧等活动。

无人机表演是指利用无人机进行编队飞行表演，结合灯光和音乐，为观众提供视觉盛宴。近年来，无人机编队表演已成为文旅产业发展的重要工具，大量应用到节庆和景区，成为经营城市和景区打造IP形象的手段。根据QYResearch的研究，2021年，全球无人机灯光秀市场规模达到1.7亿美元，预计2028年将达到7.19亿美元，年复合增长率（CAGR）为21.46%。从地区层面来看，全球无人机灯光表演市场分为北美、欧洲、亚太地区和世界其他地区。中国市场在过去几年变化较快，目前约占全球市场的60.82%，预计2028年将达到4.67亿美元。从产品方面来看，主要增长来源于室外无人机灯光秀，预计近5年复合增长率（CAGR）将达到20%以上。从产品市场应用情况来看，政府部门、景区及企业应用将成为未来几年的主要增长点。

在娱乐航拍市场，个人航拍以及旅游、广告、直播等成为无人机新型消费娱乐的重要项目，也是消费级无人机应用的主要市场。当前，受益于良好的飞行环境，全球无人机消费娱乐的市场主要还在欧美，但机型基本上以大疆产品为主。我国消费级无人机市场规模自2016年起整体表现为逐年增长趋势，目前市场规模约为400亿元。

低空消费还包括其他消费方式，如低空婚礼，通过举办空中婚礼仪式或进行空中婚纱摄影，提供独特的婚礼体验。空中餐饮和空中酒吧，用航空器为消费者提供就餐体验。除此以外，低空消费还延伸出飞行俱乐部活动，飞行爱好者加入俱乐部，定期组织飞行活动和社交聚会。这些活动不仅为消费者带来新鲜的娱乐体验，同时也推动了低空经济的发展，促进了相关产业的创新和成长。随着技术的进步和政策的支持，消费娱乐类低空飞行活动有望变得更加普遍和多样化。

（二）低空作业

作业类低空飞行主要指为完成特定的生产和作业任务而进行的低空飞行活动。这些活动通常涉及工农业生产、资源勘查、环境监测等多个领域，具有明显的作业性质和目的性。

低空作业应用面很广，主要包括以下八个方面。①无人机农林植保。使用无人机或有人驾驶飞机进行农作物病虫害防治、森林病虫害防治、播种、施肥等农业和林业作业。②航空测绘。利用低空飞行器搭载测绘设备，进行地形图绘制、地籍测量、城市规划测绘等地理信息采集工作。③水利、交通、电力巡查巡检。使用无人机或有人驾驶飞机对电力线路、输电塔等电力设施，河流、水库、堤坝等水文水利设施，公路、铁路、桥梁等交通设施进行巡查巡检，及时发现和处理潜在的故障和风险。④石油开采服务。在石油勘探、开发过程中，使用低空飞行设备进行地形勘察、资源评估、设施巡检等作业。⑤渔业飞行。在渔业生产中，使用低空飞行器进行渔业资源调查、渔船导航等作业。⑥航测遥感。利用低空飞行器搭载遥感设备，进行资源勘查、环境监测、灾害评估等遥感数据采集。⑦建筑安全监测。对大型建筑或基础设施进行定期的低空飞行监测，评估建筑安全状况，及时发现结构性问题。⑧地质勘查。在地质勘查领域，使用低空飞行器进行地质结构调查、矿产资源评估等。根据行业发展现状，本文重点介绍农林植保和电力巡检两大行业应用。

1. 农林植保

农林植保主要是使用无人机或有人驾驶飞机进行农作物病虫害防治、森林病虫害防治、播种、施肥等农业和林业作业。无人机具有操控灵活性，有人驾驶飞机植保作业逐步被无人机所取代。一架30升容量的无人机一天能喷洒300~400亩，而人工喷雾机只能覆盖10~15亩，且无人机喷洒成本更低，可节省50%的农药和90%的水。

欧洲出台专门政策对农用无人机逐步开放，2022年6月，修改《禁止航空喷洒令》；2023年，简化农业无人机的使用申请流程。德国开放50千克以下的农业无人机进行作业。我国也出台了农机购置补贴政策，对植保无人机购置进行补贴试点支持。在政策的大力支持下，无人机植保渗透率逐步提高。2023年大疆发布的《大疆农业无人机行业白皮书》显示，截至2022年底，大疆农业无人机全球累计保有量突破20万架，同比增长超过50%，累计作业面积突破30亿亩，累计培训15万名植保飞手与2500名教员，覆盖超过100个国家和地区。当前，我国农作物耕种收综合机械化率超过72%，然而占据总体生产劳动主要工作量的植后管理机械化率不足10%，无人农业装备在植后管理环节具备广阔渗透空间。据统计，2023年我国植保无人机市场规模约150亿元（见图5-2），同比增长11%。目前国内植保无人机年需求量为5万~6万架，未来年需求量将有望达到10万架。按照联合国教科文组织和粮农组织的不完全统计，全球耕地面积为18.29亿公顷（274.35亿亩）。按照国内的每架植保无人机年作业6000亩，一亩地需要2次喷洒、播种和施肥的经验推算，全球植保无人机需求量超过2500万架（单机载重量为20~50千克），市场空间巨大。

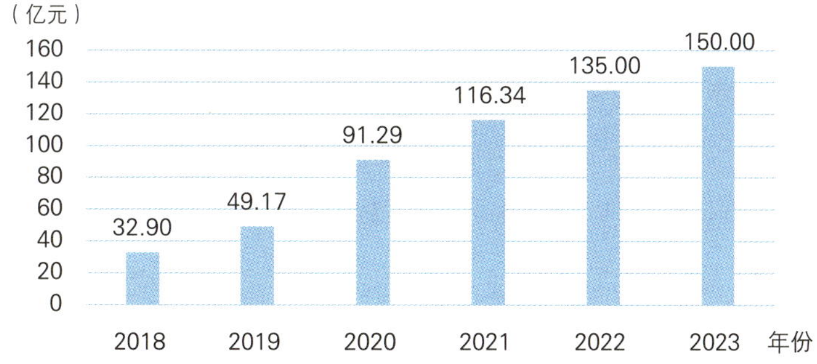

图 5–2　我国植保无人机行业发展规模

资料来源：中商产业研究院。

我国无人机植保领域已形成大疆、极飞两强引领的发展格局，其中大疆依托产品技术性能优势，深受农户的喜爱，大疆植保无人机占据市场绝对量；极飞凭借深耕农业领域，大力拓展农业植保解决方案，无人机植保服务已覆盖全国主要农产区。基于生产力，国内已形成60~70 千克的产品系列，但随着高标准农田建成及其不断升级，植保无人机一方面是需求量会增加，另一方面是需求会升级，载重量 100 千克将指日可待，甚至将达到 150 千克，可以满足国内农业规模化发展的需求。

2. 电力巡检

无人机电力巡检主要在国内应用，但国内市场是相对封闭的市场，市场用户仅限于国家电网、南方电网等输配电企业。自 2013 年南方电网"在全网逐步推广输电线路机巡作业"，无人机电力巡检快速发展，如今已有 10 多年，无人机巡检方案也已逐渐成为行业的新趋势。无人机通过搭载高清摄像头、红外线热像仪及可见光、激光雷达等高精度传感器，广泛应用于电力输配电线路、变电站、电力塔架、风电场等领域。无人机能够快速、高效地巡检电网，大大提高了电力巡检效率和准确率，同时也减少了人工巡检中可能出现的疏漏和安全隐患。

在电力巡检无人机市场中，无人机类型丰富多样，包括固定翼无人机、旋翼无人机、复合翼无人机等。这些不同类型的无人机在性能、适用范围和成本等方面各有优势，为市场提供了灵活多样的选择。例如，固定翼无人机具有速度快、航程远的特点，适用于大范围、长距离的电力线路巡检；旋翼无人机则以其垂直起降、悬停稳定、操作灵活等优势，在变电站和风电场等复杂环境中发挥着重要作用；复合翼无人机则结合了固定翼和旋翼无人机的优点，既能在空中长时间悬停，又能快速飞行，适用于多种巡检场景。目前，以旋翼无人机应用最多，并衍生出电线除冰、线路规划、电缆布线、设备运送等电力行业多样化应用，行业用户已从骨干网延伸到配电网、从电网侧延伸到发电侧，无人机机巢应用、全自动化无人机巡检系统、无人机激光异物清除、大载重无人机带电无损探伤扫描、基于单线激光雷达的仿线飞行智能巡检技术、中继无人机智能巡检、无人机“蛙跳式”长距离巡检、一体化解决方案等不断创新并加快推进。中国产业信息网数据显示，包含无人机整机与服务在内，2023 年电力巡检无人机市场规模超过 68 亿元。规模较大的企业主要包括省（市）电网公司的平台公司或关联企业，具备多年巡检业务的无人机企业等。

电力巡检无人机市场也面临一些挑战和问题。首先，无人机在复杂环境下的巡检能力仍有待提高。如在恶劣天气、复杂地形等条件下，无人机的稳定性和可靠性可能会受到影响。其次，无人机巡检的数据处理和分析能力也有待加强。随着电力设施规模的不断扩大和巡检数据的不断增多，如何高效、准确地处理和分析这些数据成为亟待解决的问题。但随着技术的不断进步和应用场景的不断拓展，无人机已经能够实现更加智能化的巡检，包括无人机自主充电、自主巡检等功能，大大提高设备巡检的效率和精度。未来，无人机电力巡检将进一步发展和应用。

（三）低空公共服务

公共服务类低空飞行是指利用低空空域进行的、主要面向政府和社会的各种服务性飞行活动。这类飞行活动有助于提高政府公共管理和服务的效率、增强社会服务能力、提升应急响应速度。

公共服务类低空飞行主要包括以下六个方面。①航空应急救援。在自然灾害、事故灾难等紧急情况下，使用无人机或有人驾驶航空器进行快速救援、物资投放、伤员转运等。②医疗救护。利用低空飞行器进行紧急医疗服务，如转送病人、快速运送急救物资、血浆或器官等，以及在偏远地区提供医疗救援。③警务安防。使用无人机进行城市安防、交通监控、犯罪侦查等警务活动，提高治安管理效率和响应速度。④海关缉私。在边境地区利用无人机进行巡逻，监控非法入境、走私等违法活动。⑤通信中继。在通信基础设施不完善或受损的情况下，使用无人机提供通信中继服务，保障信息传输。⑥气象探测。利用低空飞行器进行气象数据收集，为天气预报和气候研究提供支持。这些公共服务类低空飞行活动，不仅提高了政府服务的效率和质量，也为社会带来了更加安全、便捷的生活环境。下面重点介绍航空应急救援及警务安防。

1. 航空应急救援

航空应急救援主要是指在自然灾害、事故灾难等紧急情况下，通过无人机或有人驾驶航空器及机场等服务保障开展应急救援的行为，主要应用场景包括消防灭火、应急搜救、应急通信、物资投送、航空医疗、安全生产救援和公共卫生、安全事件等。航空应急救援的特点体现为救援装备科技含量高，救援主体需要经过专门训练并执行专业的救援准则，同时具有速度快、机动性强、救援范围广的优势，应用前景广阔。

俄罗斯、美国、日本、欧洲等国家和地区均已形成较完善的航空应急救援模式与能力，救援体系、保障制度、救援设备配备等均形成了适应本国和本地区发展的体系。俄罗斯可用直升机超过400架，完全由政府调配，隶属于紧急情况部；美国可用直升机超过1万架，机场1.9万个，人口覆盖率为84.5%，已形成国家、民间及企业化救援组织共同发展的救援模式；欧洲（德国、瑞士）可用直升机超过300架，响应时间为15分钟，年救护任务10万余次，其中德国建立了覆盖全国的航空紧急救援体系，形成以政府力量为主、以民间和企业化力量为辅的空中救援模式；日本可用直升机超过1000架，响应时间为20分钟，年救护人数2.4万人。

我国航空应急救援事业始于20世纪50年代，2008年汶川大地震中航空应急救援发挥了巨大作用，受到了各界的广泛关注。2009年，27位院士提出了“关于建立国家航空应急救援体系的建议”；2014年，国务院办公厅印发《关于加快应急产业发展的意见》，2019年，应急管理部印发《应急救援航空体系建设方案》，这些都明确支持发展航空应急救援能力。在《“十四五”国家应急体系规划》《“十四五”应急救援力量建设规划》《“十四五”通用航空发展专项规划》《“十四五”国家综合防灾减灾规划》等规划中，“航空应急救援”成为重要内容，其中重点加强无人机等智能化装备应用，加快构建大型固定翼灭火飞机、灭火直升机与无人机高低搭配、布局合理、功能互补的应急救援航空器体系。2023年1月6日，中国国家消防救援局正式挂牌，我国航空应急救援管理体制不断优化。航空应急救援队伍、区域应急救援中心、航空应急救援基地等加快建设。

航空应急装备是航空救援行动的基础和保障，关系到救援行动的效果和安全。航空应急装备主要包括救援航空器、救援设备和通信设备等。其中救援航空器涵盖运输飞机、固定翼飞机、直升机、无人机、特种航空器等多种机型，是低空产业的重要部分，应该按照不同的事件类型及救援需求配备不同类型的航空应急救援装备。目前，市面上常用的固定翼救援飞机主要包括 CL-215、CL-415 灭火飞机、Be-200 消防型飞机、Boeing-747 超大型灭火飞机、鲲龙 AG600、伊尔-76 等；直升机主要包括 AS-350B3、Z-9/SA365N、AC312E、Bell-412、AC352、SikorskyS-61、EC-225、Ka-32、Mi-171、吉祥鸟 AC313A（直-8）、Mi-26TC 型重型消防直升机等。我国以大型水陆两栖飞机 AG600 为龙头的一系列航空应急救援装备研制正在推进，已具备实战灭火能力；AC352 直升机、ARJ21 医疗机等取得 TC 证，AC313A、AC332 等应急救援机型加快适航取证。

近年来，无人机在航空应急救援中的应用越来越广泛，尤其是在现场监测与指挥调度、通信中继与搜索救援、物资投放与受灾评估等方面具有独特优势。无人机具有操作简单、功能多样、灵活快速的特点，可以满足救援现场的救援要求。目前，全国有 60% 的企业无人机用于应急救援，国家综合性消防救援队伍已配备各类无人机 14000 多架。中央财政增发 1 万亿元国债用于提升我国防灾减灾救灾能力，推动了一批无人机应急救援装备采购应用。国内用于应急救援的无人机以中小型多旋翼及垂直起降固定翼为主，主要发挥无人机运输载荷和信息采集等作用，用于现场监测、应急搜救、灾害评估、指挥调度、物资投放等；大型无人机以固定翼居多，且大多具备长航时能力，其中以翼龙、彩虹、腾盾等为主；而在航空医疗方面，目前应用案例尚少，但随着 eVTOL 的技术突破，未来无人机医疗救援的应用必将得到大发展。

2. 警务安防

警用航空最早起源于美国，1947 年，美国纽约首先将直升机用于警务执法。此后，法国、日本、德国、英国、澳大利亚等发达国家也相继组建了警用航空队伍。截至目前，世界警用航空已形成相当规模，据统计，世界警用直升机有 5000 多架，仅美国就有 2000 余架，美国每个警署都配有直升机；欧洲现有 400 余架警用直升机，用于警务、紧急医疗救助、搜索和救援等；在日本，直升机也得到了广泛应用，47 个地方警察本部各有一支警务航空队。我国的警用航空始于 20 世纪 90 年代初期，1993 年 12 月，武汉市公安局购置了中国第一架警用直升机，开创了中国警航建设的先河。此后，广东、郑州、南京等地的公安机关相继组建警用航空力量，为我国警用航空的进一步发展打下了基础。目前，全国有 40 个公安机关建立了警务航空队，配备各型直升机 70 多架。

近年来，无人机作为一种新型警用航空装备，呈现出良好的发展势头，规模数量快速增长。发达国家纷纷采购无人机进行装配，美国警察装备的大疆等无人机就有数千架。截至 2024 年 5 月，全国各级公安机关共装备各型警用无人机已达到 20000 架，其中大疆、道通的轻小型无人机超过 13000 架，全国有 30 个省份均配备了警用无人机。

以警用无人机为代表的安防应用受到政策的大力支持。2012 年，公安部下发《公安部关于加强警用航空建设的意见》，提出要高度重视警用航空建设，要求大多数省、自治区、直辖市要拥有警用航空力量，中心城市和社会治安环境复杂、自然地质灾害频发的地区优先建设警务航空队。在 2015 年的全国警用航空建设推进会上，公安部明确提出，将警用无人机纳入警用航空管理范畴，建立管理、运行和安全工作规章制度，统筹发展规划。2016 年，公安部印发了《警用无人驾驶航空器管理暂行规定》。2017 年，公安部有关部门制定了《警用无人驾驶航空器登记管理办法》，建立了无人驾驶航空器使用管理标准体系；

同年，公安部印发了《警用无人驾驶航空器系统标准》。从此，警用无人机产业进入快速发展阶段。2020 年新冠疫情暴发，无人接触式警用无人机再次升温，成为特殊时期辅助加强警务工作的重要工具。现在我国已初步形成警用无人机快速装配应用、警用直升机能力不断强化的警航发展新模式。

（四）低空运输

交通运输是低空经济最具前景的领域。低空经济的交通属性，使得低空经济未来发展具备了广阔空间。低空运输主要指的是利用低空空域进行人员和货物运输的飞行活动，提供便捷的交通服务，尤其适合于地面交通受限或时间敏感的运输需求。低空运输主要包括城市空中交通、干支线物流和无人机配送，其优点是连通性好、可建设的交通节点多、速度快、设施投资小，但也存在运输价格高、运输量小等缺点。低空运输的发展与所在区域综合立体交通运输体系密切相关，是各类运输方式协调互补、融合发展的重要运输方式之一，各种运输方式的比较见表 5–1。

表 5–1　各种运输方式的比较

运输方式	运输工具	连通性	节点数量	速度	设施投资	运输量	运输价格
低空运输	航空器	好	多	快	小	小	高
公路运输	汽车	较好	较多	较慢	较大	较小	较高
铁路运输	轨道列车	较差	较少	较快	大	较大	较低
水路运输	船舶	差	少	慢	较小	大	低
原始运输	人或牲畜	最差	最少	最慢	无	最小	最高

资料来源：根据相关资料整理绘制。

1. 城市空中交通

城市空中交通，主要包括空中出租车（Air Taxis）、短途航线、通勤飞行、低空货运等多种形式的服务，其中以载人空中出行为主要应用，是各国争相布局的领域。目前，各国的城市空中交通均处于试飞测试阶段，发展空间巨大。美国提出2028年前实现先进空中交通规模化运营，英国提出2026年实现首次飞行出租车试飞。在政策支持下，大量行业头部企业积极涌入这一赛道，波音、空客等传统航空制造企业，大众、吉利、小鹏等汽车企业，腾讯、谷歌等互联网企业，优步、京东、顺丰等物流巨头，以及亿航、峰飞等新兴企业纷纷布局，投资机构热情也持续高涨。FAA最新发布的报告预测，AAM/UAM产业的运营收入将迅速增长，2025—2026年约为1.5亿美元，到2027年可能达到27亿美元。

目前，全球1000多个eVTOL项目都聚焦在这一领域，并开展激烈竞争。从市场应用来看，主要有以下特点。

（1）市场订单量持续增加，国内企业订单量攀升

截至2024年6月，全球eVTOL市场订单总计已超过1.8万架。订单数量主要向OEM集中，头部效应正在不断加强。从制造商OEM的订单统计①看，订单超1000架的企业有5家；超500架的企业有8家，占所有订单的76.8%，中国企业仅有亿航一家入围。随着我国eVTOL率先取证，我国企业和eVTOL不断获得市场青睐，订单量持续攀升。截至2024年3月，小鹏汇天“陆地航母”、峰飞航空V2000CG、沃飞长空AE200的市场订单量都超过百架，沃兰特、亿航订单量则在500架以上。

① 数据来源：SMG Consulting，截至2023年4月。

（2）空中出行成为主要应用领域，物流、医疗等行业应用不断渗透

从全球 1.8 万架订单来源分析，目前 24.53% 的订单来源于传统航空公司，加上商务航空、直升机运营商、第三方出行平台等，都是未来空中出行的主要提供商，四者合计占比约 45%。此外，3.46% 来源于物流行业，6.64% 来源于医药行业，两者占比虽然较小，但仍是关注领域（见图 5-3）。

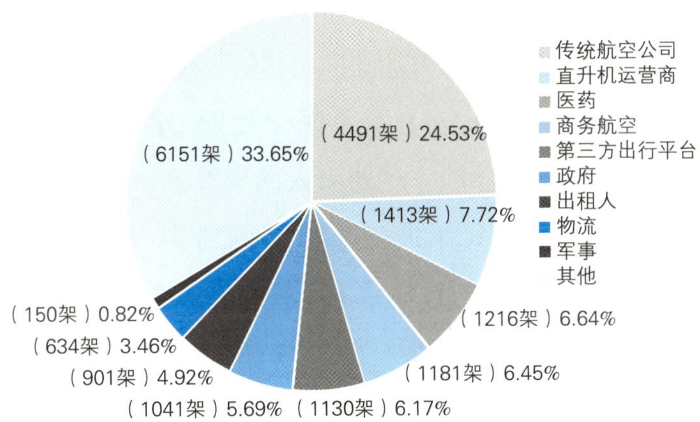

图 5-3　eVTOL 订单来源统计

资料来源：SMG。

（3）美国、中国、英国、巴西、印度、欧洲、日韩等成为最活跃的区域市场

从订单区域分布来看，美国市场订单达到 5484 架，占全球市场的 30% 以上。中国市场订单有近 3000 架，占 16.6%，占比呈现快速上升的趋势。英国市场订单有 850 架、巴西市场订单有 810 架、印度市场订单有 830 架、日本市场订单有 504 架、韩国市场订单有 345 架、德国市场订单有 389 架、澳大利亚市场订单有 370 架，均占有一定的比重。此外，中东地区，特别是沙特阿拉伯、阿拉伯联合酋长国等国家，其对 eVTOL 的需求潜力也十分巨大。

（4）以重大赛事活动为契机推广城市空中交通商业应用

eVTOL 企业及运营商聚焦奥运会、世界博览会（世博会）等重大赛事活动的影响力，大力推进 eVTOL 在 2024 年巴黎奥运会、残奥会，2025 年日本大阪 · 关西世博会期间的试运行。Volocopter 于奥运期间在巴黎地区进行试验飞行，日本计划在世博会期间以每小时 20 个航班的频率进行 eVTOL 商业运营，实现世博会场馆与大阪市的机场或垂直机场的航线连接。

（5）以 eVTOL 试点应用为基础推动其融入现有服务体系

德国计划使用 eVTOL 改善紧急医疗救助，医疗救援企业 ADAC Luftrettung 与 Volocopter 合作，计划引入两架 VoloCity 飞机，将其纳入现有紧急医疗服务。ADAC Luftrettung 计划未来从 Volocopter 购买另外 150 架 eVTOL，这也是他们长期致力于空中救援领域的创新。航空公司联合 eVTOL 制造商推出以机场为核心的空中服务，美国联合航空与 Archer 合作，计划于 2025 年开通芝加哥市中心至奥黑尔机场间的空中服务，后续增加其他机场到城市的空中航线；美国联合航空与 EVE 合作，计划 2026 年起运营从旧金山出发的通勤航班，后续计划在整个湾区推出电动通勤航班的计划；达美航空公司与 Joby 合作以推出 eVTOL 飞行服务等。

国内也有多个城市在布局空中交通服务，在长三角、粤港澳大湾区等交通往来方面，eVTOL 具有巨大的优势。

2. 无人机物流配送

无人机物流配送主要包括使用无人机进行货物运输的干支线物流和末端配送。大载重、中远距离干支线无人机运输，送货的直线距离一般在 100~1000 千米，吨级载重能力，续航时间达数小时，以跨省跨区域（干线级）和省内城市间（支线级）构建点对点直运航空物流网络为主；末端无人机配送，空中直线距离一般在 10 千米以内，载重为 5~20 千克，单程飞行时间为 15~20 分钟。无人机干支末端物流配送，将是低空经济领域最先实现大规模商业化应用的领域。

近年来，全球各国都积极支持无人机物流配送发展，美国提出要使无人机融入国家空域系统并提供物流补助及运营豁免支持，英国制定推进自主空运商用无人机政策，“日本再兴战略”提出 3 年内实现无人机物流配送。物流企业、航空制造企业等纷纷布局，大力发展物流无人机。从全球来看，目前物流无人机已投入商业运营。据统计，2023 年全球物流无人机市场规模为 20 亿美元。预计到 2025 年，短距离低速轻小型无人机物流配送将逐步成熟；2030 年，中短距离快速中小型无人机物流配送逐步应用；2035 年，中长距离快速中大型无人机物流配送逐步推广（见表 5–2）。

表 5–2　主要国家物流无人机发展潜力

国家 / 地区	是否有商用飞行可行性	是否需要飞行许可证	是否有超视距飞行可行性	是否需要超视距飞行可行性	是否对商用飞行要求保险	是否需要对飞手进行培训来获得飞行许可证
中国	√	√	√	×	√	√
波兰	√	√	√	√	√	√
英国	√	√	√	√	√	√
加拿大	√	√	√	×	√	×
德国	√	√	√	×	√	√
法国	√	√	√	×	×	√
南非	√	√	√	×	×	√
印度尼西亚	√	√	√	×	√	√
澳大利亚	√	√	√	×	√	√

续表

国家 / 地区	是否有商用飞行可行性	是否需要飞行许可证	是否有超视距飞行可行性	是否需要超视距飞行可行性	是否对商用飞行要求保险	是否需要对飞手进行培训来获得飞行许可证
巴西	√	√	√	×	×	×
墨西哥	√	√	×	×	×	√
美国	√	√	×	×	×	×
日本	√	×	×	×	×	×
俄罗斯	×	×	×	×	×	√
阿根廷	×	×	×	×	×	×

资料来源：根据相关资料整理。

我国大力支持无人机在物流配送领域应用，先后印发《交通强国建设纲要》《国家综合立体交通网规划纲要》《“十四五”现代综合交通运输体系发展规划》等文件，大力发展无人机物流。2018 年 5 月发布的《民航局关于促进航空物流业发展的指导意见》，支持物流企业利用通用航空器、无人机等提供航空物流解决方案；2019 年 3 月，国家发展和改革委员会等部门发布《关于推动物流高质量发展促进形成强大国内市场的意见》，提出在具备条件的地区探索发展无人机配送等创新模式；2022 年 1 月，民航局发布《中国民用航空局关于印发智慧民航建设路线图的通知》，提出发展智慧出行及无人驾驶航空器物流配送服务；2022 年 2 月，民航局发布《“十四五”航空物流发展专项规划》；2022 年 6 月，民航局发布《“十四五”通用航空发展专项规划》，支持无人机物流配送，扩大交通不便地区无人机“干—支—末”配送网络，鼓励载人无人驾驶等新型航空器的发展，带动城市空中交通快速发展；同时，民航局积极布局开展无人机物流配送试点，已在多层次、多场景推广并取得明显成效。工业和信息化部等部门发布的《绿色航空制造业发展纲要（2023—2035 年）》《通用航空装备创新应用实施方案（2024—2030 年）》也都明确提出，在应急救援、城市空运、物流配送等领域实现无人机商业化、规模化应用（见表 5–3）。

表 5–3 国内无人机物流配送试点情况

<table>
<tr><th>物流场景</th><th>试点区域</th><th>批复单位</th><th>运营企业</th><th>所用装备</th><th>试点时间</th></tr>
<tr><td rowspan="8">城市 / 农村</td><td>江西省赣州市南康区</td><td>民航局</td><td rowspan="2">顺丰</td><td rowspan="2">H4 四旋翼、方舟八旋翼、Manta Ray 固定翼垂直起降无人机</td><td>2017.8—2019.8</td></tr>
<tr><td>四川省雅江县、云南省部分地区</td><td>民航局</td><td>2019.7—2021.7</td></tr>
<tr><td>陕西省</td><td>民航局</td><td rowspan="6">京东</td><td rowspan="6">小型无人机</td><td>2017.12—2019.12</td></tr>
<tr><td>海南省</td><td>—</td><td>—</td></tr>
<tr><td>江苏省宿迁市</td><td>—</td><td>—</td></tr>
<tr><td>青海省</td><td>—</td><td>—</td></tr>
<tr><td>福建省龙岩市</td><td>—</td><td>—</td></tr>
<tr><td>广西壮族自治区桂林市</td><td>—</td><td>—</td></tr>
<tr><td rowspan="4">偏远山区</td><td>浙江省安吉县</td><td>—</td><td rowspan="4">中国邮政</td><td rowspan="4">小型无人机</td><td>—</td></tr>
<tr><td>北京市门头沟区</td><td>—</td><td>—</td></tr>
<tr><td>贵州省贵阳市</td><td>—</td><td>—</td></tr>
<tr><td>甘肃省兰州市</td><td>—</td><td>—</td></tr>
<tr><td>岛际运输</td><td>浙江省舟山市</td><td>—</td><td>顺丰</td><td>H4 四旋翼、方舟八旋翼、Manta Ray 固定翼垂直起降无人机</td><td>—</td></tr>
</table>

续表

物流场景	试点区域	批复单位	运营企业	所用装备	试点时间
防疫物资运输	湖北省武汉市		顺丰	方舟八旋翼	—
外卖配送	广东省深圳市	南部战区空军参谋部	美团	FP400 无人机	—
	上海市金山区	民航			—
支线运输	四川省自贡市	民航局	顺丰	AT200	—
			京东	“京鸿”固定翼、“京蜓”自转旋翼机	—
	陕西省榆林市	民航局	京东	“京鸿”固定翼	—
			顺丰	FH-98（运 5-B 改装）	—
	宁夏回族自治区		顺丰	FH-98（运 5-B 改装）	—
	新疆维吾尔自治区铁门关市	民航局	昆仑通用航空	大型无人机（运 5 改装）	2021.8—2023.8
	上海市金山区	民航局	中国邮政	水陆两栖无人机 U650	—
其他	粤港澳大湾区	民航局	顺丰丰羽顺途	未明确	2020.12—2023.12

资料来源：根据相关资料整理绘制。

与此同时，各地方政府积极出台政策，大力支持无人机物流及城市空中交通发展。截至 2023 年底，深圳市已累计开通低空航线 126 条，建设无人机起降点 89 个，2023 年无人机载货及综合飞行达 60 多万架次。快递企业也抓紧推广无人机配送业务，如顺丰快递、美团快递等。截至 2023 年底，美团无人机配送已在深圳、上海等城市 11 个商圈落地了 25 条航线，配送服务覆盖办公、景区、市政公园、医疗、校园等多种场景，并累计完成用户订单超 22 万单。我国物流无人机大型化趋势十分明显，目前已有白鲸航线 W5000（商载 5 吨）、山河华宇 SA750U（商载 3 吨）、航天飞鹏 FP-985（商载 2 吨）、腾盾科创大型双发无人运输机（商载 2 吨）以及壹通无人机公司与中国航空工业集团第一飞机设计研究院共同研制的 TP2000 无人机等相继研制启动或实现首飞。预计未来，商载 10 吨级以上重载货运无人机也将出现。

无人机物流配送的优点主要在于可提高配送效率、减少人力成本。利用无人机替代人工投送快递，实现快递投送的自动化、无人化、信息化，缓解了快递需求与快递服务能力之间的矛盾，特别是消除了购物节带来的快递“爆仓”危险，降低快件的延误率、损毁率、丢失率，以及快递投诉率，同时还能降低运营成本、仓库成本、人力成本等，使快递的投送更加安全、可靠、快捷。此外，无人机配送也解决了偏远地区、岛屿、海上钻井平台的配送问题。据测算，1 架无人机日均运输量能够抵 8 名外卖配送员。以黄山景区无人机运输为例，该区域人工搬运的往返时间至少 5 小时，一位肩运工每趟只能搬运 150 斤左右的货物，且一天最多只能搬运 2 趟，而无人机单机吊挂单趟最大运输量为 60 斤左右，三机以上的每天运输总量能够达到万斤。这也意味着，无人机一天的运输量约等于 30 名肩运工的运输量，可有效应对肩运工紧缺且老龄化的现象。

然而，无人机配送也存在以下缺点：一是恶劣天气下无人机运送将受到影响，在飞行过程中无法避免人为破坏等问题；二是在技术上，无人机快递还处于试验阶段，其载重量、续航性能、防电磁干扰、可靠性与飞行安全性都有待提高；三是使用规范和监管实施问题；四是噪声污染和民众反感问题；五是基础设施不完善，企业成本较高、盈利困难等，但这一问题可以通过规模经济来解决。

二、低空飞行服务

低空飞行服务是指支持和辅助低空经济发展的各类服务性产业，主要是围绕飞行应用的服务，包括低空飞行培训、航空信息服务、航空金融保险等相关产业。

（一）低空飞行培训

低空飞行培训主要包括飞行员培训、无人机驾驶培训和航空运动培训等，分别具有不同的发展特点，下面主要介绍前两者。

1. 飞行员培训

飞行员培训是指为航空飞行员或普通学员提供的技术培训，涉及通航的主要是使用初级教练机和中级教练机进行训练，如果到飞行阶段还会有更系统的从私照、仪表、商照到航线运输执照等一系列的理论及实操。从使用的飞机类型来看，飞行员培训可分为旋翼和固定翼两大类。其中，固定翼飞机占据更大市场，全球市场收入份额约为3/4，旋翼飞机仅占1/4。从不同应用市场来看，民用飞行员培训主导市场，全球市场收入占比约为80%。北美地区是全球飞行员培训行业最大的营收市场，占据全球约40%的市场份额；欧洲市场以约30%的市场份额排名第二，亚太地区位居第三，而拉丁美洲、中东和非洲等地区市场份额较小（见图5–4）。

飞行员培训一直也是我国传统通航业务量中的第一大市场。根据民航局发布的《2023年通用和小型运输运行概况》，截至2023年底，

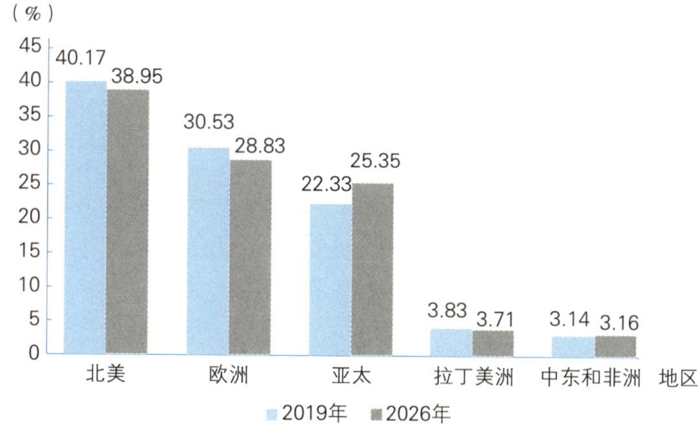

图 5-4 全球飞行员培训行业地区市场份额（按地区划分）

资料来源：作者根据相关资料整理。

通用及小型运输航空公司运行时间为 153.6 万小时，其中飞行培训占比高达 67%。目前，我国共有 38 所实施 141 部整体课程的驾驶员学校，除飞行学院外，我国按照 CCAR-141 部训练的航校有 37 家，共有飞行教员 1057 人。在航空器数量方面，我国飞行学院航空器共有 366 架、FTD 训练器数量 66 台，其他 CCAR-141 部整体课程驾驶员学校共有航空器 739 架（其中飞机 700 架、直升机 39 架），FTD 训练器 106 台。

2. 无人机驾驶培训

无人机技术的快速发展和广泛应用推动了无人机培训市场的需求增长。由于无人机操作的特殊性和技术门槛，对无人机操作员的培训需求持续存在。目前，国内 1000 多家无人机培训机构的培训内容涵盖了无人机的各个方面，包括基础理论知识与操控技巧等。截至 2023 年底，全国共有 95 个无人机操控员执照考试点。民航局发布的《民用无人驾驶航空器操控员和云系统数据统计报告（2023 年）》显示，我国民用无人驾驶航空器产业蓬勃发展，无人机操控员规模持续增长，截至2023年底，全国共有19.44万人拥有无人机操控员执照（见图5–5），同比增加5.6万人。以多旋翼无人机执照为主，其占比高达92.74%，其中视距内操控员占比达70%以上。QY Research的调研显示，2023年全球无人机培训服务市场规模大约为39亿元，预计到2030年将达到62亿元，2024—2030年的年复合增长率为6.85%。

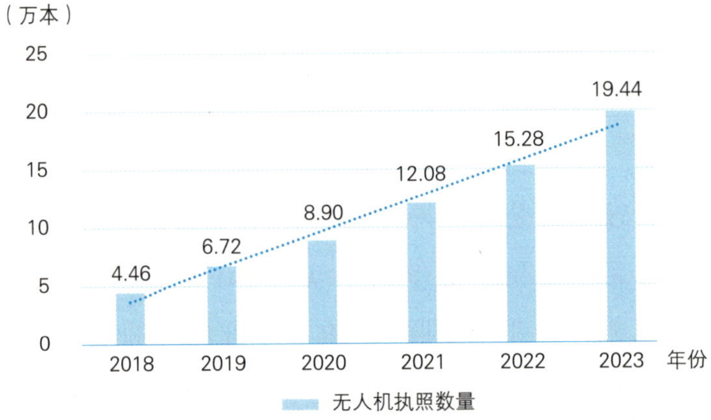

图5–5 2018—2023年全行业无人机操控员执照数量

资料来源：中国民用航空局飞行标准司，《民用无人驾驶航空器操控员和云系统数据统计报告（2023年）》。

同样，随着航空运动的兴起，特别是航空运动与生态旅游的融合发展，滑翔伞、热气球、飞机跳伞和航模的培训需求巨大。

（二）航空信息服务

航空信息服务是指为航空行业提供的飞行、市场等方面的信息支持服务，这些服务对于确保航空运营安全和市场开发至关重要。航空信息服务主要包括航空数据云储存、云计算服务、航空气象服务、航空安全信息服务、航空导航服务、航空通信服务、航空情报服务、航空市场研究、航空咨询服务、航空信息技术服务、航空法规和标准信息服务、航空旅游信息服务等。

目前，传统通航信息服务仍依托航空空管体系进行，无人机信息服务主要通过无人机监管系统、平台等进行。

（三）航空金融保险

1. 航空租赁

航空租赁服务主要包括飞机、直升机、无人机等航空器的租赁，融资租赁和经营租赁是航空租赁业务的两种主要形式。融资租赁是一种长期租赁协议，其主要目的是为承租方提供融资以购买资产，通常用于飞机等高价值设备的租赁。

在航空租赁行业中，这两种租赁形式都是常见的。航空公司会根据自身的财务状况、运营需求和战略目标来选择最合适的租赁方式。在客运和货运航空器租赁市场，由于业务稳定性强，航空器价格稳定和资产流动性较强，通常采用以融资租赁为主、以经营租赁为辅的形式。但在通航和无人机航空器租赁市场，由于业务不稳定、航空器残值较低和缺乏价格发现机制，通常采用以经营租赁为主、以融资租赁为辅的形式。

近年来，我国航空租赁行业的经营数据保持稳定增长，市场规模已超过1000亿元，但主要集中在干支线飞机领域。随着低空经济的发展，预计低空飞行器及重要配套系统、部件的租赁也将发展起来。特别是eVTOL经济价值较高，可借鉴汽车行业的租赁模式，针对不同客户的特定需求，提供个性化的付款计划、运营支持和服务保障，还可适应快速的技术迭代和产品更新，保持租赁资产竞争力。此外，还可参与核心厂商的供应链金融，或为终端用户设计定制化租赁产品，促进产业链上下游协同发展，推动整个行业的创新与成长。

2. 航空保险

航空保险是指保险公司为航空飞行器、乘客、货运提供保险服务。最早的航空保险于1910年出现在美国，随后航空保险在英国等国家得到发展。1912年，英国诞生了第一张民用航空保险单，标志着航空保险业务的正式开展。中国则在20世纪70年代开始建立航空保险制度，1974年，国务院批准所有从事国际航线飞行的中国飞机都必须办理保险，中国人民保险公司开办飞机保险业务，为中国民航出具了第一张飞机险保险单。

航空保险通常包括机身险、航空运输险、航空伤害险、航空责任险（又称第三者责任险）及附加险等，经过上百年的发展，航空保险市场已经很成熟。据贝哲斯咨询统计，2023年全球航空保险市场规模达到51.87亿元。但传统保险产品难以满足低空经济发展新需求，国内现有通用航空和无人机保险条款及产品，未能对低空经济领域的风险转嫁诉求实现全面覆盖和精准匹配。

低空经济新需求的风险敞口和风险转移问题尚待解决，例如，无人物流货邮责任保险、自动化仓库设备保险、喷洒空投物品财产及责任保险等，尚待形成成熟的定制化与贴合场景的专属保障。保险人需要与时俱进地填补保险产品空白；当前承保细类不统一，有通航飞行器、航空模型，甚至机器设备等，保险产品和风险转移需求匹配较弱，错配情况时有发生；未来无人机数量多、参与主体多，使用强度和事故率明显高于通航，承保服务量必将大幅提升，传统保险服务模式也难以匹配低空经济发展新要求。因此，金融保险方应当根据不同客户主体、使用场景和风险转移需求，定制化开发保险产品和模式，与低空经济各要素全面链接，提供高质量低空经济保险服务。

三、无人机反制

随着无人机技术的高速发展，安全威胁问题也逐渐凸显，无人机反制技术应运而生，由此带来了无人机反制市场的不断发展。

（一）无人机反制技术

无人机反制技术主要包括无人机侦测和无人机反制两部分。无人机侦测主要有基于无线电、雷达、光电等的无人机探测定位；而无人机反制则主要包括干扰阻断类（如信号干扰、声波干扰等）、直接摧毁类（如使用激光武器、无人机反制无人机等）和监测控制类（如劫持无线电控制等）。这些技术的不断进步，不仅提高了无人机管理的效率和安全性，也为无人机反制产业的发展提供了有力支撑。

1. 无人机主动侦测与反制系统

无人机主动侦测与反制系统包括侦测技术和反制技术。侦测技术主要指通过专门的雷达、无线电频率（RF）探测器、光学和热成像设备侦测并识别附近的无人机，这些设备能够捕捉无人机的信号，通过分析信号的特征来确定无人机的位置、速度、航向等重要信息（见表 5–4）。反制技术是指一旦侦测到无人机，系统需要迅速识别其类型、意图和潜在威胁，以便做出适当的反应。当侦测到其他无人机时，干扰与反制系统就会启动，该系统主要通过发射干扰信号来破坏或干扰无人机的正常通信和导航。干扰手段包括电磁干扰、GPS 欺骗等，旨在使无人机失去控制、偏离航线或迫使其降落。在某些情况下，系统还可以采取更主动的反制措施，如使用高能武器或网捕设备来摧毁或捕获无人机（见表 5–5）。

表 5–4 常用的无人机侦测技术

侦测技术	具体实现方式
雷达系统	最常见的侦测手段，通过发射无线电波、分析反射波来确定无人机的位置和速度，能够在较远的距离检测到无人机
无线电频率（RF）探测器	侦测无人机和控制站之间的通信频率
光学和热成像设备	高分辨率摄像头和热成像技术用于视觉识别无人机

资料来源：根据相关信息整理。

表 5–5 常用的反制技术

反制技术	具体实现方式
电子干扰	使用干扰设备打断无人机与操作员之间的通信，包括干扰其 GPS 信号和遥控信号，迫使无人机着陆或返回起飞点
物理拦截	使用捕获网或其他设备直接拦截无人机
定向能武器	使用激光或微波武器精确打击无人机，破坏无人机的电子系统，使其失去功能
黑客技术	入侵无人机的控制系统，从而接管其控制权

资料来源：根据相关信息整理。

无人机主动侦测与反制系统是对日益增长的无人机使用带来的安全挑战的直接回应。随着无人机技术的不断发展，这些系统也在不断进步，以应对更加复杂和多样化的威胁。

2. 电子围栏

电子围栏是一种通过电子信号来实现地理边界限制或行为监测的安全技术，主要借助无线电、红外线、微波、超声波和全球卫星定位系统（GPS）等，对特定区域内的目标进行定位和监测。

无人机电子围栏是指一种配合无人机飞行控制系统的软硬件系统，通过在相应电子地理范围中画出特定区域，来阻挡即将侵入特定区域的无人机。在无人机飞行控制系统中植入电子围栏后，无人机会通过 GPS 系统等自动识别地理位置，在设有电子围栏的区域自动降落或返航。

（二）国内外无人机反制现状

1. 国外发展现状

在国际上，无人机反制技术备受关注。联合市场研究（Allied Market Research）发布的报告表明，2021 年全球反无人机市场价值为 13 亿美元，预计到 2031 年将达到 146 亿美元，年复合增长率为 27.36%。一些发达国家在无人机反制领域投入了大量人力和物力，取得了较为成熟的技术成果，很多产品已经得到实际运用。

美国从 2012 年开始制定反无人机战略，旨在构建一种有效的防空预警系统。美国空域安全系统供应商 DeDrone 公司以无线电监测技术中的测向技术为基础，于 2015 年 1 月推出第一款产品，于 2018 年 9 月推出具备蜂群探测能力的 DroneTracker 3.5 系统；于 2022 年 8 月，推出一款名为“DedronePortable”的便携式反无人机探测器，能够全面检测、跟踪并识别无人机。

英国 Blighter 公司联合多家公司合作开发了一套集探测、跟踪与干扰功能于一体的反无人机系统（Anti-UAV Defence System，AUDS），该系统由 4 频段射频抑制或屏蔽系统、光学干扰器、快速部署模块组成，可用于防御 8 千米内的无人机，主要目标为小型固定翼和旋翼无人机。

此外，德国安诺尼公司（Aaronia AG）专注于频谱分析与测量技术，俄罗斯国家技术集团 Rostec 下属公司分别推出了基于无线电干扰的反制武器“Ataka-DBS”和“Sapsan Bekas”，法国泰雷兹集团（Thales Group）研发了一套集成雷达、声像探测器以及无线电干扰与欺骗的无人机反制装备，以色列航空工业公司（IAI）于 2016 年 6 月推出了一款名为无人机警卫（Drone Guard）的反无人机系统，意大利芬梅卡尼卡集团莱斯电子系统公司（Selex ES）公司研制了集成雷达、光电、麦克风以及无线电信号欺骗的“猎鹰盾”无人机防御系统。这些反无人机系统，都已成为标志性产品。

2. 国内发展现状

近年来，国内低空复杂环境和无人机高密度运行对管理服务能力提出了更高要求，传统空中交通管理手段已无法适用于无人机这类新型航空器运行管理，我国在无人机反制领域不断地摸索着。2016 年，上海特金无线技术有限公司率先推出首个城市级网格化无人机管控系统，该无人机反制系统利用频谱大数据、AI 等分析弱信号和调频信号来侦测，多目标识别分离合作目标与非合作目标，由 TDOA（Time Difference Of Arrival）技术结合网格化进行目标位置确定，最后由定向干扰拦截设备进行反制，实现低空无人机目标的侦测、预警、识别、定位、追踪、反制六位一体。北斗开放实验室发布了其研发的国内首套诱骗式民用无人机反制系统，该系统可通过干扰、压制、欺骗等手段，实现无人机防护区域的保护。

从应用领域来看，无人机反制技术的应用领域正在不断拓宽，当前无人机反制技术主要应用于军事与国防、公安、电力企业、石油石化企业、机场等领域，包括用于重大活动保障、打击非法飞行、重点地区及重要设施设备保障等，比如，《电力系统治安反恐防范要求》及《石油石化系统治安反恐防范要求》明确要求电力设施、石油石化核心装置区等核心区域需配备反无人机主动防御系统。从我国市场来看，2020—2025 年中国低空安防行业复合增长率为 50% 以上，2025 年市场空间有望达到 150 亿元。2026—2030 年中国低空安防行业复合增长率预计为 25% 以上，2030 年市场空间有望达到 500 亿元。

四、其他生产性服务

低空服务涉及方方面面，除了飞行服务，还有检验检测、适航验证、维修改装、科普教育、会展赛事等。从国内外发展来看，低空产业正在从制造、应用等产业环节向监管、服务等环节发展。

（一）低空装备检测验证

低空装备检测验证包括微轻小型无人机检验检测，以及中大型无人机、eVTOL 适航验证等。其中，无人机检验检测已有发展基础，并且呈现第三方服务化的趋势；无人机适航验证目前还处于探索阶段。在无人机、eVTOL 等新型航空器的研发、生产和运营过程中，检测验证不仅是确保产品质量和性能的关键步骤，也是其获得有关资质、进入市场的必要条件之一。

1. 无人机检验检测

按照《无人驾驶航空器飞行管理暂行条例》的规定，从事微型、轻型、小型民用无人驾驶航空器系统的设计、生产、进口、飞行、维修以及组装、拼装活动，无须取得适航许可，但相关产品应当符合产品质量法律法规的有关规定以及有关强制性国家标准。

2023 年，国家市场监督管理总局（国家标准委）落实条例有关要求，编制发布了强制性国家标准《民用无人驾驶航空器系统安全要求》（GB 42590—2023），规定了与无人驾驶航空器安全相关的 17 条核心强制性要求，包括电子围栏、远程识别、应急处置、结构强度、机体结构、整机跌落、动力能源系统、可控性、防差错、感知和避让、数据链保护、电磁兼容性、抗风性、噪声、灯光、标识、使用说明书，并提出相应的试验方法。该强制性国家标准既可指导研制单位设计生产微型、轻型、小型民用无人驾驶航空器，也可规范检测机构合规检测，并最终保障使用者安全使用。

此外，还有一批国家标准可用于支持无人驾驶航空器检验检测活动，如《GB/T 38058—2019 民用多旋翼无人机系统试验方法》《GB/T 38909—2020 民用轻小型无人机系统电磁兼容性要求与试验方法》、系列标准《GB/T 38924—2020 民用轻小型无人机系统环境试验方法》等。

上述检验检测标准既包含实验室级别的验证活动，也包括需要在具备飞行条件和空域等资源的场地进行动态飞行检测的项目。围绕有关检验检测需求，各地积极谋划提供相关服务，科研院所、企事业单位等布局建设了一批第三方检验检测机构，并依托民航局认可的无人驾驶航空器试验区，打造了多个无人机飞行测试基地。

国内典型的无人机检验检测服务机构如表 5–6 所示。

表 5–6 国内典型的无人机检验检测服务机构

名称	检测内容
国家安全防范报警系统产品质量检验检测中心（北京）	开展警用安防无人机和无人机探测拦截设备检测业务
公安部安全与警用电子产品质量检测中心 公安部特种警用装备质量监督检验中心	
国网山东省电力公司电力科学研究院 国网智能科技股份有限公司	开展电力巡检无人机和任务设备检测业务（电网智能巡检装置质检站）
中国电力科学研究院有限公司武汉分院 电力工业电气设备质量检验测试中心	
农业农村部南京农业机械化研究所 国家植保机械质量监督检验中心	开展农业植保无人机和任务设备检测业务（农业农村部农业机械试验鉴定总站植保机械专业站）

续表

名称	检测内容
应急管理部上海消防研究所 国家消防装备质量检验检测中心	开展消防灭火无人机和任务设备检测业务
工业和信息化部电子第五研究所 国家无人机系统质量检验检测中心	开展无人机全产业链检测服务
国家机器人质量检验检测中心（重庆） 重庆凯瑞机器人技术有限公司	为微轻小型无人机提供第三方国家级检测认证服务和技术支持
部分省市级质检院	部分项目的省部级检测认证
广州广电计量检测股份有限公司	无人机整机系统、无人机机巢、无人机搭载的相关传感器
中关村 e 谷（延庆）无人系统检测中心	主要按照《GB/T 38058—2019 民用多旋翼无人机系统试验方法》开展检测
华测检测认证集团	基础无人机检测

资料来源：根据相关信息整理。

2. 无人机及 eVTOL 适航验证

民航管理部门对航空器采用严格的证照管理方式，航空器从设计制造到市场销售需要取得型号合格证（TC）、生产许可证（PC）及适航证（AC）等证书，航空器在申请 TC、PC、AC 过程中均需通过民航局认可的第三方检测机构进行的试验检测，包括实验室试验、地面试验和飞行试验，并获得试验检测合格证书。

在国家政策导向及行业需求带动下，参与无人机及 eVTOL 适航验证的单位不断增多，但主要以传统民用大飞机、通用航空器试飞试验单位为主，包括一些科研院所。这些航空检测企业试验验证的内容主要包括以下几项：一是环境可靠性，模拟真实的温度、湿度、压力、噪声等环境下产品性能的稳定性；二是电磁兼容，机载电子电器系统测试、无线通信测试、机场无线电台电磁环境测试等；三是失效分析，针对电子元器件的原材料和产品性能进行失效诊断；四是软件与信息技术，进行机载软件测试；五是化学分析，针对航空产品进行环保检测、客舱空气质量检测、材料分析；六是零部件强度试验、部件级标定实验；七是整机可靠性试验（环境测试、风洞试验）、整机强度试验（整机静力试验和整机疲劳测试）等（见图 5–6）。此外，还包含对无人机及 eVTOL 运营阶段的维护检查和适航性检测等。其中，风洞、“铁鸟”台、工程模拟机等是现代航空器设计、研发、适航验证和持续适航过程中不可或缺的试验设施。如针对 eVTOL 在整机构型、电推进、飞控、操稳等系统耦合、成熟的运行场景、大规模商业运营范例等方面面临的新挑战和风险，通过数学仿真与物理模拟 eVTOL 的新技术特点，如起降方式、分布式电驱系统、动力电池等各系统的运行，以及飞行器在不同运营场景下的性能表现，测试整机及各分（子）系统的功能和性能是否能够满足设计要求、是否能够安全可靠地运行，从而达到不断优化系统性能及快速达到设计迭代的目的。

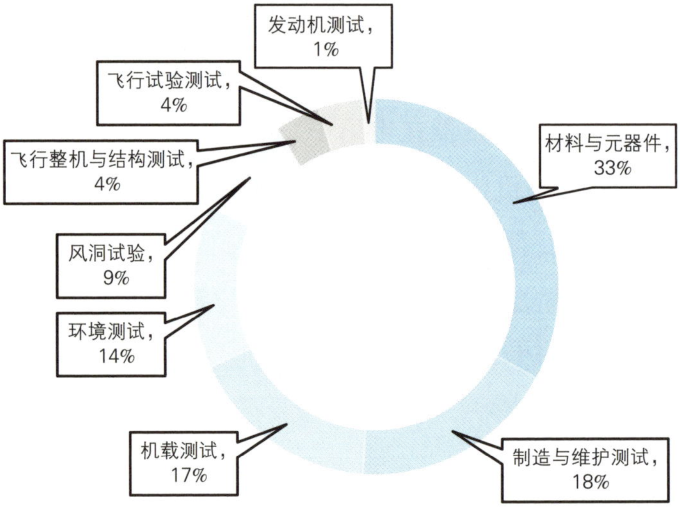

图 5–6　航空检测企业分布情况

资料来源：中国航空产业网。

目前，低空试验、试飞、验证等能力仍难以满足新能源、新构型低空飞行器及智能网联相关技术装备的发展需要。随着低空经济的发展，各地尤为看好无人机及 eVTOL 适航验证相关服务，均有意积极布局、大力吸引技术支持力量，创造试飞试验、适航验证条件，打造无人机乃至低空经济产业集群，形成集聚效应。如四川省绵阳市北川羌族自治县建设了无人机试飞基地，专门划设园区招引相关企业和项目落地布局。未来，围绕无人机及 eVTOL 飞控、链路、网络、通信、数据等系统的安全性评估、测试验证等技术将加快发展。围绕新能源系统的认证、机载感知避障系统的检测，低空智能网联系统的验证等能力建设也将加快推进。可以预测的是，随着低空市场的不断扩大，对航空器的安全性、可靠性以及合规性的要求也会日益严格，检验验证服务的需求将持续增长。

（二）航空会展

早期的航空会展主要展示新型航空器和航空技术，后来逐步发展成包括各种航空器展示、航空技术交流、飞行表演、贸易洽谈和航空论坛等为一体的展览会，为行业内外提供交流、展示和合作的平台。航空会展业具有产业关联度大、产业链条长的特点，会展活动所形成的商品、物资、人员、资金、信息流动，可带动交通、住宿、餐饮、零售、旅游、房地产、邮政、电信、广告、印刷、金融、保险等服务产业消费链快速发展。全球具有一定影响力的航空会展主要有巴黎航展、范堡罗航展、新加坡航展。其中，1909 年 9 月 25 日开幕的第一届巴黎航展是世界最早的航展。国内最著名的是中国航展，全称是中国国际航空航天博览会，每两年于珠海举办一次，已成为世界航空航天界开展交流的重要平台。

美国每年举办的航空类展会数量达上百场，其中规模大的展会参与人数达到数百万人，规模小的展会只有几架飞机（如社区航空节），均由民间航空协会组织举办。航空类展会的资金来源于门票收入、企业赞助及协会会费等。最著名的就是美国实验飞机协会（EAA）每年7月组织的EAA飞行者大会，为期约一周，参展厂商超过800家，对当地经济的带动超1亿美元。结合房车旅行、科普活动等，EAA大会成为美国通航爱好者的狂欢节。

随着低空经济的发展，近年来，国内外大大小小的航展赛事活动不断增多，涌现出了包括世界无人机大会、亚洲通用航空展、低空经济发展大会等一批会展品牌，有力地带动了低空经济发展和产业聚集。如2023年亚洲通用航空展，全球有268家通用航空及无人机产业链企业参展，展示飞机92架，成交各种型号飞机239架，合同成交额总值达73亿元。同时，随着无人机新技术的发展，各种无人机赛事也迅速兴起，全国青少年无人机大赛、世界无人机足球赛、中国无人机竞速公开赛等一批赛事活动相继举办，为无人机产业的技术创新提供了有效助力（见表5-7）。

表5-7 近年来国内低空经济领域主要展会和赛事活动

序号	举办地	名称	性质（展会/论坛）	主办单位	概况（规模、举办频次等）
1	天津	中国天津国际直升机博览会（直博会）	展会、论坛	天津市人民政府、中国航空工业集团有限公司、中国人民解放军陆军	天津直博会是经国务院批准的、我国唯一带有飞行表演的国家级国际直升机专业展会，每两年举办一届，2023年举办第六届
2	河北石家庄	中国国际通用航空博览会	展会	石家庄市人民政府、中国国际贸易促进委员会河北省委员会、通用国际展览有限公司、中航通用飞机有限责任公司等（2018届）	始创于2015年9月，原为石家庄爱飞客飞行大会暨通用航空展，2016年更名为石家庄通用航空展暨爱飞客飞行大会，2017年改为现名，升格为国家级国际通航展，是商务部批准的冠以“中国”“国际”字头的国家级通航博览会。

续表

序号	举办地	名称	性质（展会/论坛）	主办单位	概况（规模、举办频次等）
3	山西太原	太原国际通用航空博览会	展会、论坛	太原市人民政府、山西省发展和改革委员会、山西省体育局、山西航空产业集团有限公司、华舰体育控股集团有限公司、清徐县人民政府	2019年，第一届尧城（太原）国际通用航空飞行大会举行。2020年举办第二届，成为当年中国举办的最大规模综合性航空会展，吸引了来自美国、德国、拉脱维亚等国家的航空产业展商及飞行表演团队参加。2021届更名为太原国际通用航空博览会。2023年9月28日上午，2023年太原国际通用航空博览会在太原尧城机场开幕
4	江西南昌、景德镇	中国航空产业大会（南昌飞行大会）	展会（飞行表演）	江西省人民政府、南昌市政府等	2019年开始，已经成功举办三届。
5	辽宁沈阳	沈阳法库国际飞行大会	展会	沈阳市人民政府、辽宁省应急管理厅	始创于2012年，每年一届，截至2020年共举办九届。
6	陕西西安	中国国际通用航空大会/西安无人机大会	展会、论坛	陕西省人民政府、中国民用航空局、中国国际贸易促进委员会	简称通航大会或西安航展，每两年举办一次。从2009年开始，航展设在西安航空基地蒲城通用航空产业园的内府机场
7	湖北武汉	国际航联世界飞行者大会	展会、赛事、论坛	国际航空运动联合会、中国航空运动协会、武汉市人民政府、湖北省体育局	每两年举办一届，2017年首次举办，共有来自30多个国家的1000多名专业人员参会。2019年举办第二届。致力于打造为“世界一流、全国第一”的综合性国际航空运动盛会，成为国际通航飞行器集散平台、国际通航飞行器研发试验平台、国际通航经贸活动平台、国际航空运动文化交流平台以及青少年科学和爱国教育平台

续表

序号	举办地	名称	性质（展会/论坛）	主办单位	概况（规模、举办频次等）
8	湖南长沙、株洲	湖南（国际）通用航空产业博览会	展会、飞行表演	湖南省贸促会、湖南省发展和改革委员会、湖南省工业和信息化厅、湖南省机场管理集团、长沙市人民政府、株洲市人民政府	国内第一个全域低空管理改革试点省份（湖南省）在通航领域举办首个专业化、国际性展会。
9	广东珠海	中国国际航空航天博览会（珠海航展）	展会	广东省人民政府等十六家单位	从1996年开始，每两年举行一次，已发展成为世界第五大航展，规模仅次于巴黎航展、范堡罗航展、新加坡航展和莫斯科航展。来自中、俄、法、美等国的300多家企业参展，航展规划面积为10万平方米。第十五届中国国际航空航天博览会于2024年11月12—17日在珠海举办
10	广东珠海	亚洲通用航空展	展会、论坛	珠海航展有限公司、德国腓特烈哈芬展览有限公司	两年一届。首届于2021年10月28—31日举办。2023年11月23—26日，2023年亚洲通用航空展在珠海国际航展中心举办
11	北京	全球无人机应用及防控大会暨（北京）无人机产业博览会	展会、论坛	中国光学工程学会、中国无人机产业创新联盟	目前已经成为一年一度的无人机行业例会。大会设有10余场会议，2万平方米的展览、全国无人机创新技能大赛同期举办，会聚来自全球20多个国家和地区高校、科研院所、领先企业的百余位无人机领域专家、企业家代表，分享国际最新研究成果与创新应用案例，展开巅峰对话，共同探讨全球无人机的发展趋势

续表

序号	举办地	名称	性质（展会/论坛）	主办单位	概况（规模、举办频次等）
12	广东深圳	世界无人机大会	展会、论坛	中国电子信息行业联合会、深圳市南山区人民政府、工业和信息化部政府采购中心、中国科学院无人机应用与管控研究中心、深圳市无人机行业协会	每年举办，上届展会总面积为20000平方米，参展企业400家，来自加拿大、俄罗斯、德国、法国、澳大利亚、新加坡、以色列、日本、韩国、印度等，参展人数达30000人
13	地点不固定	低空装备产业创新发展大会	论坛	工业和信息化部装备工业发展中心	首届大会于2024年11月在广东省广州市召开，大会以“智领低空，装备未来”为主题，由低空产业联盟组织、工信装备研究院承办，工业和信息化部、应急管理部、中国民航局相关司局，地方航空工业主管部门，产业链上下游重点企业、高校、金融机构等近100家单位参会。后续每年举办一次。
14	四川、重庆	全国青少年无人机大赛	展会、赛事、论坛	中国航空学会	全国青少年无人机大赛是由中国航空学会主办的面向全国青少年的无人机专项创新赛事，历届大赛总参赛人数累计逾10万人次，自2020年起连续入选教育部赛事活动“白名单”，已成为我国青少年无人机领域具有权威性、专业性、公正性以及影响力的全国性比赛
15	地点不固定	中国航空创新创业大赛		中国航空学会、商务部投资促进事务局等多家单位	中国航空创新创业大赛创办于2016年，是中国发起最早、规模最大的专注航空领域的全国性双创赛事。2023年12月12日，第八届中国航空创新创业大赛暨首届中国空天科技企业家年会在廊坊开发区京津冀大数据感知体验中心开幕。2023年12月13日，第八届中国航空创新创业大赛在河北廊坊落幕

续表

序号	举办地	名称	性质（展会/论坛）	主办单位	概况（规模、举办频次等）
16	安徽芜湖	低空经济发展大会	展会、论坛	安徽省人民政府	2024年第三届低空经济发展大会低空经济新质生产力创新成果展设置全国低空经济发展成就展区，安徽省、芜湖市低空经济发展成就展区，城市未来空中交通系统展区，航空应急救援展区，无人机物流和配送展区，人工影响天气展区，中大型无人机展区，低空智联新技术展区，低空安全展区，低空教育培训和科普展区十大展区，集中展示全国低空经济领域顶尖技术产品
17	上海	上海国际航空航天技术与设备展览会	展会	上海市航空学会	上海国际航空航天技术与设备展览会（简称“上海航展”）于2005年创办已成功举办了七届。展会累计共吸引来自全球近40个国家和地区的数千家民用航空、商用航空、通用航空与相关企业及行业组织参展参会

资料来源：根据相关资料整理。

据民航局统计，自《飞行表演》咨询通告下发以来，飞行表演和竞赛活动日趋频繁。由于统计口径改变，取消了静态航展数据，因此，2018年之后的飞行表演场次较2017年之前略有下降。受新冠疫情影响，2020—2022年举办的飞行表演次数明显下降，2023年共举办飞行表演5场次（见图5-7）。

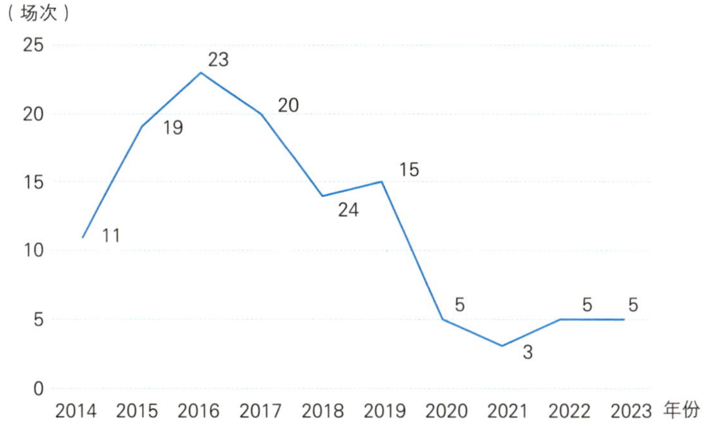

图 5-7　2014—2023 年飞行表演场次统计

资料来源：中国民用航空局，《2023 通用和小型运输运行概况》。

（三）航空科普

航空科普主要指航空科学普及，包括航空基本知识教育，航空文化、航空发展史、航空科技、飞机类型、著名航空人物普及和推广活动，航空器动手实操、航空模拟飞行、航空志愿者活动、航空研学、航空夏（冬）令营活动等方面的体验。航空科普作为目前低空经济领域企业能够实现盈利的细分行业之一，具有可持续的发展前景。

美国航空文化及科普教育全球领先，其航空科普教育基地不仅有航空主题的博物馆，还包含航空小镇、飞机生产企业以及驻扎着各类飞行器的军事基地。除飞机生产企业和军事基地每年定期向公众开放以外，其他场所均常年对外开放。博物馆的资金主要来自企业的资助和门票收入，而很多属于私人的通航机场会获得政府给予的一定补贴，航空企业则是通过对公众开放来提高自己的品牌影响力；而军事基地向公众开放则是为了开展爱国主义教育。美国著名的“雏鹰计划”，主要培养青少年对航空的热爱，该计划自推出以来，培训的青少年人数超过 50 万人，培训的内容不仅有航空基础知识、航模制作，还包含各类工具的使用。该计划还号召全国的私人飞机拥有者每年捐出 2~3 个飞行时间，为其所在地区的青少年提供免费飞行体验机会，此举得到了社会大众以及企业的积极响应。此外，美国还有飞行表演、飞行观光和体验等航空科普渠道（见表 5–8）。

表 5–8 美国民众接触航空的渠道汇总

序号	场馆 / 活动	地点	特色
1	美国国家航空航天博物馆	华盛顿	航空百年发展史，全部为真机展品
2	美国空军博物馆	代顿	同上
3	航空母舰博物馆	纽约	全部真机，集中体现舰载机发展历程
4		圣迭戈	同上
5	珍珠港事件纪念馆	夏威夷	历史事件，爱国主义教育场所
6	航空博物馆和波音工厂	西雅图	世界最大的飞机工厂参观，常年对外开放
7	其他航空博物馆	全美	200 多个，常年对外开放
8	航空小镇	全美	300 多个，飞行爱好者居住聚集地，对外开放
9	机场	全美	全美机场数量超过 1.9 万个，其中民航运输机场仅 600 多个，其余为通航机场
10	航空制造企业	全美	数百家航空制造企业，多数每年举行开放日
11	航空类展会	全美	每年举办数百个航展或集会
12	军方飞行表演队	全美	雷鸟、蓝天使两支飞行表演队年均表演 50 场
13	民间飞行表演队	全美	数量有数百个，年均活动超 3000 场
14	飞行观光和体验	全美	收费体验，价格适中，客户量大

资料来源：根据相关资料整理。

我国民众接触航空渠道较少，据统计，全国专业化的航空类博物馆（见表 5–9）数量少，并分布非常不均衡；而其他地区也有飞行表演队以及飞行体验活动，但是因为资金短缺、管理不善、缺乏创新思维、宣传不到位等原因，知名度较低。随着近年来航空业的发展，航空类博物馆也越来越重视科普教育活动。然而，活动范围却非常有限，非本地的航空爱好者无法到现场亲自参观和体验。此外，“科普中国飞天梦大课堂”“中国飞天梦－科普万里行”等科技志愿服务项目，也是近年来低空经济领域较为有力的航空科普活动，已在全国100余所高校建立大学生科技志愿者队伍，激发社会公众及广大青少年飞天梦想。2020—2024年，中国飞天梦志愿团开展“中国飞天梦－科普万里行”线下科普活动1710场，直接参与公众人数达50万余人；全国共7284所学校参与“科普中国飞天梦大课堂”活动。

表5-9 我国备案的航空航天类博物馆

序号	省份	博物馆名称
1	北京	民航博物馆
2		北京航空航天模型博物馆
3		中国航空博物馆
4		中国人民革命军事博物馆
5		中国航天博物馆
6	上海	上海航宇科普中心
7	江苏	南京抗日航空烈士纪念馆
8	陕西	西安航空博物馆
9	辽宁	沈飞航空博览园
10	四川	成都立巢航空博物馆

注：数据截至2022年底。

资料来源：作者根据相关资料整理。

（四）其他

1. 广告咨询

利用航空器进行的广告宣传，包括空中广告、航空器表面广告等。随着无人机竞赛、无人机编队表演和无人机广泛应用到文旅、景区，低空广告市场规模越来越大。航空广告朝数字化融媒体方向发展，平面广告、音频广告、视频广告一体化发展。航空咨询主要提供行业咨询服务，包括航空市场研究、战略规划、政策咨询等。随着航空产业投融资日趋活跃，航空咨询的市场需求越来越大。

2. 航空文化传媒

航空文化传媒服务是指以航空为主题，通过航空杂志、广告、影视等形式，传播航空知识和文化、推广航空科技、塑造航空企业品牌形象。航空文化传媒服务的目的是利用多种媒介和形式，向公众传播航空知识，提升航空文化的普及度和影响力，同时也为航空企业和组织提供宣传和市场推广的支持。航空文化传媒主要包括航空新闻报道、航空专题节目制作、航空出版物、航空文化活动、航空品牌推广、航空旅游服务、航空艺术创作、航空社交媒体运营、航空纪念品开发、航空知识竞赛、航空主题活动策划、航空文化传播等方面的活动。

3. 社团服务

社团服务是指为航空相关的社团组织提供的服务，如行业组织、协会等。航空社团主要包括学会、协会、基金会等形式，可以为会员组织和个人提供信息咨询、培训、学术交流、新技术展示等相关业务。比较知名的航空社团主要有低空产业联盟、中国无人机产业创新联盟、中国航空学会、中国航空运动协会、中国航空体育协会、中国航空运输协会、中国民用机场协会、中国信息协会通用航空分会、中国交通运输协会通用航空及无人机发展促进分会、中国民用航空维修协会、中国航空器拥有者及驾驶员协会、中国民航飞行员协会、中国民航科普基金会等。

参考文献

［1］雷晓锋.通用航空概论［M］.北京：北京航空航天大学出版社，2022.

［2］物流信息互通共享技术及应用国家工程实验室，圆通研究院.无人机现在与未来——前景解析与快递物流业应用［R］.2017.

［3］吴薇薇.航空运输经济学［M］.北京：科学出版社，2014.

［4］严勇杰.空域管理概论［M］.北京：电子工业出版社，2021.

［5］张宏宏，甘旭升，孙静娟.基于STPA-TOPAZ的低空无人机冲突解脱安全性分析［J］.航空学报，2022（7）.

［6］中国民用航空局.2023年通用和小型运输运行概况［R］.2024.

［7］中国民用航空局飞行标准司.民用无人驾驶航空器操控员和云系统数据统计报告（2023年）［R］.2024.

［8］中国信息协会通用航空分会.航空应急救援体系和能力建设发展报告（2022—2023）［R］.2023.

［9］中通研究院."末端+支线"无人机运营场景成本分析［R］.2021.

第六章 低空基础设施

基础设施建设是低空经济发展的必要一环。低空基础设施是一个相对宽泛的概念，完整的低空飞行服务体系对于基础设施的要求非常复杂，涉及物理基础设施和信息基础设施，以及软硬件系统的整体规划、建设和集成。低空基础设施实际与低空应用场景密切相关，主要可分为硬基建和软基建。前者即指物理基础设施，包括飞行起降场地、客货服务设施、充电或维修场地以及飞机停放区域等；后者即信息基础设施或数字基础设施，主要是以低空智联网为主体的通信、导航、监视、气象、情报服务等基础设施，以及低空飞行数字化管理服务系统。低空基础设施与传统通用航空基础设施有很大的不同，特别是在垂直起降场地、低空智联网络、数字飞行管理等方面，是全新的领域，有着全新的特点，是新型基础设施。低空软基建虽然不像地面修建路网一样需要大量投资，但低空环境较为复杂，加上数字技术浪潮下产品形态、运行规则、技术模式等都在不断演变，如何与硬基建相结合形成互联互通的基础设施体系才是低空基础设施建设的重点和难点。

一、通用机场

通用机场是在当前新型基础设施体系尚未建立的情况下，低空经济发展所必需的，在低空飞行及运行监管服务等方面发挥着不可或缺的作用。

（一）通用机场定义和分类

通用机场是指通用航空机场，专门为“通用航空”飞行任务起降的机场，我国《民用机场管理条例》《关于新建通用机场场址核准问题》等多个文件对其均有阐述（见表 6–1）。从现有定义来看，在界定通用机场与运输机场的条件时主要考虑其是否承担公共航空运输任务，是否有定期航班到达；在表述通用机场的功能时主要考虑是否有仪表导航设施，是否有基地航空器，是否有机场固定设施等。需要说明的是，临时起降点也是供通用航空飞行任务起降的场所，但是临时起降点属于军方管理体系的表述。

表 6–1　通用机场定义

文件来源	通用机场定义
《民用机场管理条例》	指为从事工业、农业、林业、渔业和建筑业的作业飞行，以及医疗卫生、抢险救灾、气象探测、海洋监测、科学实验、教育训练、文化体育等飞行活动的民用航空器提供起飞、降落等服务的机场
《关于新建通用机场场址核准问题》	指连续使用两年以上的建有跑道机坪设施的机场
《通用机场术语》（MH/T 1039—2011）	指专供通用航空器起降使用，设有必要设施的规定场所
《通用航空机场设备设施》（GB/T 17836—1999）	指使用民用航空器从事公共航空运输以外的民用航空活动而使用的机场。包括可供飞机和直升机起飞、降落、滑行、停放的场地和有关的地面保障设施
《一般运行和飞行规则》	指无公共航空运输定期航班到达的民用机场
《通用机场建设规范》（MH/T 5026—2012）	指全部功能仅用于开展通用航空活动的机场

资料来源：根据公开文件整理。

通用机场按照不同的分类标准，可以分为不同类型。在我国，通用机场按是否对公众开放分类为 A 类、B 类通用机场，按使用频次分类为永久通用机场、临时通用机场，按飞行场地物理特性分类为跑道型机场、直升机场、水上机场，按飞行架次分类为大型通用机场、中型通用机场、小型通用机场（见图 6–1）。

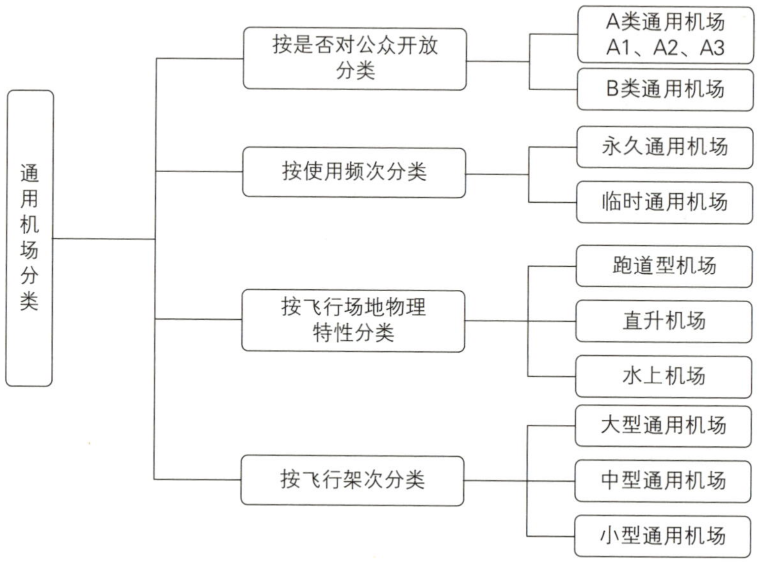

图 6–1 国内通用机场分类

资料来源：根据公开文件绘制。

1. 按是否对公众开放分类

A 类通用机场，即对公众开放的通用机场，指允许公众进入以获取飞行服务或自行开展飞行活动的通用机场。A 类通用机场还可分为 A1、A2、A3 级通用机场（见表 6–2）。从功能定位看，A1 级通用机场基本都定位于服务地区短途运输、低空旅游等多元化的通用航空活动。同时，A1 级通用机场注重满足固定翼飞机和直升机两类航空器的保障能力，因此跑道型机场或跑道型兼直升机场占据较大比例。相对于 A1 级通用机场，A2、A3 级通用机场数量较少，A2 级通用机场以成都地区和长三角地区最为密集，A3 级通用机场则以东北地区最为密集。

B 类通用机场，即不对公众开放的通用机场，指除 A 类通用机场以外的通用机场。现阶段，我国 B 类通用机场往往是服务于农业、林业和电力等生产作业的专用机场，功能模式一般相对简单，从地理分布来看，全国约一半的B类通用机场位于黑龙江省，由农垦系统以及林业部门管理。

表 6-2　A 类通用机场分类

类别	具体要求
A1 级通用机场	含有使用乘客座位数在 10 座以上的航空器开展商业载客飞行活动的 A 类通用机场
A2 级通用机场	含有使用乘客座位数为 5~9 座的航空器开展商业载客飞行活动的 A 类通用机场
A3 级通用机场	除 A1、A2 级外的 A 类通用机场

资料来源：根据公开文件整理。

2. 按使用频次分类

《通用航空机场设备设施》（GB/T 17836—1999）将通用航空机场分为两类：一类是永久通用机场，指固定性、驻地性、常年进行飞行活动的供飞机、直升机起降使用的机场；另一类是临时通用机场，指进行季节性作业或执行临时紧急任务暂时供飞机、直升机起降使用的机场。

3. 按飞行场地物理特性分类

根据《通用机场分类管理办法》《通用机场选址技术指南》（MH/T 5065—2023）等，通用机场按照飞行场地物理特性可划分为跑道型机场、直升机场、水上机场。其中直升机场分为表面直升机场、高架直升机场、直升机水上平台、船上直升机场。

对于跑道型机场，采用《民用机场飞行区技术标准》（MH 5001—2021）加以规范。国际民航组织和中国民用航空局用飞行区等级指标Ⅰ和Ⅱ将有关飞行区特性的许多规定和飞机特性联系起来，从而对在该跑道型机场运行的飞机提供适合的设施。飞行区等级指标Ⅰ根据使用该飞行区的最大飞机的基准飞行场地长度确定，共分 4 个等级；飞行区等级指标Ⅱ根据使用该飞行区的最大飞机翼展确定，共分 6 个等级（见表 6–3）。

表 6–3 飞行区等级划分

代码	代表跑道长度（米）	代号	翼展（米）
1	L<800	A	WS<15
2	800 ≤ L<1200	B	15 ≤ WS<24
3	1200 ≤ L<1800	C	24 ≤ WS<36
4	L ≥ 1800	D	36 ≤ WS<52
—	—	E	52 ≤ WS<65
—	—	F	65 ≤ WS<80

资料来源：根据《民用机场飞行区技术标准》（MH 5001—2021）表 1.0.3–1 和表 1.0.3–2 整理。

对于直升机场，采用《民用直升机场飞行区技术标准》（MH5013—2023）加以规范。

对于水上机场，采用《水上机场技术要求（试行）》（AC–158–CA–2017–01）加以规范，飞行场地指标按拟使用机型中最长基准飞行场地长度和最大起飞全重确定，划分为 W1、W2、W3、W4，两者中取其较高要求的指标。等级划分如表 6–4 所示。

表 6–4 飞行场地等级划分

飞行场地指标	基准飞行场地长度（米）	最大起飞全重（千克）
W1	< 800	< 2730
W2	800~1200	2730~5700（不含）
W3	1200~1800	≥ 5700
W4	≥ 1800	≥ 5700

资料来源：《水上机场技术要求（试行）》（AC–158–CA–2017–01）。

4. 按飞行架次分类

《民用运输机场建设“十三五”规划》根据飞行架次将通用机场分为大型、中型、小型三类。其中，大型通用机场依据是否具有对本区域内大型、中型枢纽机场的疏缓功能，细分为三类，即国家级、区域级和地区级通用机场（见表 6–5）。

表 6–5 按照飞行架次的通用机场分类

机场类型	分类标准	功能属性	分类解释
大型通用机场	月仪表飞行架次大于 3000 架次	国家级	位于大型枢纽机场直线距离 80 千米范围内
		区域级	位于中型枢纽运输机场直线距离 80 千米内
		地区级	不在以上范围内
中型通用机场	月飞行架次在 600~3000 架次	—	—
小型通用机场	月飞行架次在 600 架次以下	—	—

资料来源：《民用运输机场建设“十三五”规划》附件 2。

（二）美国通用机场

美国是世界民航第一大国，机场体系非常完善。美国机场分为公用机场和私人机场两大类。公用机场又分为商业运输机场和通用航空机场两大类。据统计，美国共有机场 19627 个，其中，公用机场 5099 个（商业运输机场 380 个，通用航空机场 2554 个及其他类型机场 2165 个），私人机场 14528 个。为满足居民航空出行和相关部门管理需求，美国 FAA 针对面向公众开放的机场制定了一个国家综合机场系统规划

（NPIAS），商业运输机场与符合要求的通用航空机场被纳入 NPIAS。被纳入 NPIAS 的机场又分为主要机场和非主要机场，其中非主要机场是指通用机场。这些机场均有资格根据机场改进计划（AIP）获得联邦拨款支持（见图 6–2）。

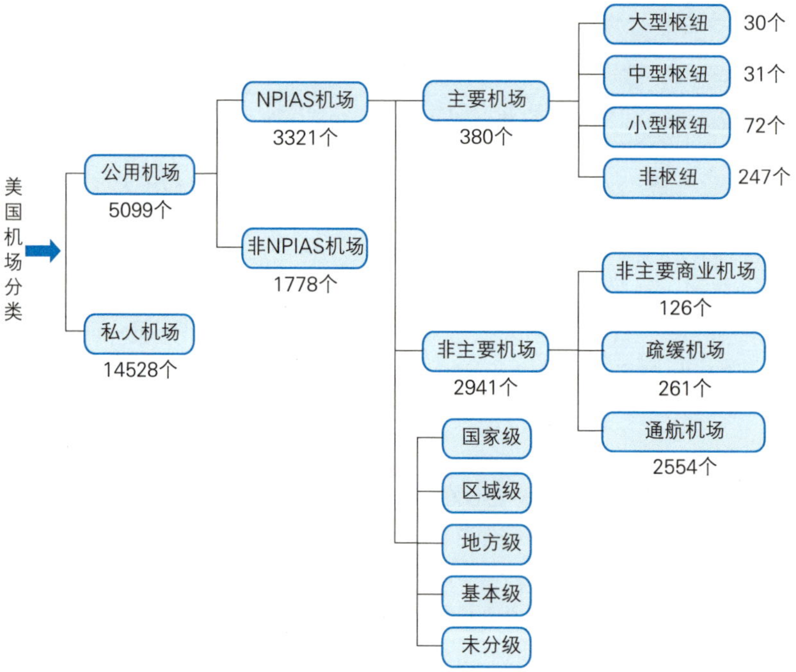

图 6–2　美国机场分类

资料来源：根据公开文件绘制。

FAA 依据驻场的飞机数目、种类以及交通量和飞行任务等，又将通用航空机场划分为以下几类：国家级（National）通用航空机场（88 个）、区域级（Regional）通用航空机场（492 个）、地区级（Local）通用航空机场（1278 个）、基本级（Basic）通用航空机场（840 个）、未分级通用航空机场（243 个）。通用航空机场中有 121 个机场有定期往来的航班，每年的旅客数为 2500~10000 人。FAA 认为，这些通用航空机场能够满足目前美国通用航空的不同需求，对美国经济社会有巨大的补充作用。

目前，美国机场运营模式主要有不转移产权和转移产权的委托经营模式。前者产权归属于当地州、市、县政府，由政府组织公用事业性质的机场管理委员会（一般也是当地运输机场的管理当局）作为通用机场管理机构，并通过签订租赁协议等方式授权一个非营利组织或机场主管经营机场；后者通常规模较小，距离市区较远或交通便利程度略差，机场的定位并不以服务城市为目的，更多为居住在机场附近的居民提供基本航空服务。这类机场一般由私人购买已有老旧通用机场产权，然后申请 AIP 计划资助进行改扩建后自行经营，机场的固定运营基地（FBO）也由自己经营。

（三）我国通用机场

1. 通用机场现状

近年来，随着国家促进通用航空发展的利好政策的相继出台，通用航空“放管结合、以防为主、分类管理”思路的深入推进，作为通用航空业发展的基础保障设施，通用机场数量快速增长。截至 2023 年底，我国通用机场总数达到 449 个（见图 6–3）。

从机场分类来看，449 个通用机场中，A 类通用机场有 163 个，占比为 36.3%，B 类通用机场有 286 个，占比为 63.7%。A 类通用机场中，A1 级通用机场有 111 个、A2 级通用机场有 37 个、A3 级通用机场有 15 个（见图 6–4）。

从机场类型统计数据来看，全国通用机场仍以跑道型机场为主。截至 2023 年底，全国在册通用机场中跑道型机场有 199 个，占比为 44.32%，表面直升机场有 133 个，占比为 29.62%。

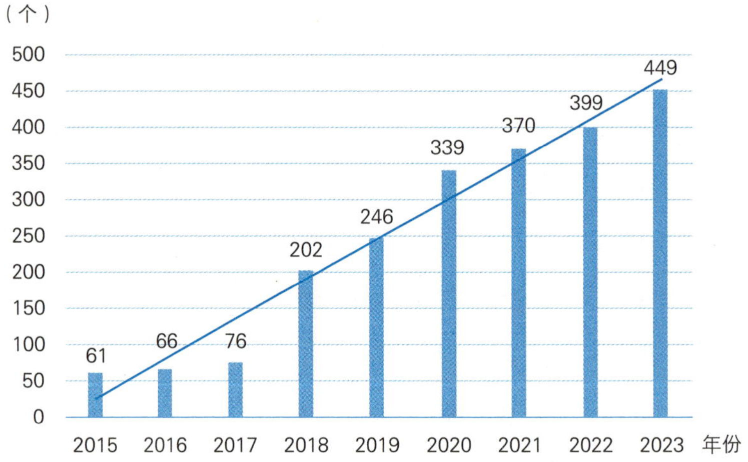

图 6-3　我国通用机场数量统计

资料来源：根据 2015—2023 年民航行业发展统计公报、通用机场信息管理系统数据整理。

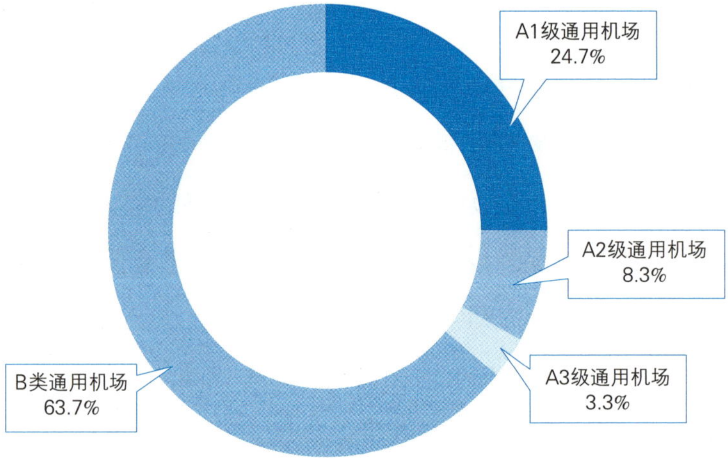

图 6-4　2023 年通用机场按类别统计

资料来源：根据通用机场信息管理系统数据整理。

从 2023 年各省份通用机场数量来看，黑龙江省的通用机场数量最多，达 89 个，其次为广东省和江苏省，数量分别为 54 个、31 个。黑龙江、广东、江苏、内蒙古和浙江通用机场数量之和约占全国通用机场总数的一半（见图 6-5），而青海、西藏目前仍没有通用机场。

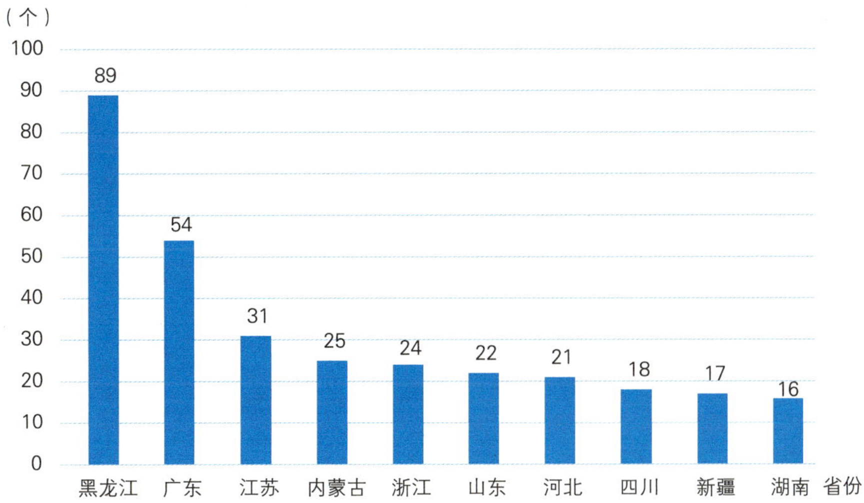

图 6-5 2023 年通用机场按地区统计

资料来源：根据通用机场信息管理系统数据整理。

2. 通用机场建设发展趋势

通用机场建设流程较为烦琐，时间长且程序严格，涉及军地民等多方面，从审批、建设到颁证要经历 40 多个环节，从项目启动至颁证一般历时 3~4 年，有些甚至 5 年以上，投资达数亿元。为了破解建设程序烦琐、不规范，建设标准偏高、不统一等难题，在民航局通用航空法规体系重构工作引领下，通用机场建设的相关规章、技术标准体系正加快完善。《通用机场管理规定》（CCAR–138）行业规章有望近期发布，涉及通用机场建设管理、使用许可、备案管理及运行管理，妥善处理好行业“头尾管理”和地方“过程管理”的关系，有效规范通用机场建设程序和责任主体。在行业规章下，将会陆续出台管理程序、操作手册等一系列规范性文件，有效指导各地通用机场建设发展工作。《通用机场建设规范》也在开展修订工作，根据通用航空运行特点，慎重设置有关运行安全指标，其余指标按照富有弹性和原则性的倡议予以设置，鼓励采用航空新技术、新设备。跑道型机场、直升机场、水上机场相关建设标准也在修订过程中，将会进一步增强技术标准实用性（见图 6-6）。

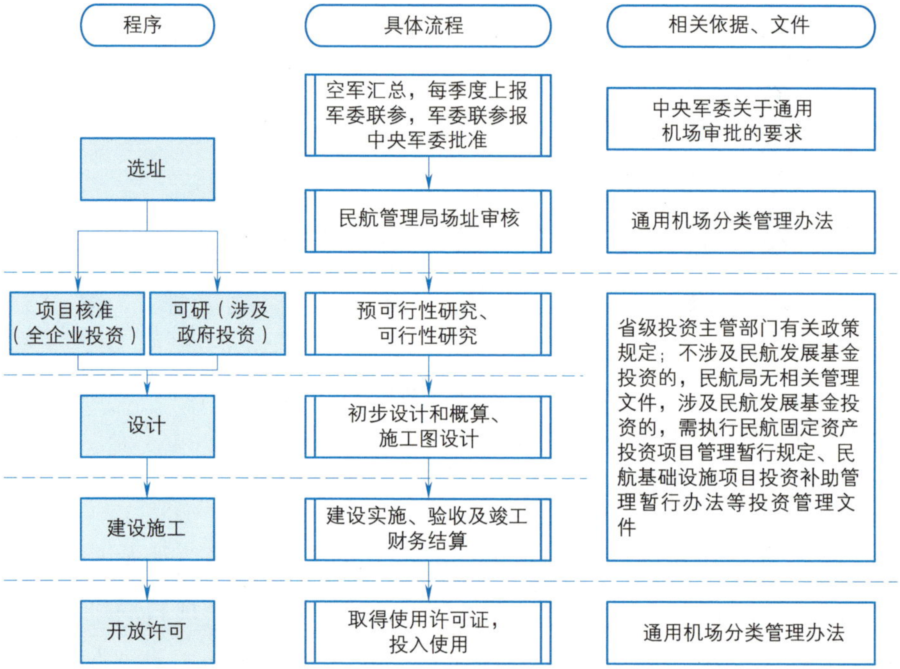

图 6-6　通用机场建设审批总体流程

资料来源：根据公开文件整理。

为支持低空经济发展，民航局提出因地制宜建设简易型通用机场，降低机场建设投资和运行成本。同时，将研究出台通用机场样板间建设指南，针对通用机场不同功能定位，研究提出各类机场的建设样板，有序引导地方政府合理规划，因地制宜建设低成本、简易型通用机场，避免简单比照运输机场进行建设。因此，未来通用机场建设不再追求大而全，经济适用将是通用机场建设的最大特点，也只有建设低成本的通用机场，降低通用航空活动收费标准，才能激发通用航空市场活力，提高通用航空盈利能力。

此外，为适应新能源新技术的发展，一些新概念机场的建设也在大力推进。如美国垂直飞行协会提出，打造地面车辆和飞机多式联运氢能机场枢纽，并发布了《氢能机场枢纽白皮书》。白皮书规划了实现氢能航空的蓝图，包括气态和液态氢的生产到分配，氢气的储存和加注，以及飞机和地面车辆的运输模式。可以看出，氢能机场主要针对的是民航运输机场，但也包括直升机场，未来有关加氢基础设施等将向通用机场推广。

二、垂直起降场地

国内外政府都大力支持低空基础设施建设，特别是积极推进以垂直起降、低空智联为特征的新型基础设施建设。但垂直起降场地及相关配套设施的建设，目前全球仍缺乏明确统一的标准，对垂直起降场地的建设审批流程，特别是在垂直起降场地网联布局方面，国内外都还处在探索初期。

（一）定义与分类

1. 定义

传统直升机与新型低空飞行器都具备垂直起降能力，由于两者在技术、基础设施、政策和社区接受等方面的差异和城市空中交通按需起降、高频次运行等特点，使得开发合适的地面基础设施至关重要，以便在高度受限的城市环境中大规模、高频次安全运行，作为支持eVTOL、飞行汽车等新型航空器起降运行的垂直起降场地便应运而生。目前，世界各地飞机制造商、研究机构、地方政府、监管机构、CNS供应商、空中导航服务提供商、咨询公司等都在为垂直起降场地建设做出贡献。但相关学术论文对该基础设施术语的使用、定义、分类存在较大的分歧，其中用于描述垂直起降场地的相关术语达 20 余种。总体来看，大部分与目前 EASA、FAA、ISO、CASA 等组织或机构针对垂直起降场地出台的相关法规标准或指南中普遍使用的 Vertiport 这一术语相吻合。

本书主要引用中国民用航空局《民用垂直起降场地技术要求（征求意见稿）》中的定义，即垂直起降场地（Vertiport）是指全部或部分仅供垂直起降航空器起飞、着陆和表面活动使用的场地或构筑物上的特定区域。垂直起降场地一般由用于低空飞行器垂直起降的起降区、货物装卸或乘客服务设施、机库及维护区、电力充电站等配套设施组成。

2. 分类

根据土地面积大小、所处地段、匹配功能等因素的差异，垂直起降场地主要可分为三种：起降点、起降站、起降枢纽，三种场地类型对应不同的应用场景，可承载的起降航空器与乘客数量也不同。根据垂直起降场地所在的地理位置不同，垂直起降场地还可以分为陆上垂直起降场地（含表面垂直起降场地和高架垂直起降场地）、垂直起降水上平台和船上垂直起降场地等类别（见表 6–6）。

表 6–6 垂直起降场地分类

分类方式	类型	特点
按提供服务能力大小	起降点	占地面积较小，基本坐落在城市中心写字楼楼顶，适用于短暂的停靠，类似现在的直升机停机坪，载客能力最差，目前的垂直起降场地基本是这一类型
	起降站	基本分布在城区较大的场地或城市近郊，按需配置充电、维修、通信导航等功能设施，载客能力中等
	起降枢纽	普遍位于城市郊外，拥有独立划分的区域和完整的硬件设施，是区域垂直起降场飞行器的交通枢纽，可集成其他地面交通方式，乘客吞吐能力最强

续表

<table>
<tr><th>分类方式</th><th colspan="2">类型</th><th>特点</th></tr>
<tr><td rowspan="4">所在的地理位置</td><td rowspan="2">陆上垂直起降场地</td><td>表面垂直起降场地</td><td>位于地面上或水体表面构筑物上的垂直起降场地</td></tr>
<tr><td>高架垂直起降场地</td><td>位于陆地上高架构筑物或建筑物顶部的垂直起降场地</td></tr>
<tr><td colspan="2">垂直起降水上平台</td><td>位于浮动的或固定的水上设施（如开采油、气的勘探或作业平台）上的垂直起降场地</td></tr>
<tr><td colspan="2">船上垂直起降场地</td><td>位于船舶上的垂直起降场地</td></tr>
</table>

资料来源：智研咨询，《2024 年中国垂直起降场地建设行业市场现状分析及发展趋势展望报告》。

（二）全球进展情况

1. 建设规范不断完善

美国垂直起降场地建设时间最早。早在 1970 年，Allen 和 Simpson 就研究了垂直起降场地的设计，并分析了可能的飞行甲板配置等。1991 年，FAA 发布了一份题为“垂直起降场地设计”的咨询通告（Advisory Circular，AC），目前大部分有关 UAM 基础设施的设计都是在参考机场、直升机场以及以前的民用倾转旋翼（Civil Tilt Rotor，CTR）飞行器设计的基础上进行拓展的。2022 年 3 月，FAA 发布了临时指导草案《关于 eVTOL 的机场设计标准的工程简讯（Engineering Brief，EB）》，以支持电动垂直起降初始运行设施的设计和运行。同年 8 月，美国材料与试验学会发布了《垂直起降场地设计标准规范》（ASTM F3423/F3423M-22），定义了用于垂直起降航空器的垂直起降场地的规划、设计和建设要求。2022 年 9 月，FAA 发布《垂直起降场地设计指南》，旨在支持具有垂直起降能力的先进空中交通飞行器的运营，指南参考了直升机场规范要求，主要内容包括起降区域设计要素、照明标记和视觉辅助设施、充电基础设施、机场内垂直起降场地、高架垂直起降场地等内容。

EASA 在推进垂直起降场地建设规范方面也走在了前列。2022 年 3 月，EASA 发布《垂直起降飞行器机场技术设计规范》，这是国际上首份关于垂直起降飞行器机场设计的指南，该指南针对拥挤的城市环境提供了创新性解决方案，提出了机场上方的漏斗形区域的概念，被称为“无障碍空间”。这一概念是针对垂直起降航空器的运行特点为其量身定制的，垂直起降航空器可以在一个狭小空域内执行垂直着陆和起飞程序，更加适应城市环境中的净空限制，使垂直起降场地相比于传统直升机场更适合城市环境。

随着低空经济的快速发展，我国在垂直起降场地建设方面也在加快推进，目前已形成了相关标准文件。2024 年 5 月，中国民用机场协会在第五届中国机场发展大会上发布《电动垂直起降航空器（eVTOL）起降场技术要求》团体标准。该标准是我国首部针对 eVTOL 起降场的技术规范，共分为 11 章，对 eVTOL 起降场的物理特性、障碍物限制、场址选择、结构设计、专用设施设备等诸多技术参数进行了明确阐释。该标准于 2023 年底正式启动编制，历时约半年时间发布。

2024 年 6 月，中国民航局发布《民用垂直起降场地技术要求（征求意见稿）》行业标准，提出了最大起飞全重在 150 千克（不含）以上，具备无地效悬停能力的垂直起降航空器（对应大型无人驾驶航空器）使用的专用起降场地的技术要求。对于其他类型垂直起降航空器，场地要求较为宽松，可以根据实际需要参照该标准执行。

与此同时，国际组织及行业龙头企业也在大力推进垂直起降场地建设。2023 年 6 月，国际标准化组织发布了《垂直起降场——电动垂直起降货运无人机系统的基础设施和设备》（ISO 5491：2023），旨在为电动垂直起降货运无人机系统垂直起降场地及相关设施的设计、建设和运营提供全面指导。据悉，国际民航组织机场设计与运行工作组（ADOP）于2024年9月在加拿大开展垂直起降场地建设标准研讨会。2020年8月，亿航智能发布《亿航载人级自动驾驶飞行器（AAV）基础设施建设使用标准》企业标准（Q/EHE 005—2020），针对EH216系列载人自动驾驶航空器起降场地的物理特性、起降区工艺、机库、目视助航设施、救援和消防内容进行了详细规定，并按照此标准在国内外修建了30余个垂直起降场地，在50余个临时起降场开展了飞行服务。

2. 建设实践积极推进

（1）国外进展情况

国内外政府都大力推进垂直起降场地建设，已涌现了一批优秀企业和典型案例。如Skyports与新加坡政府合作建设位于其城市中心的垂直起降场地，计划用于未来城市空中出租车服务，同时也支持连接周边岛屿；迪拜已经在其豪华旅游区内规划并实施了垂直起降场地建设，旨在提供从市中心到人工岛屿等热门旅游目的地的快速旅行解决方案；美国依托现有基础设施，逐步完善eVTOL起降及配套服务等基础设施体系。

国外从事垂直起降场地建设的单位主要有两大类：一类是传统民航机场、大型直升机场的运营管理单位，另一类是科技创新公司。前者通常掌握着客流资源甚至是垄断性的地理位置资源，现有设施可以经改造适应eVTOL运营，也有雄厚的资本和成熟的运营管理团队，对民航法规标准程序充分了解，一般采取与后者合作的方式进入这一市场。典型的如德国法兰克福机场集团、慕尼黑机场、英国伦敦希思罗机场。后者则将eVTOL起降场当作自身发展的重大机遇，愿意积极与整机厂家、机场集团等对接掌握客户需求和法规政策要求，全流程参与eVTOL起降设施的选址、规划、设计、建设和运营。因为目前

eVTOL 仍缺少整机取证产品，性能规格参数、安全特性、充放电要求、飞行程序设计、最终进近和起飞区（FATO）设计等都存在很大不确定性，因此主要以前期研究和试点验证为主。

目前，国外参与垂直起降场地建设在内的基础设施配套企业已覆盖起降设施配套、空管服务、电力服务、网络服务、气象服务、能源服务和运营管理等各个方面。

（2）国内进展情况

我国各级政府在推动低空经济发展过程中，都将垂直起降场地建设作为重点任务推进方向，以深圳为例，截至 2024 年 6 月，深圳已建成起降点 249 个、开通无人机航线 207 条。我国垂直起降场地建设主要参与者有以下四类。一是 eVTOL 整机制造企业投资垂直起降场地建设及相关空中交通运营服务。二是国有起降场 / 机场设施建设运营单位，如机场集团、政府平台公司，典型的如宝安交通集团、广州市城投低空产业投资有限公司等。垂直起降场地的基建属性较强，建设属地的国有单位在获取订单方面具备优势。三是原直升机起降场设施规划、设计和建设公司，典型的如圣翔航空、广东新正、航大智安、武汉海翼等。四是具有专业资质的民航工程设计企业有望承接大型垂直起降机场规划设计工作。

从整体上看，国内 eVTOL 基础设施建设主要依托 OEM 制造运营一体化开展，通过建造或租借现有基础设施来使用，缺乏专业的电动垂直起降基础设施建设运营公司。此外，由于缺乏统筹，这些基础设施建设单位仍以地方政府、企事业单位为主，容易各自为政，标准不统一、建设不规范，不利于设施互联、信息互通及跨区域低空飞行。

（三）垂直起降场地的建设与运营

无人机、eVTOL、飞行汽车等与传统通用飞机、直升机等在尺寸和起降方式上有着非常大的不同，对起降场地的要求也发生了本质的改变。未来大部分低空飞行器将不再依赖地处郊区、占地很大的大型枢纽机场，或是现有通用机场的建设格局，垂直起降场地尺寸和建设方式将会因飞行器尺寸改变而朝着小型化、集成化以及智能化方向发展。垂直起降场地将会渗透进社区、海岛、山区，甚至写字楼、购物中心乃至居民楼，真正拉近老百姓与航空服务的距离。

1. 垂直起降场地设施配置

一般来说，垂直起降场地应包括起飞和着陆区（TLOF）、最终进近和起飞区（FATO）、安全区（SA）、停机位 / 机库等基本组成部分。其中，FATO 与 SA 可不必为实体，TLOF 表面应为硬质实体。同时，还需要配备乘客服务设施、飞行器维护区以及电力充电站等配套设施，以确保飞行器的安全和高效运营。但并非所有的起降场地都应包括上述全部内容，一般根据起降点、起降站和起降枢纽等，配置不同的专用设施（见图 6–7）。

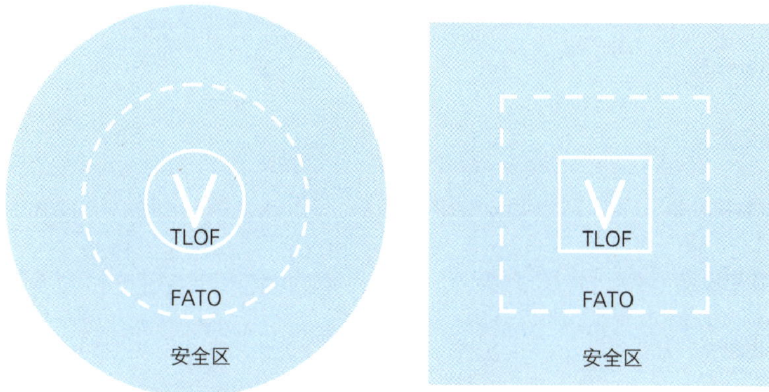

图 6–7 垂直起降场地物理特性示意

资料来源：《民用垂直起降场地技术要求（征求意见稿）》。

起降点往往只包含 1 个机位以及保证安全高效运行的基本保障设

施（如安全、标志、消防、气象、通导等方面的设备），甚至存在机位和起降区共用的情况。起降站不仅包含起降点的所有设施和多个机位、多个起降区，还包括能源供应、维修等其他设施。起降枢纽指的是在起降场基础上还包括指挥室、机库、候机区、堆货区等区域，可以与其他地面交通一起构成联运综合客货运枢纽（见表 6–7）。

表 6–7　垂直起降场地设施配置

专用设施	起降点	起降站	起降枢纽
起降区	1	2	> 2
机位	≤ 1	1~2	> 2
安全设施	√	√	√
标志和标志物	√	√	√
消防设施	√	√	√
灯光设施	△	√	√
气象设施	√	√	√
通信设备	√	√	√
导航监视设备	√	√	√
充放电设施	△	√	√
指挥室	△	△	√
机库	–	△	√
候机区 / 堆货区	–	△	√

注：√配置；△按需配置；– 不配置。
资料来源：中国民用机场协会。

2. 垂直起降场地设计

垂直起降场地的设计需要充分考虑飞行器的特性和运营需求，首先需要对保障机型、类别进行确认，然后根据机型参数进行场地大小的设计。垂直起降场地通常应设计为集多种功能于一体的综合服务体系，包括飞行器的停放、维护、充电以及乘客的安检、候机、登机等服务。此外，还需要配备智能化网络化的通信、监管运行及服务系统，以满足未来大规模高频次起降飞行的需要。应针对垂直起降场地的应用场景要求，结合具体机型的适航要求，做好场地、各区域或系统的规划和设计（见表 6–8）。

表 6–8 国内主流 eVTOL 产品参数

序号	型号	厂商	类型	最大起飞重量	尺寸			起落架形式
					全宽（W）（翼展）	全长（L）	高度（H）	
1	EH216–S	亿航	多旋翼	650 千克	5.63 米	5.63 米	1.86 米	滑橇式
2	VT30	亿航	复合翼	—	12.50 米	6.80 米	2.10 米	前三点式
3	V2000	峰飞	复合翼	2000 千克	14.50 米	11.60 米	2.60 米	滑橇式
4	AE200	沃飞长空	倾转旋翼	2500 千克	14.50 米	9.10 米	3.50 米	前三点式
5	M1	御风未来	复合翼	2450 千克	15.00 米	10.00 米	3.00 米	前三点式
6	ZG–T6	零重力	倾转旋翼	2500 千克	17.00 米	11.00 米	3.93 米	前三点式
7	ZG–ONE	零重力	多旋翼	740 千克	10.08 米	10.08 米	2.35 米	滑橇式
8	VE25	沃兰特	复合翼	2500 千克	16.00 米	—	—	滑橇式
9	E20	时的	倾转旋翼	2400 千克	12.40 米	9.70 米	3.80 米	前三点式

资料来源：各 eVTOL 厂商网络公开数据。

3. 垂直起降场地建设要求

垂直起降场地建设涉及选址、净空、材料及配套设施设备等多个方面。其中，可用于客运的场地要求相对较高，仅用于物流的场地要简化许多，以下主要以客运场地建设为例进行说明，物流场地可以此为参照。

（1）选址与布局

垂直起降场地的选址，需综合考虑空域条件和净空条件，以及地理位置、交通状况、城市规划、通信导航条件、气象条件、电磁环境条件、生态保护等。理想的场址应位于城市中心或交通枢纽附近，便于乘客交通出行。同时，应避免在无人机禁飞或限制飞行区域内、军事设施附近及高噪声敏感区等区域内建设，在核电站、电厂、加油站等重要设施或重要公共服务场地周边选址应符合相关行业标准，同时按照《特定类无人机试运行管理规程（暂行）》（AC-92-2019-01）进行无人机安全运行的风险评估。

在配套设施方面，场址应具备引接道路设施的条件，具有多种功能的综合性垂直起降场地宜具备供水、排水排污、供电、通信、消防、医疗等公用设施的设置或引接条件。

（2）净空条件

为保障飞行安全，垂直起降场地建设需对周边障碍物进行严格限制，包括对场地周边建筑物、树木、电线杆等固定障碍物以及飞行中的鸟类等移动障碍物进行限制。障碍物限制面需根据飞行器的性能参数和飞行规则确定，以确保飞行器在起降过程中不会与障碍物发生碰撞。在起降场地周边空域环境良好时，障碍物限制面可参照《民用直升机场飞行区技术标准》（MH 5013—2023）中的规定进行设置；位于城市内的垂直起降场地建设，则应根据周边障碍物及飞行器的性能等确定悬停高度，从而进行净空设置。目前国内相关运行经验尚未成熟，垂直起降场地净空条件的设置还在探索及进一步的验证当中。

（3）场地物理特性

垂直起降场地的物理特性包括场地尺寸、形状、材质及排水系统等。场地尺寸由设计飞行时间确定，主要是确保飞行器有足够的空间进行起降和悬停。场地形状应尽可能规则，以减少气流扰动对飞行的影响。场地材料需考虑场地的承载能力、稳定性和耐久性等因素，确保在长期使用过程中不会出现沉降、开裂等问题。应优先选用高强度、耐腐蚀、耐磨损的材料，以延长场地的使用寿命并降低维护成本。表面材质需具备良好的防滑、耐磨等性能，以确保飞行器的安全起降。排水系统应设计合理，确保在恶劣天气条件下场地不会积水。

（4）专用设备设施

配备先进的通信和监控系统的起降场将成为无人机交通管理系统的一个节点，对于确保飞行安全和高效管理具有重要作用。因此，起降场地宜包含安全设施、目视助航设施、气象设施、通信导航监视设备、充放电设施、指挥室、机库、候机区、堆货区等保障设施。其中，目视助航设施对于垂直起航场的运营至关重要，应设置醒目、易于识别且符合标准标志和标志物，具备夜航要求的起降场地还需要配置助降灯光设施。此外，充放电设施设备的标准化、兼容性也非常重要，应充分考虑保障机型的电力保障要求，配置充放电设施。

垂直起降场地专用设备设施应充分考虑实现状态信息采集及远程控制的功能，接入区域飞行指挥调度指挥中心，实现全区域内起降场地的数字化、网络化、智能化。

4. 垂直起降场地运营要求

垂直起降场地的运营需建立完善的飞行管理与调度系统，具备实时监控、精准调度和应急响应等功能，以确保飞行器的安全、高效运行。垂直起降场地的运营还应关注服务质量和客户体验的提升，包括提供便捷的登机服务、舒适的候机环境以及个性化的客户需求满足等。同时，垂直起降场地的运营还应建立完善的安全管理体系，制定安全运营程序和操作标准流程，定期对场地设施进行检查和维护保养，及时对场地设施、飞行器性能、天气条件等进行风险评估，加强人员培训与资质认证考核等，以确保垂直起降场地安全、高效、持久运营。

（四）无人机起降平台

无人机起降平台，一般是指轻小中型无人驾驶航空器的起降场地、自动机场、机库，具备无人机存储以及放飞、回收、充电功能。无人机起降平台具有安全高效、低成本、可实时监控等特点，是未来城市起降设施的重要组成部分。

目前，我国在无人机起降场、移动停机坪、自动起降柜（机巢）等方面进展较快，已有圣翔航空、复亚智能等一大批企业参与，包括无人机整机制造商、专业起降平台建设公司等。我国多地都在推动建设无人机起降平台。广州市以海珠区为试点，在广州市海珠区城市管理局和综合执法局的主导下，在辖区内部署 5 个大疆无人机自动机场，实现海珠区的网格化覆盖。上海浦东新区范围内设置了 16 个无人机数字机场，通过数字化手段综合监管，覆盖浦东新区 80% 的适航区域。未来，随着巡检、物流、测绘等场景的持续拓展，无人机起降平台将遍布各大城市。

三、低空智联网

以往的有人机，通过电台通信、雷达感知、目视避障，到现在的无人机、有人机融合运行，以5G、北斗等为主的多种技术融合，实现通信导航监视服务及感知避障等功能，这便是低空智联网。低空智联网的核心是将涉及飞行的要素数字化，然后将各种配套设施设备网络连在一起，实现飞行运行、安全监管及服务应用等综合性功能。其技术内容涉及机载系统、地面基础设施、空中交通管理、数据融合和AI计算等各个方面，现阶段推进的低空智联网，聚焦空域数字化表征、航空器网络化连接和安全保障、运行服务智能化等方面。

（一）概念及特征

低空智联网不是一个专属概念，而是泛在描述性概念，是指在广义低空空域下，以智能化解决方案服务空中交通场景：一是为低空飞行提供通信、导航、监视（CNS）等保障能力；二是为低空飞行提供空域管理、飞行服务、安全监管等服务与秩序保障功能；三是为低空经济参与方（服务提供者、消费者和管理者等）提供高效便捷的信息交互服务；四是为低空飞行应用提供数字技术支持等。低空智联网就是利用数字化、网络化、智能化技术，最终实现有人航空器、无人航空器及地面交通工具混合运行的新型基础设施。相对于地面高速公路网、高速铁路网来说，低空智联网就相当于“空中路网＋交管运营网络”，是立体的、数字的且高动态性的空中“新基建”。广义的低空智联网还包括低空探测反制等方面，即合作目标的监视服务及非合作目标的监测预警和反制（见图6-8）。

低空智联网可定义为以现有空天地网络为基础，以多网互联融合、网络化感知、计算服务为核心，构建的集支撑空中交通管理、低空飞行服务保障、低空运行信息交互等于一体的“连接＋算力＋能力”平台。低空智能网依托地面基站和在低空空域内运营的近地设施以及低轨卫星等的协同作用，可满足高密度、大流量、近实时的

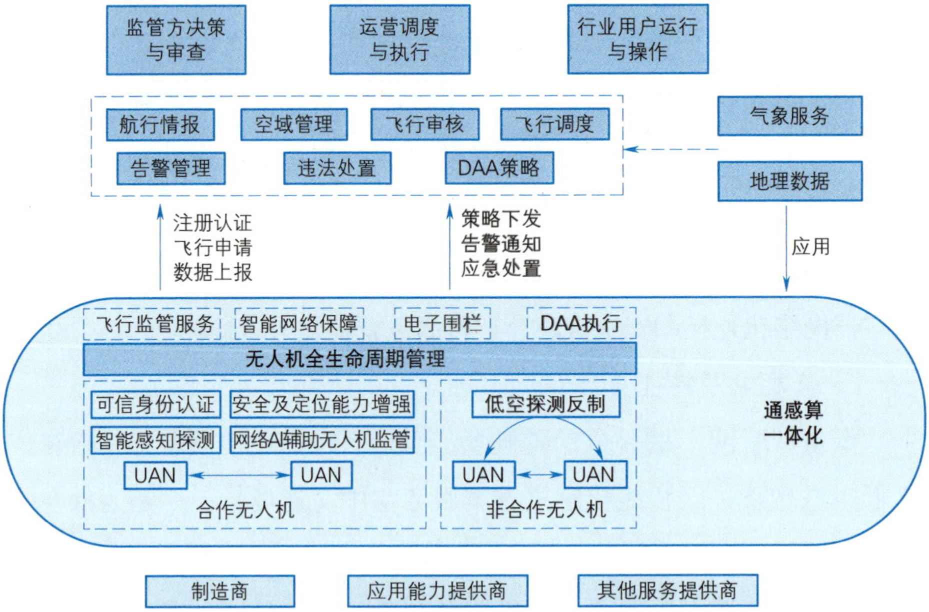

图 6-8　低空智联网服务能力技术体系

资料来源：《低空网络信息服务能力白皮书》。

低空安全高效应用、运行和监管服务，重点是解决稳定通信、全面感知监视和统一服务等方面的问题，推进与传统通航的空域协同、无人机的安全协同和立体交通系统的融合协同。低空智联网的特点主要体现在以下三点：一是技术的融合性，既融合传统航空通导监（CNS）技术，又融合 5G、北斗、AI 等新技术；二是功能的覆盖性，既能连接航空器和各类终端，又可满足政府提供管理、企业提供运营服务的需要；三是信息的共享协同，低空智联网的核心理念在于通过新一代信息通信技术等，赋能管控服务“云”、空天地三“网”和航空器与基础设施“端”，实现低空空域内的信息共享、管控指令的高效传输以及航空器间的协同互动（见图 6-9）。

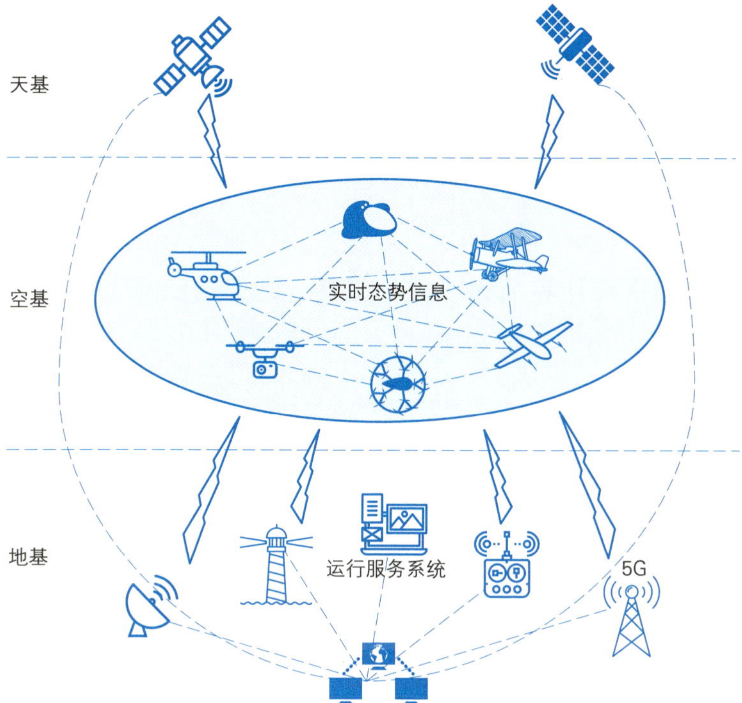

图 6-9　低空智联网

资料来源：根据相关资料绘制。

（二）构成及相互关系

1. 技术架构

低空智联网的构建需要一套完善的系统技术架构，包括四个主要功能：数据采集、网络传输、数据处理分析以及应用服务，分别对应感知层、网络层、平台层和应用层。

感知层主要包含地面感知系统和设备，包括雷达、5G 基站、控制站等通信导航监视气象设备及其他各类传感器，主要负责感知并获取各类低空飞行器、物体及低空环境数据；还包括机载传感器和感知设备，用于收集飞行过程中的数据。网络层包括利用 5G/6G、卫星通信、Wi-Fi 等无线通信技术构建的覆盖低空区域的通信网络，以及实现航空器与地面站、航空器之间以及航空器与云平台之间的数据传输网络。平台层是指提供低空飞行器监管、运营、运行、服务、应用等数据处理与分析的系统、平台的组合，通过对收集的大量数据进行处理分析，支持实时决策和事后研究。应用层则通过为各种低空应用提供接口（APIs），为飞行员 / 操控员、空管人员及监管部门、企业用户和个人用户等提供操作界面和可视化工具等，促进低空飞行器在各方面的应用（见图 6–10）。

图 6–10　低空智联网技术体系架构

资料来源：根据相关资料绘制。

当然，低空智联网还要包含安全防护方面的内容，主要包括网络安全、电磁防护等。通过建立完善的安全防护体系，确保低空智联网的安全稳定运行，如进行身份认证与访问控制，数据加密与隐私保护等。

2. 功能组成

从功能上看，低空智联网应包括为低空运行提供服务的服务功能

（服务网），对交通信息的共享、管控指令的传输和互动的通信功能（通信网），以及为了保证低空运行安全的感知、监测功能（监测网）。

服务网为低空运行的航空器、运营人、操控员等提供全方位的服务支持，包括提供飞行计划、弹性航路规划、气象信息、导航服务、空域地图等一系列关键信息，确保航空器在低空空域内安全、高效运行。同时，服务网还能够为航空器等提供告警及救援、故障排查等应急服务。

通信网负责实现低空空域内各类信息的共享和管控指令的传输。传统无人机通信技术主要是点对点通信，采用 Wi-Fi 等通信制式，仅能局域传输，无法连续组网，业务速率受限；部分企业新建私有广域通信网络，如无人机“云”，无法服务其他企业。低空智能网联通信网依托系列先进基础设施和技术，包括 5G 蜂窝移动通信网络、ADS-B 系统、低轨卫星网络、北斗导航系统（短报文）、地面宽带网、数据链路等，通过综合运用，不仅为航空器之间的协同互动提供有力支持，同时也为广域超视距传输、高清视频传输及高效运行监管等奠定坚实基础。

监测网则是保障低空运行安全的重要一环。通过布设各类传感器和感知、监测设备，实时感知低空空域内的各类信息、飞行器姿态等，为安全飞行提供有力保障。同时，监测网是低空安全管控的重要基础，对于实现低空飞行器全生命周期管理、完善无人驾驶航空器综合监管服务平台等具有重要作用。技术手段主要包括一次 / 二次雷达、LiDAR（激光雷达）、ADS-B、无线电信标、Remote ID、RTK 定位、光电探测、频谱探测、通感遥一体等。

此外，在上述三网基础上，低空智联网联飞行运行还包括应用层的网络体系构建。如应用三维实景技术，构建低空数字底座，链接城市数字化模型，为视觉导航广泛应用、“低空经济＋各类运行场景”等提供技术支持。

低空空域环境复杂，各类飞行器混合运行，具有高密度、高频次、多元异构的特点。低空飞行器的通信，要求低时延与高可靠，满足高精度飞行控制要求；空域监管要求高可靠与广连接，满足空域协同监视与防撞要求，实现随遇入网通联能力；业务应用要求大带宽，满足高效业务流媒体数据传输等。但不同厂商之间的链路制式、使用模式和操作协议不尽相同，技术路线、标准不统一，低空全覆盖也存在成本控制、体系运维、常态修护等问题，这些都是低空智联网需要破解的关键问题。随着技术的不断突破和应用场景的不断拓宽，低空智联网将在低空领域中发挥关键作用，为低空经济的发展注入强大动力，成为推动整个低空产业向智能化、高效化方向迈进的关键支撑。

（三）国外主要进展

美国和欧洲并没有低空智联网的概念，只是在其空中交通理念中（如先进空中交通、创新空中交通等）提出推进数字化空管技术、系统研发和应用。实现方式主要有两种：一是在原有的飞行服务站/固定运营基地（FBO）等网络中，增加面向无人机、eVTOL等的控制和服务功能；二是新建无人机管控服务系统，逐步升级为覆盖全机型的网络系统或平台。可以看出，全球低空管控都在围绕无人驾驶这一新领域进行探索和试验。

1. 技术进展

（1）美国先进空中交通管理

美国的通用航空飞行及监管，主要通过卫星、雷达、ADS-B（Automatic Dependent Surveillance-Broadcast，广播式自动相关监视）系统等来实现。整个美国有500多部雷达组网构成系统，负责对空监视。其中美国国家空域系统（National Airspace System，NAS）被认为是世界上最大、最复杂，同时也是技术最先进的航空管理控制系统。随着航空运输的发展，美国加快推进航空新技术的研发和应用，实施了“新一代运输系统”（NextGen）等项目，主要包括以卫星为信息源的基于性能导航（PBN），由PBN派生的区域导航（RNAV）及所需导航能力（RNP）导航；协同飞行流量管理技术（CATMT）及相关的数据共享；数字通信和语音系统改造；广域信息管理系统（SWIM）等。

近年来，随着无人机、eVTOL等的发展，美国联邦通信委员会（FCC）针对低空无线通信频谱资源进行了规划和分配，为相关新技术的发展和应用提供了基础设施保障。对于低空空域资源的开发与利用，美国率先提出先进空中交通管理的运行概念与实施方案，通过引入新技术和新概念来改进空中交通管理系统。2022年，NASA发布针对先进空中交通的《数字化飞行规则白皮书》，提出“通过参考数字信息，运营商通过互联数字技术和自动化信息交换实现的合作实践和自我隔离来确保飞行路径安全”的飞行操作模式，与目前基本的两个飞行规则目视飞行规则（VFR）和仪表飞行规则（IFR）相对应。NASA认为，数字化飞行规则（DFR）的分布式结构和自动化功能可实现现有运行模式无法实现的飞行密度和运营节奏，以支持新进入者（如无人驾驶飞机、城市空中出租车等应用）和加强对服务不足的空域（如超高空）的利用。美国还完善了相应的运行监管规则、优化了运行流程，提出了无人机交通管理系统UTM、低空授权与通知系统LAANC、城市空中交通管理UAM等系统框架。

相关系统并不依赖传统的雷达和空管员，而是基于互联网和自动化技术，实现分布式的空域管理，涉及卫星通信（SATCOM）、平台间（V2V）通信技术、专用空对地（A2G）网络，以及为非航空客户设计的无线服务（如地面蜂窝网络）等通信技术；GNSS地基增强系统（GBAS）、GNSS星基增强系统（SBAS）、雷达高度计、激光雷达、机器视觉等导航技术；空中防撞系统（ACAS-X、TCAS）、ADS-B、声学探测、多普勒测距雷达、多基地雷达等监视技术。美国相关系统的建立和运行监管的推进，是其基于自身特点和优势所作出的适应航空新技术发展和技术融合的提升，为其他国家和地区无人机、eVTOL等低空飞行应用、监管服务提供了参考借鉴。

（2）欧洲低空智联网

为更好地应对无人智能等技术发展趋势，提高低空飞行的安全性和效率，EASA发起了一个名为“欧洲低空智联网”的项目。该项目旨在通过开发和实施新技术，构建安全、高效、智能的低空飞行体系，为欧洲地区的低空飞行揭开新篇章。

欧洲低空智联网项目源于欧洲航空安全局对低空飞行领域的发展趋势及其对航空安全影响的深入研究。项目旨在通过引入先进技术，优化低空飞行管理，提高飞行安全性，降低事故风险，同时提升飞行效率，降低飞行成本，促进欧洲低空飞行市场的健康发展。欧洲低空智联网项目围绕以下五个方面展开。

一是数据共享与通信，通过构建涵盖各类低空飞行器、航空管理机构、气象部门等的信息共享平台，实现飞行计划、航空气象、航空流量等关键数据的实时传递，提高飞行器间的协同能力，降低飞行冲突风险。二是智能飞行规划，利用人工智能技术，结合实时的航空气象、航空流量等信息，为飞行员提供最优飞行路径和高度，避免拥堵，降低飞行成本。三是无人机管理与调度，针对无人机等新兴低空飞行器，建立一套完善的无人机管理体系，实现无人机的有序飞行和安全监控，防止意外事故发生。四是低空空域优化，推动欧洲各国低空空域的整合与优化，提高空域利用率，减少飞行限制，为低空飞行创造更加宽松的环境。五是飞行员培训与认证，加强对飞行员的培训与认证，提高飞行员的专业素质和应急处理能力，降低飞行事故风险。

欧洲低空智联网项目的实施，将极大提升欧洲低空飞行的安全性和效率，为各类低空飞行器提供更加便捷、高效的飞行环境。同时，项目还将推动欧洲低空飞行市场的繁荣。在全球范围内，欧洲低空智联网项目为低空飞行领域的创新发展提供了有益借鉴。

2. 商业化进展

在商业化方面，美欧的企业也走在前列，这些企业主要有两种。一是传统的空管服务商，适应技术发展趋势进入低空智联领域，包括OneSky、AirMap等，主要从事UTM相关系统、软件及平台开发和服务，无人机企业或运营商通过相关方提供的应用提交飞行申请，获取信息和服务等。二是低空飞行器整机企业，特别是从事eVTOL整机开发的企业，需要推动生态不断完善以带动整机业务，如Embraer、Eve Air Mobility、Airbus等，主要从事UAM运控系统开发或平台建设等，已有相关成果和进展，包括建设UAM运营网络，如Lilium佛罗里达区域网络、BETA/大西洋航空FBO网络以及南加利福尼亚州的Overair/克雷莱西公务机FBO网络。总体上看，美欧在低空智联政策法规、技术研发、管控系统、运行规则以及产业发展和市场前景方面均展现出强劲的竞争力。相关法规规章、系统运行规则、管理策略等将在监管制度、空管运行等章节详细介绍。

（四）我国进展情况

1. 总体情况

在低空经济热潮下，我国低空智联网发展迅猛，涌现出全空间无人体系、低空智能（联）融合基础设施、低空监视/管控系统等顶层概念，也出现了一批参与单位。40多家单位包括高校、科研院所、通信运营商、央企、互联网商、民营企业等参与开发了技术理念先进的低空智联网技术方案。总体看，我国低空智联网的建设还处于起步阶段，尚未形成一套系统架构全面、技术经过验证、能够实现多种技术融合且安全可靠的低空智联网。

2. 地方实践

目前，国内多个地方在积极推进低空智联网规划和建设，部分地区建设理念已成熟，系统平台也已投入使用，一些地方还专门出台了低空智联网的政策文件，如上海发布的《上海市信息通信业加快建设低空智联网助力我市低空经济发展的指导意见》。比较典型的系统概念主要有以下两种。

（1）智能融合低空系统（SILAS）

SILAS由深圳提出建设，具有两个特点：智能和融合，包括飞行、管理、服务等方面的智能化，以及基础设施、管理方/运营方、飞行器等多层次的融合。SILAS将协助监管部门精准管控，赋能运营企业创新应用。云计算、大数据、人工智能等技术助力SILAS将低空空域转变为可计算的数字化空域。后者未来形态为数字孪生空域，实现空域建模、时空计算、数据融合、仿真模拟等功能。SILAS最直接的表现就是“四张网”，每一张网都承载着独特的功能（见图6–11）。

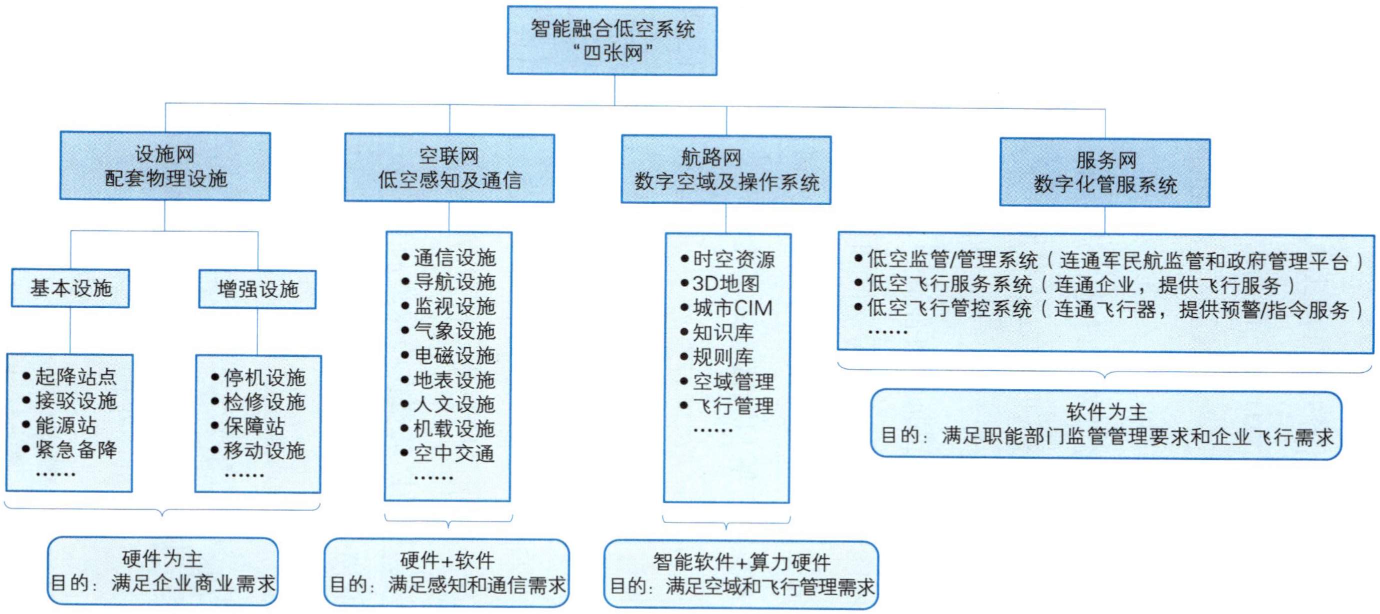

图 6–11 智能融合低空系统的“四张网”

资料来源：《低空经济发展白皮书（2.0）全数字化方案》。

设施网是低空经济的物理基础设施支撑，包括起降站点、能源站、检修设施等关键组成部分。起降站点作为无人机和 eVTOL 的起飞和降落场所，要能适应不同机型和飞行任务。能源站则为飞行器提供必要的电力补给，包括充电和电池更换服务等，以支持飞行器的高效运行。检修设施则确保飞行器的定期维护和即时修理，保障飞行安全。

空联网是低空经济的信息基础设施，通过整合通信、导航和感知系统，为低空飞行器提供实时的数据交换和处理能力。这一网络的建设对于实现飞行器的远程控制、实时监控和智能调度至关重要。5G-A 技术的引入，特别是其通感融合特性，极大提升了空联网的性能，使低空飞行器能够实现更精确的定位和更可靠的通信。

航路网负责低空空域的数字化管理和服务，通过提供一个核心平台（操作系统）来实现空域和飞行的数字化管理。航路网使飞行路径规划、交通流量控制和飞行安全监管成为可能，从而提升空域的使用效率和飞行器的飞行效率。此外，航路网还支持飞行服务系统的运行，为飞行器提供飞行计划审批和气象信息服务。

服务网是低空经济的数字化管理和服务平台，通过组合数字化管理和服务能力，为政府方、空管方、管理方、运营方和业务方等不同主体提供应用支持。服务网的建设不仅提高了低空飞行器的管理效率，还促进了新的商业模式和服务模式的出现。

（2）全空间无人体系

全空间无人体系由国家发展改革委、商务部于 2022 年 1 月联合印发的《关于建设中国特色社会主义先行示范区放宽市场准入若干特别措施的意见》最早公开提出，在第十七条中提出“统一构建海陆空全空间无人系统准入标准和开放应用平台”。2023 年 12 月，国家发展改革委会同相关单位联合印发《关于支持横琴粤澳深度合作区放宽市场准入特别措施的意见》《关于支持广州南沙放宽市场准入与加强监管体制改革的意见》，明确推动海陆空全空间无人体系建设相关工作。随后，广州南沙制定了《海陆空全空间无人体系建设和低空经济高质量发展行动计划》和《海陆空全空间无人体系和低空经济产业惠企政策包》，加快构建南沙区海陆空全空间无人体系。

全空间无人体系是面向海陆空全空间的无人系统（含无人机、无人车、无人船）及其配套基础设施、政策法规、标准检测认证体系、数据体系和应用场景构成的综合应用体系，是按照统一标准、场景开放、市场推动促进产业聚集和体系升级的新范式。通过规划车、船、航空器之间的接驳路线，搭建海陆空全空间无人体系和低空经济运营一体化管控调度平台，建设车路协同、空地协同等一体化信息通信基础设施等方式，使低空经济发展融入全空间无人体系建设，系统化构建包含政策法规、标准检测认证体系、数据体系和应用场景、运行监管等在内的体制机制，形成低空经济、物流交通、车路协同等领域融合发展的新动能。目前，全空间无人体系建设由航空工业集团牵头组织实施，成立全空间无人体系建设工程总体部，统筹标准制定、平台建设、项目落地、产业联盟、基金设立等相关工作，并在合肥、横琴、喀什、广州南沙等多个城市开展商业试点。

目前，合肥骆岗公园正在打造国内首个全空间无人体系城市级应用示范项目。项目通过建设全空间无人体系数据中心和管控中心，推进运行底图、协议接口、管控界面、技术数据、标准规范及运行流程的全面统筹与一体化建设，实现了低空空域资源和地面路网资源、多种无人系统在同一套管控框架下协同运行，构建了“陆海空天电”全域立体网格空域图，实现全程“高德”式服务，可提供空域划设管理、航线自动规划导航、多飞行器飞行协同、全域态势感知等功能，支撑智慧巡检、智能摆渡、物流配送、城市通勤等多个任务场景的应用。目前，已有无人机、eVTOL、无人观光车等12型无人装备在无人巡检、无人配送、城市立体交通、地面无人客运6类场景运行，形成了全空间无人体系建设1.0版和推广样板。目前，全空间无人体系同时在横琴粤澳深度合作区、广州南沙、江苏扬州、北京延庆等地区继续深化应用。

（五）低空智联网关键技术

低空智联网主流技术主要有4G/5G、北斗、低轨卫星互联网等，通过对传统无人机自建通信和控制链路（C2链路）进行扩充，实现对低空飞行器通信定位监视、超视距飞行控制与空管服务等。

1. 5G-A通信感知融合（通感一体）技术

4G/5G移动通信技术，支撑了较高的数据传输速率和广泛的覆盖范围。利用4G/5G技术，无人机可以实现远程操控、视频传输和数据监测功能。5G不仅能提供比4G更快的数据传输速度（高达每秒10Gbps），还能大幅降低延迟至1毫秒以下，极大提升了网络的响应速度和可靠性。采用5G的直连通信（Sidelink，也称作设备到设备D2D通信）技术无须经过地面基站转发，在保证大带宽、高速率的前提下进一步提高了通信的实时性与可靠性。这些特性使5G非常适合无人机远程控制、实时数据传输等。经过实际测试，移动蜂窝网可以满足120米以下绝大部分场景的无人机行业应用需求，以及300米以下绝大部分区域无人机安全飞行业务链路指标需求。

5G-A是5G网络在功能和覆盖上的部分升级，相较于5G，5G-A技术在速率和连接数等网络能力上提升了10倍，具有万兆下行、千兆上行和亚米级精度的感知特性。利用5G-A构建的通信感知一体化，是业界目前最热门的低空智能网联技术。它突破了通信和感知需要两套设备系统的鸿沟，在基站上叠加了类似雷达的功能，使基站兼具通信和感知双重功能。利用 5G-A 等技术，通过调整地面基站天线角度、引入超级张角新硬件来实现低空覆盖，将通信和感知技术相结合，并高效利用频谱、软硬件等资源，能够实现高宽带、高速率、低时延、高可靠的数据传输和环境感知，提供更精准的导航、定位等服务。通信部分，5G-A 基站与用户终端 UE（User Endpoint）之间通过采用双向信号传输实现数据传输；感知部分，5G-A 基站在特定时隙通过发射电磁信号，接收物体反射信号，并通过对反射信号的分析实现对覆盖区域的目标感知。

除通感一体技术外，5G-A 的网络智能化特性还可以使空域管理更加高效和自动化，可为低空飞行器提供飞行监管和全生命周期服务，包括飞行联网实名激活、飞行场景应用等；5G-A 同时可以充分利用已有的站址许可、大量的 5G 基站资源、供电、回传网络等移动通信地面基础设施，以及遍布全国的专业维护专业技术人才资源，对空域波束进行规划与设计，满足低空大容量的飞行需求。“5G+GNSS”协同技术，还可以通过 5G 网络将地基增强参考站以及高精度定位平台处理后的不同类型的差分改正值发送给管理平台，可实现不同精度的定位效果；5G 非地面网络技术，通过卫星、高空基站等进行透明转发或中继，承载回传服务，提供不受地形地貌限制的无处不在的覆盖能力。

中国移动发布的《2024 低空智联网技术体系白皮书》提出，基于 5G-A 的低空智联网端到端架构可以分为六大部分：包括网联终端、5G-A 无线网、卫星系统、5G-A 核心网、“5G-A+ 北斗”、监管服务运营平台（见图 6-12）。目前，包括中国移动在内的三大电信运营商已全部进入 5G-A 低空智联网技术开发领域，华为、中兴通讯等通信设备制造企业也在积极投入这一领域。

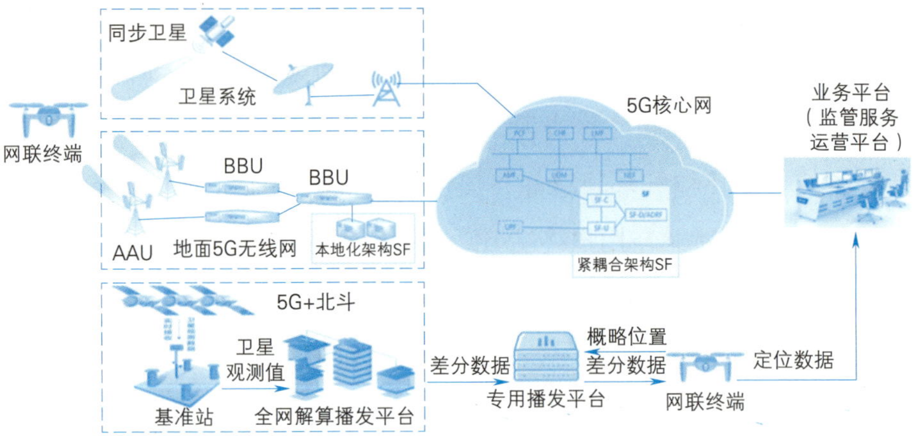

图 6-12　5G-A 低空智联网端到端架构

资料来源：《2024 低空智联网技术体系白皮书》.

但 5G-A 技术仍有待提升，如对空高度有效覆盖难以达到低空空域的 1000 米乃至 3000 米范围；以依托地面基站为主，受地形及地面建筑、山林等影响较大，容易造成信号阻隔，且难以覆盖海洋、沙漠等缺少基站的地区；采用的是蜂窝移动通信，在低空快速飞行情况下，航空器穿越蜂窝小区切换区域的时间变短，相邻基站快速频繁切换接入，易导致信号中断或延时、变弱。目前虽然 5G 空地通信（ATG）基站可以实现最大 300 千米的小区覆盖，但仍难以满足低空飞行频繁发生小区间切换对高速率、低时延、大连接数、高精度监测等所需的通信需求。

2. 北斗网格码技术

当前，我国自主研发的北斗卫星导航系统已经被广泛使用。北斗卫星导航系统由空间段、地面段和用户段三部分组成，可在全球范围内全天候、全天时为各类用户提供高精度、高可靠定位、导航、授时服务，并且具备短报文通信能力。这些能力是低空经济活动中不可或缺的技术支撑，尤其在无人机物流、通航应急救援等领域，这些服务确保了飞行活动的安全性和效率。其技术优势在于能够提供分米至厘米级别的定位精度和 0.2 米每秒的测速精度，这些特性对于低空智联网至关重要。低空智联网作为空天地一体化网络的重要组成部分，依托北斗系统的高精度服务，能够实现低空治理体系的网络化、数字化和智能化，大幅提升低空综合治理效率和空域资源利用率。

北斗网格码是基于北斗数字地球的技术，是在 GeoSOT 地球空间剖分理论的基础上发展出的一种离散化、多尺度区域位置标识体系，它可以为地心至地上 6 万千米地球空间中各种大小不等、最高精度达 1.5 厘米的任意网格赋予全球唯一的一维整形数编码，并可以在同一区域范围内与任意一个实体对象和各种不同数据建立起联系。目前它已成为国家北斗系统推出的全球位置代码国家标准，每个网格码代表三维地球上一个特定的网格空间。在低空飞行器的管理中，北斗网格码以时间维度作为变量，将空间内有无人机的网格标记为 1，没有的标记为 0，反向转换成无人机在三维立体空间的运动状态，即可规划出任意动态的无人机飞行路径，并能将飞行空域的利用率最大化。通过“北斗网格码 + 北斗万物签”技术，城市建筑、机器设备等都将被赋予具有空间属性的唯一北斗数字三维标识，实现一位一码、一物一码、一事一码。同时，北斗网格码可获取地面、气象水文等各种数据，形成目标区域的多图层地理信息库，并量化每一个空间网格的可通过性，快速得出目标区域可通过的网格，进而规划出合理的路线，是未来满足大规模、高密度、高动态运行需要的可靠技术手段。

为进行低空空域数字化表达，首先需确定无人驾驶飞行器规格和表达单元，将空域划分为网格。根据具体的应用需求和空域特性，确定网格的大小和分辨率，基于网格编码技术，对区域进行数字化编码，建立数字网格空域的编码体系，以统一标准实现地理、地物、空间标识一体化（见图 6-13）。

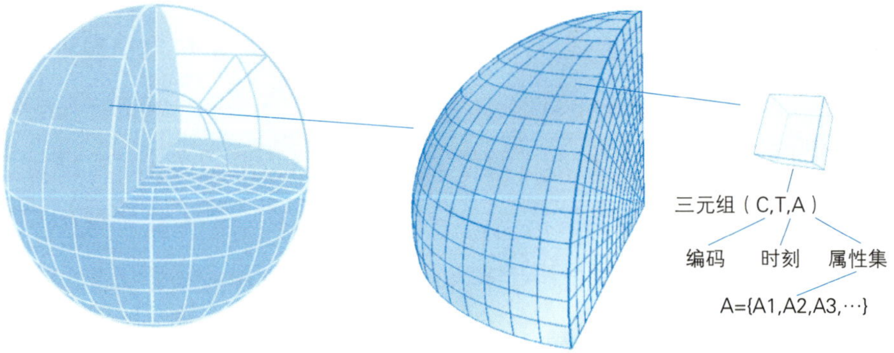

图 6-13 北斗网格码技术

资料来源：北斗伏羲。

网格码技术下沉低空空域管理建设低空智联网，还可以与 5G、AI 等技术结合，构建三维立体网格空域图模型，将低空空域建设成类似于现代地面交通的空域网格化指挥与服务系统，实现空域分层分级网格化管理。当前，国内已有众多科研院所、企业等从事低空空域网格技术开发。

3. 卫星互联网技术

卫星互联网技术即 6G 技术，是未来互联网连接的主要趋势之一。根据 IMT-2030（6G）推进组发布的《6G 总体愿景与潜在关键技术白皮书》等报告，6G 相比于 5G 可提供更多的频谱资源，通过地面网络与不同轨道高度卫星以及不同空域飞行器等融合成全新移动信息网络。6G 卫星互联网相当于把基站“搬上”太空，实现对 5G 无法触及的陆地与海洋、天空的全域覆盖，由此构成一个地面无线与卫星通信融合集成的全连接世界。

6G卫星通信架构由天基平台、空基平台和地面平台组成，6G框架下的低轨卫星通信将成为远期低空智能网联的关键基础设施。与现有的高轨卫星相比，低轨卫星具有时延低、成本低以及覆盖广泛且可靠性更高等特点，并具有组网灵活、韧性抗毁等突出优势，有望与4G/5G网络、对空专用通信链路或网络等融合，实现各飞行器及各类终端的互联互通，是未来高密度低空智能网联主要的解决方案之一（见图6-14）。

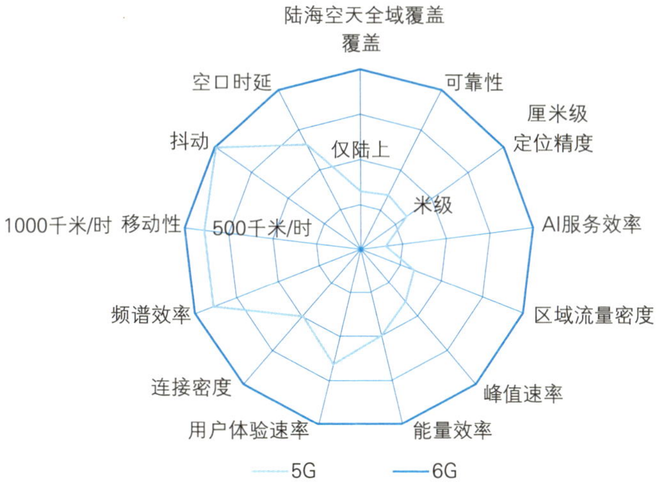

图6-14 5G与6G各项指标对比

资料来源：IMT-2030（6G）推进组。

根据卫星和蜂窝网络的融合程度，低空智联网的演进可分为天地互联、天地融合、天地一体三个阶段，与5G、5G-A到6G的网络演进相适应。目前，在5G和5G-A领域，我国具有明显优势；但在6G领域，美国凭借马斯克的星链、SpaceX公司、铱星公司、数字地球公司等企业，已经占据显著优势。低轨互联网"星座计划"的概念最早由马斯克的SpaceX公司于2014年提出，该公司拟用4.2万颗卫星取代地面通信设施，在全球范围内提供价格较低的卫星宽带服务。截至目前，Starlink“星链”在太空中有约5500颗卫星。目前，我国也有多家公司部署多个巨型星座，包括中国星网集团、中国时空集团等卫星互联网企业都在积极进入低空智联网相关领域（见图6–15）。

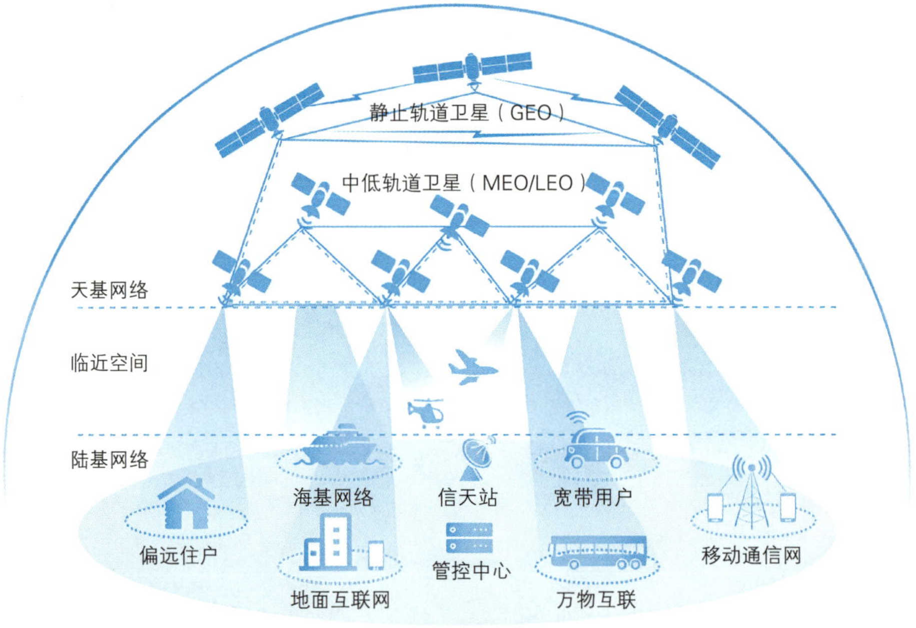

图6–15　卫星互联网示意

资料来源：《全域覆盖　场景智联–6G场景、能力与技术引擎白皮书（V.2021）》。

（六）其他相关技术和设施

在低空新基建背景下，支撑低空智联网的基础设施设备既包括传统意义上的空管设施设备，也包括与机载航电系统设备，以及与之配套的地面设施设备，是实现低空空域数字化利用、低空飞行器智能化连接、低空智联网体系化部署、垂直起降场地网络化布局的关键。

1. 通信设施

通信设施主要解决空地通信问题，是低空经济不可或缺的部分，主要基于航空电信网（ATN）实现地空、地地及空空数据通信传输，通信方式包括甚高频通信，4G、5G 等移动通信，卫星通信等形式。

（1）空地通信（Air To Ground，ATG）系统

ATG 是在飞机航路航线下架设数个地面基站，地面 AGT 基站向高空发射无线网络信号，飞机用安装在腹舱的 ATG 接收器接收无线信号，飞机在航路上飞行，一路接收地面 ATG 基站发射的无线信号，实现机舱旅客空地互联无线上网及飞机机组飞行信息与地面互联。低时延、高稳定的通信链路是保障无人机、eVTOL 等在复杂城市低空环境下安全运行的有效前提条件。相比于甚高频通信系统、卫星通信等传统航空通信方式，地面移动通信中的 5G 毫米波蜂窝数据链路在成本、可靠性、覆盖范围等方面具备突出优势。无人机、eVTOL 在低空空域飞行，更适合于基于 5G/5G-A 地面通信基站的通信模式。ATG 系统的基站覆盖半径也比普通基站大得多，这样才能满足航空器快速飞行的通信需要。未来，随着卫星互联网的发展，地面基站与卫星互联网可协同满足无人机、eVTOL 等对通信的需求。

飞机需要改造才能支持 ATG。根据有关机构测算，在单机改造成本上，加装 ATG 天线、机载用户终端设备（CPE）等，一架大飞机的改造成本需要 100 万 ~250 万元，相比于卫星通信加装通信设备的 300 万 ~400 万元改造费用，成本大幅降低。这也是我国大力发展 5G 地空通信的原因之一。目前，国内部分省份、部分航线已开展 5G 地空通信（5G-ATG）试验并取得商业化应用。2021 年 4 月，中国民航局发布《中国民航新一代航空宽带通信技术路线图》，进一步推进了 5G-ATG 应用。

（2）甚高频通信系统

甚高频通信（VHF）是一种超短波移动通信技术，以话音、图像、数据为媒体，通过光或电信号将信息传输到另一方。甚高频是民航飞机主要的通信工具，用于飞行过程中飞机与地面之间以及飞机与飞机之间的双向语音通信。每一名驾驶员通过其中任一系统选择一个工作频率后，即可进行发射和接收。VHF 系统工作的频率范围是 118.000MHz 至 151.975MHz（实际使用至 136MHz），频道间隔 25kHz。由于 VHF 使用甚高频无线电波，所以它的有效作用范围较小，只在目视范围之内，作用距离随高度变化，在高度为 300 米时距离为 74 千米。

甚高频通信系统由收发信机、收发天线和遥控器三部分组成。收发信机利用天线发射和接收无线电信号，并对信号进行处理。将接收后的音频电信号进行放大和抗噪处理；或将调制后的高频信号放大，通过天线发射到空中。收发天线用于辐射和接收射频信号。遥控器用来控制单个或多个甚高频信道，进行无线指挥通信。

目前，在固定翼飞机、直升机及有人驾驶 eVTOL 中，主要采用甚高频进行地空通信。全球甚高频地空通信站主要厂商有 Rohde & Schwarz、Northrop Grumman、Selex ES、Becker Avionics、Haige 等，前五大厂商共占有超过 80% 的市场份额。近年来，我国甚高频通信技术加快突破，已在航空、海事等领域得到应用。

（3）卫星通信系统

卫星通信是地球上（包括地面和低层大气中）的无线电通信站间利用卫星作为中继而进行的通信。卫星通信具有覆盖范围广、通信容量大、传输质量好、组网方便迅速、便于实现全球无缝连接等众多优点。在无人机远程控制中，通过卫星通信技术，可以实现无人机与地面控制站之间的全球范围内的即时通信，确保无人机在各种复杂环境下都能够接收到来自地面的指令。

卫星通信一般分为高轨卫星通信和低轨卫星通信。高轨卫星是指位于轨道高度 35800 千米的卫星，能够实现全球覆盖、抗干扰，但延迟较高，无法满足实时回传需求。目前，高轨卫星覆盖范围在 1000 米以上，因此，在 1000 米以下的低空范围内，高轨卫星通信效果较差。低轨卫星是指位于轨道高度 400~2000 千米的卫星，低轨卫星覆盖范围为 300~1000 米，能够提供全球覆盖、高速数据传输和低时延的通信服务，为无人机远程控制提供更加稳定和高效的通信支持。在全球范围内，低轨卫星发射以美国最为领先。2023 年，美国共发射卫星 2514 颗，全球占比 87%。

2. 导航设施

（1）卫星导航系统

目前世界上的卫星导航系统（GNSS）一共有四个，分别是美国的全球定位系统（GPS）、俄罗斯的格洛纳斯卫星导航系统（GLONASS）、欧盟的伽利略卫星导航系统（Galileo）和中国的北斗卫星导航系统（BDS），其中我国的北斗卫星导航系统已成为全球规模最大的卫星导航系统。卫星导航系统需要在卫星端、机载端和地面端进行部署，通过卫星导航增强系统实现导航定位精度等的提升。卫星信号在向地面传输的过程中受到电离层和对流层散射或障碍物反射等不良因素的干扰，导致实际传播时间与时间计算存在偏差，进而导致卫星导航系统定位精度降低。目前面向民用用户的卫星导航系统定位精度和授时精度已能够满足大多数需求，但面向民航、测绘等的卫星导航系统在精度方面仍需提升。在需求牵引下，卫星导航增强系统迅速发展。根据辅助设施所处位置，卫星导航增强系统可分为地基、星基、空基等增强系统。目前，各国常见的卫星导航增强系统建设基本以地基增强系统为主、以星基增强系统为辅（见图 6–16）。

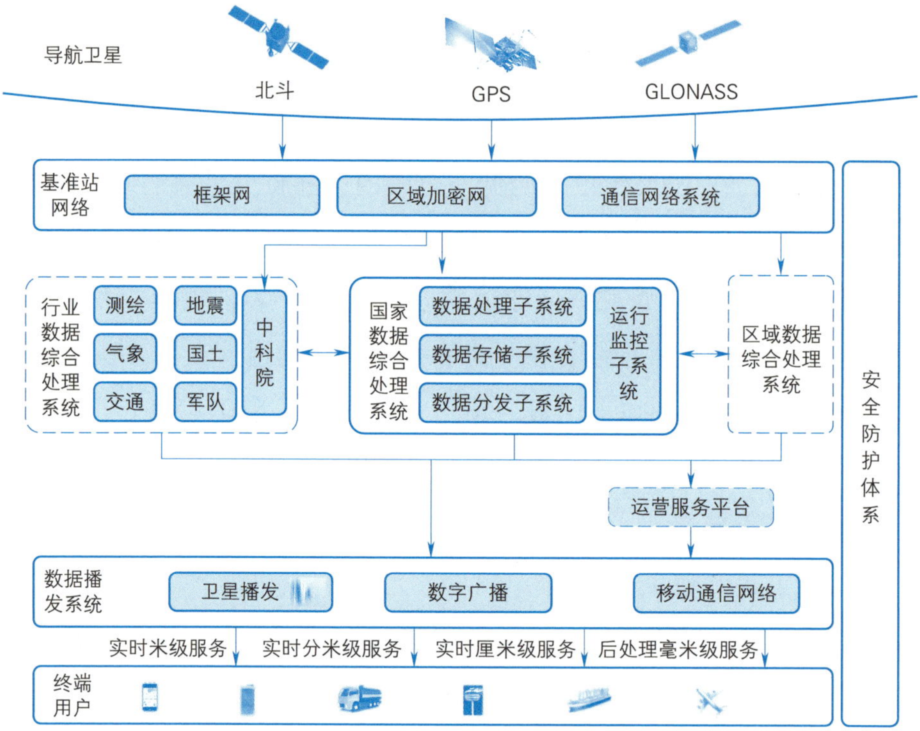

图 6–16　卫星导航地基增强系统

资料来源：北斗地基增强系统与终端应用。

一是地基增强系统（GBAS）。地基增强设施主要布设在地球表面，如机场塔台或跑道附近地面。GBAS 通过差分改正算法提高导航定位精度，同时根据监测算法改善卫星信号完好性、可用性和连续性等，能够为机场及周边区域、大型农场等提供高性能的导航服务。目前，我国以北斗卫星导航系统为基础建立了地基增强网。北斗地基增强系统整合国内地基增强资源，建立以北斗为主、兼容其他卫星导航系统的高精度卫星导航服务体系。利用北斗 /GNSS 高精度接收机，通过地面基准站网，利用卫星、移动通信、数字广播等播发手段，在服务区域内实现高精度导航定位服务，可有效增强低空智联网的通信、导航和监视等能力。

二是星基增强系统（SBAS）。SBAS 播发增强信息的设备安置在卫星上，主要增强设施仍然在地面上。通过大量分布极广的位置已知的差分站对导航卫星进行监测，获得原始定位数据并送至中央处理设施（主控站），后者通过计算得到各卫星的各种定位修正信息，通过上行注入站发给 GEO 卫星，最后将修正信息播发给广大用户，从而达到提高定位精度的目的。北斗星基增强系统（BDSBAS）是北斗卫星导航系统的重要组成部分。BDSBAS 通过地球静止轨道卫星搭载卫星导航增强信号转发器，可以向用户播发星历误差、卫星钟差、电离层延迟等多种修正信息，实现对原有卫星导航系统定位精度的改进。BDSBAS 能为民用航空提供花费更低、可用性更高的导航功能，为航空领域带来巨大的经济效益和社会效益。

（2）组合导航系统

组合导航系统是通过组合多种不同工作原理的传感器，形成一套可靠性和精度都远高于单一传感器的组合导航系统。导航传感器 / 子系统的种类较多，如惯导系统（INS）、卫星导航、磁罗盘、空速计、气压高度表 / 雷达高度表等。目前无人机、eVTOL 的主流方式是采用 MEMS 传感器、GNSS 等，通过数据融合算法提升性能和鲁棒性以满足飞机对于导航系统的要求，例如，边界智控提出基于 INS/MAG/ADS/GNSS 构成的组合导航系统。INS 是组合导航系统的核心，由加速度计和陀螺仪组成，战术级 MEMS 已经具备较好的性能，可满足无人机、eVTOL 的基本需求。组合导航系统主要用于机载方向，地面系统设备上无须配套。

3. 感知和监视设施

目前，低空感知和监视技术、设备有空管雷达、广播式自动相关监视（ADS-B）技术及远程识别（Remote ID）等。

（1）空管雷达

空管雷达全称为空中交通管制雷达，是为飞行管制系统提供航空器信息的地面雷达。空管雷达通过发射射频电磁波对目标物进行照射并接收其回波，再经过分析回波信号来获取目标物的方位、距离、速度等信息，是用于空中感知和监视的主要手段。随着生产技术逐渐进步，空管雷达的种类不断增多。根据工作空域不同，空管雷达可分为精密进近雷达（PAR 雷达）、航路监视雷达（ARSR 雷达）、地面活动监视雷达（SMR 雷达）、机场监视雷达（ASR 雷达）等。

根据工作原理不同，空管雷达可分为一次雷达、二次雷达等。一次雷达是依靠自身发射无线电脉冲，通过检测目标对脉冲的反射信号确定目标方位距离的一种无线电探测设备，具有架设方便、独立工作性强等特点，是一种独立监视手段，可监视非协作飞机。二次雷达是传统监视的核心设备，二次雷达根据雷达天线的旋转，周期性地向监视区域发射无线电询问信号，飞机需搭载应答机，通过检测空中目标的应答信号，确定目标相对雷达天线的方位和距离，相较于一次雷达可提供更多的监视信息，是一种典型的协同监视（见图 6-17）。

基于雷达电磁波反射原理，对于真高 1000 米以下的空域使用雷达系统会因地形特殊导致回波干扰以及低空监视盲区。从使用成本来看，雷达的选址、安装、维护等运营成本，以及提供给天线的大型 UPS 不间断电源成本，使得空管雷达造价及维护成本均较为高昂。

欧洲和美国雷达技术发达，美国的雷达技术被认为是世界上最先进的。全球排名前 4 的雷达公司分别是雷神技术、诺思罗普 · 格鲁曼、

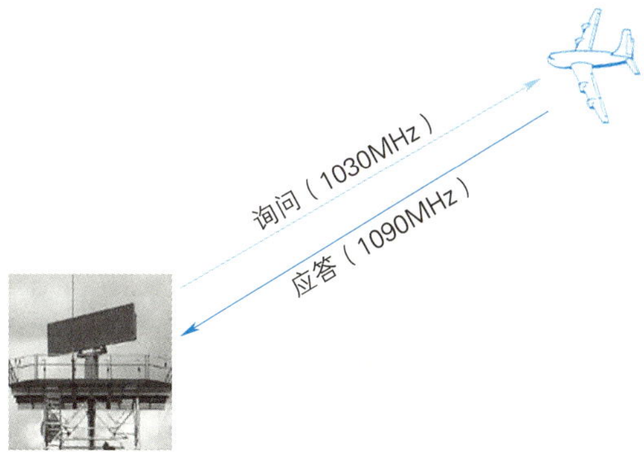

图 6-17 二次雷达工作原理

资料来源：未来智库，《空管雷达行业专题报告》。

MEADS、洛克希德·马丁，呈现寡头垄断格局。我国空管雷达行业起步较晚，早期对外依存度较高。但近年来，我国空管雷达行业快速发展，企业不断加大研发投入力度，技术水平逐渐提升，已经出现一些具有市场竞争力的大型空管雷达企业。

（2）ADS-B 技术

ADS-B 技术是一种广播式的监视技术，可基于 GNSS 和空空、地空数据链通信对航空器及车辆运行进行监视，能够补充部分雷达无法触达区域的监视能力，是全球新航行技术的主要发展方向。ADS-B 除能够提供位置信息外，还能够提供速度和航向等信息。与雷达系统不同的是，ADS-B 的信息直接从机载设备得到，通常应用于洋区等无法部署雷达的地区。以基于 GNSS 的 ADS-B（星基 ADS-B）为例，飞机通过机载设备接收 GPS 卫星发射的定位信息，经计算得到飞机当前的位置坐标（经纬度和高度）、速度和飞行态势等信息，然后通过机载 ADS-B 设备的 ADS-B OUT 功能将上述信息以报文的形式发送给其他飞机或 ADS-B 地面站，同时，机组也可以通过机载设备的 ADS-B IN 功能接收来自其他飞机的信息。星基 ADS-B 可实现高中低空各类空域的全覆盖，是未来的发展方向（见图 6–18）。

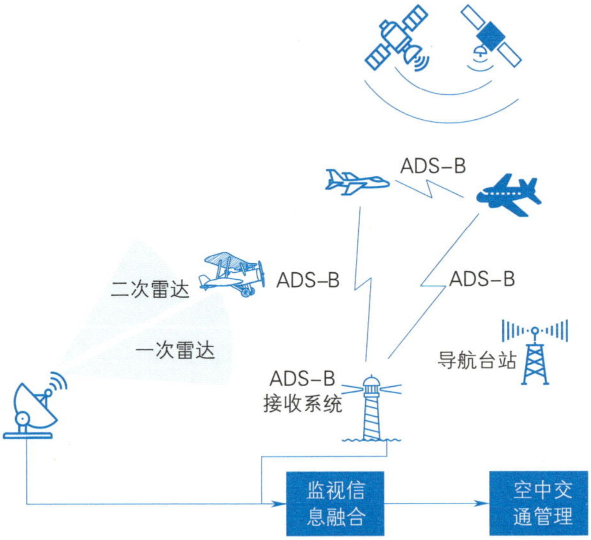

图 6–18　ADS–B 监视原理

资料来源：浙商证券。

对比雷达监视技术来看，ADS–B 技术在局部地区比二次雷达具备更灵活的覆盖、更精确的目标定位和更低廉的成本等优势。美国 FAA 要求，所有在管制空域内运营的飞机均必须配置 ADS–B 设备。经过 40 多年的建设，当前我国二次雷达监视系统在全国管制空域内具备覆盖率高、稳定性强和可靠性高的特点，因此中长期 ADS–B 技术或更具优势，但过渡期内二次雷达仍为主要监视手段。

目前，在低空飞行监视方面，由于 ADS–B 成本约为二次雷达的 1/10，因而传统的固定翼飞机、直升机多采用 ADS–B 进行监视。在无人机监视方面，ADS–B 技术也有应用，但从实际运行来看，ADS–B 技术频率仅为 1090MHz，采用广播式传输，容量有限，无法支撑海量无人机低空飞行的空中管理。而且 ADS–B 有重量和成本占比，大量的无人机安装 ADS–B 设备，还会对民航飞机产生干扰。因而，目前部分无人机机型仅搭载 ADS-B IN 系统，或者不装载 ADS-B 设备，采用 4G、5G 公网进行监视。

（3）Remote ID

Remote ID 即远程 ID，其推出的目的是帮助解决无人机监管问题。Remote ID 制造商可以直接打造内置 Remote ID 的无人机，也可在无人机身上附加 Remote ID 模块，每架无人机搭载 Remote ID 设备，在飞行过程中广播有关该设备、控制台、飞行员的身份、传输位置、高度、速度和识别特征等信息，以让其他的无人机用户或地面上的人们得以接收，监管部门和地面控制中心利用此技术监测无人机活动，确保合法操作和空中安全。

目前，许多国家和地区的航空监管机构都在要求无人机使用远程 ID 系统，以消除对无人机使用复杂性和安全性的担忧。就我国来看，多个规定已经要求无人机必须自动广播识别信息，例如，《无人驾驶航空器飞行管理暂行条例》提出，微型、轻型、小型无人驾驶航空器在飞行过程中应当广播式自动发送识别信息；《民用无人驾驶航空器系统安全要求》（GB 42590—2023）要求，“无人驾驶航空器在飞行过程中应当通过无线局域网（Wi-Fi）或蓝牙自动广播识别信息”。对于微型、轻型、小型无人驾驶航空器自动发送的信息，需要相应的接收设备予以接收。目前已有企业研制地面接收设施进行主动接收，从而实现对微型、轻型、小型无人驾驶航空器的主动监视。

（4）其他感知技术和监视手段

主要有多点相关监视以及无人机相关的探测感知技术等。一是多点相关定位（又称多点相关监视，MLAT 或 MDS），该技术依靠先进的计算机处理方法，将各 MLAT 接收站所收到的飞机应答信号在时间上的细微差别进行计算，可以对该架飞机的空间位置进行精确定位。国际上主要的多点定位系统的生产商为 ERA 公司（原为捷克公司，后被美国收购）、Sensis 公司、THALES 公司、Rannoch 公司和 RokeManor 公司，这些生产厂商来自美国、英国、法国、加拿大和捷克。美国 ERA 公司将产品称为 MSS（Multilateration Surveillance System），美国 Sensis 公司将产品称为 MDS（Multilateration Detection System），法国 THALES 公司将产品称为 MLAT（Multilateration）。

二是城市雷达，它是专门设计用于城市环境中进行探测和监测的雷达，可以通过发射和接收电磁波来探测目标的存在、位置、速度等信息。城市雷达可以覆盖较大的区域，实现远距离探测，市场上典型的城市雷达可探测距离约 5 千米，且不受光照、天气等自然条件的影响，可以全天候工作。但雷达技术对障碍物的穿透能力弱，易受到多径效应的影响探测精度会有所下降。此外，超低空（如真高 300 米以下）区域由于背景杂波信号强，对城市雷达的识别效果影响大。

三是无线电侦测，该技术通过接收、分析无线电信号对低空空域范围内的飞行器进行探测。无线电侦测技术由于无须向空域主动发射电磁波，因此具备很好的隐蔽性。部分无线电侦测设备可以覆盖达 5 千米的较大区域，实现远距离探测。由于无线电侦测技术通过探测飞行器的无线电信号实现空域感知，因此对不与地面进行通信的静默飞行无人机等飞行器无法实现感知。此外，在城市内由于无线通信业务量大，通信背景杂波信号强，对识别效果的影响大。

四是阵列计算摄像设备，是一种采用阵列式镜头和图像处理技术的摄像设备。它通过多个镜头同时拍摄可见光或红外图像，结合图像处理算法实现高分辨率（达到亿像素）、高动态范围的图像输出。阵列计算摄像设备通过同时捕捉高光和暗光区域的细节来适应不同光照条件，同时采用高速图像处理技术实现低空空域飞行器的识别。由于涉及多个镜头和图像处理算法，系统的复杂性和维护难度较高。

五是光电探测技术，该技术利用光电传感器接收环境中的光信息，并将其转化为电信号，进而进行目标探测、识别和跟踪等。光电探测系统通常可不间断地为指控中心在昼夜操作中提供监视、目标捕获、跟踪功能。由于在弱光环境和复杂天气下探测效果受限，夜间或光线不足时探测能力会下降。

此外，在技术方案和策略上，还有基于地铁或高铁运行控制模式的技术方案，吸引了众多高铁信号控制企业如中国通号、交控科技等进入低空智联网开发建设领域。但由于单一感知技术存在一定的技术局限性，为了更好地实现对低空空域的感知与管理，需要充分利用各种技术优势，并结合飞行数据，通过对各种楼宇密度、各种地形等不同场景的深度学习、多源数据融合等技术的应用和实践，逐步推动技术的演进与发展，实现更高置信度的空域感知，为低空空域管理提供“唯一”“可信”的低空空域感知数据。随着各地城市信息模型（City Information Modeling，CIM）的建设，结合对最新低空空域范围内地面地理信息的更新，以及起降场、备降场等地面基础设施和气象站等传感数据的接入，最终将能够实现对低空空域的数字化管理。

综合来看，目前我国低空智联网技术方案都关注数字空域建设、智能网联运行，聚焦的是无人机，突出的是“智能的天”。通过数字化体系架构，利用现有的基础设施体系或新建基础设施，实现智能化管控和服务保障，满足低空高效、安全运行需要。相比于美国和欧洲发达国家倾向于航空器本身的机载能力提升，我国的管控模式将大大减少航空器机载系统设备配置，航空器将更加轻量化，成本将更低。但目前各地自下而上的建设方式，也将面临标准不统一、未来实现区域联网难或全国联网难的问题。而且，各类技术方案仍不成熟，具体实践还仅停留在信息化系统上，只有展示功能，还不能达到覆盖各类飞行器、涵盖各种通信技术手段的目标，也不能满足各级运行监管及服务的需要。特别是大型飞机、浮空器、线控无人机、eVTOL 等新型航空器层出不穷，同步的运行标准、规则还难以适应行业快速发展。

四、其他设施设备

低空设施设备主要是保障低空飞行和运行监管等的设施设备，包括部署在航空器端和地面或空中的设施设备等，除通信网络、感知与监测基础设施、导航与定位基础设施之外，还有能源与续航、气象与空域管理、数据处理与分析、安全保障等基础设施。这些基础设施相互协同，共同推动低空物理基础设施和数字基础设施的发展与应用（见表 6–9）。

表 6–9　与低空运行相关的基础设施

基础设施名称	定位	作用	包含内容
通信网络	低空运行的基础	为各类无人机、飞行器以及地面设备提供数据传输和通信服务	包括无线通信、卫星通信、地面光纤通信等多种通信方式
感知与监测基础设施	低空运行的重要组成部分	主要用于对无人机、飞行器及地面设备的状态进行实时监控	包括各类传感器、雷达、LiDAR（激光雷达）等技术设备，实现对低空域的全面监测
导航与定位基础设施	—	为无人机、飞行器提供精确的导航和定位服务，确保其在低空域的飞行路径准确无误	主要包括全球卫星导航系统（如我国北斗卫星导航系统）、惯性导航系统等

续表

基础设施名称	定位	作用	包含内容
能源与续航基础设施	—	为无人机、飞行器提供持续稳定的能源支持，延长其在低空域的飞行时间	包括无人机充电设施、太阳能供电设备等，以满足各类低空飞行器的需求
气象与空域管理基础设施	—	为低空运行提供关键数据支持	包括气象监测、空域规划与管理等功能
数据处理与分析基础设施	对低空运行采集的各类数据进行处理、分析和存储	为无人机、飞行器的智能决策提供支持	包括高性能计算设备、大数据存储与管理系统等
安全保障基础设施	低空正常运行的保障	通过建立完善的安全防护体系，确保低空智联网等安全稳定运行	主要包括网络安全、电磁防护等方面的设施

资料来源：根据公开资料整理。

（一）充电设施

充电设施为低空飞行器电动化的关键，目前主要针对无人机及 eVTOL 的发展需求，欧洲和美国已有大量企业参与充电基础设施建设，主要由电网公司、电气设备公司、机场公司等几类企业组成（见表 6–10）。

表 6–10　主要 eVTOL 充电基础设施配套企业

序号	公司名称	地区	产品和业务类型
1	ABB	瑞士	MW 级超级快充设备
2	AeroVolt	英国	在英国多个机场提供充电服务
3	Arctech Charge	美国	移动电池充电站、充电桩
4	Atlantic	美国	机场 FBO 网络内建设运营充电桩
5	Avflight	美国	机场 FBO 网络内建设运营充电桩
6	Enel X Way	意大利	智能充电解决方案

续表

序号	公司名称	地区	产品和业务类型
7	PWC	加拿大	1500V 高压双向移动充电设备
8	Signature	美国	机场 FBO 网络内建设运营充电桩
9	Star Charge	中国	配套 Lilium 等提供充电桩
10	西门子	德国	电力供应
11	日本关西电力	日本	充电网络建设

资料来源：根据公开资料整理。

相对于充电设施，氢能源产业链在全球发展进度更慢，配套更加缺乏。目前，一些企业也在开展低空经济领域加氢基础设施建设运营、加氢储氢设备研发制造等。

（二）气象设施

低空飞行对气象条件敏感，需要加强气象保障设施。低空飞行器种类多、体积小、重量轻，大多没有安装气象探测设备，飞行中不能监测天气并适时避让，从而容易产生安全隐患。气象设施主要包括气象监测、预报预警、气象导航等方面的功能，其中，专门用于大气探测的气象雷达是主要设备之一。气象雷达属于主动式微波大气遥感设备，其中相控阵雷达识别天气优势明显。此外，还有气象探测仪器、气象数据处理和分析系统等气象设施设备。

低空经济的发展，需要精细化、网格化的低空气象预报支撑，如基于 AI 的高精度天气预报硬件、软件及解决方案提供等，掌握全新算法和预报模型、气象激光雷达等技术的企业纷纷崭露头角。我国多地气象部门也积极发力，护航低空经济腾飞。如深圳气象局提出气象“三张网”，包括提升低空气象监测能力的“气象监测网”，提升低空飞行的气象安全保障能力的“气象数字网”，赋能新兴产业高质量发展的“气象赋能网”；江西气象部门与多部门共建通用航空气象服务台，为通航企业和机场制订飞行计划、申请飞行路线和空域提供气象依据。

（三）信息化设施

新型低空飞行器的运行，将需要更多的数字基础设施支撑，包括指挥与信息处理系统、网络及算力设施、大模型等。这些设施与低空智联网密切相关，甚至可以作为智能网联基础设施的一部分。

参考文献

[1] EASA. 垂直起降飞行器机场技术设计规范，2022.

[2] FAA. 垂直起降机场设计指南，2022.

[3] 中国移动（成都）产业研究院，中国移动通信研究院 . 低空网络信息服务能力白皮书，2023.

[4] 中国民用机场协会 . 电动垂直起降航空器（eVTOL）起降场技术要求，2024.

监管篇

第七章 国际监管制度

低空经济十分强调安全，因此监管制度策略非常重要，特别是在无人化电动化智能化航空器的运行、运营、适航等方面，是全球各个国家和地区积极探索的方向。

一、传统通航规章制度体系

世界航空法律制度起源于1919年在巴黎签订的《巴黎公约》。1944年，52个国家在美国芝加哥召开国际航空会议并签署了《国际民用航空公约》，通称《芝加哥公约》，取代了《巴黎公约》等，签订国统一共同的目标、承担一定的义务并建立国际民用航空组织（ICAO），同时该公约对国际航空的航行规则、安全等方面作出了许多规定，成为国际航空活动的基本法。我国也是《国际民用航空公约》的最早签字国和最早的批准国之一。1971年，国际民用航空组织理事会通过决议，承认中华人民共和国政府是中国唯一的合法代表。

ICAO总部设在加拿大蒙特利尔，是联合国下属的机构，以《国际民用航空公约》及其19个附件（Annex）为主要规则。《国际民用航空公约》是有关国际民用航空最重要的现行国际公约，被称为国际民用航空活动的宪章性文件，又称"国际标准和建议措施"。根据民航形势和技术发展，国际民航组织逐年讨论和修改完善这些文件。国际民航组织各成员国均须根据这个文件结合本国情况制定本国有关的法律和规章。有关国际通用航空方面的标准和建议措施主要规定在《国际民用航空公约》附件6中，该附件在1969年4月2日生效，在同年9月18日起开始实施。《国际民用航空公约》以及其附件6是迄今为止在国际法中对通用航空相关规定最重要的体现（见表7-1）。

表 7–1 《国际民用航空公约》附件

序号	附件名称	主要内容
附件 1	人员执照	提供有关飞行机组人员、飞行签派员 / 飞行运行人员、空中交通管制员和飞机维修人员执照的信息
附件 2	飞行规则	包含与目视和仪表飞行相关的规则
附件 3	国际空中航行的气象服务	规定国际空中航行的气象服务和航空器观察的气象报告
附件 4	航图	包含国际航空中使用的航图规范
附件 5	在空中和地面操作中使用的计量单位	该附件列出在空中和地面操作中使用的量纲系统
附件 6	航空器运行	该附件包含了各种规范，以保证全世界各种航空器运行的安全水平保持在规定的最低标准之上。这个附件有以下三部分：第一部分国际商业航空运输——飞机；第二部分国际通用航空——飞机；第三部分国际运行——直升机
附件 7	航空器国籍和登记标志	该附件规定航空器识别和登记的要求
附件 8	航空器适航性	该附件规定航空器审定和检查的统一程序
附件 9	简化手续	该附件规定过境手续的简化程序
附件 10	航空电信	第 1 卷规定通信设备和系统的标准；第 2 卷规定标准的通信程序
附件 11	空中交通服务	包括建立和使用空中交通管制、飞行情报和告警服务的信息
附件 12	搜寻与救援	提供搜寻与救援所必需的组织和使用有关设施与服务的信息
附件 13	航空器事故调查	该附件对航空器事故的通知、调查和报告规定了统一的做法
附件 14	机场	提供机场设计和设备的规范
附件 15	航行情报服务	包含收集和分发飞行所必需的航行情报的方法

续表

序号	附件名称	主要内容
附件 16	环境保护	包含航空器噪声的审定、噪声监测和供制定土地利用计划的噪声影响范围的规范（第 1 卷）以及航空器发动机的排放物的规范（第 2 卷）
附件 17	安全保卫	保护国际民用航空免受非法干扰，规定了保护国际民用航空免受非法干扰的方法
附件 18	危险物品的安全运输	包括危险品的标识、包装和运输的规范
附件 19	安全管理	将现行的安全管理规定整合成为一个单一附件，消除了目前在其他附件中存在的标准和建议措施的重复

资料来源：根据公开资料整理。

此外，ICAO 还包括航行服务程序（Procedures for Air Navigation Services，PANS）、地区补充程序（Regional Supplementary Procedures）、航行规划（Air Navigation Plans）、技术手册、ICAO 通告等技术规范（见图 7–1）。

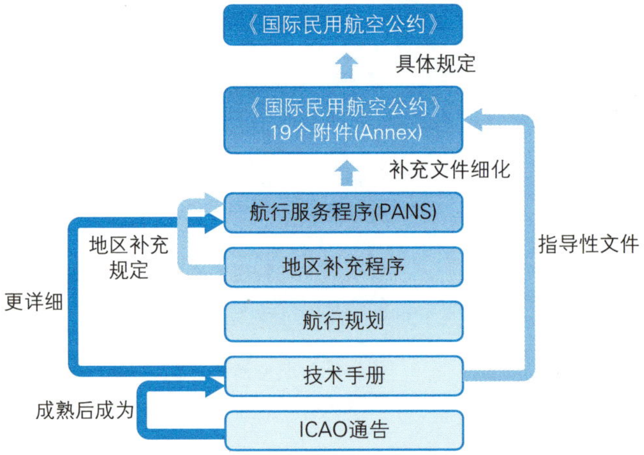

图 7–1 ICAO 六类技术规范性文件的关系

资料来源：根据相关资料整理。

（一）美国通航法规制度

美国是全球航空产业最发达的国家之一，具备配套成熟的、完备的航空法律法规体系。美国的航空法律法规和规章制度深刻影响了国际民航的发展。传统通航的法规规章及制度，主要参照美国的规章制度进行介绍。

1. 航空法律法规及规章

1926 年，美国将建国以来国会制定的所有法律进行整理编纂，形成了第一版的《美国法典》（*United States Code*，USC），每 6 年由国会众议院法律修订委员会办公室重新编纂更新一次，其中第 49 编交通运输包含关于航空运输的管理架构以及各相关部门职责、权力等内容法律条文。现行版本《美国法典》航空相关内容，主要基于 1958 年的《联邦航空法》以及其他与航空有关的联邦法规整合、修订、编纂组成。

美国的航空法规主要由隶属于美国交通部（DOT）的 FAA 制定。FAA 根据国会和法律授权负责民用航空、商业航天等领域的立法和监管，FAA 将与民用航空管理相关的规章编入 14 CFR（《联邦法规》第 14 编）第 1 至第 3 卷，其下有分部，如负责小型通用飞机适航管理的规章在第 23 部，也就是业界经常所说的 FAR 23 部。

其他非法律法规的文件通常不具备强制法律效力，为法律法规的支持性或解释性文件。主要有以下六种。

（1）指令性文件（Directives）

指令性文件是 FAA 发布、建立和描述机构政策、组织、职责、方法和程序的主要手段，用于指导 FAA 工作人员及其委任代表或机构。指令性文件分为四种。一是指令（Orders），指永久性的指令性文件。二是通知（Notices），指临时的指令性文件，自生效之日起一年到期或遵循特定设置撤销日期；通知可以转换为指令并永久有效。通知包括全体通知（GENOT）、区域通知（RENOT）和服务区域通知（SERNOT）三类，GENOT 由华盛顿总部颁布，RENOT 和 SERNOT 由 FAA 区域办公室颁布。通知一般是在紧急情况或需要立即采取措施时颁布。三是更改（Changes），与指令搭配使用，对其信息或指南进行添加、删除或修改。四是补充（Supplements），对原指令性文件提供额外的指导或信息，通常是由原文件制定机构之外的组织发布。

（2）咨询通告（Advisory Circulars，AC）

AC 用于为航空业界提供指导，是对航空规章执行要求或规章条款的解释，主要是对实际应用的直接性指导，帮助航空单位开展日常工作。

（3）适航指令（Airworthiness Directives，AD）

AD 是 FAA 发布的具有法律效力的法规，旨在纠正航空器的不安全状况。AD 是国际民航组织所规定的“强制持续适航信息”（MCAI）中最常见的一种形式；是为了保证持续适航，对已经经过型号合格审定、投入使用的民用航空产品（民用航空器、发动机、螺旋桨和零部件）的一种追溯性的安全要求。

（4）政策（Policy）

Policy 通常作为法规、指令、咨询通告的解释性、补充性文件，是指导用户如何符合法规的指南和可接受的程序。Policy 不要求强制执行，一般是以备忘录的形式存在。

（5）表格（Forms）

Forms 是 FAA 规定的用于记录、存档、申请、检查的统一格式表，如飞行计划表格、飞行前准备检查单、航空人员执照申请及认证等。

（6）手册（Handbooks & Manuals）

FAA 手册是对某一主题的详细说明，以及在航行实践中的实际应用，主要分为航空器（Aircraft）和航空（Aviation）两类。前者侧重于适航维修和特殊种类的航空器（如滑翔飞行、气球飞行等）指南，后者侧重于航空应用中的专题（如航行情报、载重平衡、飞行员航行知识、仪表程序、仪表飞行、航图使用等）。

其他支撑 FAA 法规体系的技术性文件还包括：①国际标准与建议措施，是 FAA 参照 ICAO 标准与建议措施、航行服务程序、技术文件制定本国标准与程序等；②行业标准、技术标准，一般由 FAA 和非政府组织编写，如 FAA 技术标准指令（Technical Standard Orders，TSO），美国航空无线电协会（Aeronautical Radio Incorporated，ARINC）、航空无线电技术委员会（Radio Technical Commission for Aeronautics，RTCA）等编制的标准。它们会支撑局方日常工作的开展和监管法规的执行。

美国现有通用航空的规章标准，虽不如商业航空的规章标准严格，但十分完善，基本涵盖通用航空飞行、维修、监察员的执照培训、各类通用航空的运行以及维修机构和训练学校的资质认证等（见表 7–2）。

表 7–2 美国联邦航空局通用航空规章

序号	部号	规章名称
1	1	定义和缩写
2	3	一般要求
3	21	航空产品的取证程序
4	23	适航标准：正常类飞机
5	26	运输类飞机的持续适航和安全改进规定
6	27	适航标准：正常类旋翼机

续表

序号	部号	规章名称
7	29	适航标准：运输类旋翼机
8	31	适航标准：载人自由气球
9	39	适航指令
10	43	维修、预防性维修、翻新和更改
11	45	标识和注册标记
12	47	飞行器注册登记
13	48	小型无人驾驶航空器的注册和标识要求
14	49	飞行器安保文件记录
15	61	飞行员、飞行教员和地面教员
16	63	飞行员之外的机组人员的认证
17	65	飞行机组人员之外的航空人员的认证
18	67	医疗标准和认证
19	68	某些无须医疗认证的小型飞行器运行的要求
20	71	A、B、C、D 和 E 类空域的确定；空中交通服务航路和报告点
21	73	特殊用途空域
22	77	导航服务空域的安全、有效使用和保护
23	91	一般操作和飞行规则
24	93	特殊空中交通规则
25	95	仪表飞行高度
26	97	标准仪表飞行程序
27	99	空中交通管制的安全
28	101	系留气球、风筝、自制火箭、无人自由气球和特定模型飞行器
29	103	超轻型飞行器
30	105	降落伞运行
31	107	小型无人驾驶航空器系统

续表

序号	部号	规章名称
32	110	一般要求
33	117	飞行机组人员：飞行和职责限制、休息要求
34	119	认证：航空承运人和商业运营人
35	125	审定和运行：20 座及以上乘客座位，或最大业载达 272.16 千克或以上的飞机；以及此类航空器人员机上管理规则
36	129	运营：从事美国注册航空器公共运输业务的外国航空承运人和运营人
37	133	旋翼机外部负载运营
38	135	运行要求：通勤和即时运行以及机上人员管理办法
39	136	商业航空旅行及国家公园航空旅行管理
40	137	农用航空器运行
41	139	机场的取证
42	141	航空器驾驶员学校
43	142	训练中心
44	145	维修机构
45	147	航空维修机务学校
46	151	联邦政府对机场的援助
47	153	机场运行
48	156	国家补助飞行员计划
49	157	机场的建设、更改、启用和关闭通告
50	158	旅客设施费（PFC）
51	170	空管服务和航行设施的建立和终止使用标准
52	171	非联邦航行设施
53	200	定义和说明
54	201	《美国联邦法典》第 49 部 VII 部分适用的航空承运人的管理当局
55	203	《华沙公约》的限制和防卫措施的免除

续表

序号	部号	规章名称
56	204	支持健康检测日期
57	205	飞行器事故责任保险
58	206	公共需求的认证：特殊授权和豁免
59	207	美国定期航班航空承运人的包租飞行
60	208	美国包机航空公司开展包租飞行业务
61	211	国外航空运营人的许可申请
62	212	美国和国外直接航空承运人的包租运行法规
63	213	国外航空承运人许可的条款和限制
64	214	国外航空承运人许可的条款和限制，仅限用于包租运输
65	215	航空承运人、国外航空承运人和通勤航空承运人的名称的使用和变更
66	216	国外航空承运人的监管盲区运输
67	217	国外航空承运人的民用定期航班、包租和不定期服务的报告交通统计
68	218	国外航空承运人或其他国外飞行器的含机组租赁
69	222	国外航空承运人的联合货运服务
70	240	账户和财产的检查
71	254	国内行李责任
72	256	电子航空公司信息系统
73	271	提供基本航空服务的航空承运人补贴指南
74	272	自由联系邦的基本航空服务
75	291	州际航空货运的运行
76	292	国际货运
77	293	国际客运
78	298	航空包机和通勤航空运营人运行的豁免
79	303	航空承运人协议的评审

续表

序号	部号	规章名称
80	323	服务的终止、中止和减少
81	325	基本航空服务程序
82	375	美国境内为国外民用航空器提供航行服务
83	380	公共包机服务
84	398	航空服务基本要义和具体指南

资料来源：根据公开资料整理。

2. 适航监管制度

FAA 下设航空器审定司（Aircraft Certification Service，AIR），由 1400 多名工程师、检查员、试飞员、专家和工作人员组成，负责美国民用航空产品和进口海外航空产品的设计、生产、适航取证和持续适航监管。2017 年以来，AIR 进行了改革以提高效率，到 2023 年底，创建一个新的综合认证管理处负责商用飞机及其发动机业务；将 12 个航空器适航审定办公室（ACO）合并为 3 个审定分支机构（东部、中部和西部，但全美国仍然有 11 个办公室）；提高对跨部门工作的国际参与度。

FAA 总部 AIR 下，根据民用航空工业布局，按专业分工在不同区域设立运输类飞机、小型飞机、旋翼航空器、发动机和螺旋桨适航审定中心。审定中心负责所辖地区航空产品的型号合格审定项目管理，以及所辖地区办公室的管理，负责相关航空产品的审定政策及标准化，并制定适航标准。第三层级是负责具体审查工作的现场办公室，包括 11 个审定分支机构办公室（即原航空器适航审定办公室，Aircraft Certification Offices，ACO）、15 个适航审定管理组（Certificate Management Section，隶属于 AIR-800 系统监管处，即原制造检查地区办公室，Manufacturing Inspection District Offices，MIDO）、26 个证件管理办公室（Certificate Management Office，CMO，负责管理运营人资质）等。

除了组织架构上的革新，近年来，FAA 也对通用航空器监管法规作出了大量更新，以更好地支撑美国航空产业保持全球领导者的地位。以负责管理小型固定翼飞机的 FAR 23 部为例，2009 年以来局方组织成立了由行业企业、专家、协会和管理当局组成的法规修订委员会。FAA 和 EASA 建立了定期交流第 23 部法规修订的机制，还与加拿大民航运输部（TCCA）、巴西国家民航局（ANAC）、中国民航局（CAAC）等开展了广泛的交流。在经历了广泛的意见征集、条款制定过程之后，FAA 在 2016 年 12 月 16 日正式颁布第 23 部第五修正案，2017 年 8 月 30 日生效。这是自 1965 年 FAR 23 部实施以来最深刻的改革，适航审定原则转向基于总体性能和飞机坠撞性（Crashworthiness）要求和业界规范共识（如 ASTM 标准），而非描述性技术要求和局方验证方式。

FAA 允许通过委托第三方个人或机构承担一定适航审定任务，尤其是对个人的委托，可以降低小型企业的适航管理门槛，保证 FAA 有限的资源可以支持众多的小型航空制造企业发展。对个人的委托，可以是工程委托代表（DER）、生产检验委托代表（DMIR）、委托适航代表（DAR）；对机构的委托，即为机构委托授权（ODA）。

3. 空域使用和监管

作为全球通用航空产业最发达的国家，美国的空域是十分繁忙的，空中交通管制服务每天要处理大约 45000 架次飞行，保障 290 万名航班旅客飞行。根据美国交通部统计，截至 2023 年 6 月，全美有约 13300 名持证管制员在 300 多个空管单位中服务，此外，还有约

4500名航空安全检查员、5800名工程技术人员。FAA将空域划分为管制空域、非管制空域和临时性限制空域，其下属的空中交通组织（Air Traffic Organization，ATO）对空域进行分类管理。美国拥有1295万平方千米的空域，其中80%的空域为民用空域，少数为限制区和禁飞区。全国除了华盛顿特区有部分空中禁区外，很少有固定不变的禁飞区或限制区不能进入。通用航空器主要使用中低空空域的E类和G类空域，美国由政府制定并公布低空目视航图（VFR Chart），详细地标出以机场为圆心的扇区安全高度、周边的通航和运输机场、各机场的空域划设、管制通信需求、山川河流和人工建筑物等显著地标等。美国用了70年时间，通过不断迭代更新，把有关地面建筑物数据进行了系统梳理、上报、收集与管理；对国家空域的结构、边界和性质用途进行了明确的划分界定。

美国对其国家空域系统（NAS）的管理改革和现代化一直没有停止。2003年，美国国会通过了《愿景100——世纪航空再授权法案》，该法案设立了联合规划与发展办公室（Joint Planning and Development Office，JPDO），以创建美国航空运输系统为下一代及未来发展提供的统一愿景。JPDO制定和协调长期研究计划，并赞助跨机构任务研究。2004年，JPDO创建NextGen计划，该计划定义了NAS转型的高级目标和要求。2007年，JPDO发布了初始版本的《NextGen运行概念》；2011年，公布了《NAS的NextGen中期运行概念》；2016年，FAA发布了《NAS的未来》，到这一时期，FAA主要关注于传统民航运输航空和通用航空的空中交通管理改革，如引进TBO等新技术。随着无人机、AAM/载人eVTOL等新兴航空器的大量使用，NextGen项目在后来不断修正，也增加了很多新的工作内容，如2013年，FAA颁布了《民用无人机融入NAS的路线图》，并在2018年进行了更新；2018年，

NASA 和 FAA 提出了首个无人机系统交通管理概念。

4. 基础设施与服务保障

美国约 2 万个机场中有 70% 为私人机场，1/5 可对公众开放使用。公共机场大部分为州或地方政府所有，不用申请即可使用，其中绝大部分为通用机场。美国通航机场大多没有塔台，全美只有 476 个机场有塔台。大多数情况下，以晴好天气和目视飞行规则（VFR）自主保持安全间隔飞行为主；但如果提交 IFR 飞行计划，也可以获得相应管制服务。

美国军航与民航、通航及运输航空共享国家导航、气象等基础设施。通用航空飞行广泛使用卫星导航，通航机场通常不建陆基导航台，但可以拥有仪表进近程序，可以使用周边机场或航路的 VOR/DME 台定位。美国已实施在所有列入 NPIAS 的机场公布 PBN 程序的项目，再加上美国上空的广域增强系统（WAAS），相关通航机场无须投入即可实现较低着陆标准的星基导航仪表进近。通航机场不专门建气象机构和设施，美国国家大气和海洋管理局（NOAA）下的全国自动气象观测站（AWOS/ASOS）可以提供航行气象信息。美国通航机场没有建立类似中国的航行服务机构和设施，因为飞行员或营运人能够通过网络、飞行服务站（FSS）或其他服务商来获取相关信息。

（1）飞行服务站（Flight Service Station，FSS）

FSS 在美国有 100 多年历史，最早起源于“一战”后州际远程航线的开通，1920 年 8 月，旧金山—纽约航线开通，沿途设置了 17 个航空邮件无线电通信站（Air Mail Radio Station，AMRS），提供通信、导航、气象、航行情报等服务。1926 年，美国商务部接管后重组为航路无线电通信台站（Airways Radio Station，ARS）；1958 年美国《联邦航空法》生效后组建了 FAA，1960 年 3 月，FAA 将航路通信台站正式命名为飞行服务站（FSS）。100多年来，FSS的功能和服务内容随着科技发展不断丰富，陆续发展了航路飞行咨询服务、实时气象信息等内容。20世纪70年代，美国实施了飞行服务站巩固和现代化计划，至1997年最后2个非全自动化FSS关闭。但FSS数量随着科技的发展在减少，1973年，美国拥有近400个FSS，现在已经下降至180个左右。早期，飞行服务站由FAA投资并运营，2005年起，FAA将阿拉斯加州（包含3个区域性的中心飞行服务站、14个本地性的飞行服务站和106个联网的地面通信台站）之外的58个FSS外包给洛克希德·马丁公司，借助市场化更新设备、技术和提供服务。美国通航飞行员不是通过空管而是主要通过飞行服务站获取飞行服务，包括飞行前服务、飞行中服务和飞行数据，且不收取任何费用。

（2）固定基地运营商（Fixed Base Operator，FBO）

与飞行服务站一样，FBO是美国通用航空业的另一大支柱。FBO的诞生，历史背景与FSS类似，1926年，美国联邦政府出台了《商业航空法》，提出了对航空业的安全进行全面管理。有从业者在机场附近建立固定营业设施，为过往小飞机提供加油、维修等基础服务，形成了一种新的商业模式，发展成FBO的初始形态。FBO伴随着产业发展起伏，在20世纪80年代初，全美一度达到了12000多家FBO的全盛时期；但随着80年代美国通用航空产业的衰退，FBO数量快速下降，到2018年底，全美3233个公用机场中有约3661个FBO仍然营业。FBO为通航飞行提供后勤保障，保障内容包括飞行计划、燃油、维修保养、餐饮服务等，其中，主要收入来源是燃油和维修服务。FAA对于FBO的监管原则是除非涉及安全问题，FAA原则上并不参与，交由市场解决。

（二）欧盟通航规章制度

欧盟的成员国是欧洲地区通用航空立法的主体，然而一部分欧盟成员国针对通用航空立法并没有专门的立法机构，而有些欧盟成员国虽然成立了通用航空的立法机构，但是这些通用航空立法机构的位阶却很低，制定出的法律位阶也较低，实用性和执行力度不强。比如，法国和德国都没有专门针对通用航空产业的立法。

欧洲对于有关航空使用空域的管制，几乎涵盖了航空活动的所有方面，包括空域管制、航空安全、运营人资质、航空安保、旅客权利、地面服务保障等。然而，欧盟制定的有关通用航空的规章并非对通用航空的所有运营人适用，诸如有关市场条件和旅客权利的法规对规模较小的营运人不产生影响，而安全、保安和空管法规对通用航空则更加重要，因为它们通常不会考虑营运人的性质和特殊情况。

在通用航空运营人的许可方面，欧盟内部航空运输自由化的框架是由 2407/92、2408/92、2409/92（EEC）规章规定的。这三个规章通常被称为“自由化第三组合”，它们集中规定了内部航空市场的航空服务：关于航空承运人许可的规章，对于由无动力驱动的航空器、超轻型动力驱动航空器和地方飞行所进行的旅客、邮件、货物航空运输，不予适用。如果国内法有运营执照的要求，那么，应当适用欧盟和国内法关于航空运营人合格证的规定；对于仅仅从事最大起飞重量在 1 万千克以下和 20 座以下的航空器运营的承运人，制定了不太严格但仍很难达到的经济合格标准。这些类型的航空器通常用于公务包机。以上提到的规定，在新起草的欧洲议会和理事会关于欧盟航空运输服务运营一般规则中，在原则上予以保留。

在欧洲，由于各国空中交通实行独立管理，导致欧洲空域分割现象严重，进而导致航班延误现象激增。因此欧盟启动了雄心勃勃的“欧洲单一天空计划”，用以改革欧洲空管的结构，在欧洲范围内建立一个统一的空管系统取代各自为政的空管程序，满足未来容量和安全需求。“欧洲单一天空立法”由四部规章（框架规章、服务规定规章、空域规章和互用性规章）组成，这四部规章涵盖了无缝隙的欧洲空中交通管理系统的要素。欧洲委员会还制定了一些更详细的执行规定，作为对这四部规章的补充。

在建立单一航空市场之后，欧洲航空运输市场的需求与基础设施之间越来越不平衡，其后果就是，欧盟繁忙机场的数量越来越多。为解决这一问题，1993 年 1 月欧盟理事会制定了关于欧盟机场时刻分配的 95/93 规章（其后有修改）。该规章对通用航空运营人也有影响，承认了通用航空有进入机场的权利。

一是在决定机场的容量状况时，应当征求经常使用机场的通用航空代表的意见。二是机场协调委员会应吸纳经常使用机场的通用航空代表。作为协调委员会的成员，通用航空代表可以对机场容量状况发表自己的意见，提出有效利用和改进机场容量的指导纲要。三是随着欧洲机场中公务航空活动的增长，95/93 规章采用了特殊的规定，允许这种运营成为时刻分配程序的一部分。根据计划运营的公务航空运营人有权申请一系列时刻，从“不豁免适用新法”规则和“时刻灵活性”规定中获益。

二、新兴领域监管制度进展

欧美发达国家在无人机及 eVTOL 发展方面十分重视，出台并完善了相关法规、规章及标准，也为我国发展低空经济提供了借鉴。

（一）无人机监管

针对无人驾驶航空器这一新类别新领域的管理，近年来一直是各大国际组织、各国家和地区监管部门探索的方向，目前已基本形成了较为完善的制度规范体系，按照制度方介绍主要有以下四种。

1. 国际民用航空组织（ICAO）

ICAO（International Civil Aviation Organization）是联合国的一个专门机构，主要关注全球范围的民航基本监管框架。

在早期阶段，ICAO主要关注遥控驾驶航空器系统（Remotely Piloted Aircraft Systems，RPAS），即大型无人机类别。2011年3月，ICAO无人驾驶航空器系统研究组（UASSG）公布了《无人驾驶航空器系统（UAS）》（Cir328号），该通告提供了ICAO附件中因RPA运行须修订的问题综述，以确保RPAS符合《芝加哥公约》的规定。2014年5月，空中航行委员会成立了RPAS专家组，提出RPAS管理方法和传统航空的做法应保持一致，2015年ICAO的第10019号文件对遥控驾驶航空器融入非隔离空域及机场进行了技术和运行规则的指导。2021年3月，ICAO通过了新版国际标准和建议措施（SARPs），在《国际民用航空公约》附件8（航空器适航性）中，更新了涵盖遥控驾驶飞机和直升机以及遥控站的审定要求，推动RPAS在国际运行安全和互操作性方面取得重要进展。新的条款于2021年7月12日生效，2026年11月26日起适用。

随着越来越多轻小型无人机进入低高度空域飞行，ICAO也开始关注这类运行，并且已经确定了以运行为中心，以风险为基准，分类分级的运行管理思路。2019年，ICAO发布了《无人机系统交通管理（UTM）——一个以全球协调为核心原则的通用框架》，旨在为正在考虑实施无人机交通管理系统（UTM）的国家提供系统的框架和核心功能指导，通过 UTM 为低空空域运行的 UAS 提供有关空域限制和飞行意图的实时信息，UAS 运行人员不需要接受空中交通管制。

2020 年 12 月，ICAO 发布了新的无人机示范法规，以帮助各国建立和完善本国无人机运营体系。示范法规涵盖了各国在无人机认证和安全运行方面所需的基本要素。各国可以选择全盘采用示范法规，也可以从它们的规定中任选其一，以补充现有的国家 UAS 框架。ICAO 建议在立法中将分类监管作为监管的方法，提供了风险渐进式的分类监管框架供成员国参考。同时，ICAO 提示各国在制定规则时要考虑是否对某些用途无人机进行豁免，如警用、医用等用途的无人机。

2024 年 4 月 5 日，ICAO 理事会在第 231 届会议上批准了对《国际民用航空公约》19 个附件中的 15 个附件的修正案。随着理事会将新的第四部分《国际飞行——RPAS》纳入附件 6《航空器运行》，无人机国际运行监管框架的基本组成部分现已就绪。无人机运营单位被要求持有特定的运营人证书（RPAS Operator Certificate，ROC），这类似于传统民航的 AOC（Air Operator Certificate）。此前，理事会同意了无人机驾驶员执照颁发的监管结构、特定适航要求，以及 C2 链路频段、程序和系统的规定。这些规定满足了国际空中航行的三个关键要求：飞行员执照、适航证和运营单位证书。

2. 无人系统规则制定联合体（JARUS）

JARUS（Joint Authorities for Rulemaking on Unmanned Systems）由航空管理机构官员和国家推荐专家组成，研究制定无人航空的监管规则和审定要求，促进全球无人航空监管规则统一协调。JARUS 的专家来自 63 个国家和 2 个地区国际组织［欧洲航空安全局（EASA）和欧洲航行安全组织（EUROCONTROL）］。

JARUS 的监管理念为“1+3”，即 1 个基本理念：以运行为中心，基于运行风险进行管理；3 个基本工具，分类管理、风险评估（SORA）和标准场景。2015 年 4 月，JARUS 的第 7 工作组首次提出无人机运行管理可分为开放类、特定类和审定类。开放类为风险非常低的无人机运营类型，建议尽量最小化航空监管部门的参与，可对无人航空器进行自检或工业标准的引用，但无须设定强制性的适航要求，也没有针对运营商和飞行员的资质要求，运营人将为无人航空器系统安全运营负责。特定类为低风险和高风险运营类型之间的类型，其运营具有一定的风险，需要通过额外的限制或通过对设备和人员能力提出更高要求来降低风险。特定类要求运行人在开始运行前进行风险评估，并采取相应的风险缓解措施，系统地保障运行安全，以获得无人机运行授权。审定类为无人航空器系统运行的风险上升到类似于正常有人驾驶航空器运行的风险水平，需要对其进行全过程的适航管理，可能包括型号设计批准（型号合格证）、适航审定、飞行手册、持续适航文件、生产批准以及其他相关的传统载人航空批准内容。

2019 年 6 月，发布了最新的《UAS 运行分类》，为所有运行提供了全面的 UAS 管理策略建议，包括考虑无人机的设计、生产、维护、运行批准、飞行员能力、监管执行和安全促进等方面。针对特定类运行风险评估，JARUS 提出了特定类运行风险评估方法（Specific Operations Risk Assessment，SORA）。SORA 采用定性与定量相结合的方法，可以系统地进行安全风险评估，简化评估工作流程。

JARUS 规则已被欧盟全境、瑞士、卡塔尔、南非、澳大利亚、新西兰等超过 30 个国家和地区借鉴。JARUS 规则得到了国际航空界普遍认可，ICAO 审议通过的《国际民用航空公约》附件 6（航空器的运行）第四部分采纳了 JARUS 方法。

3. 美国

早在 1991 年，美国就进行了规范无人机系统规则的尝试。当时美国 FAA 发出拟议规则制定通告，并成立了一个行业支持小组。在随后的几年里，主要制定了与无人机系统的设计、维修、飞行员资质和设备要求相关的规定。2008 年，FAA 成立小型无人机航空规则制定委员会，致力于制定小型无人机系统的监管政策。

2012 年，美国国会通过了《FAA 现代化与改革法案》，制定了无人机产业的综合管制规则、发展战略、计划以及路线图，明确规定 FAA 在无人机融入国家空域系统上的责任与义务，同时提出了对特定小型商用无人机的运行豁免（333 豁免）和部分公共用途无人机豁免。根据法案要求，FAA 于 2013 年发布《无人机融入国家空域系统路线图（第一版）》。2015 年 12 月起，FAA 要求 250 克 ~ 25 千克的小型无人机都必须实名注册登记，开创了无人机实名登记之先河。2016 年，FAA 出台业界著名的《小型无人航空器系统运行和审定》（FAR 107 部），建立了 25 千克以内无人机运行规则，侧重于对小型无人机的安全运行进行规制，并明确了无人机系统空域适用规则、无人机遥控飞行员的执照颁发规则及无人机夜间飞行规则。美国交通运输部选择 10 个地方政府开展无人机一体化试点计划（IPP），美国联邦、州、地方和部落政府通过 IPP 开展紧密合作。

《2018 FAA 再授权法案》规定了特定无人机系统的特别授权（44807 豁免）。根据第 44807 条，FAA 采用基于风险的方法，通过评估无人机的尺寸、重量、速度、运行能力、视距内运行或超视距运行等，以及是否需要第 44703 条要求的操控员证书或第 44704 条所需的型号合格证、生产合格证、适航证、设计生产单位合格证等，针对无法按照正常审定程序获得以上证书的无人机运行需求，将综合考虑以确定这些无人机系统是否可在美国国家空域系统（NAS）中安全运行，并决定是否授予运行豁免。2019 年 12 月，FAA 发布拟议规则制定通知（NPRM），提出实施无人机远程 ID 广播的建议，该规则适用于所有需要 FAA 注册的小型无人机运营商。2020 年 12 月发布最终规则，推进小型无人机进一步融入 NAS。2021 年 4 月，批准了无人机夜间操作。同时，美国开始实施无人机交通管理系统（UTM）生态系统工作，成功完成无人机集成试点计划（IPP），以及推进 107 部分子条款的放宽及运营商豁免等，加快推进无人机行业应用（见表 7–3）。

表 7–3 美国民用无人机运行分类及相应法律法规

<table>
<tr><th>运行种类</th><th>使用目的</th><th>最大重量限制（千克）</th><th>最大飞行高度（米）</th><th>飞行规则</th><th>航空器管理</th><th>驾驶员资质</th><th>相关法律法规</th></tr>
<tr><td>模型航空器飞行</td><td>爱好与娱乐飞行</td><td>25</td><td>120</td><td>视距内运行 (VLOS)</td><td>注册</td><td>—</td><td>101 部 E 子部、AC 91–57B、《2018 年 FAA 再授权法案》第 44809 节</td></tr>
<tr><td>需要驾驶员认证的运行</td><td>工作或运营</td><td>25</td><td>120</td><td>VLOS</td><td>注册</td><td>认证</td><td>107 部</td></tr>
<tr><td rowspan="2">公共安全与政府飞行</td><td rowspan="2">政府公共事务</td><td rowspan="2">25</td><td>120</td><td>VLOS</td><td>注册</td><td>认证</td><td>107 部</td></tr>
<tr><td colspan="4">按照公共飞行器的法定要求飞行，在授权或者豁免条件下运行</td><td>《美国法典》第 49 编：40102（a）条、第 40125 条</td></tr>
<tr><td rowspan="2">培训</td><td>按照 107 部运行的驾驶员培训</td><td>25</td><td>120</td><td>VLOS</td><td>注册</td><td>认证</td><td>107 部</td></tr>
<tr><td>个人娱乐飞行或作为基于社团的航模组织机构</td><td>25</td><td>120</td><td>VLOS</td><td>注册</td><td>—</td><td>《2012 年 FAA 现代化和改革法案》第 336 节</td></tr>
</table>

续表

运行种类	使用目的	最大重量限制（千克）	最大飞行高度（米）	飞行规则	航空器管理	驾驶员资质	相关法律法规
高级运行	无人机物流配送（修改）	25	—	BVLOS	—	认证	135 部
	特定授权的运行	使用基于风险的方法确定是否需要对适航、驾驶员及运行等相关要求进行豁免					《2018 FAA 再授权法案》第 44807 条
	需进行审定管理	参照有人机进行审定管理					21 部
	消防、搜救、执法、公共设施或关键基础设施恢复等应急飞行	25	120	VLOS	注册	认证	107 部
		大于 25	—	—	—	—	按照颁发 COA 证书飞行、FAA JO 7200.23A

资料来源：刘非，吕人力．民用无人机运行管理立法分析与建议［J］．科技导报，2020（16）．

综合来看，美国无人机监管，主要有以下三个特点。

（1）对无人机实施分类管理

小于 25 千克的无人机，按照 107 部规定在 G 类空域运行，不需要任何批准或授权；如果超出 107 部的运行限制，需要申请豁免以获得 FAA 的批准。对于大于 25 千克的商业用途无人机，需要按照《2018 年 FAA 再授权法案》第 44807 节 /FEAAS 2210 向 FAA 申请豁免，获得豁免或授权书（COA）。进入管制空域飞行，遵守相应空域的飞行规则，空中交通控制中心（ATC）为其提供管制服务。

（2）充分考虑无人机的空域需求

美国规定无人机可以在其 G 类空域 121.92 米高度以下运行，只要其不进入禁区和限制区，不需要经过管制部门同意，而在 B 类、C 类、D 类及部分 E 类空域运行需要经过管制部门许可。FAA 基于民用无人机应用成熟度，制定了按照运行风险由低到高逐渐融入空域的发展路线。同时相关规章要求，无人机进入美国国家空域系统（NAS）运行参照有人机管理，需要进行型号设计与适航认证。

（3）全面规范小型无人机系统运行

《美国法典》第49编第448章（无人机系统）专章要求FAA制定有关程序，以风险评估为基础，建立小型无人机系统（SUAS）的设计、制造、改装的安全标准。FAA运行管理以小型无人机为主，制定了FAR 107部及与之配套的《小型无人机驾驶航空系统》（AC 107-2）咨询通告，提出了运行限制、驾驶员认证、无人机注册和标记、无人机维护维修等方面的要求。FAR 107部中定义的小型无人机是指起飞重量包括机载或以其他方式附着到飞机上的一切物体，模型航空器不属于SUAS的范畴，采取不同的运行管理方式。

4. 欧盟

欧盟作为欧洲多个国家的联盟，其对无人机、eVTOL等新兴领域的监管很多都难以落到实处，主要是提出监管框架、概念，供各成员国共同遵守。2002年，欧洲联合航空局（JAA）和欧洲空中航行安全组织联合成立了无人机特别工作组，旨在通过制定民用无人机法规指导概念，将无人机安全融入欧洲空域，消除在每个成员国或缔约国内引用单独法规的必要性。作为JAA的继承者，EASA从2008年起进一步执行了这一任务，为制定欧洲的无人机政策发布了各种文件。

EASA目前使用无人航空器系统（Drone）一词，与美国FAA的UAS含义相同。EASA注重法律与规章的体系性与逻辑性，建立了较为完善的无人机运行管理法规体系框架，并在这一框架内不断补充完善。

EASA 的监管思路是围绕无人机实际运行，基于无人机性能及风险进行适度监管，采用 JARUS 无人机运行三个分类。EASA 于 2015 年颁布了《无人航空器系统监管思路》（亦称《无人航空器运行概念》）和《引入无人机运行监管框架的技术意见》两个文件，总体设计了无人航空器系统的监管体系，核心是建立与风险相适应的监管框架。2018 年 8 月修订的第（EU）2018/1139 号基本法规将欧盟的管理权限扩展到了所有的 UAS，是无人机法律法规制定的上位法。

2022 年 6 月，EASA 发布了 NAP 2022-06（法规修订征求通告），正式提出了 IAM（创新空中交通）的概念，并将民用无人机运行也划归该概念之下。2024 年 5 月，EASA 正式颁布了全套 IAM 法规，其中包含了无人机运行的正式法规要求，如无人机的适航取证、维修维护等要求。这些法规将于 2025 年 5 月 1 日正式生效。2024 年 5 月 29 日，EASA 发布了《U-Space 法规合集》，包含了最新版本的相关法规内容，即无人机运行空域使用监管相关的内容，主要是（EU）2021/664（U-Space 法规）、（EU）2023/203（对前者的修订，2026 年 2 月 22 日生效）、ED Decision 2022/022/R（可接受的符合性方法和指导材料）。

欧盟根据无人机的重量、尺寸、复杂程度以及特定活动的性质设定差异化的监管规则，并考虑运行中对地面人员造成伤害的风险、与传统航空器空中相撞的风险以及危害关键和敏感的基础设施的风险。正是依据上述因素，欧盟将无人机分为开放类、特定类和审定类。开放类（低风险）管理办法与美国的 FAR 107 部相类似，通过遵守相关飞行限制、重量限制、产品安全要求和最低飞行规则来确保安全，飞行无须民航当局授权，但须留在界定的运行边界内（如离飞机场、人群的距离等）。特定类（中度风险）引入了合规声明、运营人许可证等概念，由国家航空管理部门或在有资质实体协助下，经过风险评估，获得局方发放的飞行许可，飞行手册上写明风险防范措施。审定类（高风险）类似有人航空器管理，由 EASA 和各国航空管理部门根据分工进行监管。

欧盟法规使无人机的运行范围得到了极大的拓展。比如，对不满足开放类全部六项条件的无人机系统运行，如无人机载货运输、一定条件下的超视距运行、最大起飞质量在 25 千克以上的无人机运行等，可以按照特定类的要求，在风险评估基础上，申请主管部门的运行授权。而在审定类项下，对涉及人员的运输、涉及危险物品的运输等，经过严格的合格审定，也在无人机的运行覆盖范围之内。无人机无论质量大小，均可在同一单一欧洲天空空域内与有人驾驶航空器一起运行，无论有人驾驶航空器是飞机还是直升机。

此外，欧盟统一规范建立了注册登记、远程识别及地理感知三大系统，为“优空域”（U-SAPCE）发展奠定基础。同时，欧盟将相关条例适用于第三国运营人，进一步确保欧盟范围内无人机运行规则的统一性及安全性。欧盟对于无人机的法律规制，不仅保证了公共安全，也实现了无人机在欧盟范围内的跨国运行，极大地促进了欧盟无人机行业发展。

无人机作为空域新用户，对其他空域用户以及地面第三方都构成潜在风险。各国都聚焦运行层面制定管理法规，降低运行风险，基本上都是从三个方面出发开展运行管理工作：①针对现有有人机运行空域，对无人机的准入与飞行活动进行管制；②制定运行限制，确保公共安全与飞行安全；③通过运行许可、驾驶员能力管理、无人机注册、运行信息采集等行政管理保障运行安全。

（二）载人 eVTOL

目前，全球主要工业强国都在 eVTOL 和 UAM 运行和监管体系研究方面开展了大量国家主导项目，并引导企业和产业界广泛参与。在此基础上，制定出台了 eVTOL 运行和城市空中交通体系建设的监管法规。

1. 美国

（1）适航相关监管法规

eVTOL 航空器应用了大量技术创新，沿用旧的通用航空器适航审定规章（FAR23/27 等）是不合理的。FAA 根据机型确定不同审定基础和方法，随着审定经验增加，逐步摸索出经验和规律，再适时跟进修订法规。但制定新的规章涉及广泛的利益和争议，出现了很多型号审定过程中不断变更政策、法规和标准，导致企业反复递交申请材料的情况。

以 Joby S4 和 Archer Midnight 为例。2022 年 11 月 8 日，FAA 发布了 Joby S1 适航审定基础偏离的 NPRM，这时，距离 Joby 第一次提出 TC 申请已经过去 4 年。FAA 针对 Joby S4、Archer Midnight 等进度较快的机型所制定的适航规则条款，整体结构及内容大量借鉴了 FAR 23 至 64 修正案，对电动化及倾转过渡等作了补充要求；同时借鉴了 EASA SC-VTOL 的要求；此外，也采用了 FAR 33 至 34 修正案（H 章，电机随机取证）、FAR 35 至 10 修正案（I 章，随机取证）的部分内容。对新颖独特设计的要求在适航准则中以“JS4.××××”专用条件形式体现。

（2）运行相关监管法规

针对载人 eVTOL 航空器，FAA 已开始对规章体系的全面修订和改革，先后出台了城市空中交通运行概念 1.0 及 2.0，构建了 FAA 针对先进空中交通的运行监管框架。FAA 认为，作为交通运输系统，UAM 与传统的民航系统一样需要空中交通管理（ATM）。因此，FAA 参照 ATM 为传统民航系统提供空中交通管制（ATC）和交通流量管理（TFM）等标准化服务，提出“可扩展的交通管理”（xTM），为三类新系统（UAM/AAM、UAS，以及高空航空器系统）提供两种主要服务（协同间隔管理和协同流量管理，即 CSM 和 CFM）以及其他服务（交通咨询等）。此外，还涉及针对 UAS 交通管理系统的 UTM 运营概念、针对高空航空器系统（高空长航时无人机、气球等）的“E 类空域交通管理”（ETM）运营概念等。

为了使 eVTOL/UAM 这类新型航空器实现商业化运行，FAA 引入“动力起降航空器（Powered-Lift）”的新定义。2023 年 6 月 14 日，FAA 发布了《动力起降航空器的一体化：驾驶员审定与运行，飞机和旋翼机相关的各项修订》，这是迄今 FAA 发布的最全面的动力升降航空器运行法规解决方案。该通告包含 11 部分的内容，分别是执行摘要、建议法规制定的授权、背景、动力升降航空器的型号审定和飞行模拟训练设备鉴定、动力升降航空器驾驶员审定、动力升降航空器运行规则、空中交通运行、动力升降航空器的国际运行、规章通告与分析、执行指令的决定、附加信息。在该通告中，针对航空器适航审定、飞行标准、航空人员、训练机构、运行规则、空中交通等进行了全面细致的梳理，从法规的管理思路与原则、具体法规条款的修订、具体条款的历史沿革等多个维度进行了系统性的解析，为动力升降航空器投入商业运营铺平了道路（见图 7-2）。

2023 年 4 月发布的 UAM 2.0，则是基于美国当下民航运输业、通用航空业高度发达的现实情况，拟为 UAM 运行创造一套运行体系，尽可能主动匹配并适应现有的美国航空运行体系。2023 年 12 月，NASA 和 Joby 在艾姆斯研究中心模拟了空中出租飞行，旨在使用现有的空中交通管制工具和程序将 eVTOL 集成到当前的美国国家空域系统（NAS）

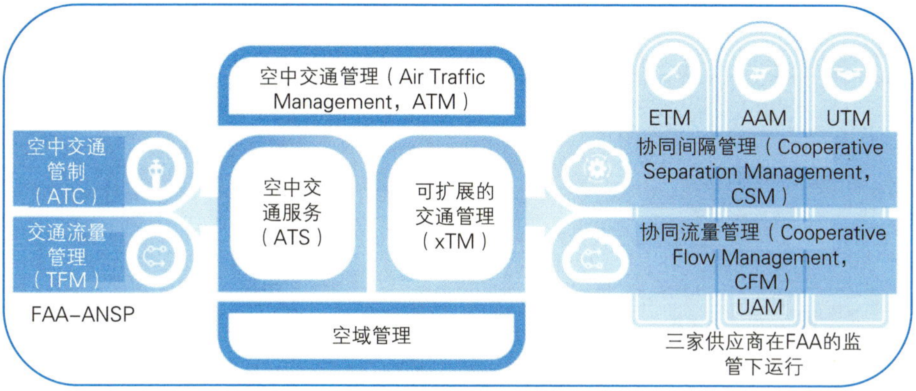

图 7-2 美国未来空域管理架构

资料来源：根据 FAA 公开资料整理。

中。模拟测试验证了每小时从机场中央航站楼区起降最多达 120 架次 eVTOL 航班与机场现有交通量融合运行的能力。同时，在模拟过程中，有最多达 45 架 eVTOL 航空器同时在 DFW 机场的 B 类空域飞行。这种模拟验证了在现有管理体制和技术支撑条件下，可以实现的 UAM 运行流量和密度，也验证了很多运行概念中的设想。

2. 欧洲

从 EASA 2022 年发布的 NPA 2022-06 到 2023 年的 Opinion 2023-03，欧盟不断完善对 eVTOL 或 VCA 的监管框架。

（1）适航相关监管法规

与 FAA 一样，EASA 的适航审定规章也处于快速迭代、演化的过程中，这反映出对产业界呼吁的及时回应和航空器设计技术和构型的快速发展。EASA 于 2019 年 7 月 2 日发布世界首份垂直起降航空器适航条例——《垂直起降航空器适航特殊条款规章》，对 VTOL 类航空器的适航作了系统性要求，确定了设计和安全目标（见图 7-3）。

SC-VTOL 将审定类型与运行场景相匹配，按运行场景将 VTOL 的审定类型分为基本类和增强类，不同的审定类型适用不同的条款，也与

		失效状态分类			
	最大载客人数	小问题	重大问题	危险性问题	灾难性问题
增强类型	—	≤ 10^−3 FDAL D	≤10^−5 FDAL C	≤10^−7 FDAL B	≤10^−9 FDAL A
基本类型	7~9名乘客	≤ 10^−3 FDAL D	≤10^−5 FDAL C	≤10^−7 FDAL B	≤ 10^−9 FDAL A
	2~6名乘客	≤10^−3 FDAL D	≤10^−5 FDAL C	≤10^−7 FDAL C	≤10^−8 FDAL B
	0~1名乘客	≤10^−3 FDAL D	≤10^−5 FDAL C	≤10^−6 FDAL C	≤ 10^−7 FDAL C
量化安全目标以每飞行小时表达					

图 7-3　EASA 的 VTOL 类航空器设计研制保证等级要求

资料来源：根据 EASA 公开资料整理。

不同的安全性目标相匹配。对于基本类，无法控制飞机紧急着陆的故障条件被认为是灾难性的。对于增强类，无法继续安全飞行和着陆的故障条件被认为是灾难性的。

但《垂直起降航空器适航特殊条款规章》并不包含证明符合安全和设计目标的符合性验证方法。EASA 随后发布了一系列的符合性验证方法文件（MoC），响应 eVTOL 厂商要求，不断改进，自 2021 年 5 月至 2023 年 12 月已经更新了 4 版。

（2）运行相关监管法规

与适航监管类似，EASA 的 eVTOL/UAM 运行监管法规在近年来也处于快速更新迭代的过程中。第 2018/1139 号欧洲议会法案将欧盟的权限扩张至使用以运行为中心和基于风险的方法为所有的无人机系统建立欧盟通用规则。

2021 年 4 月，EASA 发布了《在欧盟航空系统中引入无人机系统运行和城市空中交通的监管框架》第 3 版。2022 年 12 月，EASA 更新了规则制定任务 RMT.0230 的职责范围，发布了《在欧盟航空系统中引入无人机系统运行和城市空中交通的监管框架》第 4 版。2023 年 8 月，EASA 发布了《2023/03 号意见：引入无人机运行法规框架——允许以“特殊”类型运行的可载人创新型空中交通、无人机系统进行初始适航和持续适航取证》新版文件，引入了全面的运行要求，包括运营、机组资质、航空和空中交通管理规则。该文件旨在建立全面的监管框架，应对无人机和垂直起降航空器等创新技术，推动其在欧洲被接受和采用。

2023 年 9 月，SESAR3 联合执行体通过 CORUS-XUAM 项目，发布了 U-Space 运行概念第 4 版，正式将 UAM 纳入其中。第 4 版对 2019 年发布的第 3 版作了扩展，为欧洲 UTM 落地提供参考手册和工作框架，以将无人机和 UAM 融入现有空域中运行。新版本解决了 UAM 运行的需求问题，尤其是垂直起降场飞行程序、空域结构和飞行规则、eVTOL 载客运行相关的要求。

2024 年 5 月，EASA 发布了其 IAM 法规的最终方案，包括一套完整的电动空中出租法规要求，涵盖航空运营（Air OPS）、飞行机组执照许可（FCL）、欧洲标准化航空规则（SERA）和空中交通管理（ATM）的法规，并且为无人机适航认证和维修维护建立了标准和流程。这是推出空中出租服务所需的最后一项立法工作，是对其他现行法律法规的补充。空中出租在欧洲投入运营前，还需获得 EASA 适航认证。

3. 英国

英国因为脱欧的影响，相关政策、法规与欧盟和 EASA 存在一定差异。英国民航局（CAA）正在研究将 AAM 融入现有交通体系的工程技术和运行要求，包括如何使现有持证机场运行 VTOL 航空器，以及定制化开发的垂直起降场的要求。2023 年 5 月，英国民航局（CAA）发布《机场和垂直起降场运行 VTOL 类航空器的注意事项》，为英国民航局、地方政府、VTOL 航空器运营商、整机制造商、机场 / 垂直起降场等划分了需要考虑的职责和角色。

2023 年 10 月，CAA 就 AAM 管理政策向公众征求意见。CAA 已颁布了与机组资质执照、持续适航等相关的一系列政策、方法和程序。2023 年 12 月，英国 NATS 宣布对 AAM 进行大规模的空管仿真测试，验证如何将 eVTOL 安全融合到传统空管体系中。这是英国 AAM 生态联合体（Advanced Mobility Ecosystem Consortium，AMEC）工作的一大突破，AMEC 是英国未来飞行挑战大赛项目的一个组织机构。

2024 年 3 月，英国交通运输部发布《未来飞行行动计划》，该文件由英国政府和工业界联合制定，被定位为“英国新兴航空技术产业化的联合战略”；该文件提出了“2030 年使英国未来飞行产业成为可持续且繁荣生态系统”的愿景，并制定了详细的无人机和 eVTOL 发展路线图。计划通过依次实现以下五个战略成果（SO）来达成最终目标。

SO1：在非隔离空域实现无人机超视距飞行演示验证（2024 年），通过新的空域结构和新服务支持在现有空域结构中与其他空域用户并存；SO2：有人驾驶的 eVTOL 飞行运营（2026 年），在现有空域运行和机场规则的支持下，利用新的基础设施、法规和技术，首次实现 eVTOL 飞机的货运和客运业务；SO3：无人机超视距常态化运营遍及英国（2027 年），在大面积受控、非受控和特殊服务空域中，实现侦察、监视、关键医疗保健和应急响应；SO4：eVTOL 常态化飞行运营（2028 年），在由现有航空港和新垂直起降航空港（Vertiports）组成的全国性网络中，大规模开展其商业货运和客运业务；SO5：eVTOL 自主飞行演示验证（2030 年），上述业务实现规模化、商业化、长期可持续运营。

为实现与 eVTOL 相关的三个战略目标（SO2、SO4 和 SO5），除无人机所需的综合交通管理能力外，还需要在运营能力、基础设施、产业建设等方面开展工作。包括对 eVTOL 进行飞行测试和认证，进而演示验证有人驾驶的试运营；建立支持 eVTOL 运营的实体基础设施，政府监管部门和地方政府给予支持；利用既有机场和新址建设综合的垂直起降航空港网络，同步布局充电基础设施并确保电力供给；明确飞行器认证及其适航性要求，制定有关航空公司运营和飞行员资质的规范；制定支持性政策，在考虑法律影响和安全要求的同时，兼顾社区利益，制定城市规划导向等。

参考文献

［1］刁伟民．论国际航空保安公约在中国的适用［J］．北京航空航天大学学报（社会科学版），2012，25（2）．

［2］黄力华．国家航空器法律问题研究［J］．现代法学，2000（6）．

［3］黄伟．中国民航法律规制的发展与完善［J］．重庆工商大学学报（社会科学版），2019，36（6）．

［4］姬瑞鹏，陈曦光，许家祺．国际民航组织概论［M］．北京：北京航空航天大学出版社，2017.

［5］李寿平，欧阳彦美．美国通用航空产业发展的法治经验及对中国启示［J］．时代法学，2015，13（1）．

［6］马骏，陈芳，王永刚，等．国际民航 SMS 效能评估实施进展［J］．民航管理，2021（7）．

［7］沈洋，张龙，高蕾文，等．基于我国民用航空制造的适航验证标准体系研究［J］．民航管理，2020（2）．

［8］石红霞 . 国际民航组织概况及标准制定程序［J］. 民航学报，2021，5（3）.

［9］王洪锋，方继承，陶雪娇 . 无人机超视距测控用频国际规则研究进展［J］. 中国无线电，2024（4）：37–38，42.

［10］王岚 . 法律与学术中的“文件”与“档案”——Documents 与 Records 关系正理［J］. 档案学研究，2011（5）.

［11］吴宁铂 . 论国际民用航空安全的国家责任［J］. 理论界，2015（2）.

［12］中国民用航空局 . 中国民航改革开放三十年［M］. 北京：中国民航出版社，2008.

第八章 国内监管制度

我国航空法律体系从结构上划分为三个层次：第一层次是全国人民代表大会常务委员会通过的并由国家主席签署主席令发布的法律。如《中华人民共和国民用航空法》，这是民用航空法律体系的龙头和基础，也是制定相关法规、规章的基本重要依据。第二层次是由国务院总理以国务院令发布的法规。如国务院、中央军委发布的《无人驾驶航空器飞行管理暂行条例》，此外还包括交通运输部（民航局）、工业和信息化部等部门在国务院授权制定行政法规之下发布的相关行政法规，如《中华人民共和国民用航空器适航管理条例》。第三层次是部门规章。民航规章是交通运输部部长以交通运输部令发布的各类民用航空规章的总称，民航规章是我国目前规范通用航空所有活动的最主要的依据，也是对通用航空作出规定最多的规范，是管理通用航空的重要依据。

一、传统通航规章制度体系

当前，我国涉及传统通用航空的法律法规及部门规章，主要集中在运行层面，其中包括法律 1 部、法规 6 部。

（一）传统通航相关法律法规

1. 法律

1996 年 3 月 1 日起施行的《中华人民共和国民用航空法》（简称《民航法》），是为了维护国家的领空主权和民用航空权利，保障民用航空活动安全和有秩序地进行，保护民用航空活动当事人各方的合法权益，促进民用航空事业的发展而制定的法律。《民航法》目前已经修订 6 次，第十章对通用航空作了必要的、原则性规定。具体有：通用航空的定义以及从事通用航空活动应当具备的条件；关于保障飞行安全、保护环境和生态平衡，以及应当投保地面第三人责任险的原则性规定。《民航法》

关于通用航空的规定，为法规、规章的制定奠定了基础，指明了方向。

2018 年 12 月 29 日，第十三届全国人大常委会第七次会议表决通过了包括《中华人民共和国民用航空法》修改在内的《关于修改〈中华人民共和国劳动法〉等七部法律的决定》，明确了无人驾驶航空器的立法授权。随着无人驾驶航空器的使用日渐普及，由此带来的安全问题越来越突出，亟须完善相关制度，加强对无人驾驶航空器的监管。考虑到《民航法》制定时无人驾驶航空器尚未投入广泛应用，相关管理制度缺少针对性，为了给无人驾驶航空器监管立法提供法律依据，此次修订新增了《民航法》第二百一十四条，授权国务院、中央军事委员会对无人驾驶航空器作出特别规定。2021 年 4 月 29 日，第十三届全国人民代表大会常务委员会第二十八次会议作出《关于修改〈中华人民共和国道路交通安全法〉等八部法律的决定》，对 2018 年修订的《中华人民共和国民用航空法》作出修改，将第一百四十七条第一款修改为："从事非经营性通用航空的，应当向国务院民用航空主管部门备案。"第二百一十一条增加一款，作为第二款："从事非经营性通用航空未向国务院民用航空主管部门备案的，由国务院民用航空主管部门责令改正；逾期未改正的，处三万元以下罚款。"

2. 行政法规

目前，专门针对通用航空的行政法规主要有《通用航空飞行管制条例》。2003 年 5 月 1 日起实施的《通用航空飞行管制条例》（国务院、中央军委令第 371 号）是管理通用航空飞行活动的基本依据。该条例规范明确了从事通用航空飞行活动的主体提出飞行计划申请的时限和程序，对飞行保障部门和从事飞行活动的要求；首次规定了"临时飞行空域"概念以及划设临时飞行空域的申请与审批权限，并规定一次申请、可长期使用（最长不超过 12 个月）。

除此之外，涉及通用航空的行政法规还有《中华人民共和国民用航空器国籍登记条例》《中华人民共和国飞行基本规则》《中华人民共和国民用航空器适航管理条例》《民用机场管理条例》等，相关内容分别包括用于通用航空民用航空器的国籍登记的条件和程序、国籍标志和登记标志；通用航空飞行特殊需要时，经所在地大军区批准后由有关飞行管制部门划设；在我国境内从事民用航空器（含航空发动机和螺旋桨）的设计、生产、使用和维修的适航管理规定；明确将民用机场分为运输机场和通用机场、规定通用机场的规划和建设按照国家有关规定执行、通用机场投入使用应当具备的条件、通用机场投入使用的申请及审批程序、通用机场安全环境保护等（见表 8–1）。

表 8–1　通用航空行政法规

序号	法规名称
1	《中华人民共和国民用航空器适航管理条例》(1987 年 5 月 4 日由国务院发布)
2	《中华人民共和国民用航空器国籍登记条例》(国务院令第 232 号)
3	《中华人民共和国民用航空器权利登记条例》(国务院令第 233 号)
4	《中华人民共和国飞行基本规则》(国务院令第 312 号)
5	《通用航空飞行管制条例》(国务院、中央军委令第 371 号)
6	《民用机场管理条例》(国务院令第 553 号)

资料来源：根据公开资料整理。

（二）传统通航规章制度

2019 年，为贯彻《国务院办公厅关于促进通用航空业发展的指导意见》精神，落实“分类管理、放管结合、以放为主”的要求，更好地鼓励和推动通航发展，积极支持社会资本投资通航产业，民航局研究制定了通用航空法规体系重构路线图，组织推进通用航空法规体系重构工作（见图 8–1）。修订后，涉及通航的现行规章主要包括八个方面。这里主要对传统通航规章的修订变化进行简要介绍。

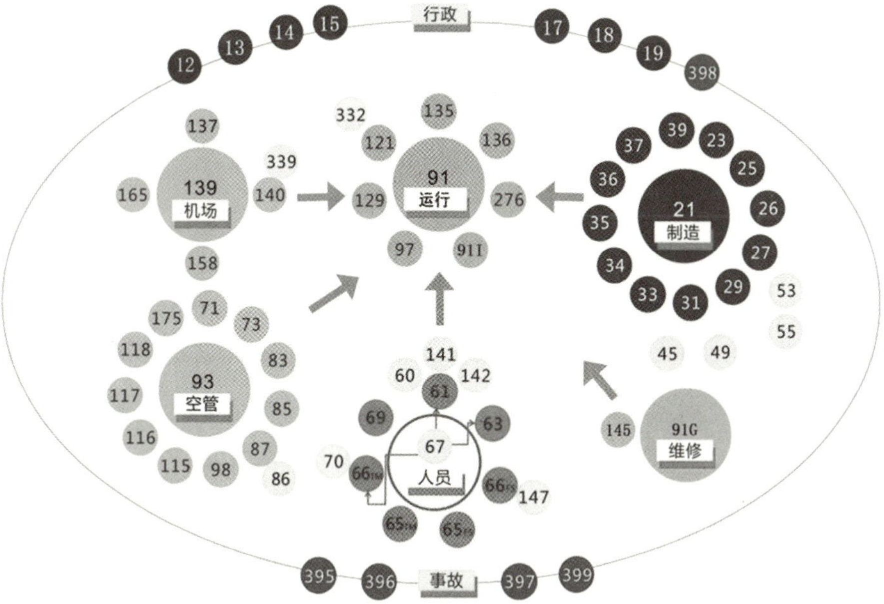

图 8–1　中国民航规章体系

资料来源：Ubuntu330。

有关各规章编号及对应的名称如表 8–2 所示。

表 8–2　中国民航规章体系说明

规章编号及名称	规章编号及名称
行政 / 安全程序规则	空管
12 中国民用航空总局规章制定程序规定	93 民用航空空中交通管理规则
13 行政检查工作规则	71 民用航空使用空域办法
14 行政处罚实施办法	73 民用航空预先飞行计划管理办法
15 行政许可工作规则	83 民用航空空中交通管理运行单位安全管理规则
17 行政机关行政赔偿办法	85 空中交通管理设备开放、运行管理规则
18 航空监察员规定	87 空中交通通信导航监视设备使用许可管理办法
19 行政复议办法	98 平行跑道同时仪表运行管理规定
398 民用航空安全管理规定	115 通信导航雷达工作规则
	116 气象探测环境管理办法
	117 航空气象工作规则

续表

规章编号及名称	规章编号及名称
	118 航空无线电管理规定 175 航空情报工作规则 86 航空通信导航监视设备飞行校验管理规则
航空器制造 21 产品和零部件合格审定规定 23 正常类飞机适航规定 25 运输类飞机适航标准 26 运输类飞机的持续适航和安全改进规定 27 正常类旋翼航空器适航规定 29 运输类旋翼航空器适航规定 31 载人自由气球适航规定 33 航空发动机适航规定 34 涡轮发动机飞机燃油排泄和排气排出物规定 35 螺旋桨适航标准 36 航空器型号和适航合格审定噪声规定 37 材料、零部件和机载设备技术标准规定 39 民用航空器适航指令规定 45 民用航空器国籍登记规定 49 航空器权利登记条例实施办法 53 民用航空用化学产品适航规定 55 民用航空油料适航规定	运行 91 一般运行和飞行规则 91I 超轻型飞行器 97 航空器机场运行最低标准的制定与实施规定 121 大型飞机公共航空运输承运人运行合格审定规则 129 外国公共航空运输承运人运行合格审定规则 135 小型商业运输和空中游览运营人运行合格审定规则 136 特殊商业和私用大型航空器运营人运行合格审定规则 276 危险品运输管理规定 332 公共航空旅客运输飞行中安全保卫规则
航空器维修 91G 航空器维修 145 民用航空器维修单位合格审定规定	机场 139 运输机场使用许可规定 137 民用机场专用设备使用管理规定 140 运输机场运行安全管理规定 158 民用机场建设管理规定 165 民航专业工程质量监督管理规定 339 民用航空安全检查规则
航空人员 61 民用航空器驾驶员合格审定规则 63 民用航空器飞行机械员合格审定 65 FS 飞行签派员执照管理规则 FS 65 TM1 电信人员执照管理规则 65 TM2 气象人员执照管理规则	航空器搜寻援救和事故调查 395 民用航空器事件调查规定 396 民用航空安全信息管理规定 397 中国民用航空应急管理规定 399 民用航空器飞行事故应急反应和家属援助规定

续表

规章编号及名称	规章编号及名称
65 TM3 情报员执照管理规则 65 TM4 情报培训管理规则 66 航空器维修人员执照管理规则 66 TM 空中交通管制员执照管理规则 69 航空安全员合格审定规则 60 飞行模拟设备的鉴定和使用规则 67 民用航空人员体检合格证管理规则 70 空中交通管制培训管理规则 141 驾驶员学校合格审定规则 142 飞行训练中心合格审定规则 147 民用航空器维修培训机构合格审定规则	

资料来源：中国民航局，Ubuntu330。

1. 航空器

2024 年，《民用航空产品和零部件合格审定规定》（CCAR-21）修订。此次修订突出民航局负责对全国范围内适航审定行政许可及其相关活动实施统一监督管理；负责相关行政许可证件的审批工作；将条文中所有“正常类、实用类、特技类和通勤类飞机适航规定”统一修改为“正常类飞机适航规定”，所有“民用航空规章”统一修改为“涉及民航管理的规章”等。

2. 航空人员

2018 年，《民用航空器驾驶员合格审定规则》（CCAR-61）修订。修订后，对于运动驾驶员执照和私用驾驶员执照，允许非训练机构进行训练，取消运动驾驶员执照和私用驾驶员执照由训练机构审批的行政许可；根据无人机发展情况，补充无人驾驶航空器驾驶员执照和等级内容，同时为避免规章内其他仅反映有人机特点的条款对无人机驾驶员的适用，仅列出适用性条款，具体规定另行制定；在体检方面也通过认可机动车驾驶证体检合格要求等规定降低了获取运动驾驶员执照的体检合格要求；为促进运动类航空的发展，明确在外国或香港、澳门特别行政区颁发的运动类执照换发我国执照时，取消实践考试要求。

2017 年，《民用航空人员体检合格证管理规则》（CCAR-67FS）修订。此次修订，延长体检合格证有效期，II 级体检合格证有效期由原来 36 个月调整为 60 个月。

3. 一般运行

2021 年，《民用航空导航设备开放与运行管理规定》（CCAR-85）修订。修订的主要内容有以下三点：一是增设专章对通用航空导航设备的开放运行作出规定；二是落实“放管服”改革要求，对导航设备开放运行管理的部分环节进行调整优化；三是强化对导航设备开放运行的事中事后监管。

2021 年，《民用航空通信导航监视设备飞行校验管理规则》（CCAR-86）修订。修订的主要内容有三个方面：一是优化了对校验种类、校验项目和校验周期的相关规定，使之更具操作性；二是强化了对飞行校验的实施要求；三是增设专章对通用航空设备的飞行校验作出要求。

2022 年，《一般运行和飞行规则》（CCAR-91）修订。修订的主要内容包括以下三点：一是按照运行一般性要求、人员、航空器、飞行规则、特殊运行及航空器维修等进行划分，对规章的章节结构和具体内容进行了重新编排；二是将另一规章《维修和改装一般规则》的内容纳入本规章“航空器维修”一章，同时简化了基本飞行仪表和设备的具体要求，删减了大量附录内容，《维修和改装一般规则》同时废止；三是增加了大量基础术语定义，降低规章理解难度，提升可操作性。

4. 航空企业合格审定及运输

2022 年，《小型航空器商业运输运营人运行合格审定规则》（CCAR-135）修订。修订的主要内容有以下四个方面：一是将运行一般性要求和合格审定应当遵循的标准化程序由各章的分散规定，统一并入总则和合格审定，其他特殊要求按照小型航空器、运输类飞机和运输类直升机细化分类管理，相应调整了有关技术要求，更加符合通航运行特点；二是在符合运行安全的前提下，删除与当前通航发展形势不相适应的相关限制性条款，兼顾境内运行的便利性和境外运行的规则符合性；三是以附件形式明确了运输类飞机和直升机运营人编写运行手册的原则、方法和基本内容；四是删减了现行规则中的大量附录内容，相关内容由民航局以其他方式公布，确保条款随着适航审定要求同步更新，简洁适用。

2022 年，《特殊商业和私用大型航空器运营人运行合格审定规则》（CCAR-136）修订。修订的主要内容包括四个方面：一是明确了特殊商业运营人的范围，其中既包括源自《一般运行和飞行规则》的农林喷洒作业和直升机机外载荷作业运营人及航空器代管人，又增加了商业跳伞服务运营人；二是明确了特殊商业运营人运行合格审定的基本条件、审批流程、管理要求和法律责任；三是落实“放管服”改革要求，对私用大型航空器运营人和航空器代管人运行合格审定实行告知承诺制；四是以附件形式明确了特定用语的含义，方便相对人理解和使用。

5. 学校、航空人员及其他单位合格审定及运行

2022 年，《民用航空器驾驶员学校合格审定规则》（CCAR-141）修订。修订的主要内容有以下三个方面：一是对章节结构作出调整，将现行规章中与行政审批条件相关的内容剥离为单独的合格审定章节，

从人员、机场、航空器和设施、训练课程等方面分章节制定各类驾驶员学校的管理要求，便于相对人理解和使用；二是优化审批环节，取消了商业非运输运营人运行合格审定作为驾驶员学校合格审定的前置要求，符合条件的申请人可以直接申请驾驶员学校合格证和相关训练规范，切实减轻申请人负担；三是专门增加附件，明确特定用语的含义，方便相对人理解和使用。

6. 通用航空经营

2020 年，《通用航空经营许可管理规定》（CCAR–290）修订。修订的主要内容包括八个方面：一是贯彻落实民航局“放管结合、以放为主、分类管理”的通用航空发展思路；二是转变政府职能，减少行政干预；三是推动企业由他律转变为自律，构建通用航空诚信体系；四是降低企业经营的制度性成本，真情服务通航企业发展；五是创新许可方式，实行告知承诺制；六是创新和完善事中事后监管，增强规章的可操作性；七是固化通用航空“过度监管”专项督查成果；八是扶持无人机新业态发展。

7. 航空安保

2016 年，《民用航空运输机场航空安全保卫规则》（CCAR–329）发布，分类规范运输机场与通用机场的安保责任，系统规范通用机场安保规定，特别规定机场管理机构应当与公共航空运输企业、通用航空企业、航空配餐企业以及地面服务代理等机构签订航空安保协议，以便本机场航空安保方案中列明的措施和程序得到有效执行。

2022 年，《通用航空安全保卫规则》（CCAR–333）发布，主要是针对通用航空的安保管理多参照运输航空进行，执行过程中存在一定程度的针对性不强、措施执行不到位等情况。该规则明确了对通用航空器运营人（以下简称运营人）安保工作的具体要求，强调了在运输机场开展通航活动的特别要求，规定了局方监管的具体要求。

8. 航空器搜救与事故调查

2022年，《民用航空器事件调查规定》（CCAR-395）修订。修订的主要内容包括以下三点：一是进一步明确了本规章适用于技术调查的定位；二是优化了事件调查权限和报告公布要求，主要是为了更好对接国际民航组织普遍安全审计中涉及事故调查方面的问题清单，尽量与国际民航公约附件13保持一致；三是其他修改，比如，进一步明确了调查组成员和参与调查的人员不得对外公开事件相关人员的姓名、医疗或私人资料，机载影像记录及其记录文本，以及调查报告草案等。此外，《通用机场管理规定》正在修订。

二、无人机法规规章及标准

我国在最顶层的法律层面，没有单独的无人机法律，主要是2024年1月1日生效的法律法规，之后是各部门出台的系列部门规章和规范性文件，此外还有地方性法规规章等。

（一）《无人驾驶航空器飞行管理暂行条例》（以下简称《条例》）

我国无人驾驶航空器发展历程与世界主要航空发达国家基本一致，经历了生产制造从单一到齐全、行业应用从特殊到全域、法规标准从缺失到建立、监管构架从简单套用到合理适用的转变。《条例》是全球第一个无人机管理条例，直面产业“九龙治水”、飞行“无专用空域”、安全“低慢小管控难”、手段“新技术监管缺乏”等现实难题，全面推进制度创新，以飞行管理为中心，从管理方和用户方两条主线构建我国无人驾驶航空器安全管理的制度框架，实现了从“0”到“1”

的突破，彰显了从“管制”到“管理”的转变。《条例》提供无人机全链条、全生命周期的管理制度，为我国构建全面的无人机规章制度体系奠定了坚实的基础。《条例》是无人机法规规章体系最顶层的制度安排，是制定无人机规章、规范和标准的基本依据。

《条例》贯彻总体国家安全观，统筹发展和安全，坚持底线思维和系统观念，以维护航空安全、公共安全、国家安全为核心，以完善无人驾驶航空器监管规则为重点，对无人驾驶航空器从设计生产到运行使用进行全链条管理，着力构建科学、规范、高效的无人驾驶航空器飞行及相关活动管理制度体系，为防范化解无人驾驶航空器安全风险、助推相关产业持续健康发展提供有力法治保障。《条例》共 6 章 63 条，主要按照分类管理思路，加强对无人驾驶航空器设计、生产、维修、组装等的管理，建立产品识别码和所有者实名登记制度，明确使用单位和操控人员资质要求；严格飞行活动管理，划设无人驾驶航空器飞行管制空域和适飞空域，建立飞行活动申请制度，明确飞行活动规范；强化监督管理和应急处置，健全一体化综合监管服务平台，完善应急处置措施等。同时，明确了适用范围，以及生效前的存量管理要求。

对于管理方，遵循“法无授权不可为”原则，立足各部门和单位现有职责，赋予管理无人驾驶航空器的各项职能。无人驾驶航空器管理工作的主要承担方有空中交通管理、民用航空、公安、工业和信息化、市场监督管理等部门及县级以上地方人民政府。其中，国家空中交通管理领导机构统一领导全国无人驾驶航空器飞行管理工作，组织协调解决无人驾驶航空器管理工作中的重大问题；国务院民用航空、公安、工业和信息化、市场监督管理等部门按照职责分工负责全国无人驾驶航空器有关管理工作；县级以上地方人民政府及其有关部门按照职责分工负责本行政区域内的无人驾驶航空器有关管理工作；各级空中交通管理机构按照职责分工负责本责任区内无人驾驶航空器飞行管理工作（见图 8-2）。

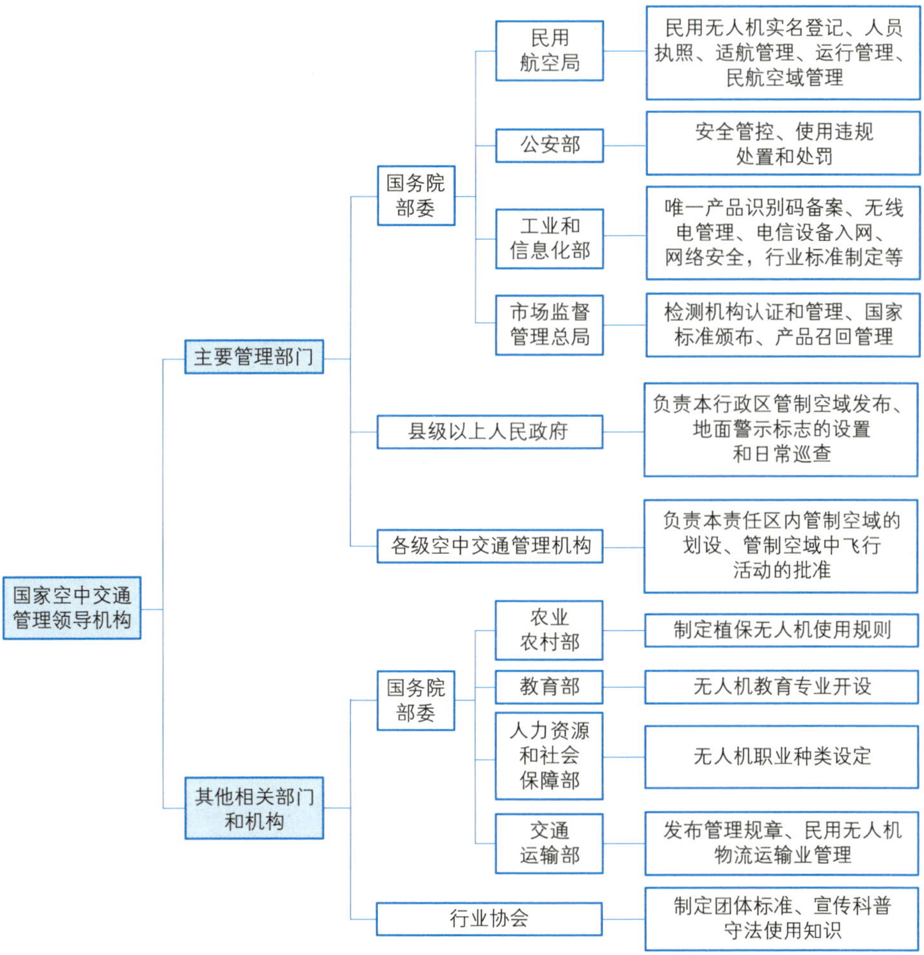

图 8-2 《无人驾驶航空器飞行管理暂行条例》涉及管理职能

资料来源：根据《无人驾驶航空器飞行管理暂行条例》梳理绘制。

表 8–3 《无人驾驶航空器飞行管

<table>
<tr><th rowspan="2">分类</th><th rowspan="2">关键指标</th><th colspan="10">民用无人驾驶航空器及操控员管理</th></tr>
<tr><th>设计、生产、使用</th><th>设计生产进口飞行维修</th><th>组装、拼装</th><th>有缺陷或不能持续适航</th><th>改装</th><th>无线电</th><th>生产者</th><th>所有者</th><th>使用者 / 单位</th><th>操控员</th></tr>
<tr><td>微型</td><td>Wn < 250g，H ≤ 50m
V ≤ 40km/h
无线电：微功短距全程可随时人工介入</td><td rowspan="5">符合国家有关实名登记激活、飞行区域限制、应急处置、网络信息安全等规定，并采取有效措施减排降噪</td><td rowspan="3">符合质量法律法规及强标</td><td rowspan="3">符合质量法律法规及强标</td><td rowspan="3">停止生产、销售并召回</td><td rowspan="3">符合强标，空域保持、可靠被监视、速度或者高度等改变需所有者在监管平台更新</td><td rowspan="5">生产、维修、使用应遵守无线电法律法规，使用特定无线电频率，且有关发射设备取得型号核准的，无需取频率使用许可和电台执照</td><td rowspan="3">为产品设置唯一产品识别码，机体标注类型及编码，外包装标明守法运行及风险警示</td><td rowspan="5">实名登记（境外飞行需国籍登记）</td><td>经营性使用需投保责任险</td><td>无需取执照，无民事及限制民事行为人可操控</td></tr>
<tr><td>轻型</td><td>Wn ≤ 4kg & Wg ≤ 7kg，V ≤ 100km/h
空域保持和可靠被监视，全程可随时人工介入，微型除外</td><td>运营合格证，经营性使用需投保责任险</td><td>无需取执照，限制民事行为人可操控，管制空域飞行需培训合格</td></tr>
<tr><td>小型</td><td>Wn ≤ 15kg & Wg ≤ 25kg
空域保持和可靠被监视，全程可随时人工介入，微轻型除外</td><td rowspan="3">运营合格证，需投保责任险</td><td rowspan="3">执照</td></tr>
<tr><td>中型</td><td>Wg ≤ 150kg
微轻小型除外</td><td rowspan="2">适航</td><td></td><td rowspan="2">按适航规定处理</td><td rowspan="2">重大设计更改重新适航</td><td rowspan="2">设置唯一产品识别码</td></tr>
<tr><td>大型</td><td>Wg > 150kg</td><td></td></tr>
</table>

资料来源：根据《无人驾驶航空器飞行管理暂行条例》整理。

理暂行条例》内容汇总表（一）

空域和飞行活动管理								监督管理及应急处置
划设空域	与有人航空器隔离飞行	平台监管	识别报送	飞行申请		飞行实施		
•根据需要划设管制空域，由各级空管确定，并由市级以上政府公布（按需设置地面警示标志），民航等发布航行情报，重大活动临时空域24h前公布 •军事、警察、海关、应急飞行优先划设空域，军事反恐应急等紧急任务临时空域30min前公布 •管制空域外为微轻小适飞空域（H ≤ 120m）	在适飞空域内可融合飞行	一体化综合监管服务平台动态监管与服务，民航、公安、工信等按职责分工采集信息并通过平台共享，保障信息安全	自动广播，无需向国家平台报送	•拟飞行前1日12h前（紧急任务30min前）向空管提出申请，常态飞行备案。飞行前1日21h前（紧急任务10min前）批准或不批准。起飞前1h报告准备情况 •警察、海关、应急等在驻（场）地H ≤ 120m，及机场民用巡检、勘察、校验等（定期备案），需起飞1h前经空管确认 •中继飞行、集群或飞越人群、移动式交通工具上、运载危险品或者投放物品需申请	在适飞空域内无需申请	•避让有人机及地面水上交通工具等，单机让集群，微型让其他，禁止非法飞行 •批准的应保持联络畅通，结束后及时报告，夜间飞行应当开启灯光系统等 •从事测绘活动需取测绘资质证书（外国的禁止） •模型航空器在飞行营地飞行	视距内飞行	•空管、民航及县以上公安应制定应急预案，定期演练 •县以上政府纳入突发事件应急管理体系 •设计、生产者应确保产品具备紧急避让、降落等功能 •单位或个人应制定飞行紧急情况处置预案，落实风险防范措施 •组织飞行活动的单位或个人应及时处置并在24h内报告 •不明飞行公安可先期处置，对违规飞行现场处置，部队、公安、国安等查证处置 •军警及反恐重点目标可配备反制设备，配备、设置、使用及授权管理由工信、公安、国安、市场等负责
	在适飞空域内可融合飞行，在适飞空域上方H ≤ 300m可批准后融合飞行		向国家平台报送，并自动广播					
	H ≤ 300m可批准后融合飞行		向国家平台报送，并自动广播				适飞空域内应遵守限速、通信、导航等规定	
	取得适航许可且H ≤ 300m可批准后融合飞行		向国家平台报送		需申请			
	取得适航许可批准后融合飞行							

表 8-4 《无人驾驶航空器飞行管

分类	关键指标	民用无人驾驶航空器及操控员管理									
		设计、生产、使用	设计生产进口飞行维修	组装、拼装	有缺陷或不能持续适航	改装	无线电	生产者	所有者	使用者 / 单位	操控员
农用	H ≤ 30m，V ≤ 50km/h R ≤ 2000m 空域保持和可靠被监视，农林牧渔专用，全程可随时人工介入（常规农用 Wg ≤ 150kg）	（同上）	按重量对应管理，目前需要适航并简化手续				（同上）	设置唯一产品识别码，按重量对应要求	（同上）	投保责任险	执照
常规农用										无需取得运营合格证，需投保责任险	由生产者进行培训考核，合格后取得操作证书

• 不适用：室内飞行

• 部分适用：自备动力系统的飞行玩具，具体办法由工信、空管会同公安、民航制定

• 另行规定：军用的管理，另有规定的，适用其规定；警察、海关、应急辖有的适航、登记、操

• 生效前存量管理：不能自动报送识别信息的，飞行应向空管提出申请

资料来源：根据《无人驾驶航空器飞行管理暂行条例》整理。

理暂行条例》内容汇总表（二）

空域和飞行活动管理							监督管理及应急处置
划设空域	与有人航空器隔离飞行	平台监管	识别报送	飞行申请	飞行实施		
农林牧渔区域上方H≤30m无需单独划设	按重量对应飞行	（同上）	向国家平台报送并按重量对应广播	农林牧渔区域上方H≤30m无需申请	（同上）	按重量对应实施	（同上）
	作业可融合飞行			作业无需申请			
控员等管理；模型航空器的分类、生产、登记、操控人员、航空飞行营地等管理							

由表 8–3、表 8–4 可知，《条例》对于用户方，遵循“法无禁止即可为”原则，审慎明确必须承担的责任。普通用户要想使用无人驾驶航空器，需要完成购买、登记激活、投保责任保险、取得操控员执照、飞行活动申请、起飞确认和飞行实施 7 个步骤。根据所使用无人驾驶航空器的类别、是否实施经营性飞行活动、使用空域的性质等不同情况，上述 7 步中的部分步骤可以简化。比如，微型、轻型、小型无人驾驶航空器在适飞空域内实施的消费娱乐飞行，只需要完成购买、登记激活、熟练掌握操作方法并了解风险警示信息等。

总的来说，《条例》有以下制度创新。

（1）空域管理制度改革

定义了无人机的“适飞空域”，划设出微型、轻型、小型无人驾驶航空器的可飞行空域为真高 120 米以下。这是我国多年低空空域管理改革试点的产物，也是对低空空域管理改革成果的升华。同时，充分考虑当前及今后一个时期无人驾驶航空器作业飞行需求增长迅猛，提出不超出真高 300 米，经空中交通管理机构批准，轻型、小型、取得适航许可的中型无人驾驶航空器可以进行融合飞行，极大地释放了空域资源，进一步提高了空域使用效率。

（2）运行管理部门扩展

首次在国家法规中确定了县级以上人民政府在无人驾驶航空器的相关管理工作中承担的责任，赋予了政府管理的新职能。从传统的航空管理看，航空管理是中央事权，但因无人驾驶航空器管理涉及公共安全，公共安全的管理主体为各级地方政府，因此，地方政府在无人驾驶航空器管理工作中被赋予了相应管理职能。地方政府作为推动地区低空经济发展的主体，在无人驾驶航空器飞行监管工作中发挥无可替代的重要作用，在各监管部门和飞行用户之间既有协调纽带作用，又有协助执法作用。县级以上地方政府需要指导有关部门按照职责分工负责本行政区域内的无人驾驶航空器管理工作，为无人驾驶航空器科研创新提供支持；设区的市级政府应当配合空中交通管理机构按照规定确定管制空域范围，并进行公布、设置地面警示标志和日常巡查。

（3）简化审批灵活监管

《条例》坚持放管结合，聚焦简政放权，注重强化服务，在多个方面精简了审批程序。如在飞行活动审批上，将现行空域申请、飞行计划申请合并为飞行活动申请，并将部分申请由审批制调整为备案制，微型、轻型、小型无人驾驶航空器在适飞空域内飞行，无须提出飞行活动申请；微型、轻型无人驾驶航空器在适飞空域融合飞行既无须经过空中交通管理机构批准，也无须取得特殊通用航空飞行任务批准。在运营合格证核发方面，使用民用无人驾驶航空器从事飞行活动的单位，取得民用无人驾驶航空器运营合格证后从事通用航空业务，无须取得通用航空经营许可证与运行合格证。此外，《条例》确定了无人驾驶航空器分级合格监管制度，即对大中型进行适航管理，对微轻小型进行标准质量要求符合性管理，对农用无人驾驶航空器采取更宽松的管理方式。

（4）加强数字化管理手段应用

《条例》规定一体化综合监管服务平台对全国无人驾驶航空器实施动态监管与服务，该平台是落实中国特色无人驾驶航空器管理与使用体系的重要手段，既打通了我国无人驾驶航空器管理体制和机制的“大循环”，又打通了产品端和用户端的程序性、技术性的“微循环”，将为管理方、制造商、运行商和使用方等提供符合要求的基础功能，实施动态监管与服务。但仅有一体化综合监管平台是不够的，还需要给各行业和各领域的用户提供专业支撑的增值服务，这是未来市场化监管服务系统或平台构建的出发点和落脚点。

（二）无人机规章及规范性文件

从我国来看，无人机的管理主要是秉承“管住该管的，放开该放的”的原则进行，既加强安全管控，也给产业发展留足空间。目前，国务院及各部委围绕无人机产业发展和安全监管，出台了一系列部门规章、政策和措施，主要包括两个方面，一是促进无人机产业发展。从人工智能、高端装备、战略性新兴产业等层面提出促进无人机技术突破、加快行业应用等，包括工业和信息化部专门出台了指导意见及相关规章，如《民用无人驾驶航空器生产管理若干规定》《民用无人驾驶航空器无线电管理暂行办法》。国家统计局已经把智能无人飞行器制造列入战略性新兴产业—人工智能—智能消费相关设备制造分类中，国民经济行业代码为3963。二是加强无人机管理。从各部门的管理职责角度，提出无人机相关管理要求，包括《民用无人驾驶航空器运行安全管理规则》《民用无人驾驶航空器实名制登记管理规定》《民用无人机驾驶员管理规定》《特定类无人机试运行管理规程（暂行）》以及《基于运行风险的无人机适航审定指导意见》等（见表8-5）。

表8-5 无人机部门规章及规范性文件

序号	规章及规范性文件名称
	中国民用航空局
1	《民用无人驾驶航空器运行安全管理规则》（CCAR-92）
2	《民用无人驾驶航空器系统适航安全评定指南》（AC-92-AA-2024-01）
3	《民用微轻小型无人驾驶航空器运行识别最低性能要求（试行）》（IB-TM-2024-01）
4	《民航局关于修订〈通用航空企业诚信经营评价管理暂行办法〉的通知》
5	《民用无人驾驶航空器国籍登记管理程序》（AP-45-AA-2023-04）
6	《民用无人驾驶航空器系统适航审定分级分类和系统安全性分析指南》（AC-21-AA-2022-40）

续表

序号	规章及规范性文件名称
7	《民用无人驾驶航空器系统适航审定管理程序》（AP-21-AA-2022-71）
8	《民用轻小型无人驾驶航空器物流配送试运行审定指南》（IB-TM-2022-05）
9	《民用微轻小型无人驾驶航空器系统运行识别概念（暂行）》（AC-93-TM-2022-01）
10	《民用无人驾驶航空器分布式操作试运行等级管理规程（暂行）》（AC-92-01）
11	《基于无人机的民用航空飞行校验专用地空数据链系统通用技术应用指导意见（试行）》（IB-TM-2022-001）
12	《民用无人机操控员执照考试管理服务提供方制度实施办法》（MD-OPS-FS-005R1）
13	《轻小型民用无人机飞行动态数据管理规定》（AC-93-TM-2019-01）
14	《特定类无人机试运行管理规程（暂行）》（AC-92-2019-01）
15	《民用无人机驾驶员管理规定》（AC-61-FS-2018-20R2）
16	《低空联网无人机安全飞行测试报告》（IB-FS-2018-011）
17	《民用无人驾驶航空器实名制登记管理规定》（AP-45-AA-2017-03）
18	《民用无人驾驶航空器系统空中交通管理办法》（MD-TM-2016-004）
19	《轻小无人机运行规定（试行）》（AC-91-FS-2015-31）
工业和信息化部	
1	《民用无人驾驶航空器生产管理若干规定》
2	《民用无人驾驶航空器无线电管理暂行办法》

资料来源：根据公开资料整理。

1.《民用无人驾驶航空器生产管理若干规定》

《民用无人驾驶航空器生产管理若干规定》（工业和信息化部令第66号，以下简称《若干规定》）从唯一产品识别码、无线电发射设备型号核准、电信设备进网许可、网络与数据安全、产品信息备案等方面提出了相关要求：一是分类提出民用无人驾驶航空器管理措施，明确生产（含组装、拼装）在中华人民共和国境内销售、使用的民用无人驾驶航空器应当遵守的相关规定；二是明确唯一产品识别码设置流程和要求，以及唯一产品识别码设置管理的相关制度；三是规定民用无人驾驶航空器使用的电信设备、无线电发射设备、无线电频率应当符合国家有关规定；四是明确了民用无人驾驶航空器生产企业的网络安全、数据安全等责任；五是规定了县级以上人民政府工业和信息化主管部门、省级通信主管部门等责任，为民用无人驾驶航空器产业规范发展提供法制保障。

（1）唯一产品识别码

唯一产品识别码是民用无人驾驶航空器出厂时赋予的、伴随产品终身且唯一的身份代码，相当于居民身份证号码，用于产品的标识、生存周期和产品追溯的管理。《条例》第九条规定："民用无人驾驶航空器系统生产者应当按照国务院工业和信息化主管部门的规定为其生产的无人驾驶航空器设置唯一产品识别码。"工业和信息化部组织制定了《民用无人机唯一产品识别码》（GB/T 41300—2022），规定了唯一产品识别码的结构、识别方式及要求。其中，唯一产品识别码由制造商代码（MFC）、产品型号代码（PMC）和序列号（SN）三部分组成，共20位（见图8–3）。

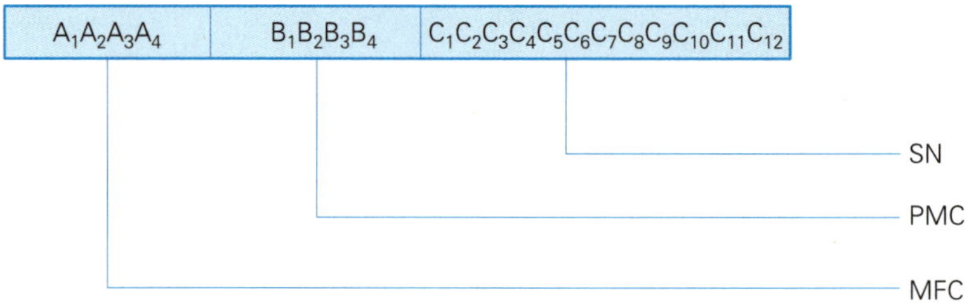

图8–3 唯一产品识别码结构

资料来源：《民用无人机唯一产品识别码》（GB/T 41300—2022）。

《若干规定》提出民用无人驾驶航空器生产者（含生产、组装、拼装）应当为其生产的除自备动力系统的飞行玩具以外的民用无人驾驶航空器设置唯一产品识别码，即符合适用范围的量产产品、拼装产品和个人组装产品都应当设置唯一产品识别码。民用无人驾驶航空器生产者应当在产品投放市场前（测试飞行以及组装、拼装的民用无人驾驶航空器，在首次飞行前）将唯一产品识别码信息报工业和信息化部备案。因维修、维护等原因，变更唯一产品识别码的，应当在重新飞行前将变更情况报工业和信息化部备案。

（2）无人机无线电管理要求

为了维护空中电波秩序，保证各种无线电业务的正常进行，在中华人民共和国境内研制、生产、进口、销售和维修无线电发射设备，应当遵守无线电管理法律法规以及国家无线电管理有关规定。无人驾驶航空器上使用的遥控、遥测和数传设备均属于无线电发射设备。

根据《中华人民共和国无线电管理条例》第四十四条、《无线电发射设备管理规定》第六条，生产或者进口在国内销售、使用除微功率短距离无线电发射设备以外的民用无人驾驶航空器无线电发射设备，应当向国家无线电管理机构申请无线电发射设备型号核准。对于微功率短距离无线电发射设备，应遵守《中华人民共和国工业和信息化部公告 2019 年第 52 号》文件规定，无须取得型号核准和设备许可，但需确保所使用的无线电技术指标符合该文件要求。

此外，2023 年底发布的《民用无人驾驶航空器无线电管理暂行办法》，也明确将民用无人机无线电发射设备型号核准、无线电频率使用、无线电台设置及使用纳入无线电管理范畴，并提出了规范管理要求。

（3）无人机电信设备进网许可

根据《中华人民共和国电信条例》《电信设备进网管理办法》等有关规定，国家对电信终端设备、无线电通信设备和涉及网间互联的设备实行进网许可制度。接入公用电信网的电信终端设备、无线电通信设备和涉及网间互联的设备，必须符合国家规定的标准并取得进网许可证。办理电信设备进网许可证，应当向工业和信息化部提出申请。

民用无人驾驶航空器生产者应确保民用无人驾驶航空器出厂前装载的、接入公用电信网的电信设备，符合电信设备进网管理相关规定，取得进网许可证；违反有关规定的，由电信主管部门依法予以处置。

（4）产品信息备案

为落实《若干规定》关于实施产品信息备案有关要求，方便生产企业进行信息报备，工业和信息化部建立了民用无人驾驶航空器产品信息系统（https：//uas.miit.gov.cn），企业可通过工业和信息化部网站—政务服务—备案服务专栏查找相关系统，并进行产品备案。

（5）自备动力飞行玩具管理

《若干规定》明确自备动力系统的飞行玩具，是指最大飞行真高不超过 30 米，最大起飞重量小于 0.25 千克，最大飞行水平距离不超过 100 米，最大飞行速度不超过 18 千米 / 小时，且无线电发射设备符合微功率短距离技术要求，不搭载拍摄和测控设备，全程可以依靠人工操作进行飞行的遥控玩具。

企业生产自备动力系统的飞行玩具，需满足玩具相关强制性国家标准，所使用的无线电发射设备应满足无线电管理有关要求，同时，企业应当加强生产过程的数据管理和安全防护。自备动力系统的飞行玩具不需要进行唯一产品识别码管理，无须向工业和信息化主管部门备案产品信息。

2.《民用无人驾驶航空器运行安全管理规则》

中国民用航空局于 2013 年制定《民用无人驾驶航空器系统驾驶员管理暂行规定》（AC–61–FS–2013–20），开始探索无人机运行管理，随后陆续出台轻小型无人机运行规定、无人机空管办法、实名登记规定等行政规范性文件。目前已出台全局性的《民用无人驾驶航空器运行安全管理规则》规章，内容涵盖了无人机管理链条上与民航相关的各个节点，并优先关注与运行风险管控密切相关的人、机、环三要素各个方面，分为总则、操控员安全操控要求、登记管理、适航管理、空中交通管理、运行与经营管理、法律责任、附则 8 章共 189 个条款。主要内容包括以下六个方面。

（1）明确监管体制和适用范围

一是确定无人机运行安全管理工作应当坚持面向运行场景、基于运行风险、分级分类管理的原则。二是明确规章适用于局方对无人机的运行安全管理，以及无人机、无人机运行人和航行服务提供方应当遵守规章的规定。三是确定构建以无人驾驶航空器运行管理平台为核心的监管支撑系统。

（2）操控员管理

一是明确按规章颁发的执照和等级类型，分别为视距内驾驶员、超视距驾驶员、教员。二是规定驾驶人员应当具备的条件，明确了操控小型、中型、大型无人机取得执照的理论培训、飞行训练、经历时间以及实践考试要求。三是明确无人机执照或等级持有人的权利和限制。四是明确分布式无人机系统和集群操控资质要求，包括取得运行规范相关条款的条件。

无人机操控员可以在考取 CAAC 执照后增发 ALPA、AOPA 合格证（该证书适用于一些具体的项目申报），ALPA 合格证由中国民航飞行员协会（ALPA）颁发，AOPA 合格证由中国航空器拥有者及驾驶员协会（AOPA）颁发；针对有竞赛需求的无人机用户，主要适用于穿越机类的运动员比赛，可以申请取得由国家体育总局中国航空运动协会

（ASFC）颁发的 ASFC 证书，国外部分国家和地区认可该执照，但在国内不能凭此执照进行商业行为；由大疆联合中国航空运输协会通用航空分会（CATA）和中国成人教育协会（CAEA）联合认证的技能证书 UTC 合格证，可以操控大疆的飞机，在大疆体系下被认可，部分政府认可，该证书由慧飞无人机应用技术培训中心和中国航空运输协会颁发（见图 8–4）。

图 8–4 ALPA《民用无人机操控员应用合格证》及
UTC《无人驾驶航空器系统操作手合格证》

资料来源：ALPA 及 UTC 官网。

（3）登记管理

一是明确登记管理制度，规定民用无人驾驶航空器所有权人，应当在从事飞行活动前完成实名登记，进行境外飞行和载人飞行的民用无人驾驶航空器还应进行国籍登记。目前主要通过民用无人驾驶航空器综合管理平台（UOM）进行登记。二是明确实名登记内容、实名登记标志、实名登记信息更新、实名登记注销的程序。三是规定了国籍登记的程序，国籍标志为罗马体大写字母 B，登记标志为实名登记号。

（4）适航管理

一是规定了中型、大型民用无人驾驶航空系统的适航管理方式，包括设计批准、生产批准和适航批准。二是根据无人驾驶航空器系统运行场景及对应的运行风险，明确基于风险、分级分类审定的无人驾驶航空器系统适航管理原则，给出了无人驾驶航空器系统的分类和适用的证件类别，涉及《民用航空产品和零部件合格审定规定》（CCAR-21 部）的三类合格审定和 14 种证件（见图 8-5）。三是强化了无人驾驶航空器系统设计批准申请人和持证人建立设计保证系统的要求。四是提出了《条例》生效前已经制造出的中型、大型无人驾驶航空器系统平稳过渡的政策安排。

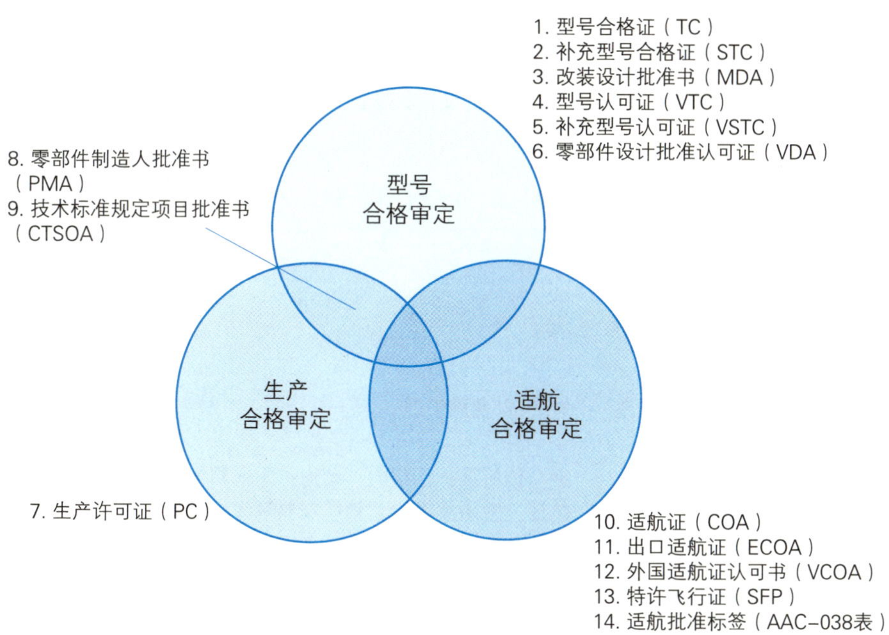

图 8-5 CCAR-21-R4 的三类合格审定和 14 种证件

资料来源：作者根据相关资料整理。

CCAR-92 部中的“适航管理”部分还是借鉴或直接沿用了 CCAR-21 部中的管理原则和具体要求，只是在章节划分上按照三类审定 / 批准（设计、生产、适航）对相关内容作了整合，并简化了一些条款（见表 8-6）。

表 8-6 CCAR-92 与 CCAR-21-R4 的主要异同点

CCAR-21-R4	CCAR-92（2024.1.1）	
型号合格证（TC）	有	型号合格审定类别包括：无人驾驶航空器系统（正常类、运输类、限用类）、遥控台（站） 注：还包括发动机、螺旋桨
补充型号合格证（STC）	有	适用于民用无人驾驶航空产品的非实质性“重大设计更改”（相当于 21 部定义的“设计大改”）
改装设计批准书（MDA）	无	非重大设计更改：由 TC 持有人，或被更改产品的所有人或占有人确认符合性、确保没有不安全特征
型号认可证（VTC）	有	依据适航协议、参照 21 部实施管理
补充型号认可证（VSTC）	有	依据适航协议、参照 21 部实施管理
零部件设计批准认可证（VDA）	无	
生产许可证（PC）	有	
零部件制造人批准书（PMA）	有	按 21 部实施管理
技术标准规定项目批准书（CTSOA）	有	按 21 部实施管理
适航证（COA）	有	标准适航证：正常类、运输类无人驾驶航空器系统特殊适航证：限用类无人驾驶航空器系统，或局方规定的其他情况（如追溯性条款）——不得用于载人飞行、不得开展融合飞行、不得在地面人员密集区域（上方）飞行、不得从事境外飞行，并应在局方规定的限制条件下进行飞行
出口适航证（ECOA）	有	
外国适航证认可书（VCOA）	无	
特许飞行证（SFP）	有	按要求完成实名登记的民用无人驾驶航空器系统的所有人可以申请；不区分第一、第二类
适航批准标签（AAC-038 表）	有	有所弱化

资料来源：作者根据相关资料整理。

（5）空中交通管理

一是明确了民用无人机空中交通管理面向运行场景、基于运行风险的管理原则，提出了民用无人驾驶空中航行服务提供方的定义，明确了民用无人机空中交通管理的基本内容分为空域管理、流量管理和空中交通服务并提出若干基本要求。二是明确了空域管理中空域分类划设、航路航线划设、空域保持和被监视能力、空域信息发布、空域使用流程、空域容流管理等方面的权责和要求。三是明确了无人驾驶航空器空中交通服务的类别、主要内容及相关要求。目前，无人机运行活动可以通过 UOM 平台报批，空域及空中交通管理也依托 UOM 进行。

（6）经营和运行管理

一是明确运营合格证管理制度，规定使用除微型无人机之外的无人机从事飞行活动的单位，应当取得运营合格证，同时明确运营合格证的权利和限制、取证条件和程序。二是规定运营人开展经营活动的市场准入条件和市场监管要求。加强对消费者合法权益的保护，明确责任保险有关要求，规定了运营人应该履行的信息报送等义务。三是明确运行人应当遵守的一般运行规则，包括地理围栏使用、运行控制系统要求、运行必备系统和设备、持续适航要求、农用无人驾驶航空器特殊运行要求等。四是明确不同的运行分类及其应当遵守的运行规则，包括开放类、特定类和审定类。明确审定类的适用范围，以及安全管理体系、安全关键服务、C2 链路、地面站运行、维修管理体系等基础性运行要求。

其中，开放类适用于 250 克以下微型无人机运行、25 千克以下无人机在适飞空域运行、农业植保无人机作业飞行；特定类需要民航局针对运营人提出的申请通过 SORA 方法进行评估确定；审定类适用于使用大型无人机（150 千克以上）在人口密集区域上空运行、载运人员、载运危险品、IFR 运行。在 CCAR–92 出台之前由民航局颁发经营许可证，包括2021年1月1日之前的民用无人驾驶航空器经营许可证，2021年1月1日至2023年12月31日的通用航空经营许可证；2024年1月1日起，原通用航空经营许可证，需要更换为民用无人驾驶航空器运营合格证（见图8–6）。到2024年3月，民航局共完成2批次，871家和275家企业的换证，但仍未有一家企业完成可以合法运行大型无人机、载人eVTOL或载运危险物品的CCAR–92全审定。

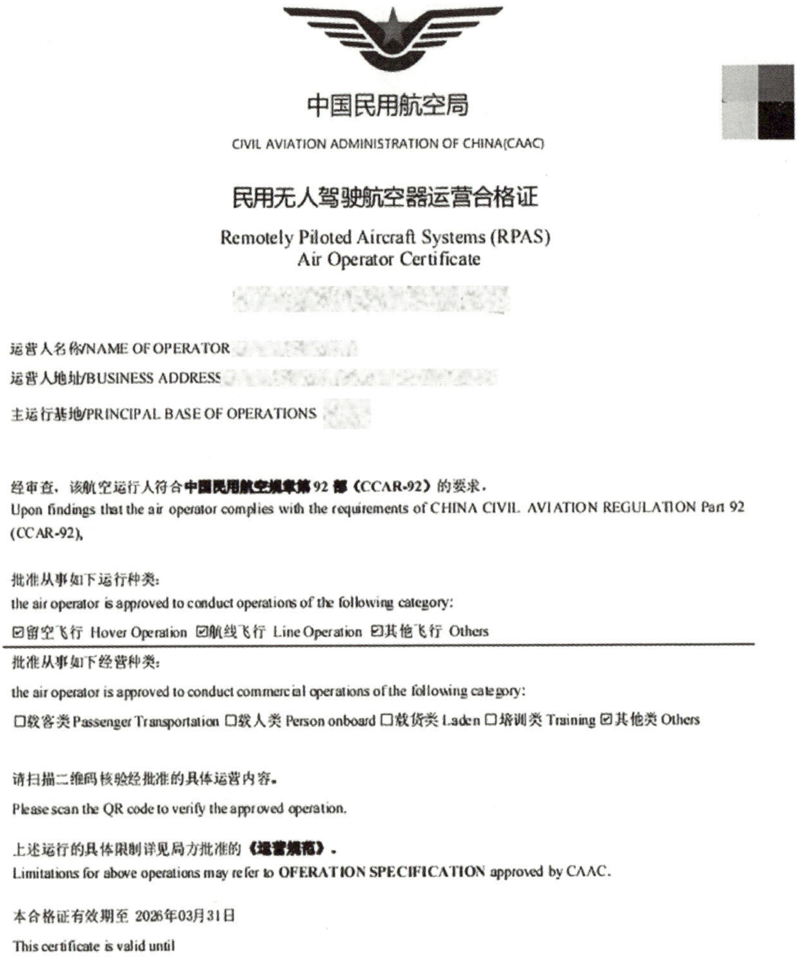
中国民用航空局

CIVIL AVIATION ADMINISTRATION OF CHINA(CAAC)

民用无人驾驶航空器运营合格证

Remotely Piloted Aircraft Systems (RPAS)
Air Operator Certificate

运营人名称/NAME OF OPERATOR

运营人地址/BUSINESS ADDRESS

主运行基地/PRINCIPAL BASE OF OPERATIONS

经审查，该航空运行人符合**中国民用航空规章第92部**（CCAR-92）的要求。
Upon findings that the air operator complies with the requirements of CHINA CIVIL AVIATION REGULATION Part 92 (CCAR-92),

批准从事如下运行种类：
the air operator is approved to conduct operations of the following category:
☑留空飞行 Hover Operation ☑航线飞行 Line Operation ☑其他飞行 Others

批准从事如下经营种类：
the air operator is approved to conduct commercial operations of the following category:
☐载客类 Passenger Transportation ☐载人类 Person onboard ☐载货类 Laden ☐培训类 Training ☑其他类 Others

请扫描二维码核验经批准的具体运营内容。
Please scan the QR code to verify the approved operation.

上述运行的具体限制详见局方批准的**《运营规范》**。
Limitations for above operations may refer to **OPERATION SPECIFICATION** approved by CAAC.

本合格证有效期至 2026年03月31日
This certificate is valid until

图8–6 民用无人驾驶航空器运营合格证示意

资料来源：中国民用航空局。

对于运行合格审定，传统航空主要根据运营人的运行种类进行运行手册、航空器、飞行人员资质、起降点、维修能力等审查，并进行内部运行验证以及验证飞行检查等来审定。无人机运行合格审定，为开放类的，应当符合并遵守 92 F 章第二节的一般运行要求；经评估为特定类的，应当符合并遵守 92 F 章第二节的一般运行要求和相应运营规范的要求；经评估为审定类的，应当符合并遵守 92 F 章第二节的一般运行要求和第五节的审定类运行要求，以及相应运营规范的要求。

2019 年 2 月，民航局下发咨询通告《特定类无人机试运行管理规程（暂定）》（AC-92-2019-01），对 SORA 评估流程进行了详细规定。SORA 评估流程分为初步讨论和申请、安全评估、运行验证、试运行批准四个主要步骤。由飞标、适航、空管等领域的人员组成的试运行审定小组围绕导致无人机失控的风险源和后果进行梳理，并结合一定的量化指标进行定性分析，运行人员根据 SORA 分析的风险等级制定相应的预防或缓解措施。其中风险等级 RC 分为对地风险 GRC 和对空风险 ARC，GRC 分 1、2、3、4、5、6、7 级，ARC 分 a、b、c、d 级。在定量地确定风险等级后，运营人需要根据评估得到的 SAIL 值（即特定保证等级和完整性级别），采取运营人声明、运营人证明或第三方验证三个稳健性等级的防范措施来降低导致无人机失控的原因发生的可能性。最终，民航局将根据评估结果以及运营人采取的措施等因素进行综合评估，为运营人颁发许可（见图 8-7）。92 部生效前，颁发试运营许可，包括迅蚁送吧航空、亿航、顺丰丰鸟科技、光明通航、美团无人机等获得过无人机试运行资质，南航天城云系统成为全国首个具有 SORA 运行风险评估能力的无人机云系统。

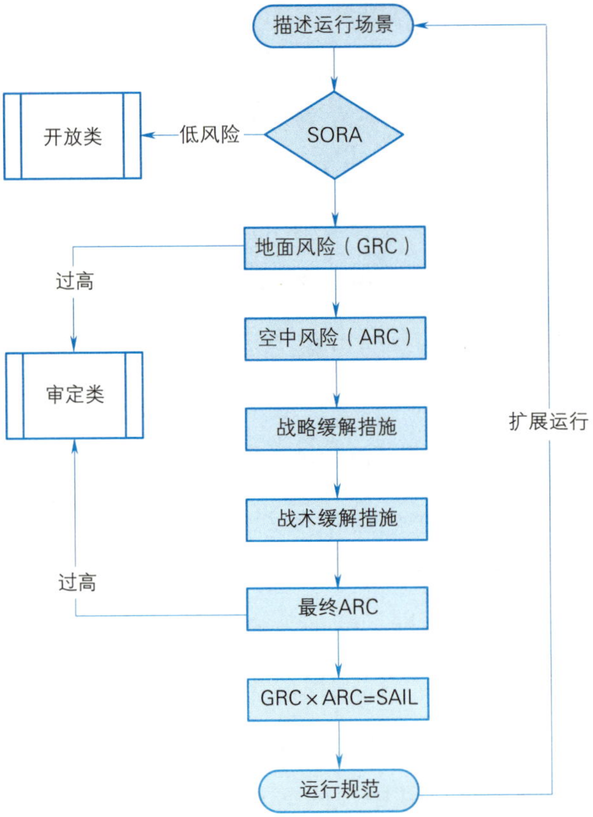

图 8–7　SORA 全流程示意

资料来源：Ubuntu330。

3. 国内外规章制度对比

无人机作为空域新用户，对其他空域用户以及地面第三方都构成潜在风险。为降低运行风险，各个国家基本上都是从三个方面出发开展运行管理工作，即运行管理法规的主要内容包括以下三个方面：①针对现有有人机运行空域，对无人机的准入与飞行活动进行管制；②制定运行限制，确保公共安全与飞行安全；③通过运行许可、驾驶员能力管理、无人机注册、运行信息采集等行政管理保障运行安全。

根据国内外民用无人机管理思路与法律法规，选择四个方面对其进行比较。一是适用范围，指法规的适用范围，目前无人机运行法规主要使用最大起飞重量、使用目的、运行区域等变量区分适用范围；二是驾驶员能力，即驾驶员的能力要求与资质管理；三是运行限制，具体指标包括对无人机的技术要求、与机场和人的距离、与人口密集区域的距离、最大飞行高度及对无人机可见性等；四是行政审批，指民航主管部门的监管执行方式。

（1）适用范围

民用无人机运行管理法律法规的适用范围包括不同的运行场景，这些场景根据无人机的重量、运行范围、使用目的等变量进行分类，大部分国家根据最大起飞重量（MTOW）、使用目的对民用无人机运行进行分类。美国及英国首先对航模与无人机进行了区分，针对无人机分别制定相应的运行规则。在中国运行的无人机首先要判断是否是农业植保运行，其他根据空机重量、MTOW 进行分类。各个国家的 MTOW 并不完全一致，但 25 千克是小型无人机的主要阈值，英国民航局采用基于运行风险的方法对运行进行监管，因此只简单使用 20 千克作为小型无人机的阈值。

综合来看，使用目的可以用于区分无人机运行场景，非娱乐类的民用无人机运行场景可以进一步细分，其中各国定义的商业运行主要指的是除公共运输飞行以外的飞行活动，因此物流快递商业运营需要获得主管部门运行批准。MTOW 主要用于对运行风险进行分级，从而确定行政审批、遥控驾驶员资格、无人机适航性的要求，这一思路与目前有人机监管方式相似。

（2）驾驶员能力

除了无人机本身，各个国家的无人机运行法律法规都对无人机驾驶员能力提出了要求，并将其作为运行管理的主要手段，各个国家对驾驶员能力要求基本与运行风险相适应，区别主要在于具体的执照认证方式与具体考核内容，但还是以 ICAO 的无人机系统制定标准和建议措施、空中航行服务程序和指导材料为依据。

驾驶员能力主要使用驾驶员证书或执照的方式进行评价，证书通常由授权培训中心或无人机制造商等中介机构颁发，执照由国家民航主管部门颁发，两者的获取都需要对驾驶员进行基本的实践和理论培训，考试内容包括航空知识的评估及实际飞行检查。目前，中国、美国、英国对小型无人机驾驶员执照管理发展日趋成熟，美国针对具备有人机驾驶员执照的申请人制定了不同的培训要求。这些国家通过授权培训机构对驾驶员进行初始培训，由民航局颁发无人机驾驶员电子执照，但针对分布式操作的无人机系统或者无人机集群还没有驾驶员能力的规定。

（3）运行限制

运行限制是大多数无人机法律法规的主要内容（即无人机的飞行限制），大多数国家都规定了无人机与人及地面重要设施设备的距离要求、限制区、禁飞区、飞行高度、能见度等运行限制。限制区主要包括监狱、军事区、工业建筑、核电站、医院和政府大楼等；禁飞区最突出的例子是机场及机场周围区域，由于无人机对载人飞行器构成严重威胁，所以通常不被允许在管制空域飞行或需要获得管制部门的批准；此外，民用无人机普遍禁止在密集人群上空及附近飞行。相比其他国家，中国要求无人机在隔离空域内运行，隔离空域边界与其他航空器使用空域边界水平距离≥ 10 千米。

除运行区域限制外，运行限制还包括最大飞行高度和能见度。在高度方面，一般只允许小型无人机低空飞行，高度限制通常为真高 120 米，而且只能在有人机与无人机隔离运行的空域。美国提供在线地图查询这类可飞空域。此外，目前各国民航局的法规主要适用于 RPAS，因此普遍要求视距内运行（VLOS）条件或 EVLOS 下飞行，遥控驾驶员必须能够保持与无人机的直接视觉接触，这就限制了无人机只能在昼间使用，美国、英国都对运行时间进行了具体规定，BVLOS 飞行超出运行限制范围，因此在大部分国家 BVLOS 飞行需要特殊飞行条件授权或豁免。

（4）行政审批

行政审批又分为运行许可、飞行许可，各国差异明显。运行许可申请审批的工作量取决于运行的复杂性，对不同类型的无人机运行场景，几乎所有的运行都是多层的，在不同的环境下必须遵循不同的程序。一般来说，民航主管部门会提供一个具备明确运行限制条件的标准程序，标准程序及以下的运行不属于特殊批准范围，运行前不需要申请审批，超出标准案例的则属于特殊审批范围，需要对运行进行许可或豁免。对于起飞重量小于 25 千克的无人机，通常规定满足标准程序要求的不需申请运行许可（如美国）。欧盟和英国要求商业运营需要对运行安全进行评估，获得民航主管部门的批准，如果超出标准运行程序的限制，则要求运营人必须申请特殊运行许可，获得相应运行要求条款的授权或豁免。使用超过 25 千克的无人机进行商业运营，目前主要是获得民航主管部门的豁免批准，运营人需要分别对驾驶员能力、运行区域、运行风险、运行相关人员的能力、无人机适航性、运行程序等提供说明或证明，民航主管部门采用逐例审查方式对申请人的能力及运行安全进行评估。

在组织实施飞行活动时，对于每一次实际飞行活动，飞行前报送飞行计划也是常见的审批事项。飞行计划审批主要目的包括：①明确空域使用限制；②防止空域内多用户飞行冲突；③避免公众的担忧和干扰；④对无人机飞行活动进行监视。这一审批事项与各国空域管理体制密切相关，美国、欧盟、英国都在非管制空域一定高度以下划设了无人机飞行开放空域，美国在机场及附近的管制空域为无人机飞行规定了安全飞行区域和最大飞行高度，通过系统对进入这一空域的无人机飞行进行自动授权。我国则专门划设了微型、小型无人机的适飞空域，其他飞行活动则应向管制部门报送飞行计划。目前，需要同时向军航、民航空管部门申请审批，各地差异很大，有些飞行服务站代用户申请，有些地方需要用户分别向军航和民航空管部门申请，有些地方民航空管部门代用户向军航空管部门申请，但最终飞行审批和监控，基本是军航空管部门负责。

（三）地方性法规和规章

各地方政府非常重视无人机产业发展，四川、海南、浙江、重庆等省（自治区、直辖市）及部分城市先后出台无人机管理规章，为合法合规的无人机飞行创造良好环境（见表 8–7）。

表 8–7　地方性法规和规章

序号	规章名称
1	《四川省民用无人驾驶航空器安全管理暂行规定》
2	《海南省民用无人机管理办法（暂行）》
3	《浙江省小型无人驾驶航空器安全管理条例》
4	《重庆市民用无人驾驶航空器公共安全管理办法》
5	《新疆维吾尔自治区民用无人驾驶航空器安全管理规定》
6	《深圳市民用微轻型无人机管理暂行办法》
7	《无锡市民用无人驾驶航空器管理办法》

资料来源：根据公开资料整理。

（四）无人机标准

当前，我国标准化体系形成了强制性标准守底线、推荐性标准保基本、行业标准补遗漏、企业标准强质量、团体标准搞创新的新格局，建成了“国家标准 + 行业标准 + 团体标准”的标准体系。近年来，国家标准化管理委员会等六部门、民航局先后发布《无人驾驶航空器标准体系建设指南（2021 年版）》《民用无人驾驶航空法规标准体系构建指南 V1.0》，对无人机的基础标准、技术标准、管理标准、行业应用标准以及初始适航、运行、经营等标准进行规划。目前，我国已发布的无人机行业推荐性国家标准已有 30 余项、强制性国家标准 1 项。此外，工业和信息化部、民航局等从行业管理角度发布了 90 多项无人机相关行业标准，涉及航空、民航、交通、邮政、海洋、通信、农业、林业、气象、测绘、环保、能源、电力、石油天然气、公共安全、司法、出入境检验检疫等相关领域。现行有效的无人机团体标准超过 450 项，发布机构涉及中国航空运输协会、中国交通运输协会、中国民航飞行员协会、中国航空器拥有者及驾驶员协会等 45 个社会团体。国家标准化管理委员会也在组织制定一批无人机相关标准（见表 8–8）。

表 8–8　无人机标准（部分）

序号	标准名称
国家标准（国家标准化管理委员会）	
1	《民用无人驾驶航空器系统分类及分级》（GB/T 35018—2018）
2	《民用多旋翼无人机系统试验方法》（GB/T 38058—2019）
3	《无人驾驶航空器系统术语》（GB/T 38152—2019）
4	《民用轻小型无人机系统环境试验方法 第 8 部分：盐雾试验》（GB/T 38924.8—2020）
5	《民用轻小型无人机系统电磁兼容性要求与试验方法》（GB/T 38909—2020）

续表

序号	标准名称
6	《民用轻小型无人直升机飞行控制系统通用要求》（GB/T 38911—2020）
7	《民用无人机系统型号命名》（GB/T 38905—2020）
8	《轻小型多旋翼无人机飞行控制与导航系统通用要求》（GB/T 38997—2020）
9	《民用轻小型固定翼无人机飞行控制系统通用要求》（GB/T 38996—2020）
10	《民用轻小型无人机系统环境试验方法 第 9 部分：防水性试验》（GB/T 38924.9—2020）
11	《民用轻小型无人机系统环境试验方法 第 1 部分：总则》（GB/T 38924.1—2020）
12	《民用轻小型无人机系统环境试验方法 第 3 部分：高温试验》（GB/T 38924.3—2020）
13	《民用轻小型无人机系统抗风性要求及试验方法》（GB/T 38930—2020）
14	《民用轻小型无人机系统环境试验方法 第 2 部分：低温试验》（GB/T 38924.2—2020）
15	《民用轻小型无人机系统环境试验方法 第 4 部分：温度和高度试验》（GB/T 38924.4—2020）
16	《民用轻小型无人机系统环境试验方法 第 10 部分：砂尘试验》（GB/T 38924.10—2020）
17	《民用轻小型无人机系统环境试验方法 第 7 部分：湿热试验》（GB/T 38924.7—2020）
18	《民用轻小型无人机系统环境试验方法 第 5 部分：冲击试验》（GB/T 38924.5—2020）
19	《民用轻小型无人机系统环境试验方法 第 6 部分：振动试验》（GB/T 38924.6—2020）
20	《民用轻小型无人机系统安全性通用要求》（GB/T 38931—2020）
21	《民用无人驾驶航空器系统安全要求》（GB 42590—2023）
22	《民用大中型无人直升机飞行控制系统通用要求》（GB/T 42862—2023）
23	《民用轻小型无人机系统环境试验方法 第 11 部分：霉菌试验》（GB/T 38924.11—2023）

续表

序号	标准名称
24	《民用无人机地理围栏数据技术规范》(GB/T 43370—2023)
25	《民用大中型无人机光电任务载荷设备接口要求》(GB/T 43369—2023)
26	《民用大中型无人直升机系统通用要求》(GB/T 43367—2023)
27	《民用大中型固定翼无人机飞行性能飞行试验要求》(GB/T 43504—2023)
28	《民用无人驾驶航空器产品标识要求》(GB/T 44091—2024)
29	《民用无人驾驶航空器系统安全要求》强制性国家标准(GB 42590—2023)
30	《民用大中型固定翼无人机系统地面站通用要求》(GB/T 44169—2024)
31	《物流无人机货物吊挂控制通用要求》(GB/T 43668—2024)
行业标准(工业和信息化部)	
1	《民用飞机雷电试验方法》(HB 8724—2023)
2	《无人机系统飞行手册编制规范》(HB 8730—2023)
3	《无人机系统维修手册编制规范》(HB 8731—2023)
4	《轻小型固定翼无人机系统地面滑行试验方法》(HB 8732—2023)
5	《中小型固定翼无人机水平测量方法》(HB 8733—2023)
6	《民用轻小型固定翼无人机系统方舱式地面控制站通用要求》(HB 8734—2023)
7	《民用无人机系统数据链通用要求》(HB 8735—2023)
8	《民用垂直起降固定翼无人机系统通用要求》(HB 8736—2023)
9	《民用无人机系统自主控制等级要求》(HB 8737—2023)
10	《民用轻小型无人机系统任务载荷接口通用要求》(HB 8740—2023)
11	《民用轻小型多旋翼无人机系统视觉惯性里程计通用要求》(HB 8760—2023)
12	《民用轻小型多旋翼无人机系统地面控制单元软件要求》(HB 8761—2023)
13	《基于系留无人机的应急通信空中基站技术要求》(YD/T 4491—2023)
14	《网络空间安全仿真无人机系统信息安全仿真平台接入技术要求》(YD/T 4597—2023)
15	《无人机管理(服务)平台安全防护要求》(YD/T 4324—2023)

续表

序号	标准名称
16	《基于民用无人驾驶航空器的移动边缘计算技术要求》（YD/T 4356—2023）
行业标准（交通运输部）	
1	《无人机物流配送运行要求》（JT/T 1440—2022）
2	《邮政快递无人机监管信息交互规范》（JT/T 1439—2022）
行业标准（民航局）	
1	《无人机云系统接口数据规范》（MH/T 2009—2017）
2	《无人机围栏》（MH/T 2008—2017）
3	《无人驾驶航空器系统作业飞行技术规范》（MH/T 1069—2018）
4	《无人机云系统数据规范》（MH/T 2011—2019）
5	《城市场景物流电动多旋翼无人驾驶航空器（轻小型）系统技术要求》（MH/T 6126—2022）
6	《城市场景轻小型无人驾驶航空器物流航线划设规范》（MH/T 4054—2022）
7	《民用无人驾驶航空器系统分布式操作运行等级划分》（MH/T 2013—2022）
8	《民用无人驾驶航空器实名登记数据交换接口规范》（MH/T 3030—2023）
9	《民用无人驾驶航空器实名登记数据交换接口规范》（MH/T 3031—2023）
10	《民用无人驾驶航空器系统物流运行通用要求 第 1 部分：海岛场景》（MH/T 2014—2023）
国际标准	
1	《民用无人驾驶航空器系统分类及分级》（ISO 21895：2020）
2	《系留无人机系统通用要求》（ISO 24356：2022）
3	《民用多旋翼无人机系统试验方法》（ISO 4358：2023）
4	《轻小型无人机用电动能源系统技术要求》（ISO 24352：2023）
5	《民用轻小型固定翼无人机飞行性能试验方法》（ISO 5286：2023）
6	《民用轻小型无人机旋翼叶片对人体锐性伤害评估与试验方法》（ISO 5312：2023）
7	《民用轻小型无人机系统低气压环境下试验方法》（ISO 5332：2023）

资料来源：全国标准信息公共服务平台。

当前，我国共有包括全国航空器标准化技术委员会（SAC/TC435）在内的无人机国内标准归口单位 13 个，同时我国无人机企事业单位也积极参与国际标准化组织航空航天器技术委员会无人机系统分技术委员会（ISO/TC20/SC16）工作，担任若干工作组组长单位。目前，我国主导制定并发布无人机领域国际标准 7 项，在编国际标准 4 项，标志着我国在世界无人机领域技术和市场的持续引领和认可。

三、eVTOL 规章制度进展

飞行智能化、能源清洁化是当前航空器设计制造技术、运行技术、空中交通管理技术演进的两大方向。电动垂直起降航空器（eVTOL）是这两大方向的集大成者，其设计、制造、运行、空管等所应遵循的民用航空规章，也可从这两个维度进行梳理归纳和总结。

（一）适应飞行智能化发展的民用航空规章

现今，飞行智能化从早期的电传飞控取代机械操纵，逐渐演进到当下的无人驾驶。无人驾驶技术是对飞行智能化的集中体现。无人驾驶技术广泛渗透并深刻影响民用航空领域，对传统上服务于有人驾驶航空管理的民用航空规章体系提出了全新课题和挑战。

自 2024 年 1 月 1 日《无人驾驶航空器飞行管理暂行条例》和《民用无人驾驶航空器运行安全管理规则》（CCAR-92 部）同步施行后，以航空器操控方式这一根本差异为基点，民用航空规章形成了无人驾驶航空规章和有人驾驶航空规章并立且有机协调的体系。

根据规章适用性，有人驾驶 eVTOL 的设计制造人应当按照 CCAR-21 部取得型号合格证、生产许可证；有人驾驶 eVTOL 的所有人或占有人应当按照 CCAR-21 部取得适航证，按照《民用航空器国籍登记规定》（CCAR-45 部）进行国籍登记；有人驾驶 eVTOL 运营人按照《小型商业运输和空中游览运营人运行合格审定规则》（CCAR-135 部）取得运行许可，按照《通用航空经营许可管理规定》（CCAR-290 部）取得经营许可。

无人驾驶 eVTOL 适用无人机管理规章，按照 CCAR-92 部进行监管，其中，设计制造人应当按照 CCAR-92 部取得型号合格证、生产许可证；所有人或占有人按照 CCAR-92 部取得适航证及进行实名登记和国籍登记；运营人按照 CCAR-92 部取得运营许可等。

除管理类规章外，技术要求类规章更为明显地体现了航空器本体安全要求适应飞行智能化的变化。

以《关于发布高风险货运固定翼无人机系统适航标准（试行）的通知》为例，“F 章无人机设备”中的“无人机飞行控制与管理系统”一节集中反映了无人驾驶功能及实现功能的系统应当满足的适航安全要求，相关条款数量占该章条款总数的 90%。其中，包括飞行控制与管理、动力操纵与伺服子系统、飞行与动力传感器、飞行操纵与伺服子系统 4 个小节。无人机通常采取自动飞行模式，自动飞行功能是无人机核心功能也是安全关键功能，是飞行智能化的典型代表和集中体现，“飞行控制与管理”小节针对性提出了对应的适航安全要求。为实现自动飞行，无人机的飞行控制功能与其他系统高度耦合，特别是需要与动力控制紧密集成，“动力操纵与伺服子系统”反映了这个特点。无人机的智能化飞行高度依赖传感器实时采集、反馈信息，校正飞行控制系统输出，“飞行与动力传感器”小节专门制定了相应的适航要求。无人机自动飞行还依赖有力的执行机构，其功能失效和系统故障会严重影响无人机飞行安全，“飞行操纵与伺服子系统”小节提出了针对性的适航条款。综上，从这份标准的条款组织即可看出，作为通常用来规定航空器本体安全要求的适航标准，需要反映飞行智能化带来的适航安全要求的变化。

（二）适应能源清洁化发展的民用航空规章

与飞行智能化同时带来管理类和技术类适航规章演化发展相比，航空器本体安全要求针对能源清洁化的变化主要体现在技术类适航规章、专用条件及作为规章符合性方法的咨询通告上，包括《正常类飞机适航规定》（CCAR-23 部）、《RX4E 型飞机电推进系统（EPU）》（SC-23-17）和《正常类飞机审定咨询通告》（AC-23-AA-2022-01）。

电动飞机以电力为能源驱动推进器提供升力或推力，其动力装置典型构成包括电池和配电系统、电推进系统、推进器等。目前，多采用锂离子电池等纯电池形式供电。电推进系统通常由一台或多台电动机及其控制器件组成，如控制器、断路器、传感器、线缆等。推进器多为螺旋桨。CCAR-23 部 H 章“电动飞机动力装置补充要求”包括第 23.2700 条电推进系统、第 23.2705 条电池和配电系统、第 23.2710 条电池和电动力系统防火，分别对电动飞机动力装置的组成部分提出了顶层安全性要求。《正常类飞机审定咨询通告》（AC-23-AA-2022-01）进一步逐一阐述了以上各项条款背后的安全性考虑。

“第 23.2700 条电推进系统”覆盖电动机等控制动力输出的部件，应当从其输出功率控制和限制、振动及其载荷、转动部件的包容和超转等角度考虑其对应的安全性要求。

当前广泛采用的锂离子电池具有重量较轻、能量密度较高、放电电压相对稳定等优点，但也因其高能量和热失控导致压力和温度不受控升高，排出的可燃气体高温点燃导致火灾和有毒气体释放，如果设计、测试、使用或储存不当，锂离子电池可能对飞行安全造成潜在危害。“第 23.2705 条电池和配电系统”重点应从电池过度充放电、极端温度等极端使用和边界条件的角度，以及设计、制造带来的内部缺陷和电池系统参数监控等角度考察飞机锂离子电池的安全性。

“第 23.2710 条电池和电动力系统防火”主要从降低电池和电动力系统因为火情或者过热导致对飞机的危害出发，提出型号设计要对材料使用、隔离措施、监测和处置等方面进行综合考虑。

以上能源清洁化的设计方案也在无人驾驶航空器上广泛应用，特别是中小型无人驾驶航空器，也包括载人无人驾驶航空器，如 EH-216-S。在各型号专用条件中，也参考 CCAR-23 部，提出了适合型号设计特征的动力系统安全性要求。如《亿航 EH216-S 型无人驾驶航空器系统专用条件》的第 PEU.E005 条功率或升力 / 推力控制系统和第 PEU.E025 条电池和配电系统，额外强调了向远程机组提供监视的能力，以辅助机组作决策和选择处置程序。

目前，电动航空器相关标准欠缺，政府行业管理部门及一些行业协会、社会组织等都在加快相关标准制修订。如 2024 年 6 月 6 日起实施的中国航空器拥有者及驾驶员协会四项团体标准，包括《电动航空器电推进系统通用要求》（T/AOPA 0060—2024）、《电动航空器电推进系统动力电机技术规范》（T/AOPA 0061—2024）、《电动航空器电推进系统动力电机控制器技术规范》（T/AOPA 0062—2024）、《电动航空器高压配电系统技术规范》（T/AOPA 0063—2024）。

参考文献

［1］董杜骄，顾琳华．航空法教程［M］．北京：对外经济贸易大学出版社，2007.

［2］贺富永．航空法学［M］．北京：国防工业出版社，2008.

［3］黄涧秋．国际航空法研究［M］．北京：中国法制出版社，2007.

［4］黄力华．国际航空运输法律制度研究［M］．北京：法律出版社，2007.

［5］江群，王春．民航基础知识应用［M］．北京：国防工业出版社，2011.

［6］刘和平．中美通用航空安全监管法律制度比较研究［D］．天津：中国民航大学，2022.

［7］郑囿君．论我国民用航空器适航管理行政许可制度［D］．南京：南京航空航天大学，2012.

第九章 低空运行及适航管理

“发展通航，空域为王。”发展低空经济，低空空域开放及空管运行服务等至关重要。低空智能网联运行，除了要有低空智联网的技术突破和基础设施支撑，还应解决运行策略、规则、程序、标准等方面的问题，即明确数字化趋势下管什么、由谁管、怎么管等问题。与此同时，适航管理、检测验证对低空经济发展也同样关系重大，是确保航空器安全可靠的必然要求，也是完善“人、机、环”低空运行监管服务体系的关键。

一、低空空域开放

空域是国家的重要战略资源，低空空域是最繁忙的空域。由于管理策略、分类标准等不同，国内外的低空空域范围也各不相同，通常是指真高 1000 米以下的空间范围。我国《关于促进通用航空业发展的指导意见》将低空空域上限由 1000 米调整到真高 3000 米。

（一）国际上的空域管理

国际民航组织将空域划分为 A、B、C、D、E、F、G 七个类别，允许不同种类（仪表飞行规则或目视飞行规则）的飞行，提供不同种类的服务（管制服务或情报服务）。随着类别等级的降低，对航空器的要求和限制条件也会放松。其中，F 类空域中提供的是空中交通咨询服务，由于它是在没有条件提供管制服务时采取的暂时性空中交通服务方式，因此没有被大多数国家所采用；G 类空域也就是常说的非管制空域，其中的 VFR 飞行不要求提交飞行计划申请，飞行活动由飞行员负全责。商业运输，由于飞行安全水平要求较高，无论什么样的天气条件，必须按照 IFR 飞行，而 VFR 飞行对航空器的装备水平和飞行员的驾驶资格要求较低；通用航空飞行，在天气达到目视气象条件时，通常按照 VFR 飞行。

作为全球通航最为发达的国家之一，美国在低空空域管理领域一直走在世界前列。美国将其国家空域系统分为 A、B、C、D、E、G 共 6 类空域和特殊使用空域，其范围为美国大陆（包括阿拉斯加和夏威夷）及海岸线向外延伸 12 海里之上的空间。其中，E 类空域是美国面积最大、应用最为广泛的一类空域，1828.8 千米以上的空间作为国家空域系统的一部分也被划分为 E 类空域，但不属于空中交通管制系统。对 IFR 飞行而言，前 5 类为管制空域，G 类为非管制空域；对 VFR 飞行而言，A 类空域禁止目视飞行，B 类空域为管制空域，C、D 类空域为有限管制空域，E、G 类空域为非管制空域（见图 9–1）。G 类空域作为典型的非管制空域，通常为 365.8 米以下。通用航空器在 E、G 两类空域中飞行时，可以像自驾车旅行一样，不需要向空管部门事先提交飞行计划申请，只需要在起飞前告知飞行计划和航线；在空中也不需要管制员指挥，飞行员采用“看见—避让”的方式保证安全间隔，空管部门仅在必要和可能的情况下提供交通情报和防撞建议。典型的飞行计划包含时间、气象报告、飞行路线、飞行用油和备用油的计算等内容。将飞行计划转交通知飞行服务站（FSS）后，可以获得必要的建议或审批处理信息。飞行员自己负责收听机场 ATIS（机场自动终端情报服务），获取地面、塔台管制频率、使用的跑道号、空中交通流信息等，随后联系塔台，决定起飞并进行飞行。

E 类空域较为严格的 VFR 飞行标准能够为 IFR 和 VFR 飞行提供较好的安全保障，且通信、监视信号覆盖较好，所以飞行员更倾向于在 E 类空域中进行目视飞行，以便在需要的时候能够随时联系有关管制单位和飞行服务站获取相关的空中交通服务，确保飞行安全。

美国空域由 FAA 管理，其差异化精细管控，在飞行安全与空域

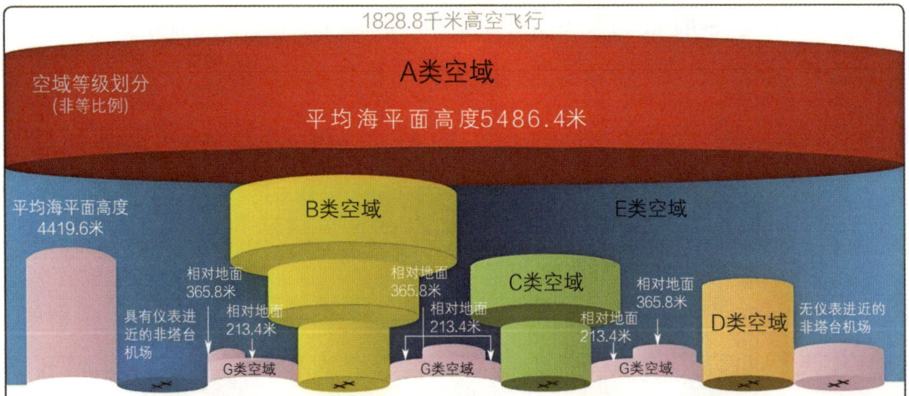

	A类空域	B类空域	C类空域	D类空域	E类空域	G类空域
入境要求	空中交通管制许可	空中交通管制许可	事先双向通信	事先双向通信	事先双向通信	无
最低飞行员资格	仪表等级	私人或学员证书(适用当地限制)	学员证书	学员证书	学员证书	学员证书
双向无线电通信	是	是	是	是	是 (IFR 飞行计划)	无
特殊目视飞行规则	否	是	是	是	是	不适用
能见度最低标准	不适用	4.83千米	4.83千米	4.83千米	4.83千米	1.61千米
云层最小距离	不适用	云层清晰	云层下方152.4米、云层上方304.8米、水平609.6米			云层清晰
航空器间隔	不适用	所有	仪表飞行规则(IFR)航空器	跑道操作	无	无
交通通告	是	是	是	视工作负荷而定		
机场管理应用程序	不适用	• 雷达 • 仪表进近 • 天气 • 控制塔台 • 高密度	• 雷达 • 仪表进近 • 天气 • 控制塔台	• 仪表进近 • 天气 • 控制塔台 • 高密度	• 仪表进近 • 天气	• 控制塔台

图 9-1 美国空域等级划分及通航要求

资料来源：作者根据公开资料整理。

利用效率之间找到了平衡点。此外，美国还建立了联邦政府统筹、地方政府负责、军民协同的空域治理架构，充分调动多元主体参与空域管理的积极性。近年来，美国在空域管理中大力推行数字化审批和动态监控，完善在线服务平台，支持用户自助提交飞行申请，大幅压缩审批时限。2021 年，FAA 推出新一代“低空授权和通知功能”（LAANC），进一步强化了无人机实时监控和空域动态管理能力。同时，美国注重行业创新发展平台搭建，在各州广泛布局无人机测试场、通航飞行营地等各种新平台，为推动行业规范有序发展提供有力保障。

欧盟在空域管理方面，主要开展了四个方面的实践：一是制定完善的政策法规，形成统一规范、执行有力的法制保障机制；二是积极推进数字化管理转变，提出 U-Space 计划，旨在构建数字化低空空域管理生态；三是加快国际化标准制定，支持欧洲航空安全局、欧洲无人机协会等专业机构为空管系统、适航审定、运行规则等制定标准；四是建立完善的组织协调机制，成立无人航空器专家组，统筹协调不同利益相关方的工作，深化前沿技术研发、行业应用创新等层面的合作交流。

此外，新加坡创新构建无人机沙盒管理机制，正成为全球智慧低空经济的新兴高地。

总体来看，虽然 ICAO 及欧美主要国家和地区都建立了完善的空域管理制度，并普遍开始重视无人机空域划设和空中交通管理，如在超低空空域增设微轻小型无人机的适飞空域等，但受地形影响，低空空域通信、导航和监视覆盖难度更高，提供空中交通服务的难度更大，面临的安全效率挑战更多，各国空域管理差别也主要体现在低空空域领域（见表 9-1）。

（二）我国低空空域管理改革

当前，我国低空空域管理与航空发达国家和地区存在一定差距（见表 9-2），但也反映出我国巨大的低空空域使用需求。

表 9–1　西方主要国家的低空空域及其等级

国家	低空空域上限（平均海平面高度）	空域等级
加拿大	12500 英尺（3810 米）	E 或 G
澳大利亚	18000/12500 英尺（5486/3810 米）	E
美国	18000 英尺（5486 米）	E
英国	19500 英尺（5944 米）	G
法国	13000 英尺（3962 米）	G
意大利	19500 英尺（5944 米）	F 或 G
瑞典	9500 英尺（2896 米）	G
德国	10000/13000 英尺（3048/3962 米）	E
西班牙	24500 英尺（7468 米）	E

资料来源：中航通信息研究所。

表 9–2　中美欧空中交通管理性能（2019 年数据）

	美国	欧洲	中国	全球领空
地理面积（万平方千米）	1004	1150	960	
管制员数量（人）	12170	17794	13828	
仪表飞行小时（万小时）	2380	1600	1231	
高空飞行密度（小时 / 平方千米）	2.37	1.39	1.28	
通用航空飞行小时（万小时）	2561.3	1598.5	106.5	4000
全空域飞行小时（万小时）	4418.5	3198.5	1337.5	
低空空域通用航空飞行密度（小时 / 平方千米）	2.55	1.39	0.11	0.297
空域民航飞行密度（小时 / 平方千米）	4.4	2.78	1.39	
全空域飞行密度（含估算军航飞行）（小时 / 平方千米）	4.6	2.87	1.48	

资料来源：吕人力，许东松 . 我国低空空域管理的变革需求［J］. 中国空管，2022（5）.

长期以来，我国低空空域以管制空域为主，存在申请手续繁杂、机载装备要求过高以及空域管理成本过高等问题。大部分通用航空活动需要履行临时空域申请、飞行计划申请与起飞申请程序，飞行服务过程中通常采取严格的流量控制措施，例如，一个空域仅允许一批次通用航空飞行。

为应对低空空域需求的不断增长、无人机产业的迅猛发展等问题和挑战，党中央、国务院部署推进低空空域管理改革。2010 年 8 月，国务院、中央军委下发《关于深化我国低空空域管理改革的意见》，正式拉开我国低空空域管理改革的大幕。截至目前，国家空管委办公室在全国先后组织了 3 轮较大规模的低空空域管理改革试点，初步形成了一套新的低空空域管理模式、运行机制和服务保障体系，有力地促进了低空经济的发展。

第一轮改革试点，以军航为主，突出空域分类化管理。从 2010 年到 2015 年，军航空管系统在全国部分地区进行了空域分类管理改革试点，先后组织实施了“两区一岛”（广州、长春和海南岛）改革试点和“两大区七小区”（广州、沈阳管制区和昆明、唐山、西安、杭州、青岛、宁波、重庆管制分区）扩大试点。改革试点的首要任务是建立适应通航飞行特点规律的空域结构和运行机制。一是分类管理低空空域资源。将真高 1000 米以下的低空空域，由原来的全部为管制空域调整为管制空域、监视空域和报告空域三类，按照审批和报备两种方式实行分类管理，监视空域和报告空域飞行不再需要报批。二是缩短通航飞行报批时限。试点地区通航飞行计划报批时限，由前一天 15 点前缩短为飞行前 4 小时，飞行计划报备，监视空域只需要在飞行前 1 小时提出，报告空域只需要在飞行前半小时提出。三是减少通航飞行审批环节。建立通航空管信息服务站归口受理飞行计划，飞行管制分区统一处理、协调和通报的机制。这次试点涉及全国 14 个省份，占全国低空空域的 33%，共划设管制、监视、报告 3 类空域 254 个，低空目视航线 12 条。这次低空空域分类管理改革试点，极大地促进了通航产业的发展，2013 年的通航飞行量比 2010 年增长近 5 倍。但还存在管制和监视空域所占比例仍偏高，报告空域较少且未连接成片，民航空管系统和地方政府没有参与到低空空域管理改革试点中等问题。

第二轮改革试点，以军民航为主，突出空域精细化管理。从 2016 年至 2018 年，在首轮军航低空空域分类管理改革试点的基础上，军航和民航空管系统同时发力，在珠三角和海南地区展开空域精细化管理改革试点，重点是优化空域审批制度、动态灵活使用空域、探索区域性军地协同决策机制、建立低空空管服务保障示范、加强“低慢小”航空器安全管控等，通过军民航空管系统集智聚力、一体联动、合作攻坚，推动空域资源集约化精细化管理使用。首先在筹划组织层面实行军民战管一体化，在静态管理层面做到军民军政结合，在动态运行层面做到军航、民航、通航三方协同，形成管疏结合、分类管理机制，细化低空空域划设标准、空域准入标准和申请（报备）飞行计划的程序等。海南省是全国首个完成低空空管服务保障体系建设的地区，通过改革试点，海南省共划设三类低空空域 23 个，低空目视飞行航线 3 条，初步构建了海南全省的低空飞行网络，海南目前低空空域实行“当天申报当天起飞”的管理制度。第二轮改革试点存在的问题是，军民航内部挖潜不够、空域结构性矛盾依然较突出、空域管理手段相对落后、配套法规标准支撑不足等。

第三轮改革试点，以省级政府为主，突出空域协同化管理。从 2018 年起，国家空管委办公室先后批准四川开展低空空域协同管理改革试点，以及湖南、江西、安徽3省的低空空域协同管理改革试点拓展。试点中，四川省在全国率先成立了由省政府牵头、军民航空管系统和地方公安部门共同参加的军地民“四川省低空空域协同管理委员会”，成为后来其他试点拓展省在空域协同管理改革试点中的样板和标配；将原低空空域由军民航分块管理转变为军地民三方协同管理，将低空飞行由管制指挥模式转变为目视自主飞行模式；由军地民三方共同组成的低空空域协同管理运行中心，将任务、空域、飞行计划3个申请环节简化为飞行计划报备1个环节。湖南、江西、安徽3省的低空空域管理改革试点拓展，参照四川模式，均成立了由省政府牵头组成的军地民三方低空空域协同管理机构和运行管理中心，实现了飞行计划“一站式”审批服务。如湖南省在试点中创造了“天地人和”的低空空域管理模式，实现了通航飞行“一窗受理、一网通办、全域服务”；江西省依托“北斗＋高分+5G”等技术应用创新、基础设施支撑建立的通航飞行监视和服务保障体系，打通军地民三方信息共享和互联互通渠道，为通航飞行提供全联通、全功能、全流程服务。第三轮改革试点也存在一些不足：一是各省份的试点范围仅局限于军航管理的低空空域，尚未涉及民航航路内低空空域；二是试点中偏离现行国家空域管理规章的做法，还未得到立法确认；三是各试点省份分别建设的飞行服务保障系统，缺乏全国统一的技术规范和标准。

2020年，国务院、中央军委空中交通管制委员会正式更名为“中央空中交通管理委员会”，进一步强化了党对空域管理工作的集中统一领导；2023年6月，《无人驾驶航空器飞行管理暂行条例》首次提出了微轻小型无人机适飞空域的概念及管理方式，目前各地适飞空域范围已可以在UOM平台查询；2023年11月，国家空管委办公室下发《中华人民共和国空域管理条例（征求意见稿）》，对国家空域管理模式进行了顶层设计和完善；2023 年 12 月，中国民用航空局公布《国家空域基础分类方法》，依据航空器飞行规则和性能要求、空域环境、空管服务内容等要素，将空域划分为 7 类，明确 G、W 类为非管制空域。综观我国低空空域管理改革历程，主要有以下五个方面的特点。

1. 赋予地方政府管理空域的职责

新中国成立以来，我国的空域管理工作一直由国务院、中央军委授权中国人民解放军空军统一管理。2000 年，空军将航路航线移交民航管制指挥后，军民航按照职责分工，分别负责航路内和航路外的空域管理工作。自 2018 年四川省在低空空域协同管理改革试点中，成立了由省政府牵头组成的军地民三方低空空域协同管理机构和协同运行中心，承担了低空空域的部分管理职责，较好地发挥了地方政府在低空空域使用和管理中的组织协调作用。之后，湖南、江西和安徽 3 省都成立了由省政府牵头的军地民三方低空空域协同管理委员会及其办公室，具有部分低空空域的使用权，承担了部分低空空域的管理职能。《无人驾驶航空器飞行管理暂行条例》作出县级以上地方人民政府及其有关部门按照职责分工负责本行政区域内无人驾驶航空器有关管理工作，市级以上人民政府公布相关空域等规定，《中华人民共和国空域管理条例（征求意见稿）》提出，“县级以上地方人民政府及有关单位按照职责分工协助做好有关空域的管理工作”。这充分反映出空域管理权限，特别是非管制空域管理权限下放地方政府的趋势。

2. 强调“管用分离”空域管理原则

《中华人民共和国空域管理条例（征求意见稿）》明确提出了“管用分离”的空域管理原则，这在现行的空域管理法规中也是首次提出。

按照现行的《中华人民共和国飞行基本规则》有关规定，我国境内的飞行管制，由空军统一管理，各有关飞行管制部门按照各自的职责分工提供空中交通管制服务。其中，我国境内划设的航路航线空域、民用运输机场空域、进近终端区空域，由民航空管系统负责管理；除上述空域外，其他空域由军航空管系统负责管理。民航和军航既是空域的使用者，也是空域的管理者。空域实行“管用分离”管理体制后，对全国空域实行统一规划、统一管理、科学调配，实现对空域资源的高效利用。对空域用户来说，规定其权利和义务，规范空域申请与批复、空域释放等，更加便捷了。

3. 对空域实行分级分类管理

我国现行的空域管理法规没有对全国空域按照管制方式和飞行高度进行分级分类划设。《国家空域基础分类方法》参照国际民航组织推荐标准，基于我国实际，准确把握各类航空用户的飞行特点，适应无人机发展趋势，建立了空域资源分级分类管理制度，即两级七类空域。其中A类为6000米（含）至20000米（含）空域，B类和C类空域分别为民用运输机场和建有塔台的通用机场上空，D类空域为20000米以上空域，E类空域为除A、B、C、D、W类以外的空域，可根据运行和安全需求选择划设；G类空域为除机场空域以外300米以下空域，以及6000米以下对军事飞行和民航公共运输飞行无影响的空域，W类空域为G类空域内真高120米以下部分空域（见图9-2）。这种空域划分类别方案，借鉴了航空发达国家在空域分级分类方面的成功做法，可以理解为6000米以上空域主要是供运输航空和军事航空使用的空域；6000米以下空域，只要不进入机场空域、军方固定划设的训练空域、空中禁区等限制性空域，通用航空都是可以使用的（见表9-3）。

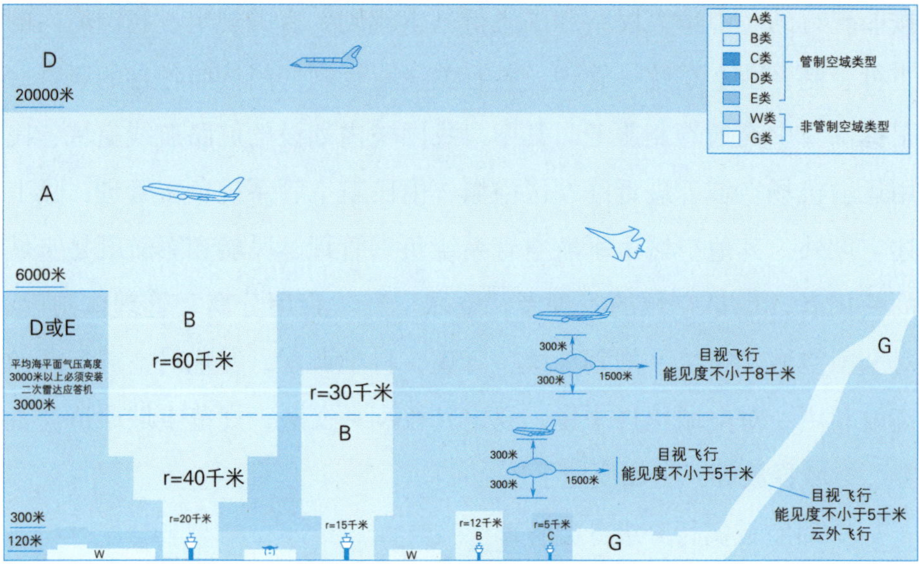

图 9-2 国家空域基础分类示意

资料来源：《国家空域基础分类方法》附件 3。

表 9-3 国家空域基础分类方法

空域种类	飞行类别	提供的服务	速度限制	通信要求	ATC 许可	监视设备
A	仪表	ATC 服务，配备间隔	不适用	持续双向	是	二次雷达应答机（同等性能的监视设备）
B	仪表	ATC 服务，配备间隔	不适用	持续双向	是	二次雷达应答机（同等性能的监视设备）
	目视	ATC 服务，配备间隔	不适用	持续双向	是	二次雷达应答机（同等性能的监视设备）
C	仪表	ATC 服务，为仪表和仪表、仪表和目视飞行之间配备间隔	不适用	持续双向	是	二次雷达应答机或可被监视的设备

续表

空域种类	飞行类别	提供的服务	速度限制	通信要求	ATC许可	监视设备
C	目视	ATC服务，为目视和非目视飞行之间提供交通信息，根据要求提供交通避让建议	AMSL3000米以下，IAS不大于450千米/小时	持续双向	是	二次雷达应答机或可被监视的设备
D	仪表	ATC服务，为仪表和仪表飞行之间配备间隔，提供关于目视飞行的交通信息，根据要求提供交通避让建议	AMSL3000米以下，IAS不大于450千米/小时	持续双向	是	AMSL3000米以上安装二次雷达应答机（同等性能的监视设备）；低于3000米安装可被监视的设备
	目视	ATC服务，提供关于仪表和目视飞行的交通信息，根据要求提供交通避让建议	AMSL3000米以下，IAS不大于450千米/小时	持续双向	是	AMSL3000米以上安装二次雷达应答机（同等性能的监视设备）；低于3000米安装可被监视的设备
E	仪表	ATC服务，为仪表和仪表飞行之间配备间隔，尽可能提供关于目视飞行的交通信息	AMSL3000米以下，IAS不大于450千米/小时	持续双向	是	AMSL3000米以上安装二次雷达应答机（同等性能的监视设备）；低于3000米安装可被监视的设备
	目视	尽可能提供关于仪表和目视飞行的交通信息	AMSL3000米以下，IAS不大于450千米/小时	保持守听	否，进入报告	AMSL3000米以上安装二次雷达应答机（同等性能的监视设备）；低于3000米安装可被监视的设备

续表

空域种类	飞行类别	提供的服务	速度限制	通信要求	ATC许可	监视设备
G	仪表	飞行信息服务	AMSL3000米以下，IAS不大于450千米/小时	持续双向	否	安装或携带可被监视的设备
	目视	飞行信息服务	AMSL3000米以下，IAS不大于450千米/小时	保持守听	否	安装或携带可被监视的设备
W		无	机型设计速度	无	否	自动发送识别信息

资料来源：《国家空域基础分类方法》附件2。

《无人驾驶航空器飞行管理暂行条例》也充分体现了空域分类划设思路，划设了真高120米以下的微轻小型无人机适飞空域。空域的分级分类划设、分类管理，为各类航空器的安全顺畅飞行创造了有利条件。

4. 对空域实行动态管理

随着我国各类航空飞行量的不断增长，高密度的飞行量与空域容量的矛盾日益突出，在静态空域结构下，仅仅通过流量管理的方法已不能有效地缓解空域需求与空域容量之间的矛盾，引入动态空域规划策略是空域管理的必然要求。《中华人民共和国空域管理条例（征求意见稿）》明确，“国家建立空域动态配置、灵活使用制度，通过调整部分空域等级、类型和空域管理主体（空中交通服务主体），优先满足国家安全需求，尽可能减少空域限制，确保空域资源有效管理和充分利用”；国家将健全空域供给通告制度，提高空域动态配置水平。这也是世界航空发达国家的普遍做法，即将国家空域视为连续整体，根据空域用户需求逐日分配灵活使用，最大化满足空域用户需求。近年来，我国针对军民航空域管理运行方式差异大、标准不统一、信息难融合，导致双方空域资源难共享等问题，军民航加强合作，积极探索和创新，先后出台了《临时航线使用管理办法》等法规规章，在军航训练空域内划设临时航线，重点城际飞行由固定使用单一航线变为多条航线选择使用，全国新增近百条固定航线和500多条临时航线，实施飞行繁忙地区进离场分离、开设单向循环大容量空中通道、强化国家重大活动军民航联合协调保障机制等，取得了积极成效。我国空域管理将逐步实现“空管空防一体、平时战时衔接、日常应急兼顾与空域动态管理灵活使用相适应”的国家空域运行机制，全面提升国家空域资源的管理水平。

5. 建立空域评估制度

《中华人民共和国空域管理条例（征求意见稿）》第六章明确，空域管理应当依照国家规定的标准、程序和方法进行科学客观的评估，包括空域划设、空域运行状态和空域使用效益，重大空域评估结果按规定报批后公布。这在现行空域管理法规中也是首次提出。现行的空域运行管理，主要是军航和民航两大系统，由于两家分别管理航路内外的空域，空域使用信息不透明，缺乏对空域使用效益的检查监督，造成闲置的空域资源无法得到及时有效的利用。而通过建立空域评估机制，可以由国家空域管理机构定期对空域资源现状、使用效率、运行安全、环境保护等空域管理情况进行实时检查评估，并作为空域规划设计、运行管理、使用监督等的重要依据，督促各级空域管理机构加强对空域资源的科学管理，认真履行空域管理职责，规范空域管理行为，不断提升空域资源的使用效率和空域管理水平。

（三）低空空域申请流程

尽管低空空域管理改革逐步推进，微轻小型无人机适飞空域也已划设，但其他低空飞行器飞行，仍需采用原有的申报审批制度模式，均须事先申请空域，提交飞行计划申请，审批环节及程序较为复杂，至少需历经军民航 2～3 个审批层级，涉及 5～6 个部门的相关环节。

①在申请空域前，首先明确飞行需求，包括飞行区域、飞行时间、飞行高度、飞行目的等。根据实际需求，选择适合的空域类型，如临时空域、特殊空域等。

②准备申请材料，包括但不限于航空器及其操作人员的资质证明、经营许可证 / 运营合格证、飞行计划、任务证明材料、安全保障措施等。

③联系飞行区域的空管部门，填写申请表格，支付申请费用并递交申请材料，包括在线提交、邮寄提交等。

④在空管部门批准了空域申请，收到通知获得飞行许可后，可按照批准通知中的要求执行飞行任务。一般在飞行前一天需要按批文的要求发送次日飞行计划传真报备，飞行当天进行起降报备。在飞行过程中，需严格遵守飞行规定和安全要求，确保飞行安全。

当然，不同类型的飞行计划申请，需要经过不同层级的部门来批准，所提交的材料及要求也不一样。

目前，无人机领域的空域申请和计划申请（已合并为飞行活动申请）可以通过国家综合监管服务平台 UOM 来进行。

为提高低空飞行作业的运行效率，有必要构建统一的服务平台，汇集区域内空域划设情况、审批程序、通用机场、基地、临时起降场点、地面保障基地等信息与资料，并为低空用户提供标准化和统一化的基础数据。这就需要在低空运行监管服务方面加快改革创新，加强数字化技术手段应用，推进空中交通管理系统及低空运行体系的建设。这也是本书接下来的章节需要解决的主要问题。

二、运行监管服务

运行监管服务，主要包括依托低空基础设施，通过相应标准、规则等来进行低空运行管理和服务保障等，确保低空运行安全的各方面内容，涵盖 CCAR-92 部规章的驾驶员 / 操控员管理、航空器登记和适航管理、空中交通管理、经营和运行管理等。从实践来看，由于有人机和无人机具有差异性，行业对有人机和无人机分开管理，分别建设飞行服务站和无人机监管系统 / 平台等进行运行监管和服务保障。在新技术变革趋势下，低空运行监管服务内容也在发生明显变化。“传统电台 + 雷达”的通信导航监视气象等服务与新兴领域的 5G、卫星互联网等低空智能网联两条技术路线将相互交叉融合，在一些空域全域开放省份已有所实践。运行监管服务涉及内容较广，鉴于目前仍未有一款产品按照 CCAR-92 部完成载物或载人运行审定，这里主要就空管运行及相关服务保障进行介绍。

（一）空中交通管理及相关概念区分

首先，厘清空中交通管理（Air Traffic Management，ATM）与低空智联网的关系。低空智联网是利用数字化网络化手段实现空管系统智慧化的基础设施，空中交通管理是利用低空智能网联系统（主要是空管系统）等来实现低空运行监管，两者是紧密相关的。低空智联网部分功能用于支撑空中交通管理，由依托机载及地面设备的低空智联网（感知层）获取低空活动相关数据，通过网络层传输到空管信息处理系统（平台层）进行运算、分析和处理，空管部门、服务保障单位等按照相关规则、标准、程序等提供管控和服务，共同加强低空运行监管。

其次，厘清空中交通管理与空中交通管制（Air Traffic Cnotrol，ATC）的关系。ATC是指利用通信、导航技术和监控手段对航空器飞行活动进行监视和控制，以保证飞行安全和有秩序飞行。传统通航往往要求管制，包括程序管制和雷达管制，主要任务是防止航空器在空中相撞，防止航空器同障碍物相撞。空中交通管理是实现低空空域管理的主要手段，其核心任务是确保空中交通安全、维护空中交通秩序以及保障空中交通畅通，涵盖了空中交通服务、空中交通流量管理和空域管理三大领域。这三大部分是相互协作、互相支撑的。其中，空中交通服务是空中交通管理的基础环节，主要负责为飞行器提供实时、准确、高效的通信、导航和气象等服务，包括空中交通管制（ATC）、飞行情报服务（FIS）、航空气象服务（AWS）和告警服务（AS）。通过这些服务，为飞行员和地面管制员提供必要的信息，确保飞行器在复杂多变的空中环境中安全飞行。空中交通流量管理是对单位时间内通过航线某一点或者某条航线的飞机数量进行管理，保证空中交通最佳地流向或通过特定区域的手段。在这一环节中，空中交通管理人员通过对飞行计划、航班时刻和空中交通流量进行科学预测和合理调配，确保空中交通的顺畅运行，降低航班延误率，同时减少空中拥堵现象。空域管理是空中交通管理的重要组成部分，主要负责规划和实施空域资源的分配与使用。空域管理的目标是实现空域资源的最大化利用，保障各类飞行活动有序进行，确保国家航空安全。从当前来看，空中交通管理的难点在无人机，特别是应对未来大规模高密度、高异构及高动态的低空安全融合飞行，将是全世界共同探索的主要方向。

空中交通管理是广义运行管理的一部分，依托空管系统来进行。空管系统是指通信、导航、监视与空中交通管理系统（CNS/ATM），其核心是用于管理空中交通运输的信息处理系统。

最后，厘清空中交通管理与低空飞行服务保障的关系。低空飞行服务保障是指为航空器运行提供航空情报服务、低空通信监视、低空航空气象服务以及飞行计划管理、空域申请等飞行服务的体系，可以算作空中交通管理的一部分，也是低空运行监管服务的重要环节（见图 9–3）。

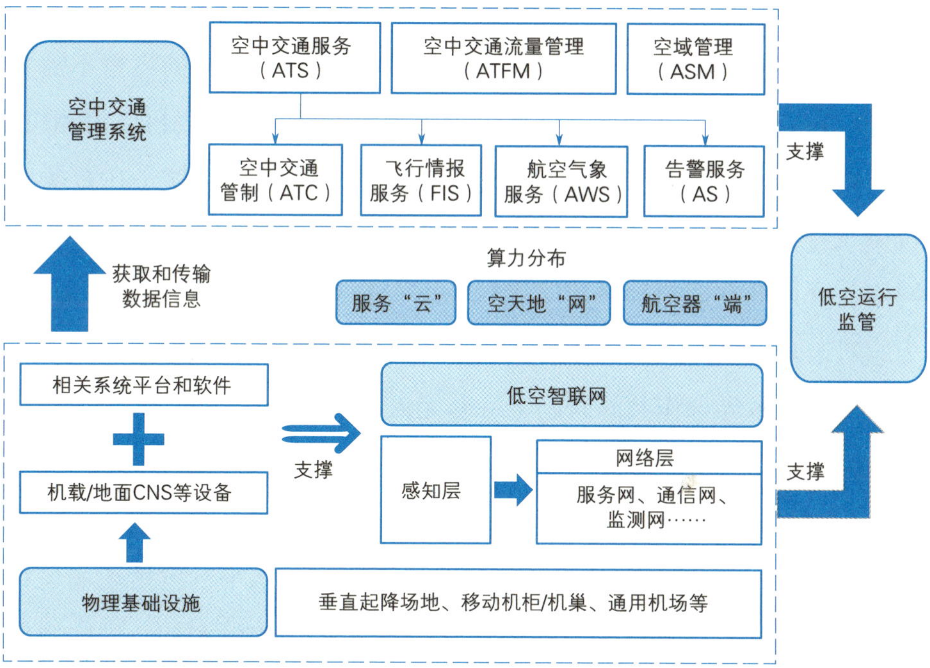

图 9–3 空中交通管理及相关概念关系

资料来源：根据国金证券分析报告整理。

（二）国外进展情况

在传统通航领域，空中交通管理方式和手段都在随技术的进步而变化，但仍以欧美等国家和地区为主导。在无人机及 eVTOL 等领域，飞行器的类型从传统构型飞机变为 eVTOL 等新构型飞行器，主要运行环境从海拔数千米的高空空域变为城市附近的低空空域，飞行方式在传统的目视和仪表飞行基础上扩展了基于指令的驾驶（PIC）飞行或完全自主飞行，是全新的领域，世界各国都在探索推进。其中，美国早在2012年就开展了无人机交通管理系统的研究，目前管理系统已初具规模。

1. 美国

（1）UTM

按照美国空域管制的规定，航空器在大量的非管制空域（G类空域）里飞行完全不受限制。G类空域贴近地面，由于地形原因雷达无法覆盖，所以也无管制可言。只要天气允许，在G类空域的飞行不需要无线电和应答器，也无须向任何组织申请或联系。商用飞机、滑翔机、直升机、气球等在G类空域中不受限制，而无人机恰恰就是在G类空域中飞行，这无疑大大增加了安全风险。基于美国建立的飞行服务站网络，可为低空用户提供实时飞行数据、航空气象、航班管理等服务，为应对未来大量的无人机在G类空域飞行，美国NASA牵头，与FAA、工业界、学术界合作共同研制了一套无人机交通管理框架（UTM），以确保飞行效率并避免碰撞。

UTM旨在防止无人机和有人机相撞，技术理念是有人机—无人机融合运行，保障无人机实现与有人机等同的安全水平，包括现场运行管理、终端区运行和航路航线飞行。UTM是一个非管制的、面向服务的空中交通管理框架，通过授权给民营机构，也就是无人机服务提供商（Unmanned aircraft system Service Supplier，USS）来提供服务。这些机构具有无人机所需服务（包括运营服务和交通服务）的提供能力，能给使用无人机作业的企业提供FAA所不具备的服务。UTM开发将最终确定服务内容、角色/责任、信息架构、数据交换协议、软件功能、基础设施和性能要求，以实现对低空非管制的无人机运行管理，解决低空空域（约120米以下的空域）小型无人机的非管制运行问题。

NASA 最初设想在每架无人机上安装监测和避障装置，来躲避其他飞行器和恶劣天气。但是这些装置往往既笨重又昂贵，无人机本身难以负载，无人机使用者也难以承担高昂的费用。因此，NASA 将 UTM 设计为一套能够与无人机和现有航空管制系统进行交互的软件系统。UTM 运行系统中的空域用户可以按照视距内或者视距外两种方式运行。视距内运行的运营人可以目视保持与其他无人机和有人机的安全间隔，在不与其他 UTM 用户进行数据交换的情况下，无法预先知道其他有人机和无人机的飞行意图，仍可保持安全运行。视距外运行必须依赖无人机的通信、导航 / 网络、监视（CNS）性能，满足特定的 CNS 性能要求后才可以开展运行。此类运营人需要借助 UTM 服务，实现运行区域内的信息交互，无人机服务提供商提供信息交互服务，协助无人机运营人满足 UTM 运行要求。FAA 针对无人机的运行方式只提出了较为初步和笼统的设计，几乎未涉及具体的运行规则。

UTM 系统通过飞行服务站系统来实施。飞行服务站系统是美国传统通航的重要组成部分，该系统通过集成先进的通信技术、数据处理技术和人工智能技术，实现了对低空飞行器的全面监控和管理（见图 9-4）。

NASA 为 UTM 规划了四个等级的技术成熟度。UTM 1.0 多视距内运行：基于无人机通信接口和管理系统的网络化运行，通过地面基站、卫星通信实现无人机与管理中心的信息共享。UTM 2.0 多超视距运行（非城市地区）：在乡村地区实现超视距飞行意图分享，在较远的距离实现无人机飞行协调，同时实现不同地区地理围栏约束无人机飞行。UTM 3.0 多超视距运行（城乡接合部、机场附近）：在城乡接合部或机场附近等较复杂区域，实现常态超视距运行，远距离无人机飞行协调，同时实现空中 V2V 防撞（机对机防撞），并保障规避静态障碍

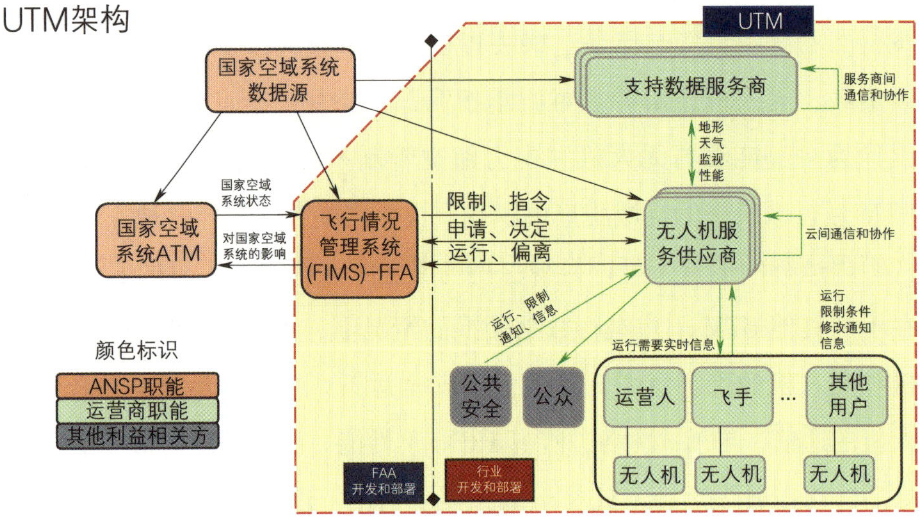

图 9-4　美国无人机交通管理（UTM）架构

资料来源：作者根据公开资料整理绘制。

物。UTM 4.0 城市复杂环境超视距运行：在城市复杂环境中实现超视距运行、精确引导，准确跟踪和定位，实现规避动态障碍，并具有处理大规模突发事件的能力（见图 9-5）。

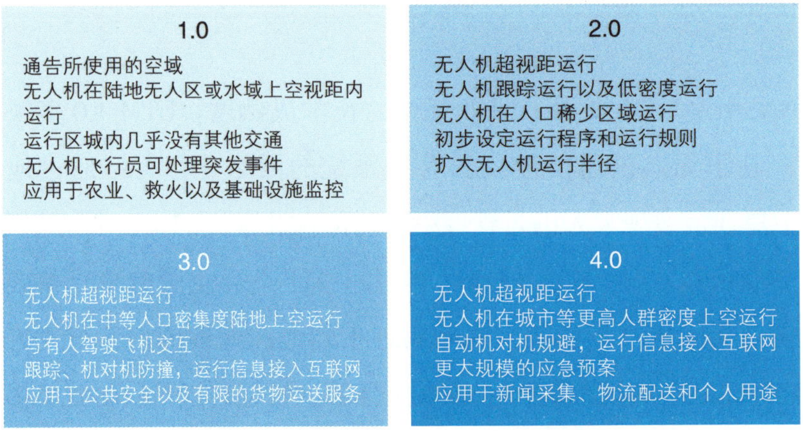

图 9-5　UTM 四个等级的技术成熟度

资料来源：根据《NASA 无人机交通管理系统飞行验证试验概述》整理。

目前，ICAO也成立了先进空中交通研究组（AAM SG），将研究制定全球共同架构的UTM实施指导文件。

（2）UAM

针对eVTOL等城市空中交通运行，美国持续加强管理创新探索。美国航空航天工业协会（AIA）指出，如果美国想继续在未来城市空运这一领域发挥全球领导作用，就必须确定何时实现城市空中交通管理的完全集成，建立新的空中交通监管规则框架，并针对无人机系统制定“无人机远程ID、人员操作、超视距飞行”等系列规则。一旦城市空中交通（UAM）完全投入运营，将需要对空中交通管理（ATM）与UTM之间的空域分界线（当前为122米）进行划定和更新。ATM与UTM两种系统的充分集成，是确保UAM安全运营及其他航空航天活动安全开展的唯一途径。

2020年6月，FAA颁布了《城市空中交通运行概念1.0》，提出了UAM运行的基本设想和运行管理框架（见图9-6）；2023年4月，FAA发布《城市空中交通运行概念2.0》完善了UAM管理体系架构，特点是市场参与度高、FAA仅作宏观把控，其中UAM服务提供商（PSU）、UAM运营商、补充数据服务供应商（SDSP）是管理体系的重要构成角色，联邦服务网络（FSN，提供统一信息网络基础设施）、基于指令的驾驶（PIC）、垂直起降机场（VTP）、无人机系统服务供应商（USS）、其他国家空域使用者、公共利益相关方（环保、国防、城市建设相关政府机构）等也是其中要素。FAA建立了“FAA→PSU→UAM运营商”的管理层级，以及“SDSP→PSU+UAM运营商”的信息支持框架。

UAM运行系统中，由UAM服务提供商（PSU）提供信息交互与协调服务，承担运行管理的绝大部分职责，主要包括飞行计划辅助服

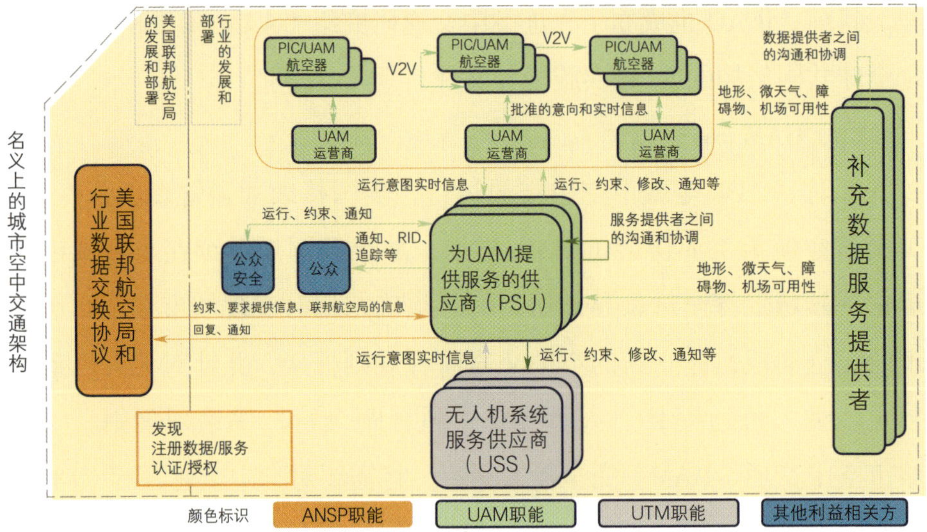

图 9-6 UAM 运行管理框架

资料来源：《美国城市空中交通体系框架构想》。

务和空中交通管理服务。为保证运行安全，参与 UAM 运行的航空器、UAM 机场、运营人以及 PSU 都应达到必要的安全性能等级要求，并通过相关的运行合格审定。比如，对于 UAM 运营人，应按照民航规章框架体系，完成 121 部或者 135 部运营人的运行合格审定。为确保 UAM 与传统民航运行可以无缝衔接，当 UAM 航空器从运行环境（UOE）进入空中交通管制空域时，必须满足该类空域对有人机的航空器性能和最低设备要求，且 UAM 航空器在飞行前应提交飞行计划，这个飞行计划与有人机的飞行计划完全一致，并且需要获得 FAA 的批准后方可实施。

拓展到更大范围的概念，美国分初始运行、中期运行、成熟运行三阶段描绘了 UAM 运行方式和管理体系的演变，展现了 UAM 从全套继承当前 ATM 到发展出其特有的管理方式的路径，为美国建立 UAM 管理体系打下了基础。此外，美国提出的 AAM 也对未来空中交通（见图 9-7）管理作了探索。FAA 认为，AAM 航空器很可能在城市和都会地区以高达 1219 米的高度运行，在主要机场周围的受控 B 类和 C 类空域内，使用现有或修改后的低空目视飞行规则航线；AAM 起初将在现有的直升机起降场、商业服务机场和通用航空机场运营，可能需要进行改造以安装充电站、停车区和滑行空间等，美国首批 UAM 项目 90% 以上将基于现有的基础设施。美国大力推进相关基础设施和网络体系建设，根据《全球 AAM/UAM 市场地图》，美国目前有 57 个城市 / 地区正在开发 AAM/UAM 计划。

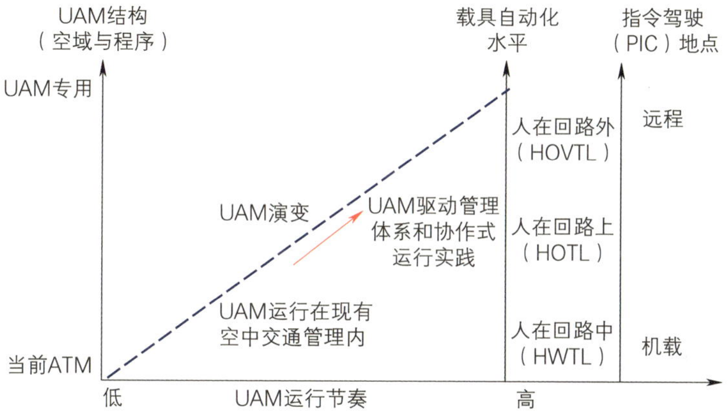

注：人在回路中（Human-Within-the-Loop，HWTL），即人总是需要直接控制自动化系统；人在回路上（Human-on-the-Loop，HOTL），人主动监视系统并在需要时可完全控制系统；人在回路外（Human-Over-the-Loop，HOVTL），人被动监视系统，得到自动化系统的通知、请求等才采取行动，仅处理出现不可调和矛盾或规则集合之外的复杂情况。

图 9-7 美国城市空中交通运行方式演变

资料来源：前瞻产业研究院，《2024 年中国低空经济报告——蓄势待飞，展翅万亿新赛道》。

（3）UTM+UAM

UTM 和 UAM 系统在初期阶段可能与现有的航空空域管理系统独立运行，但随着技术进步和需求增加，逐步实现相互融合是大势所趋。通过数据共享、互操作、统一平台和空域划分等方式，UTM、UAM 和 ATM 系统可以实现协同管理，确保所有飞行器在空域中的安全和高效运行。当前，FAA 正在推动 UTM 和 ATM 系统的融合，开发下一代空域管理系统（NextGen），旨在实现全方位的空域管理和优化，包括无人机和UAM飞行器的集成。

UTM整体运行风险不高，采用相对宽松的安全监管策略和较低的技术要求。如对按107部运行的运营人仅需进行无人机注册登记，并获取远程身份信息（RID）及空域进入许可，也可以进入部分管制空域内；有人机运营人无须强制性加入UTM，但是FAA鼓励这些有人机运营人通过加入UTM服务来增强空域用户情境意识，提升运行安全水平。FAA对于UAM的安全监管整体向传统有人机进行对标，参照传统民航运行的安全风险水平设计对应的监管方式、基础设施、技术要求等内容。

主流的UTM和UAM运行范围利用运行高度进行了整体隔离，对于按照107部运行的轻小型无人机，基于UTM服务框架，运行空域限定在400英尺（约122米）以下的高度范围；对于UAM运行服务框架下的无人机，主要运行空域都在400英尺以上。

（4）美国其他无人机监管和服务平台

第一，“为你而飞”服务平台（B4UFLY）。FAA的B4UFLY服务显示了以休闲娱乐为目的的无人机驾驶员可飞和不可飞的区域地理信息。这项服务最早于2015年5月正式对外发布，在早期，FAA通过行业协会如国际无人系统协会（Association for Unmanned Vehicle Systems International，AUVSI）、航模协会（Academy of Model Aeronautics，AMA）和小型无人机联盟（Small UAV Coalition）进行了广泛推广。B4UFLY服务采取了局方提出服务标准、社会企业提供服务的模式运作。截至2024年6月，有Airspace Link、Autopylot、Avision和UASidekick4家企业提供此类服务。它们也是LAANC服务提供商。所有的B4UFLY均可以通过PC端，或者移动端（iOS或Andriod均可）获得相关服务和信息。到2023年9月，B4UFLY已经提供了超3000万次飞行安全搜索服务。

从2015年到现在，B4UFLY的功能不断迭代、优化和升级，目前可以提供：①管制空域、特殊用途空域、关键基础设施、机场、国家公园、军事训练路线等信息；②关于特殊事件活动的临时飞行限制的信息；③使用清晰的状态指示告知操作员是否可以安全飞行，如显示禁止在华盛顿特区周围的特别飞行规则区域飞行信息；④具有过滤选项的信息丰富的交互式地图；⑤通过搜索位置或移动位置光标来检查在不同位置飞行是否安全；⑥链接到FAA获取更多无人机信息资源。

第二，低空授权和通告平台（LAANC）。对于总重小于25千克的，按照FAR 107部以商业运行或者娱乐爱好为目的飞行的无人机，若在机场附近管制空域飞行，需要通过低空授权和通告能力（Low Altitude Authorization and Notification Capability，LAANC）系统的服务商（USS）获得FAA的批准。FAA空管部门也可以获得相应的无人机、运营单位、操作人员、飞行区域、时间等信息。LAANC是一个自动化系统，USS得到空域使用申请后，会与FAA的无人机数据交换系统数据源比对，自动化批准，可以获得接近实时的结果。除非在授权中特别要求，无人机驾驶员在飞行前不需要通知塔台。LAANC只提供空域授权，无人机驾驶员仍然要检查注意事项、天气状况、航行情报，并遵守所有空域限制。

LAANC服务也是采取了局方监管和授权、社会企业服务的模式运作。2017年11月，LAANC第一个原型系统上线；到2023年9月，累计完成超160万次审批。提供LAANC服务的企业很多且不断增加，也有些企业选择退出。到2024年6月，提供服务的有AirMatrix、Airspace Link、Aloft、AstraUTM、AutoPylot、Avision、Botlin、eTT Aviation、FlightReady、UASidekick和Wing11家企业。第一批和第二批服务商中的Aeronyde、Airbus、AiRXOS、Altitude Angel Converge、大疆、KittyHawk、Unifly、AirMap、Harris Corp、Skyward和Thales Group等

企业已经不再参与，其中原因很多，比如，市场规模很小又很集中，Aloft 一家就占据了近 70% 的份额等。到 2024 年 6 月，LAANC 能覆盖美国 726 个机场，联络 400 多个空管设施。

第三，联邦航空局无人机社区（FAA Drone Zone）。如果无人机用户拟飞行的机场或管制空域，未能在 LAANC 中提供此类服务，则需要使用局方的 FAA Drone Zone 服务。它不是实时审批的，需要由 FAA 空管服务中心手动审批，可以通过 FAA 的网站申请。

FAA Drone Zone 是局方的一个综合性管理平台，作用不仅是申请空域使用，它更主要的作用是无人机注册（包括娱乐爱好用途、FAR 107 部运行或大于 25 千克的无人机），以及 Remote ID 管理等。但并非所有的局方管理工作都在此平台进行，如无人机驾驶员执照申请管理在综合航空人员资质和等级申请平台（Integrated Airman Certification and Rating Application，IACRA）进行。

2. 欧洲

（1）欧洲监管和服务组织

相对而言，欧洲的很多监管工作下放到欧盟成员国内，标准和监管程序并非完全统一，除了 EASA 和各国民航主管当局（NAA），还有以下组织机构参与了较多的新兴航空器运行监管和服务保障工作：

欧洲民航设备组织（European Organisation for Civil Aviation Equipment，EUROCAE）。它开发了涉及包括无人机和载人 eVTOL 在内的一系列的航空设备和系统标准，这些标准为相关航空产品的设计、制造和运行提供规范或指导材料，确保行业的安全性和互操作性。如在 2024 年，EUROCAE 下属的 WG-105 工作组负责无人机标准起草，其下设 6 个小组开发着从设计技术到 UTM 运行要求等各种标准；WG-112 工作组以总体方式开发 VTOL 系统标准，下属各小组的各种议题都很活跃。其目标是将这些航空器融入到现有航空体系架构中，包括适航、ATM 系统。氢燃料电池工作组 WG–80 在 2017 年发布了 MASPS（最低航空系统性能标准）/ 航空标准（AS）ED–245/AS–6858，并有多个储氢、取证相关标准正在开发。WG–113 发布了混动推进系统的标准需求（ER–025），有多项工作在 2024 年落实。

欧洲航行安全组织（EUROCONTROL），是一个泛欧洲组织，负责协调整个欧洲区域的空中交通管理。其与 EASA 和欧盟成员国民航主管当局合作，将无人机和载人 eVTOL 运行安全地整合到现有 ATM 系统中，确保空域容量最大、最安全，在欧洲各国具体落实则由相关 ANSP（传统民航空中导航服务商，如 DFS、ENAV）或 USSP（无人机运行服务商）负责。

欧洲统一天空计划联合执行体（SESAR Joint Undertaking，SJU），由欧洲公共部门和私人企业建立合作关系，侧重于通过研究和创新实现欧洲空管现代化和协调。它成立于 2007 年，负责管理 SESAR 项目的定义、研究、开发和验证活动。SESAR 一直以来，主导了欧洲的 U–Space 运行概念开发，相关项目是 CORUS–XUAM 项目。CORUS–XUAM 是一个为期 2 年的大型演示验证项目，用于研究 U–Space 服务和解决方案如何满足支持集成 UAM 运行的需求，它由“地平线 2020”计划框架提供研究资金。CORUS–XUAM 由 EUROCONTROL 创新中心协调组织，包含来自整个欧洲的 ATM、无人机、UAM 领域的 29 家相关单位共同执行，如 DFS、DLR、Droniq GmbH、DSNA、ENAIRE、ENAV、CRIDA、Volocopter 等。

（2）U–Space

与此同时，单一欧洲天空空中交通管理研究计划（SESAR）也在推进 UTM、UAM 和 ATM（空中交通管理）的融合，开发 U–Space 框架，以确保无人机和传统航空器的安全协同。U–Space 理念与 UTM 相同，但在模式上，美国 UTM 是自下而上的，即尝试和测试基本服务，并根据经验确定下一步方向；U-Space 是自上而下的，即计划和定义好框架，然后来实施。

U-Space 是一套全新的数字和自动化服务程序，它整合了多种技术手段，为无人机提供全方位的飞行支持。其核心功能包括空域管理、飞行计划制定、通信导航等，从而确保无人机在飞行过程中的安全性与高效性。此外，U-Space 还具备数据收集与分析的能力，有助于管理者更好地掌握无人机飞行状况，提升管理效率。在 U-Space 中，服务提供商扮演着关键角色，他们负责提供飞行服务、数据处理等关键功能，并与 U-Space 系统管理器进行实时通信，确保整个系统的协同运作。U-Space 规定无人机在低空使用，飞行高度不超过 150 米，并把无人机分为 3 类：开放（Open）、特许（Specific）与审定（Certificate）。

U-Space 利益相关方如图 9-8 所示。

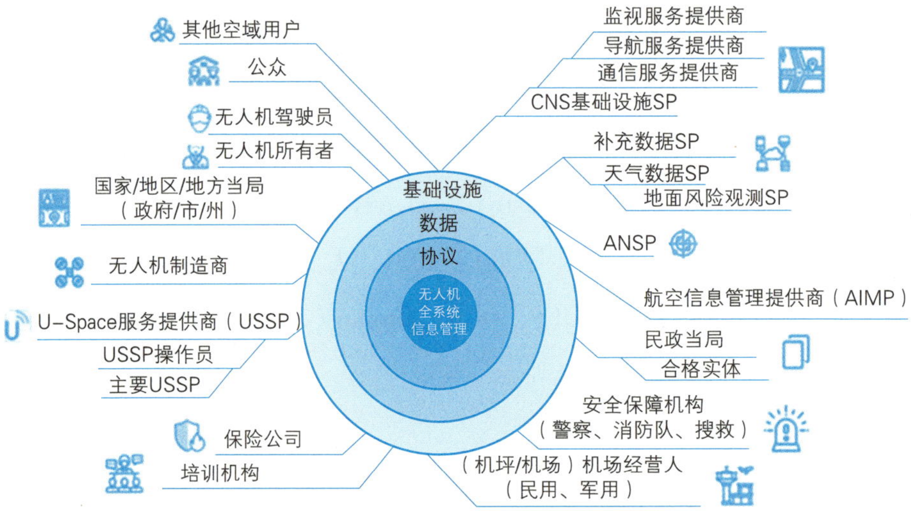

图 9-8　U-Space 利益相关方

资料来源：李章萍 . 国内外无人机交通管理系统比较［J］. 科技导报，2024（8）.

随着时间的推移及新技术可用性的增加，无人机自动化程度将逐步提高，U-Space 服务也将逐步得到发展。在 U-Space 空域蓝图中提出了四项服务：U1 基础服务，提供电子注册、电子识别和电子围栏；U2 初始服务，为无人机运营管理提供支持，可能包括飞行规划、追踪、与传统空管的交互等；U3 高级服务，为交通稠密地区更为复杂的运营提供支持，可能包括为冲突监测提供支持，自动监测和避障功能；U4 全面服务，使无人机和 U-Space 系统实现高度自动化、连接性和数字化。

U-Space ConOps 第 3 版根据欧盟“无人机条例”将极低空空域（Very Low Level，VLL）划分成 X、Y、Z 3 个空域空间，U-Space 将在不同的空域内提供不同的服务。在 X 空域不提供隔离服务，安全操作的所有责任由远程飞行员承担；在 Y 空域提供飞行前冲突解决方案，通常在飞行期间提供空中交通服务信息；在 Z 空域提供飞行前冲突解决和飞行中隔离服务，只有在 Z 空域才能实现 U-Space 所有服务（见图 9-9）。

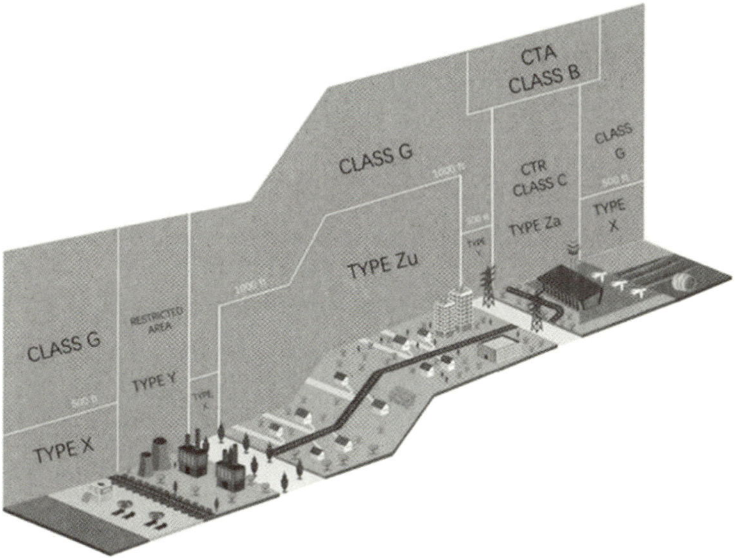

图 9-9　X、Y、Z 空域划分

资料来源：李章萍 . 国内外无人机交通管理系统比较［J］. 科技导报，2024（8）.

此外，日本也建立了国家 UTM 项目，新加坡正在着手研发服务城市环境的无人机交通管理系统 uTM-UAS，韩国和日本将在 2025 年推出具有不同 eVTOL 平台的 UAM 网络，并计划在 2026 年将 UAM 模式向其他地区推行。得益于各国通用航空产业发展的较好基础，各国在原有飞行服务站、FBO 等网络基础上，能够更好地实现无人机管控服务系统的建设与升级，并逐步发展出适合本国国情的低空智能网联运行服务体系。

（三）我国进展情况

1. 空管服务体系

我国的空管体系，采用的是统一管制、分别指挥的管理模式。最上一级原来叫作国务院、中央军委空中交通管制委员会（简称国家空管委），后改为中央空中交通管理委员会（简称中央空管委），主任由中央政治局常委兼任。中央空管委下设办公室，负责中央空管委的日常工作。此前的国家空管委是一个议事协调机构，对无人机的管理，实际是按照部际联席工作机制来进行，共同协调解决管理工作中遇到的重大问题。变成中央空管委后，目前正在实体化建设，承担国家空中交通管理领导机构的职责。在《无人驾驶航空器飞行管理暂行条例》中明确，其负责统一领导全国无人驾驶航空器飞行管理工作。

我国的空中交通管理工作主要由空军和民航部门共同承担，其中空军负责实施全国的飞行管制，民航受托对民航运输机场、航路航线等空域实施管理。具体的飞行管制中，军用飞机由空军（部分原先是海军航空兵）负责指挥；民用飞行包括外航飞行，由民航局来实施指挥。目前，全国空军一共分成五个飞行管制区，与全国战区划分一致。最下一级的管制机构一般位于机场的场站管制室，民航系统是机场空管站；往上则是管制分区，隶属于战区空军基地，民航为空管分局，包括前述空管站均为民航地区空管局所属事业单位，实行企业化管理，一般位于各省份的民航运输机场；再往上就是战区空军管制区，民航为华北、华东、东北、中南、西南、西北、新疆 7 个地区空管局，为民航局空管局所属事业单位，同样实行企业化管理；再往上就到空军参谋部，民航对应的是中国民用航空局空中交通管理局（负责民航空中交通管理、服务的职能机构）和中国民用航空局空管行业管理办公室（承担协调和指导全国民航空中交通管理及其他相关工作任务的领导机构）。

在工作中，军民航空管主要负责对高度在 3000 ~ 18000 米的飞行活动进行空中交通管理。对于 3000 米以下的飞行活动，部分地区由经过军民航授权的低空飞行服务站和无人交通管理系统负责，其余地区仍由属地军民航主管部门管理。

为了缓解军民航运行的压力，我国正在逐步将低空空域的交通管理权限移交至具有低空飞行服务保障体系的地方政府来实施，即按照分级管理原则，军民航主管部门向省级 A 类飞行服务站授予 G、W 类空域和部分 C 类低空空域管理权限，省级再向地市级 B 类飞行服务站授权，实现对低空空域有人机和无人机的全面监控与服务；再由军民航主管部门或地区飞行服务站向无人机交通管理系统授予 W 类空域管理权限，实现对无人驾驶航空器的精准管理，确保无人机在高密度、大流量环境下的运行安全性（见图 9–10）。

此外，为了加强低空空域管理的协调和配合，我国建立了一系列协调机制，如低空空域管理联席会议制度、低空空域管理信息共享机制等，确保低空空域管理工作的顺利进行。

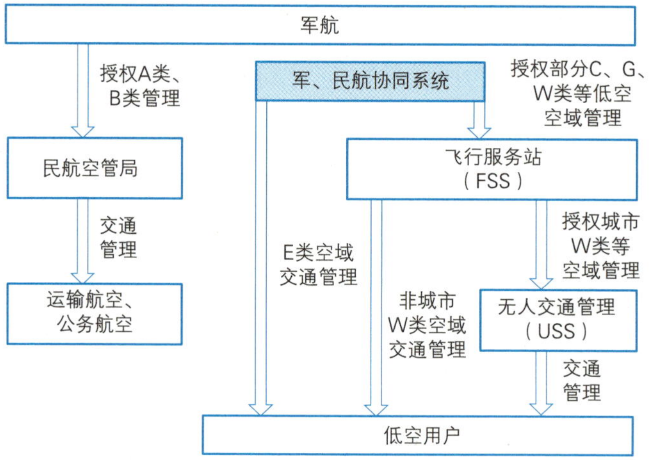

图 9-10 空中交通管理体系示意

资料来源：根据公开信息整理。

2. 飞行服务站

（1）飞行服务站建设背景

长期以来，我国采用“军管民用”的空域管理模式。然而，对于低空飞行而言，90% 以上的飞行活动是在军航管理的空域进行，低空飞行计划需要运营企业自行联系起飞所在地的军航机场管制室、民航空管单位并通报相邻的管制单位，给低空飞行带来不便，掣肘低空经济发展。为了推进低空空域管理改革，简化低空飞行计划审批程序，形成单一归口统一报批，飞行服务站应运而生。

飞行服务站的概念来自国外。2005 年，民航局空管局、飞标司、西南地区管理局、西南空管局、民航西藏自治区管理局等单位各有关部门人员组成中国民航精密导航技术运行考察团，分别对美国西雅图、安克雷奇、阿拉斯加等地的机场进行考察。这是我国第一次认识飞行服务站。

2012 年，民航局下发《通用航空飞行服务站系统建设和管理指导意见（试行）》，对飞行服务站的功能进行了界定，即通用航空飞行服务站系统是为通用航空活动提供飞行计划服务、航空气象服务、航空情报服务、飞行情报服务、告警服务、应急救援和其他相关支持的空中交通服务系统。这意味着 FSS 在各类通用航空活动中有重要的功能和作用，是服务低空空域用户的窗口和平台。同年，民航局印发《关于珠海开展航空服务站试点建设有关问题的意见》，正式将飞行服务站纳入民航空管行业管理体系，并由民航局负责指导和规范飞行服务站的建设和管理。同年 6 月，在国家空管委低空空域管理改革试点下，分别在沈阳法库、珠海三灶、深圳南头、海南东方建设首批通航飞行服务站。

2018 年，民航局研究制定了《低空飞行服务保障体系建设总体方案》（以下简称《总体方案》），提出全国低空飞行服务保障体系由 1 个国家信息管理系统、7 个区域信息处理系统以及一批飞行服务站组成。按照《总体方案》，第一、第二级信息管理系统建设工作主要由民航空管系统承担，第三级服务站的建设主要由地方政府和社会力量承担。

（2）飞行服务站组织体系

飞行服务站在组织体系上串联了管理部门（军航空管部门、民航空管部门、民用运输机场空管站）、通用机场（包括飞行营地和直升机临时起降点）、远端站（对空监视和地空通信台站）以及各类用户（飞行员、通用航空企业、机场运营单位以及应急、文旅、公安等部门）（见图 9–11）。在功能上，飞行服务站包含一个有序的系统集群，它依托于对空监视和地空通信台站、机场组网、公共网络等一系列空管服务相关系统，是空管服务系统的综合应用系统。飞行服务站系统采用云服务的基础架构，为低空领域的各类用户提供涉及通航“低慢小”飞行器及无人机、飞行员的管理服务；空域、航路及常用航空要素的设置管理；飞行计划的申报、审批服务；飞行监视、救援服务、导航和飞行情报及飞行保障服务等多种功能。同时，将支持与军民航空管、应急救援、公安、人影等系统的互联（见图 9–12）。

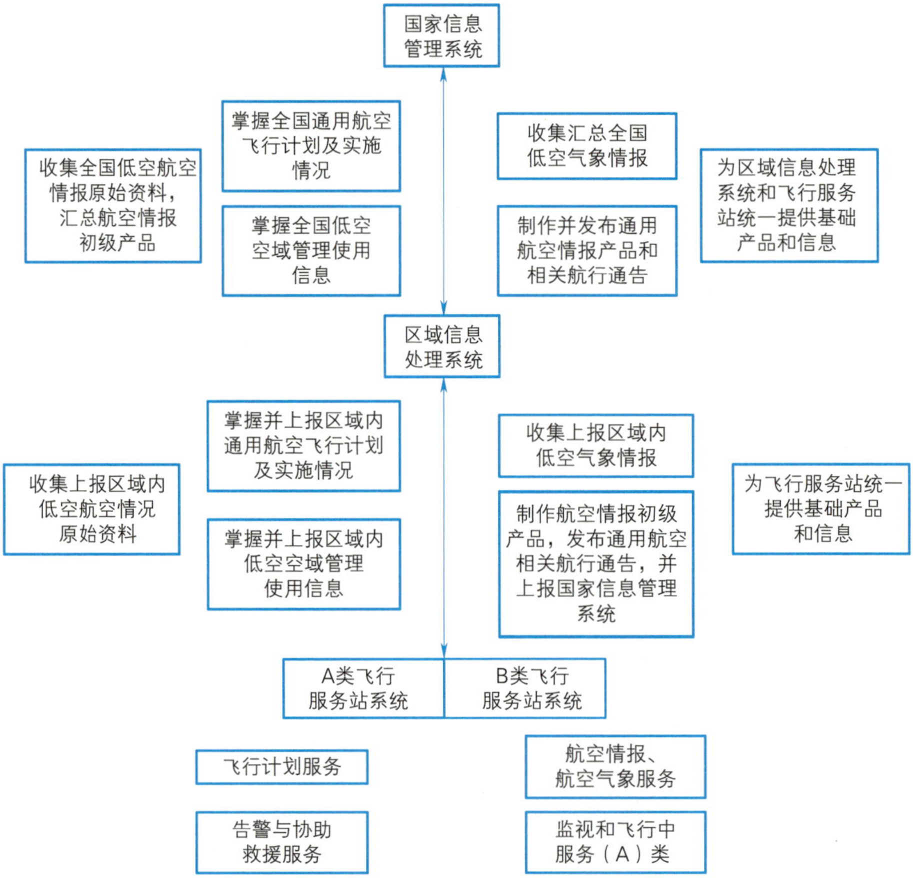

图 9-11　低空飞行服务系统架构和功能定位示意

资料来源：根据《低空飞行服务保障体系建设总体方案》整理。

（3）飞行服务站建设现状

截至 2023 年底，国家信息系统、区域信息系统、飞行服务站三级保障体系基本建成，体系化作用逐步显现，通航低空飞行初步实现“一站式”审批。具体来看，一是国家信息系统和区域信息系统完成建设并实现互联，实现了通航飞行计划信息的共享，并融合空管系统 ADS-B 数据实现对通用航空飞行态势的监控。二是服务站建设初具规模，民航积极协调地方开展飞行服务体系规划和服务站建设，大多数省份先后

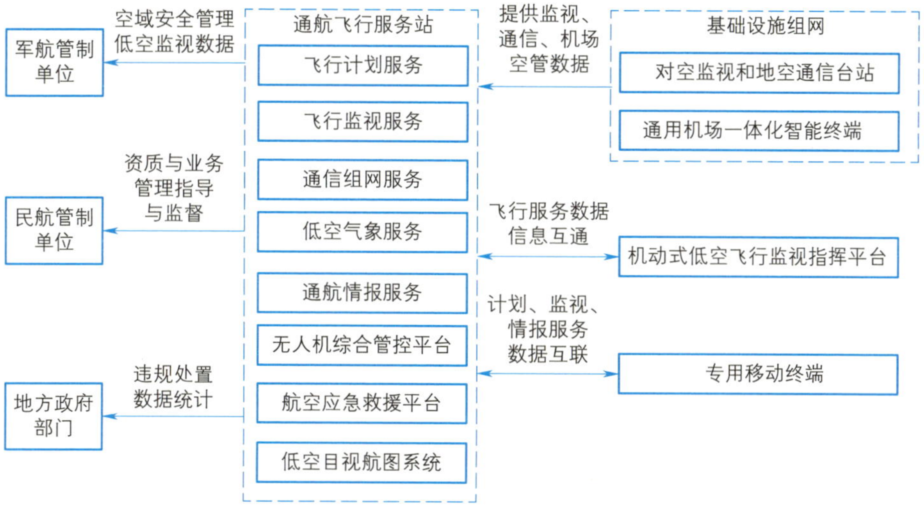

图 9–12　飞行服务站组成示意

资料来源：根据公开资料整理。

研究制定了飞行服务站建设规划并开展建设。截至 2023 年底，全国共建成飞行服务站 32 个，已有 27 个实现了与区域信息处理系统的互联互通，被正式纳入民航空管运行体系和行业管理体系（见表 9–4）。

表 9–4　已建成的低空飞行服务站（不完全统计）

地区	数量	省份	飞行服务站名称	类别
东北地区	4 个	辽宁省	沈阳飞行服务站	A
			大连飞行服务站	A
		吉林省	长春飞行服务站	A
		黑龙江省	哈尔滨飞行服务站	A
华东地区	6 个	浙江省	浙江省低空飞行服务站	A
			万丰飞行服务站	B
		上海市	上海龙华飞行服务站	—
		江西省	江西通航服务中心	B
		江苏省	江苏（镇江大路）飞行服务站	A
		安徽省	安徽通航控股集团飞行服务站	A

续表

地区	数量	省份	飞行服务站名称	类别
中南地区	8个	海南省	海南飞行服务站	A
			海南通航服务站	B
		广东省	广州市中宇航信飞行服务站	B
			珠海通航飞行服务站	B
			广州通航飞行服务站	B
		湖南省	湖南通航服务中心	A
			长沙飞行服务站	A
		广西壮族自治区	广西低空飞行服务站	A
西南地区	4个	四川省	四川省低空空域协同运行中心	A
			川南（自贡）飞行服务站	B
		重庆市	重庆龙兴飞行服务站	B
		云南省	云南省通用航空飞行服务站	B
西北地区	7个	陕西省	民用航空陕西低空飞行服务站	A
			誉翔外航（西安）飞行服务站	B
			西部通用机场有限公司飞行服务站	B
		甘肃省	易鹏航空甘肃飞行服务站	B
			张掖丹霞通用机场飞行服务站	B
		宁夏回族自治区	宁夏睿宝通航飞行服务站	B
		青海省	青海炫飞低空飞行服务站	B
华北地区	1个	河北省	张家口低空飞行服务站	A

资料来源：根据公开信息统计整理。

目前，部分省份仍未规划和建设飞行服务站。根据民航局规划，民航部门将继续配合地方政府加快推进服务站建设，组织各地区管理局开展服务站符合性检查和互联互通工作，将其纳入民航空管运行体系。充分发挥服务站窗口作用，通过飞行服务体系理顺各类低空用户间的沟通渠道，低空用户只需通过“一张网络”就可以实现计划提交、受理、审批、服务、保障、运行。

此外，民航局空管局航行情报中心还建立了中国民航通用航空信息服务平台，具有通用机场航空资料、空域信息、全国目视飞行航图等信息查询及飞行任务规划支持等功能。

（4）飞行服务站建设典型案例

第一，海南通航飞行服务站。这是我国首个通过空管委、联合参谋部、海军、南航部队和省政府民航办等相关单位验收的飞行服务站。飞行服务站建成后，军航航管部门、民航海南空管分局、民航三亚空管站、博鳌机场、三沙机场等单位与海南通航服务站签订了海南地区通航飞行服务保障协议，建立通报协调关系，由海南通航服务站统一受理飞行计划，简化飞行计划申报流程，提高了飞行时效。在建成运行海南通航服务站前，飞行计划申报需要通用航空飞行用户提前 1 天，自行联系起飞所在地的军航机场管制室、民航空管单位并通报相邻的管制单位。海南通航服务站建成运行后，服务站可实现通航飞行服务的“一窗受理、一网通办”，通航用户仅需向服务站一家申报飞行计划即可，由服务站负责申请、通报相关飞行计划。服务站执行 24 小时值班制度，通航用户可按需灵活申报飞行计划，大大削减了飞行计划申报的时间。

第二，江西通航服务中心。江西省在低空空域协同化管理改革试点中，成立了江西省通用航空协调运行中心。在飞行计划与任务管理方面，根据通航飞行任务审批相关规定，管制空域内的飞行计划，由通航用户在飞行实施前 1 天通过运行中心提出飞行计划申请再由运行中心向军民航空管部门申请并将审批意见及时反馈通航用户；监视、报告空域内的通航飞行，由通航用户在飞行前将飞行计划通过运行中心向军民航空管部门报备。在飞行实施管理方面，管制空域内的飞行活动，应在飞行前 4 小时向相应空管部门提出飞行计划申请，空管部门应在飞行前 2 小时作出批准或不予批准的决定，并通报申请单位或个人；监视空域内的飞行活动，应在飞行前 2 小时向相应空管部门报备飞行计划，报告空域内的飞行活动。

第三，湖南通航服务中心。湖南省在民航中南地区管理局的指导下，建成了全国第一个可服务全省的 A 类飞行服务站——长沙飞行服务站，不仅可为通航用户提供飞行计划处理、航空情报服务、飞行情报服务和气象情报服务，还可以提供飞行动态监视和飞行中服务。飞行计划方面，通过飞行服务站建设将现行飞行前一日 15 时前申请、21 时前批复，改为涉及管制空域的前一日 15 时前申请、21 时前批复，仅涉及监视、报告空域的，只需在飞行前 2 小时报备即可，大大简化了流程、缩短了时间。目前，飞行服务站已经实现了“一窗受理、一网通办”飞行计划申报，用户在“享飞就飞”手机 App 上即可完成“一键”申请。

3. 无人机监管服务系统及平台

当前，我国无人交通管理体系主要通过无人机监管系统 / 平台的建设逐步构建。无人机监管系统 / 平台主要分为两大类：一是由中国民航局飞标司批准的各家无人机云系统；二是民航局空管办主导开发的无人机监管信息系统。这两类系统针对民用无人机，着重解决无人机的主动飞行监视与管控、信息收集和信息分享等问题。无人机云系统负责提供上述功能，并通过无人机云交换系统进行信息交互，将无人机云交互信息集成到无人机运行管理系统（目前已变更为 UOM）中。

（1）无人机云系统

目前，民航局已经批准 13 家无人机云系统供应商，包括优云、优凯云、北斗云、无忧云、天宇云网、极飞云（农业植保专用）、拓攻云、中科天网、中航空管云、国网通航云、全飞云、亿航云等，正在提供无人机云管控系统应用服务，参与云交换系统进行数据交换的无人机约 24.5 万架。基本思路是无人机将速度、位置等信息发给地面站，地面站通过移动通信网络接入云系统，云系统实现对无人机的监管服务等功能。从云系统定义上就可以看出，云系统服务的对象、用户分为两大类：一类是作为管理方，如民航局、空军、公安以及政府相关部门；另一类是无人机应用方，如生产厂家、运营企业、操控员等。无人机云的相应功能，也分为管理功能和服务功能两大类。

无人机云系统具有无人机禁飞区查询、身份识别、数据统计、电子围栏、动态监视、轨迹回放、告警与通知等功能。无人机云交换系统提供飞行信息服务、飞行计划申请、审批、放飞授权等信息交换服务。2019 年初，中国民航局飞标司、适航司和空管办联合发布了《特定类无人机试运行管理规程（暂行）》（AC-92-2019-01），针对特定类行业级无人机应用启动无人机空中交通空域管理、流量管理、飞行管制与风险评估等的研究与试点。

无人机云系统如何提供空域管理、容量管理、流量控制和避撞等空中交通服务，如何与国家无人机综合监管平台进行协作，还需要进一步研究。但无人机云系统的建设和推进，为掌握民用无人机运行信息，加快推进无人机监管体系及低空智联网络体系建设奠定了良好的基础。

（2）民用无人驾驶航空器综合管理平台（UOM）

民用无人驾驶航空器综合管理平台此前是国家无人驾驶航空器一

体化综合监管服务平台的组成部分，随着无人机条例的出台，目前主要以之替代国家无人驾驶航空器一体化综合监管服务平台，对外作为无人机监管的统一入口。

UOM 最早是作为无人机实名登记系统使用，于 2017 年启用。2018 年 11 月，民航局在深圳地区开展无人机飞行管理试点工作，并上线无人机空管信息服务系统（UTMISS），主要将轻、小型无人机纳入实时管理范围。2020 年 5 月，该系统在海南省投入使用。UTMISS 系统可实现限飞空域划设、空域信息提供、计划申请、飞行数据实时报送等功能，同时，通过与民航 UOM 无人机实名登记系统等的数据互联，可随时获取每台无人机的生产序列号和注册码，实现远程识别，为相关部门及时处理违规违法飞行提供技术支撑。但 UTMISS 无法强制接入所有低空空域运行的无人机，需要无人机运营单位自愿将数据系统进行打通。我国 UTM 系统建设呈现基于风险管理的权力下放态势，同时也保持较强监管的特点，地方政府建设的无人机监管系统或平台将承担更多的空域监管责任。目前，民航局正加快推进 UOM 平台建设和功能完善（见图 9–13）。

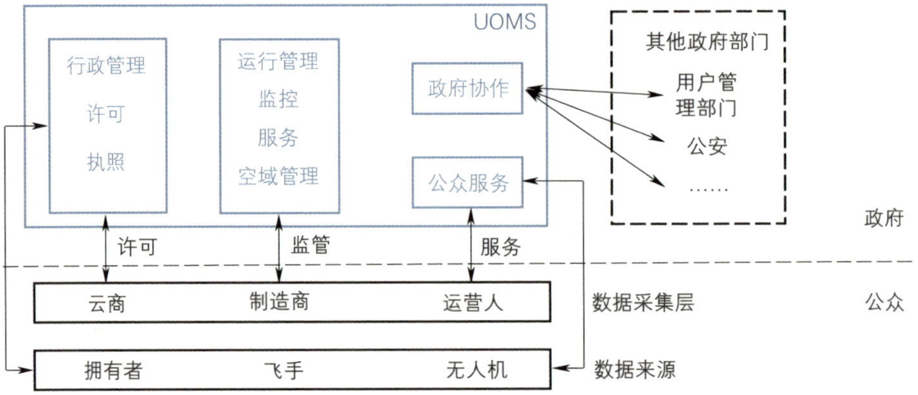

图 9–13　民用无人驾驶航空器综合管理平台数据结构图

资料来源：作者根据公开资料整理绘制。

UOM 平台的功能主要有四个方面。①行政管理：实现无人机的行业监管，无人机拥有者、厂家的实名注册、适航审定，运营人民用无人驾驶航空器运营合格证，飞手的人员资质考试、执照管理等。②运行管理：飞行计划人工及自动审批，飞行运行数据采集与监视、运行情报信息服务，电子围栏及告警服务等。③公共服务：办理行政审批事项及流程，查询政策法规、飞行情报、空域、气象等信息，查询人员资质申请、机构等信息，信用查询等。④政府协作：与工信、公安、农业、电力、工商、市场监管、各地方政府等相关部门协作，数据共享，避免多头管理等。

随着无人机产业的发展，民航局提出探索“行业管理＋社会管理”模式（见图 9–14），同时“军方管空域、民航管运行、公安管处置、工信管装备”的各单位管理职责也逐步清晰。后续，我国将主要采用“UOM+USS”的体系，即由 UOM 和由民用无人驾驶航空器航行服务提供方运营的飞行服务平台（USS）组成的无人机监管体系。目前，民航局已成立无人驾驶航空器服务提供专项工作小组（USS 专家组）并已召开了相关会议，特别是，将继续完善低空交通管理体系，为未来低空运行的通用航空飞行器与无人驾驶航空器的融合运行提供制度与技术的探索。

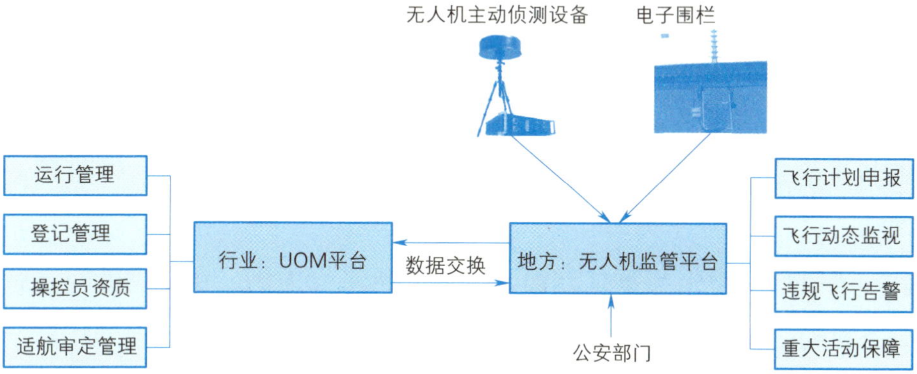

图 9–14 “行业管理＋社会管理”模式

资料来源：根据现有管理模式绘制。

（3）地方无人机监管平台

随着飞行量增大，未来低空飞行呈现异构、高密度、高频次、高复杂性特征，各类航空器共享同一低空空域，因此就需要推进有人机和无人机的低空飞行监管平台融合建设，先“通”后“融”，实现数据互联共享。因而，除深圳和海南外，湖南、江西和安徽在A类飞行服务站功能基础上，打通或集成了无人机监管功能，从而实现了有人机和无人机在低空飞行信息服务领域的融合。

第一，深圳低空飞行监管平台。2018年，深圳启动无人机飞行管理试点，该试点意在充分发挥军民航、公安、地方政府等相关部门职能作用，旨在规范深圳民用无人机飞行活动，引导无人机用户合法飞行，维护飞行秩序，确保空防安全、军民航飞行安全和公共安全。深圳同步上线试运行的全国首个无人机综合监管平台，也是我国首例将军航、民航、地方政府三方的管理系统打通，并实地部署在各管理部门的无人机管理系统。

深圳低空飞行监管平台主要由空域管理部分、民航管理和飞行信息管理服务部分、公共安全管理部分和用户服务部分组成。通过平台，界定军民航和公安的职能任务，明晰协同关系，形成统一高效、责任落实、协调密切的无人机管理与服务模式。

空域管理部分主要实现空域划设、审批、发布，飞行计划申报与审批，飞行动态实时监控等功能，是空域管理的统一决策和实施端。

飞行计划申报与审批方面，以无人机飞行为例，在建设低空飞行服务机构之前，企业需要在飞行前一天15时前，在中南地区通用航空飞行服务系统中提交飞行计划申请，并且在起飞前向岑村场站申报起飞请求，向珠海进近管制中心申报起飞请求，与南头机场沟通协调，三方均同意后才可正式起飞；改革之后，顺丰、美团、普宙等企业仅需向深圳低空飞行服务机构提出申请，由低空飞行服务机构形成统一归口向军民航管理部门提出申请，得到许可后即可放飞（见图 9–15）。

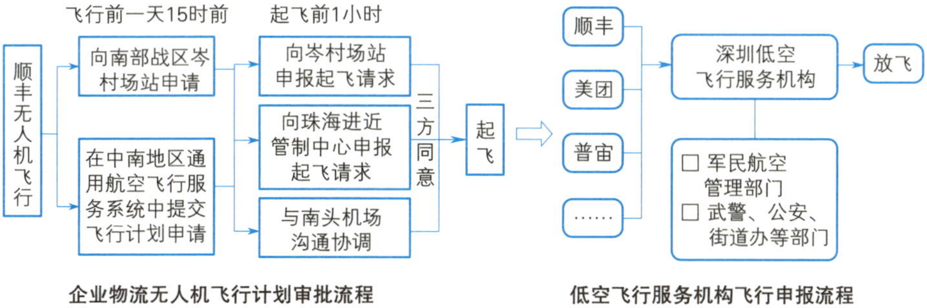

图 9–15　深圳低空飞行计划简化流程

资料来源：根据公开信息整理。

民航管理和飞行信息管理服务部分主要实现监视信息采集处理，民航飞行安全评估、信息传递，用户信息管理，用户、无人机信息核查，信息综合服务等功能，部署在民航中南地区管理局、空管局和民航深圳监管局、空管站。通过与民航业务系统、公安业务系统等系统打通，民航管理和飞行信息管理服务部分可以有效获取和管理无人机飞行申请信息，核查人员实名登记信息、驾驶员执照信息、无人机适航信息、无人机企业经营许可信息和无人机使用者安全信息。

公共安全管理部分主要实现公安备案，飞行实时监控，侦测反制设备联网等功能。与空军、民航相关系统实现数据交互，是无人机空地协同管理的信息化技术支撑。

用户服务部分即用户服务端，主要实现用户注册，信息查询，飞行计划申请，报送飞行动态信息，通知通告提醒等功能，是面向用户的统一窗口，部署在互联网端。

第二，海南无人机综合监管平台。2018 年，海南空域精细化管理改革领导小组开始在海南省选取合适地点建设能够覆盖并服务于全省的“无人机综合监管试验平台”，验证军航空域管理部门、民航行业监管部门和政府相关管理部门对无人机管控工作的职责分工与协作流程，建立军民航及政府管理部门认可和能够相互配合的无人机管理模式。该试验平台由“行业监管”“公众服务平台”“政府管理”和“军航空域管理”四部分组成，通过试验平台的建设运行，建立和检验民用无人机、国家无人机飞行管理服务标准，试验多源融合方式监测识别无人机合作与非合作目标，开展无人机综合管控平台的运行、管理和维护模式研究，为国家制定无人驾驶航空器飞行标准和管理法规，以及在全国范围内建立无人机综合监管体系提供样本依据和模式参考（见图 9–16）。目前，海南无人机综合监管平台已被纳入海南通航飞行服务站运行管理体系。

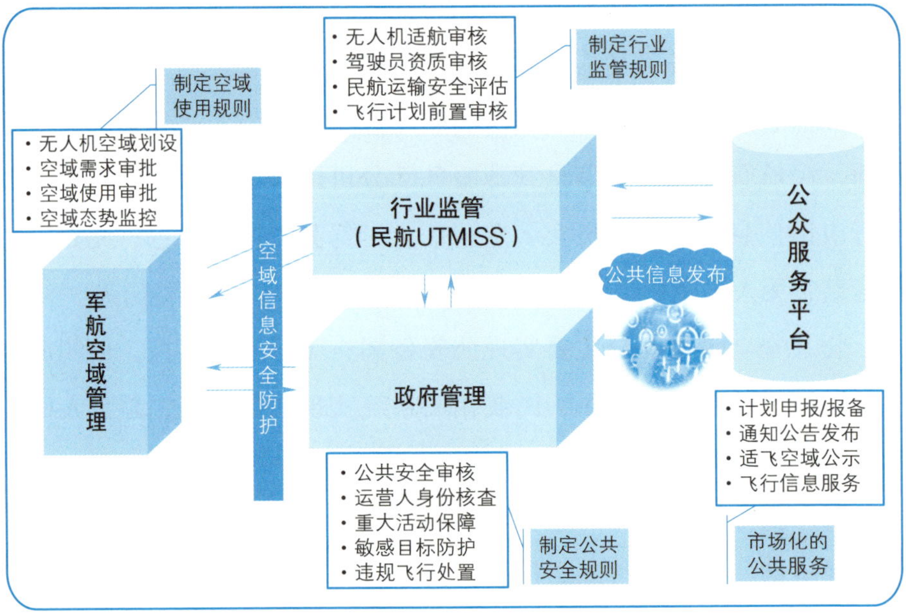

图 9–16 海南无人机综合监管平台架构

资料来源：根据行业信息整理。

海南无人机综合监管平台可提供飞行计划审批、飞行动态监视、违规飞行告警、重大活动安保等服务。飞行计划审批方面，需申报飞行计划的单位或者个人应在实施飞行前一日 15 时前，通过海南无人机综合监管平台提出飞行计划申请，经海口分区批准后方可实施，监管试验平台应当于飞行前一日 21 时前反馈批复结果，用户可以通过飞行申请查询模块，查询飞行计划的审批状态以及最终的审批结果。飞行动态监视即通过平台可以实时查看海南地区无人机的飞行活动情况。违规飞行告警即平台在发现违规飞行无人机后，通过发送短信等方式告警无人机操控者，提示立即飞出管控区域或立即原地降落。重大活动安保指在部分重点地区部署无人机主动侦测设备，对无人机非合作目标加以管控。

此外，无人机综合监管平台数据接入海南社会管理信息化平台，被纳入社会综合治理范畴，参与社管平台联勤联动值班，地方公安部门与军民航管理部门能够高效协同，对无人机违规飞行活动能够进行快速处置，为低空空域飞行活动安全提供了有效保障。无人机综合监管平台自 2020 年 5 月 1 日上线运行以来，已累计对 747 万多架次无人机实施了全程监管，处置违规飞行事件 127 起，海南“黑飞”现象大幅减少，无人机有危害的事故率仅为百万分之一。

第三，安徽省低空无人机管理与服务平台。安徽省低空无人机管理与服务平台（省无人机公共安全管控平台）已正式上线运行，系国内首家以民用无人驾驶航空器航行服务提供方（USS）模式运行的省级平台。该平台正在开展与国家无人驾驶航空器一体化监管服务平台互联互通工作，建立无人机飞行用户、飞行活动、飞行环境及其他设施设备的全方位智能化管理、服务、预警和处置能力。目前，无人机用户可通过平台查询安徽省适飞空域，并添加个人常用航线、起降点信息；飞行计划申报、空域风险评估等功能也将逐步开放。

第四，杭州无人机运行管理服务平台。针对无人机城市运行特点和管理需求而建设，平台融合5G高速低时延网络、卫星高精定位、智能感知等多种技术，具备基础数据服务、大数据存储及挖掘、应用开发标准化支持、云计算等能力。平台通过无人机城市运行管理及验证测试技术为监管部门、无人机运营商和用户等提供无人机能力测试、资质准入、运行监控、基础设施、空域气象环境、空中动态管理等公共服务。平台规划了用户管理、设备管理、飞行计划管理、空域协同管理、飞行服务、实时通信、公共服务、统计分析与回放9大功能模块，对接国家空域管理（军航）、空中交通管理（民航）、无人机反制（公安）、用户（企业/个人），能够实现杭州市低空空域管理、民航管理和飞行信息管理服务、公共安全管理和用户服务功能，与空军、民航相关系统实现数据交互，是无人机空地协同管理的信息化技术支撑。目前系统已经实现杭州迅蚁科技、韵鹞科技等十余家无人机运营企业的动态数据报送和监管。

一些地方，如江西、湖南等，低空飞行监视系统平台还能融合5G、二次雷达、ADS-B等各种通信导航监视技术手段，实现有人机和无人机同一平台监管服务的良好运行。

三、适航管理推进

（一）适航管理的要素

第一，"适航"是舶来语，最初来源于海上运输，英文为Seaworthiness，后来被欧美国家引入到民用航空领域，英文改为Airworthiness。通常可以理解为民用航空器具备并保持适航性的状态及其所有活动，国际民航公约附件8（航空器适航性）定义"适航"是航空器、遥控驾驶站、发动机、螺旋桨或部件符合经批准的设计并处于安全运行状态的状况。

第二，适航性源于安全性，是表征民用航空产品固有属性的术语，通常表述为民用航空器包括部件及子系统整体性能和操纵特性在预期运行环境和使用条件限制下的安全性和物理完整性的品质。这种品质要求航空器在全寿命周期当中，始终符合经批准的型号设计并且保持安全可用状态，即在设计之初就要考虑将来的运行环境和使用限制下的安全飞行要求，如高原飞行、结冰条件飞行、过载、飞行包线等。这种品质在全寿命周期的体现包括了航空产品设计、制造、使用、维修各个阶段，涵盖了初始适航和持续适航两个环节。

第三，适航证（CofA）是由国家民航主管部门颁发的表明该航空器符合经批准的设计并处于安全可用状态的证明文件。适航证是民用航空器合法飞行的必要条件，也是航空安全的重要保障。适航证制度确保了民用航空器处于强监管状态，这保证了航空器的高安全标准，促进航空器制造和维修质量的提高，也有助于规范航空市场秩序。适航证可分为标准适航证、特殊适航证等。标准适航证主要适用于已经取得型号合格证的运输类航空器和运输类无人驾驶航空器、正常类航空器和正常类无人驾驶航空器、特殊类别航空器，特殊适航证主要适用于已经取得型号合格证的限用类航空器和限用类无人驾驶航空器、初级类和轻型运动航空器（见图 9–17）。

通航审定政策新增的实验类适航证主要用于航空爱好者自己制造、自行组装，以个人娱乐和飞行体验等活动为目的的轻型、超轻型等类别航空器。

第四，适航管理。我国的适航管理始于 20 世纪 80 年代，当时是借鉴了美国航空运输飞机适航体系而建立起来的。我国适航管理的最初定义在 1987 年《中华人民共和国民用航空器适航管理条例》第三条：民用航空器的适航管理，是根据国家的有关规定，对民用航空器

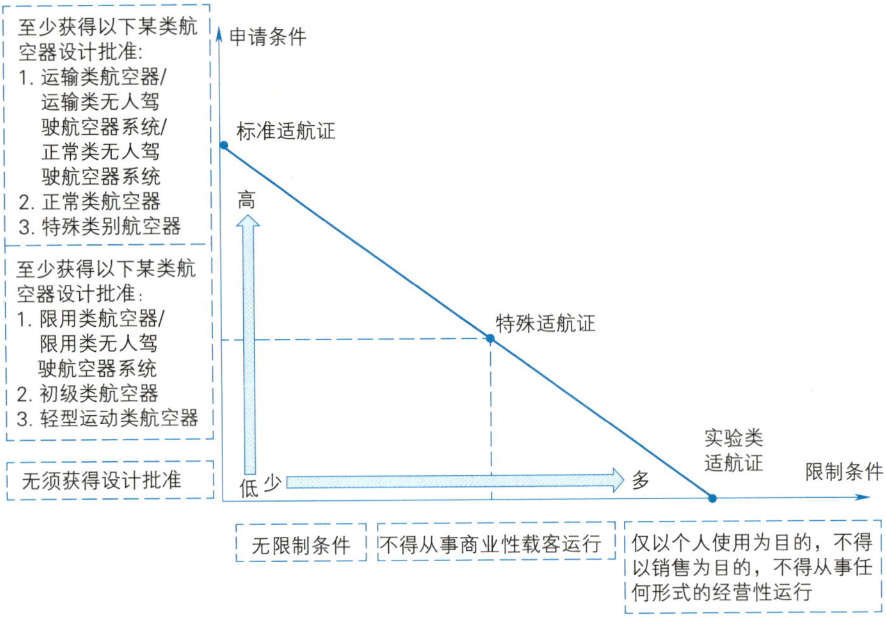

图 9–17　适航证分类与申请条件及其限制

资料来源：《航空维修与工程》。

的设计、生产、使用和维修，实施以确保飞行安全为目的的技术鉴定和监督。可以说，适航管理活动贯穿了民用航空器从设计、生产到使用、维修的全生命周期。这个定义一直沿用至今。本书重点介绍民用航空器的适航管理，按照法律法规规定，中国民用航空局承担民用航空器适航管理的职责。

（二）适航管理制度

1. 适航管理法规规章

适航管理必须执行规定的适航标准和程序，对民用航空器的设计、生产、使用和维修等环节进行科学统一的审查、鉴定、监督和管理。适航管理涉及航空器的全生命周期，《中华人民共和国民用航空法》《中华人民共和国民用航空器适航管理条例》给适航管理赋予了法律定位。在其指导下，通过民航规章和规范性文件等具体确定航空产品应当满足的安全要求，以及航空产品取得适航许可应当遵循的管理要求。任何单位或者个人设计民用航空器，应当向民航局申请并获得型号合格证（TC）；任何单位或者个人生产民用航空器，应当向民航局申请并获得生产许可证（PC），未取得生产许可证但因特殊需要申请生产的，须经民航局批准；民用航空器必须获颁航空器适航证（AC）方可飞行。

我国适航管理规章体系由6部管理类规章和11部技术类规章组成（见表9–5）。其中管理类规章，规定了申请、受理、审查、颁发适航许可遵循的过程或程序。如《民用航空产品和零部件合格审定规定》（CCAR–21部）细化了初始适航环节各方责任。技术类规章，聚焦保护乘员生命安全，给出民用航空器应当满足的最低安全要求，即通常说的适航标准。在持续适航阶段，由《一般运行和飞行规则》（CCAR–91部）等对运营人和维修单位责任进行规范。《民用无人驾驶航空器运行安全管理规则》（CCAR–92部）综合明确了民用无人驾驶航空器初始适航和持续适航环节的要求。

表9–5　我国适航管理规章体系

<table>
<tr><td rowspan="8">管理类规章——CCAR–21部：民用航空产品和零部件合格审定规定</td><td>适航标准——飞机</td><td>CCAR–23部：正常类、实用类、特技类、通勤类飞机适航标准
CCAR–25部：运输类飞机适航标准
CCAR–26部：运输类飞机的持续适航和安全改进</td></tr>
<tr><td>适航标准——旋翼航空器</td><td>CCAR–27部：正常类旋翼航空器适航标准
CCAR–29部：运输类旋翼航空器适航标准</td></tr>
<tr><td>适航标准——气球</td><td>CCAR–31部：载人自由气球适航标准</td></tr>
<tr><td>适航标准——发动机</td><td>CCAR–33部：航空发动机适航标准</td></tr>
<tr><td>适航标准——螺旋桨</td><td>CCAR–35部：螺旋桨适航标准</td></tr>
<tr><td>适航标准——机载设备</td><td>CCAR–37部：民用航空材料、零部件和机载设备技术标准规定</td></tr>
<tr><td>环保要求</td><td>CCAR–34部：涡轮发动机飞机燃油排泄和排气排出物规定
CCAR–36部：航空器型号和适航合格审定噪声规定</td></tr>
</table>

续表

管理类规章——CCAR-39 部：适航指令
管理类规章——CCAR-45 部：民用航空器国籍登记规定
管理类规章——CCAR-53 部：民用航空用化学产品适航管理规定
管理类规章——CCAR-55 部：民用航空油料适航管理规定
管理类规章——CCAR-183 部：民用航空适航委任代表和委任单位代表管理规定

资料来源：胡华清，《关于无人机适航管理的思考》。

2. 适航管理组织架构

全球民用航空产品适航工作主要由各国家或地区民航部门负责，中国民航局承担适航管理职责的部门主要包括：民航局适航司和 7 个地区管理局的适航审定处或适航处。民航局适航司主要负责适航法规、标准的起草、制定、监督，根据分工负责或者指导民用航空产品、零部件设计批准、生产许可审定和监督、适航检查、国籍登记等；地区管理局贯彻执行适航法规、标准，根据分工或者授权执行民用航空产品 / 零部件设计批准、生产许可审定和监督、适航检查等工作。TC、PC、AC 三类行政许可由民航局、地区管理局根据职责分工进行受理和颁发。

除适航许可这类行政许可外，我国民航适航系统还有承担技术支持工作的单位，主要包括：中国民航适航审定中心、中国民航科学技术研究院适航所和法标所、中国民航管理干部学院适航系、中国民航大学适航系等。其中中国民用航空适航审定中心等主要根据适航司或各地区管理局适航审定部门的委托开展相关的审定业务，负责包括航空器、发动机、螺旋桨、航电类机载设备等设计类审定工作。航油航化审定中心目前主要负责航油航化类 CTSOA、航化产品设计 / 生产批准、航油供应企业批准等（见图 9-18）。

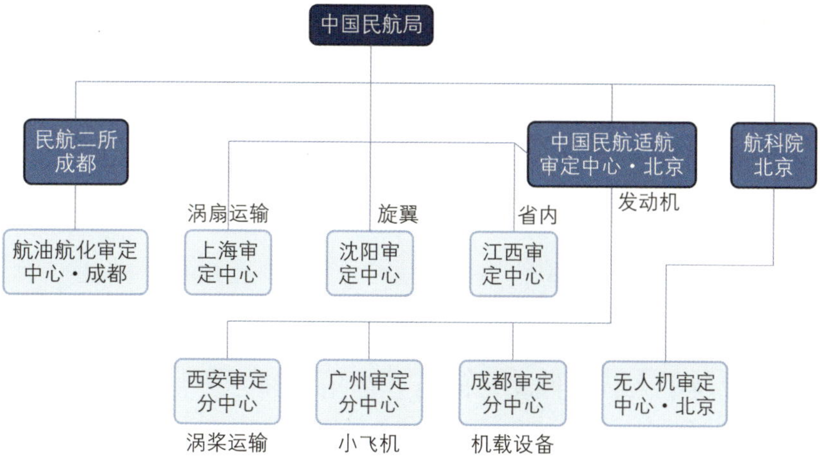

图 9-18 民航适航审定机构分布图

资料来源：根据中国民航局及公开资料整理。

此外，根据《民用航空适航委任代表和委任单位代表管理规定》（CCAR-183AA-R1），民航行政机关还可对其外部的单位 / 个人（通常是适航证件的申请 / 持证单位，及其雇员）进行委派，授权其在一定范围内从事适航管理中的有关审定、检验工作。

（三）我国适航审定进展

1. 传统通航适航审定

近年来，民航适航管理部门本着“放管结合，以放为主”的原则，在对已有适航审定政策进行评估、广泛调研和听取意见的基础上，对部分通用航空适航审定政策作出简化和调整，发布了《民航局适航司关于改进通用航空适航审定政策的通知》《民航局适航司关于改进通用航空适航审定政策的通知（第二批）》以及《民航局适航司关于发布改进通用航空适航审定政策实施细则的通知》。

该批政策出台后，允许除《运输类飞机适航标准》（CCAR-25 部）和《运输类旋翼航空器适航标准》（CCAR-29 部）规定之外航空产品和零部件的设计批准申请人和持有人，按照自愿原则满足 CCAR–21 部对所有设计批准申请人或持有人提出的设计保证系统要求。此外，对于国内通用航空公司为其拥有或代管的通用航空器进行设计小改或大改，该批政策明确了按照“事中事后”监督的管理方式，采用备案制，允许通用航空企业自主完成适航符合性验证工作，无须向局方申请设计批准。局方保留对各项符合性验证工作的核查权利，并建立行业信用记录。对存在不按照规定如实开展符合性验证工作或有意造假行为的涉事企业及个人，按照《民航行业信用管理办法》的规定，进行信用记录并对其进行处罚，撤销已颁发的适航证件或批准，待信用记录消除后再重新进行适航证件的申请。

在航空器类别层面，民航适航管理部门针对我国通用航空器发展特点，放宽了轻型运动类航空器的最大审定起飞重量上限，并在类别中增加了一类适合我国通用航空制造行业状况的轻型运动直升机，服务了行业产品研制和取证。为此，民航适航管理部门发布了《关于修改轻型运动类航空器定义和发布轻型运动直升机技术标准的通知》。其中明确，轻型运动类航空器是指轻型运动飞机（固定翼）、滑翔机、自转旋翼机、轻型运动直升机或者轻于空气的航空器。满足下列要求的轻型运动类航空器可以申请取得型号合格证。

（1）最大起飞重量不超过下列条件之一。一是 700 公斤（1540 磅）的不用于水上运行的航空器；二是 750 公斤（1650 磅）的用于水上运行的航空器。

（2）轻型运动直升机，在海平面标准大气条件下，最大连续功率状态下最大平飞空速（VH）不超过 90 节校正空速。除轻型运动直升机外的其他航空器，在海平面标准大气条件下，最大连续功率状态下最大平飞空速（VH）不超过 120 节校正空速。

（3）对于无动力滑翔机，最大不可超越速度（V_{NE}）不超过 120 节校正空速。

（4）在最大审定起飞重量和最临界的重心位置，并不使用增升装置的条件下，航空器最大失速速度或者最小定常飞行速度（V_{S1}）不超过 45 节校正空速。

（5）包括飞行员的最大座位数不超过 2 座。

（6）如果是动力航空器，为单台活塞式发动机或电动发动机。

（7）如果是除动力滑翔机外的动力航空器，为定距或者桨距可地面调节的螺旋桨。

（8）如果是动力滑翔机，为定距或者顺桨螺旋桨。

（9）如果是自转旋翼机，为定距、半铰接、跷跷板式、两片桨叶旋翼系统。

（10）如果具有座舱，为非增压座舱。

（11）除了用于水上运行的航空器或者滑翔机外，为固定起落架。

（12）对于用于水上运行的航空器，为固定或者可收放起落架。

（13）对于滑翔机，为固定或者可收放起落架。

上述调整大大放宽了原轻型运动飞机最大审定起飞重量 650 公斤的上限，使得原在 650 公斤以上、750 公斤以下的通用航空器在与其预期使用环境和限制相匹配的安全水平下，可以适用相对宽松的适航标准研制和生产。而轻型运动直升机适航标准的提出，也填补了国内外这一类型通用航空器适航安全要求的缺失，江西直升机公司也据此为其研制的 JH-2 和 JH-2A 两款轻型运动直升机申请取得了型号合格证（TC）。

目前，在有人机适航审定方面，FAA 和 EASA 等领导全球的适航管理。但经过近 40 年的发展，加上又有了 ARJ21、C919 等干支线飞机的适航取证实践经验，我国针对传统有人机的适航管理体系已基本健全，基本赶上了欧美等发达国家和地区的脚步。

2. 无人机适航审定

民航适航管理部门基于无人机审定试点探索，于2019年印发了《关于印发〈基于运行风险的无人机适航审定指导意见〉的通知》，提出了基于运行风险的审定原则。后于2020年印发了《关于印发〈民用无人机产品适航审定管理程序（试行）〉和〈民用无人机系统适航审定项目风险评估指南（试行）〉的通知》，细化了基于运行风险的无人驾驶航空器适航审定实施程序。同年，发布了《关于发布高风险货运固定翼无人机系统适航标准（试行）的通知》和《关于发布中高风险无人直升机系统适航标准（试行）的通知》，为鸿雁100大型无人机系统和飞鹏98无人运输机系统的适航审定提供了审定基础。该两型无人驾驶航空器系统也顺利分别于2022年和2024年取得了型号合格证。

基于上述实践，为解决国内申请人型号取证急需，民航适航管理部门于2022年底先后颁发了《民用无人驾驶航空器系统适航审定管理程序》和《民用无人驾驶航空器系统适航审定分级分类和系统安全性分析指南》。民用无人驾驶航空器的型号合格审定参考AP-21-AA-2022-71，根据不同使用场景可以分为运输类、正常类、限用类等。随着《无人驾驶航空器飞行管理暂行条例》和《民用无人驾驶航空器运行安全管理规则》（CCAR-92部）生效，上述程序和指南与条例、规章确定了无人驾驶航空器系统适用的适航管理法律法规体系。同时，为进一步适应无人机适航审定的迫切需求，中国民航局发布了《民用无人驾驶航空法规标准体系框架V1.0》，明确了1部规章（CCAR-92部）、N份行政规范性文件或其他政策性文件、X份技术标准的“1+N+X”的管理模式，构建了“适航”“运行”“经营”三大标准体系。目前，随着无人机适航管理模式的明确，按照法规标准体系动态更新机制，民航局正在对法规标准体系进行优化，完善“适航”“运行”“经营”三大模块，并将针对每个模块按各自的管理要素进行分层构建。

《条例》明确了纳入适航管理的无人驾驶航空器的范围（中大型无人驾驶航空器），和在使用中需要改装无人机时应当遵守的规定。CCAR-92 部从顶层规章层面明确了基于运行风险、分级分类的审定原则。AP-21-AA-2022-71《民用无人驾驶航空器系统适航审定管理程序》和 AC-21-AA-2022-40《民用无人驾驶航空器系统适航审定分级分类和系统安全性分析指南》阐述了分级分类的依据、原理和方法，并给出了运输类、正常类和限用类无人驾驶航空器不同的取证路径和工作程序，使得申请人能够对照所属类别获知所需的工作事项和过程（见表 9-6）。

表 9-6 民用无人驾驶航空器系统适航审定适用规范性文件

<table>
<tr><th rowspan="2"></th><th>设计批准</th><th>生产批准</th><th>适航批准</th></tr>
<tr><th>型号合格证
补充型号合格证</th><th>生产许可证</th><th>标准适航证
特殊适航证</th></tr>
<tr><td>运输类民用无人驾驶航空器系统</td><td rowspan="2">AP-21-11、AP-21-14和 AP-21-71 的适用要求</td><td rowspan="2">AP-21-31</td><td rowspan="3">AP-21-71</td></tr>
<tr><td>正常类民用无人驾驶航空器系统</td></tr>
<tr><td>限用类民用无人驾驶航空器系统</td><td>AP-21-71</td><td>AP-21-32</td></tr>
</table>

资料来源：根据公开资料整理。

其中，限用类为同时满足不载人、不进行融合飞行、不在人口密集区上空飞行的无人驾驶航空器；正常类、运输类是上述任一条件不满足的，而运输类是最大起飞重量在 5700 千克以上的固定翼或 3180 千克以上的旋翼类。正常类、运输类风险水平接近目前有人机水平，参照有人机管理：型号设计取型号合格证（正常类）或型号合格证（运输类），生产过程取生产许可证，单个无人机系统颁发标准适航证，由中国民航局受理这些适航证件的申请并对符合局方规定的颁证。限用类风险水平低，适航标准要求相应降低：在型号设计方面要取型号合格证（限用类），生产过程取生产许可证，单个无人机系统颁发特殊适航证，由地区管理局受理这三项适航证件的申请，并对符合局方规定的予以颁证。

无人驾驶航空器系统型号合格证一般的取证流程如图 9–19 所示。

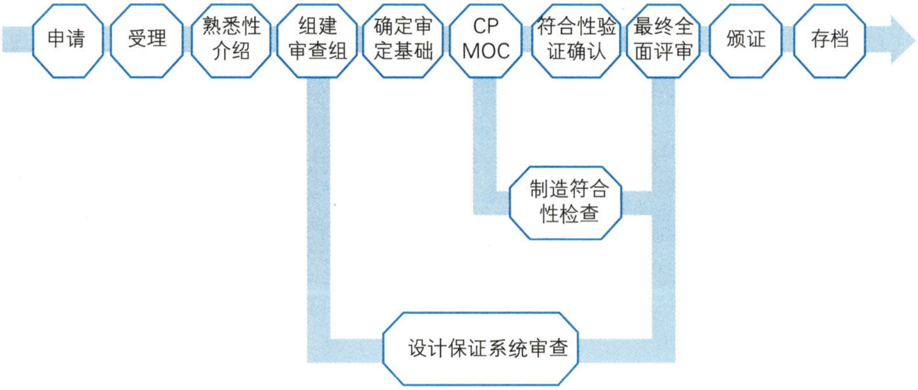

图 9–19　无人驾驶航空器系统型号合格证取证流程

资料来源：根据公开资料整理绘制。

迄今为止，共有鸿雁 100，大疆 T16、T20、T10、T30，亿航 216S 等型号获得了中国民航局颁发的型号合格证（TC）和生产许可证（PC），飞鹏 98、峰飞 2000CG 等型号获得了中国民航局颁发的型号合格证（TC）。

《条例》生效后，民航适航管理部门也在结合上述程序和指南的实施经验，修订完善相关文件，进一步便利行业取证，支持行业健康安全发展，如针对型号数量较多的中型无人机，编制《限用类中型无人驾驶航空器系统型号合格审定指南（征求意见稿）》等。针对《条例》施行前已经设计定型的存量中、大型无人机系统适航管理平稳过渡问题，编制并发布《民用无人驾驶航空器系统适航安全评定指南》。要求针对 2024 年 1 月 1 日以前已经设计定型且不进行设计更改的无人机，如果相关运营人按照 CCAR-92 部需要申请运营合格证从事特定类运行，该民用无人机系统可在 2026 年 11 月 26 日前进行安全评定，通过取得特殊适航证获得适航批准。目前已有彩虹 -4、丰羽顺途方舟 ARK40、远度科技 ZT-120V 等无人机通过了安全评定获得了大型无人机单机特殊适航证。

3. eVTOL 适航管理

当前阶段，eVTOL 研制单位主要聚焦在取得型号合格证，满足进入市场的前提条件。eVTOL 研制单位取得型号合格证，应当由其向局方表明其设计的 eVTOL 满足最低安全要求，即适用的适航标准（见表 9-7）。有人驾驶 eVTOL 且打算进行商业载客的，目前暂无适用的规章，通常按照“特殊类别航空器”进行 TC 取证，其可获得的适航证是标准适航证，符合 ICAO 规定的最低标准、满足开展国际航行的条件。

表 9-7　各类航空器适航取证区别

	有人驾驶 飞行汽车	无人驾驶 飞行汽车	无人驾驶 eVTOL	有人驾驶 eVTOL
认证 规则	CCC 认证 固定翼 CCAR-23 旋翼 CCAR-27/29	CCC 认证 + CCAR-92 无人驾驶汽车认证 无人机认证	CCAR-92 部规章 审定型号类别（25 千克以上） 运输类、正常类、限用类	CCAR-27/29 部规章 适用直升机规则

续表

	有人驾驶飞行汽车	无人驾驶飞行汽车	无人驾驶 eVTOL	有人驾驶 eVTOL
产品	国外已有取得认证产品没有批量投入商用	无	国内有两款产品已取得中国民航认证（有运行限制）	无
适用规则	民用运行和监管基础设施、法规标准尚不完善 可在军用与国家用领域等非民用领域使用		限用适航证：不载人、不进入融合空域、不在人口稠密地区飞行 标准适航证：可以载人飞行	运行和监管的基础设施以及法规标准完善 可以理解为等同于直升机的管理规则

资料来源：石靖敏，《我国无人机法规标准体系》。

无人驾驶 eVTOL 按照无人驾驶航空器适航进行管理，需按是否载人、是否融合飞行、是否在人员密集区域飞行和危害严重性等级等因素综合判断，可分为运输类、正常类或限用类。比如，亿航科技的 EH216-S，虽然其申请之时无人机新政尚未发布，故按照“特殊类别航空器”进行 TC 审定，但颁证时转成“正常类民用无人驾驶航空器系统”。

eVTOL 产品有很多不同于传统航空器的新颖设计特征，目前缺少直接适用的适航标准，通常借鉴现有规章（如适用于正常类飞机审定的 CCAR-23 部、正常类旋翼机审定的 CCAR-27 部等）和各型号 eVTOL 的设计特点，编写专用条件作为审定基础。除专用条件以外，安全性目标是型号合格审定的另一个审查重点，也是 eVTOL 型号设计的顶层输入。eVTOL 型号设计自动化程度高，与无人驾驶航空器有极大相似性，确定安全性目标，可以参考民航局 2022 年发布的 AC-21-AA-2022-40《民用无人驾驶航空器系统适航审定分级分类和系统安全性分析指南》。

对于 eVTOL 研制单位，初始适航和持续适航不是割裂的。型号合格审定阶段，需要完成审定基础要求的持续适航文件，如适航限制项目（ALI）、审定维修要求（CMR），以及飞行手册，并获得审查组批准；也需要完成维修手册等由航空器评审组审查的持续适航文件。其中，通常基于 MSG-3 手册开展相关工作并完成相关手册。

eVTOL 航空器突出的设计特征是使用电机、电池等组成的电推进系统作为动力系统。这些设备需要设备供应商深度参与，这也意味着 eVTOL 主机单位要在型号设计之初，就有必要要求设备供应商同步考虑使用 MSG-3 分析方法并配合开展持续适航文件编写。

（四）适航验证能力建设

无人机、eVTOL 等新能源新构型航空器的检验检测、试验试飞、适航验证等，是保障低空飞行器安全运行的关键举措，也是形成新的产业化环节的重要部分，是基于监管运行而产生新的低空产业的典型表现。

当前，低空安全事故频发，人为因素、运行环境、航空器本身等，都是重要因素。为防止低空安全事故的发生，首先应确保航空器本身的安全可靠，这就需要对低空飞行器及关键零部件、系统等进行检验检测、试验验证。传统的通用航空器已有了比较完整的适航标准、规则及相关的试飞验证等机构，其相应的数据、指标，都有着大量的试飞测试为依托。而无人机、eVTOL 等新兴领域，目前全球都还处在标准研究、规则探索、能力建设及模式变革的前期阶段。欧美国家基于其传统通用航空器适航管理方面丰富的经验和完善的制度，在新能源新构型低空飞行器等新领域，也主要由其民航管理当局来进行具体管理，由大型航空制造企业集团、公共检测专业机构等按照相关标准来进行适航验证。美国依赖 ASTM、RTCA 等国际标准组织制定相关标准，注重操作风险缓解（如 BVLOS 的检测要求更严格）；欧盟强调全生命周期合规性（从设计到报废），基于 SORA（特定操作风险评估）框架推动统一 CE 认证。

我国已明确无人机分级分类满足相关强制性标准要求和适航要求的管理制度，在轻小型无人机检测方面，已具备了一定的产业化基础。但在中大型无人机特别是 eVTOL 的适航验证方面，仍停留在制定专用条件实现管理规则突破的层面上，缺乏整个适航监管策略的变革。我国民用航空的适航审定规章、标准基本上是借鉴欧美国家的体系形成的，大飞机与传统通用航空器的适航审定标准基本健全，适航验证能力基本具备，但新兴领域没有可供参考的规章和标准，因此，我国加快制定出台系列规章制度，加强标准制定，但航空器相应的安全指标、性能数据是否真实、能否达到适航要求，还都需要工业方进行验证支持。

由工业和信息化部指导成立的低空产业联盟于 2024 年底发布了《新能源新构型低空装备安全技术体系报告（2024 版）》，从低空装备本体安全、人员安全、环境安全等维度及低空装备全生命周期视角提出了安全技术体系的架构，即研发设计、试验验证、运行与保障三类，推动涵盖飞行测试、地面测试、分系统测试等能力建设和标准体系建设，对于未来整个低空经济领域适航验证体系建设具有较强的指导性（见图 9–20）。

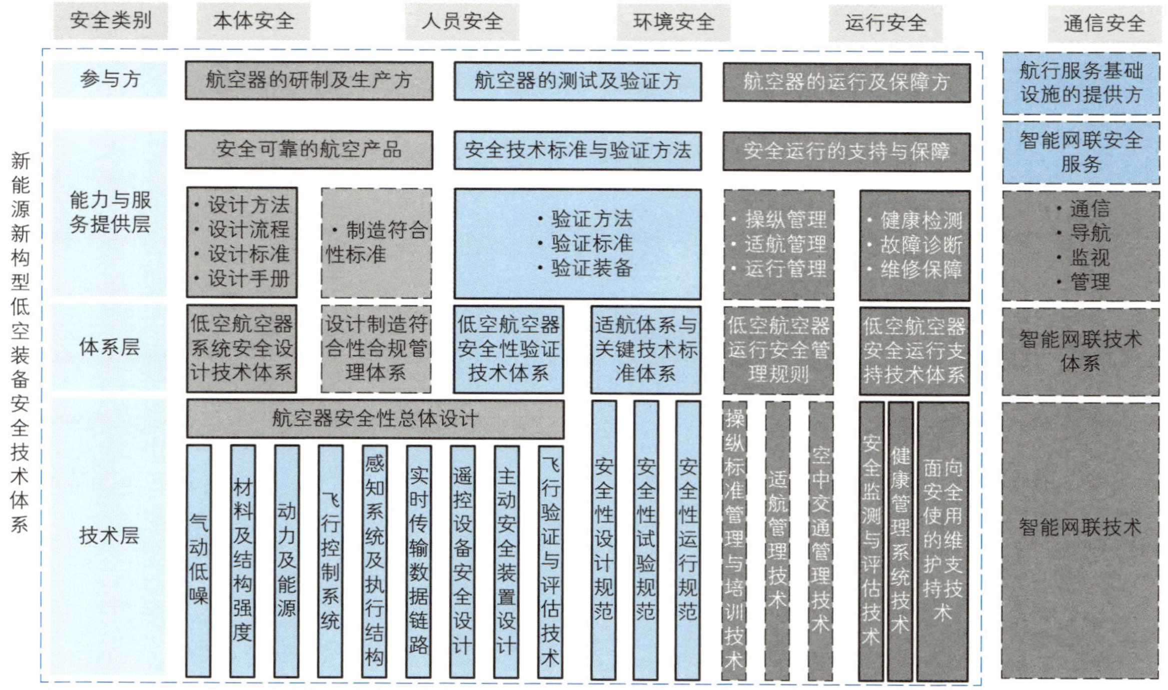

图 9–20 新能源新构型低空装备安全技术体系

资料来源：低空产业联盟。

参考文献

[1] 低空产业联盟.新能源新构型低空装备安全技术体系报告（2024版）[R].2024.

[2] 粤港澳大湾区数字经济研究院.低空经济发展白皮书（2.0）全数字化方案，2023.

[3] 杭旭，江涛，范红东，等.我国城市空中交通体系框架构想[J].民航管理，2023（8）.

[4] 李章萍，马怡君.国内外无人机交通管理系统比较[J].科技导报，2024，42（8）.

[5] 王茂霖，吕人力，管祥民.NASA无人机交通管理系统飞行验证试验概述[J].地理科学进展，2021，40（9）：15.

政策篇

第十章
全球低空经济政策

正所谓产业发展政策先行，任何一个产业的发展，尤其是在起步阶段，都离不开国家政策的引导和支持。低空经济领域，不管是过去的通用航空，还是现在的低空经济，都属于对政策依赖程度非常高的产业。从低空经济产业链来看，一些航空器的研发制造技术含量高、资金投入大、研制风险高，单纯依靠市场行为难以承担和推动，需要在国家政策层面统一进行规划和部署；低空飞行器的运营需要依靠国家空域资源的划分和使用，涉及国家空域管理和领空安全，更是需要具体政策的监督和管理；低空基础设施建设，如通用机场、起降点、低空监管系统等，都属于行业运行依托的基础设施，在行业发展初期很难依托市场化经营实现投资回报和盈利，因此也需要国家和地方政府从政策层面给予支持；低空应用领域涉及电力、能源、国土测绘、森林防火、应急救援等社会经济生活的方方面面，也需要结合各应用领域的具体政策进行管理和扶持。

一、发达国家支持政策

鉴于传统通用航空、无人机产业的社会效益和经济效益，以及新兴的载人 eVTOL、城市空中交通等产业的巨大发展潜力，各主要工业强国均制定出台了大量支持政策，内容涉及基础设施保障、人才培养、产业融资和财税支持等。

（一）传统通航领域支持政策

欧美等传统通航发达国家和地区对于通用航空产业的支持政策主要有以下四点。

一是在国家层面专项立法推动传统通用航空产业发展。通过顶层的制度安排，为产业发展进行统筹规划，确定发展战略，建立保障机制和明确了各政府组织机构职能、绩效考核和问责机制。

二是加大需求政策刺激力度。以通勤出行服务为例，美国、欧盟、澳大利亚等都制定了符合国情的补贴支持政策，为偏远地区、地面交通不便地区的民众提供必需的航空服务；同时，通过补贴对原本无法通过市场化提供这类服务的市场进行培育，扩大通航运营企业的业务。如美国实施的基本航空服务计划（EAS），为永久性项目，目前进入EAS计划的有111个偏远社区，2023年总补贴金额为3.69亿美元。欧洲也有对应的项目：欧洲公共服务计划（PSO），由欧盟理事会通过补贴为在自由市场下无法获得足够交通连接的偏远和欠发达地区建立持续、定期、价格合理的航空服务，目前欧盟内共有11个国家运营着161条PSO航线。其他国家类似项目还有：澳大利亚的偏远航空服务补贴计划（RASS）和印度的区域连接计划（RCS）等。此外，还有航空医疗救援服务补助等计划。

三是注重传统通用航空基础设施建设。如美国从1970年开始，相继出台《机场和航路改善法》（AADA）、《机场和航路首飞法案》（AARA）、《机场与航路改进法案》（AAIA）、《机场和航路安全及扩容法案》（AASCEA）。为弥补美国机场和航路系统建设与快速发展的民航业之间的缺口确定了资金来源，构成了现在的美国机场与航路信托基金（AATF），主要用于NAS的运营、维护维修和监管，空管基础设施采购和建设，相关工程研发，AIP项目机场补贴四个方面。2022年，AATF预算支出约140亿美元。美国还建立了著名的“机场改善计划（AIP）”并延续至今，此外，美国还通过大量的AIP延长法案、FAA再授权法案等系列政策或法律加大了对民用机场建设和改造的财政支持力度，进一步完善了机场保障体系。2021年11月国会通过的《基础设施投资与就业法案》（IIJA或BIL），规定2022—2026年每年美国将向机场基础设施领域投资 10 亿美元。2024 年 3 月，拜登签署了《机场与航路扩建法案》，进一步增加对航空基础设施的投资。2023 年 6 月，美国众议院一致通过《确保美国航空增长和有力领导地位法案》，对 FAA 及未来五年的航空安全和基础设施项目进行再授权。其他传统通航较为发达的国家和地区也有类似的制度安排，如澳大利亚的机场本地所有计划（ALOP），主要为支线机场提供资金与技术支持。巴西自 1990 年开始实行联邦机场扶持计划，促成通用机场建设。

四是鼓励技术创新和应用，支持中小企业参与行业发展。在 1994 年克林顿签署《通用航空振兴法案》之后，NASA 迅速启动了多个研究项目，或加大了对原有研究项目的投入，由 NASA 和 FAA 等政府机构牵头，组织国内的高校、科研院所和社会企业、非营利组织共同参与，共同投资，科研成果最终将转化为航空产品，投放市场。其中，最重要的项目是 AGATE 和 GAP 项目。AGATE 项目转化出来很多通用航空整机型号、关键子系统产品，推动了美国通航机队的技术更新。NASA 在其主导的各种研发项目中，十分注重中小企业的参与。NASA 还通过小型企业创新研究计划（SBIR）和小型企业技术转移先导计划（STTR）等，授予中小企业大量研发合同，提高它们技术创新和参与合作的积极性。而美国政府和军队也有大量的 SBIR 和 STTR 项目，支持中小企业参与科技创新。但美国大力推进的技术创新，特别是通航运行监管方面的新系统建设，在实施过程中却进展缓慢，导致美国现在仍然用着几十年前的空管系统，未来应对新型、大规模航空器的低空飞行，难免存在更大的安全隐患。

（二）新兴领域支持政策

1. 将新兴领域提升至国家战略高度统筹规划

欧美主要工业强国对具有重大战略意义的新兴产业发展，普遍通过统筹规划、确定发展战略、建立保障机制和成立专门机构来推进。以美国为例，拜登于 2022 年 10 月 17 日签署《先进空中交通协调和领导法案》，强调美国要在城市空中交通行业占据世界领导地位，要求交通部建立跨机构工作组，规划和部署城市空中交通体系建设。美国交通部和 FAA 积极制定 UAM 相关的运行概念、标准、法规，加速推动适航审定和试点运行。除此之外，联邦政府如能源部等也提供了大量的支持。

2023 年 3 月 17 日，美国白宫科技政策办公室（OSTP）发布了由美国国家科技委编制的美国《国家航空科技优先事项》白皮书。白皮书确定美国优先战略任务规划为：实现可持续航空、国家空域系统（NAS）现代化、推动空中交通的可通达性和连接速度。可持续航空将主要从新型航空器和发动机应用、运行优化、新型燃油应用等途径实现。作为 NAS 现代化改革的一部分，美国政府将全面推动新兴航空器融入 NAS 中运行，这或将推动航空产业变革，包括在城市和郊区区域飞行。这些新型航空器技术包括小型无人机和 AAM，后者包括 eVTOL、eSTOL 以及其他高度自动化的电动载人或载货航空器。美国政府将推动认证新兴航空器的法规体系改革，继续支持大学的各研究项目，加速无人机和 AAM 产业发展。美国政府也计划加速 AAM 基础设施建设、人员培训和认证程序，以推动 AAM 的运营落地。美国政府拟采用可扩展性的 AAM 运营落地方式，首先支持物流配送、应急救援等应用落地；支持研究机构的发展以适应新兴技术的进步，包括建设垂直起降研究卓越中心，以及测试设施如飞行仿真和风洞设施等。

2023 年 7 月 18 日，FAA 正式发布《先进空中交通（AAM）实施方案 V1.0》（Innovate28）。该方案包括了在 2028 年前实现 AAM 规模化运营所需的各关键要素和措施步骤，包括运营、基础设施、电力网络、安全、环境、社区参与等。在推进 AAM 发展过程中，将涉及多个实体扮演重要角色，其中包括 FAA、AAM 产业界（航空器制造商、技术开发商以及相关服务提供商等）、劳工组织、NASA、国土安全部、能源部、电力行业、地方政府、州政府和社区等。FAA 通过与上述利益相关方紧密合作，包括通过交通部 AAM 联合工作小组来促进整个行业发展。这种合作有助于协调各方利益和资源，推动 AAM 的成功落地应用。

2023 年 8 月 14 日，NASA 发布了《2023 年 NASA 航空战略实施规划》，列出了 NASA 航空研究事务部（ARMD）未来 20 年及以后的研究战略，介绍了引导各方面深入研究的基本原理和架构。研究将围绕六个重点领域展开：①全球运营安全及效率提升；②商用高速飞机革命；③超高效率的亚音速运输航空；④安全、经济的垂直起降航空器；⑤面向全系统的实时安全保障；⑥自主航空系统的安全。

欧盟于 2022 年发布《航空绿色协议：欧洲可持续航空愿景》，提出开发、部署和运营新交通工具及智能新概念基础设施，提供无缝集成、高效和环保的端到端连接服务等。同年发布《无人机战略 2.0：打造智能化可持续生态系统》，提出 19 项行动，推动开展大规模商业无人机运营。

英国交通部和民航局于 2021 年至 2022 年密集发布《城市空中交通空域融合关键因素》（CAP2272）、《让我们飞翔穿过城市》等文件，与社会公众和利益相关方沟通并征求意见、制定规划，引导国内形成合力，推动城市空中交通发展和运营落地。2024 年 3 月 18 日，英国交通部（DfT）宣布启动《未来飞行行动计划》。计划为英国无人机和新型电动航空器制定了发展路线图，提出到 2028 年实现 eVTOL 空中出租、打击犯罪和应急服务无人机的常态化飞行。计划详细说明了无人机技术如何在21世纪20年代末为英国经济带来450亿英镑增长，明确2026年实现首次有人驾驶飞行和出租飞行，2027年实现无人机物流常态化服务，2030年实现无人驾驶自主飞行载人的演示验证。计划拟确保相应法规和基础设施就位，为上述机型在未来5年发展提供指南。它对标FAA的Innovate28计划，主要应用场景包括：偏远地区邮件寄送、城市空中交通、区域支线运输、快速高效打击犯罪、医疗物资配送、关键基础设施巡检、苏格兰高地和岛群连接七大领域。该计划也得到了工业界的广泛支持和参与，由行业头部企业、政府和社会组织机构组成了未来飞行工业集团（FFIG），参与监管和计划批准。参与企业包含NATS、Bristow、Skyports、ADS、Joby、Vertical、Altitude Angle等；英国研究与创新署、英国公务与通用航空协会、支线与公务机场集团等政府或组织机构也参与其中。政府和民航局将为技术验证试验提供支持，确定方向和政策，以明确监管框架。民航局和政府网站还会对政策、立法和监管的成果进行宣传，至少每年向公众公布一次计划进展。

2. 通过大型创新专项推动新兴航空技术应用

欧美工业强国普遍会通过一些大型科研创新项目、计划牵引整个国家的科学技术和重点产业发展。以欧洲为例，欧盟在2014—2020年启动了“地平线2020”计划，它是一个总预算770亿欧元的科研与创新计划，其中一个研究方向是“智能、绿色和融合式交通”。它关注解决与城市交通相关的问题，有三个主要倡议行动（交通增长、自动道路交通和绿色车辆），有针对性地资助了很多科研项目。典型的科研成果如2023年9月，SESAR3联合执行体通过CORUS-XUAM项目，发布了U-Space运行概念第4版，正式将UAM纳入其中，它解决了

UAM 运行的需求问题，尤其是垂直起降场飞行程序、空域结构和飞行规则、eVTOL 载客运行相关的要求等。

随后，欧盟又启动了 8 年期（2021—2027 年）的“欧洲地平线（Horizon Europe）”计划，总预算达 955.17 亿欧元，是世界上规模最大的公共财政支持的科技计划。欧盟突出强调战略自主，积极寻求技术主权，将“绿色协议”和数字转型、疫后复苏作为优先发展方向，加强前沿领域研究，减少对其他国家的技术依赖，调整对外政策和国际科技创新合作政策，发挥科技外交的作用。欧洲的这两期科技计划孵化出来多个城市空中交通相关的项目和企业。到 2022 年底，“欧洲地平线”计划征集资助的与 IAM 相关项目超过 100 个，涉及 U-Space 和 UAM、按需分配空域容量和空域动态划分管理、航空 AI 应用、网络化自动化 ATM 系统、虚拟化和网络数据共享、空地融合和自主技术、性能管理和网络影响评估等。

2020 年 6 月，欧盟委员会启动“欧盟下一代（Next Generation EU）”计划。计划资金规模高达 7238 亿欧元，由欧盟委员会向国际市场融资而来，是一种特殊的共同债务工具，旨在通过支持投资和改革来整合预算，以增强欧盟成员国经济的恢复能力，促进可持续增长。“欧盟下一代”计划中有 850 亿欧元用于促进可持续交通，500 亿欧元用于开发清洁能源，包括电动和氢能源等。这种资金支持大大促进了新型电动、氢动力航空器的落地应用，提高了厂商的研发投入热情。

2024 年 1 月，由欧盟委员会牵头，18 家企业参与发起的总投资达 100 亿欧元预算的“欧盟未来交通专项工作组”成立，成员包括电动飞机、eVTOL 和货运无人机厂商如 Aura Aero、Dronamics、Lilium 和 Volocopter 等，它们后续将在欧盟的科研框架内开展相关研究，并得到资金支持。

3. 聚焦关键细分领域提供直接资助支持

在无人机、城市空中交通等领域，欧美聚焦产业关注、尚未显露出明确商用前景的技术等细分领域，由政府或科研机构直接提供项目资助支持。如NASA航空科研任务理事会（ARMD）当前正开展的16个一级研究项目中，4个与eVTOL、未来城市空中交通直接相关，包括AAM运行气象研究、eVTOL气动声学研究、城市运行噪声研究等。FAA也大量直接资助各类绿色航空、无人机、未来城市空中交通相关的项目。如2023年4月，FAA发布公告为全国14所大学提供1900万美元，用于研究降低航空器噪声水平。可以看出，绿色能源、噪声等是欧美关注的一大细分领域。实际上，美国《确保美国航空增长和有力领导地位法案》就明确提出，将2024—2028年“机场和航路信托基金”中每年用于机场规划、开发建设和处理噪声的费用增加至40亿美元。

英国的航空航天技术研究所和皇家学会也领导了大量无人机、eVTOL等新兴航空技术应用相关科技研究项目。如2022年启动的“通过超导直流配电网络迈向零排放电动飞机”项目，2023年4月启动的氢能力网络建设项目等。在支持的同时，工业界还应自筹等比例的配套资金。德国政府也向德国宇航中心（Das Deutschen Zentrums für Luft-und Raumfahrt，DLR）、高校提供了大量相关科研资金和项目支持。比如，2023年5月提供4520万欧元，支持建立一个向工业和研究合作伙伴开放的飞行实验室，加速推进燃料和系统技术的飞行试验。欧盟委员会则为很多整个欧洲可以利用的技术研发和项目提供资金支持。如2023年，欧盟拨款1200万欧元，研究eVTOL/UAM垂直起降场等。

4. 设立多种基金支持新兴航空业态发展

通过政府基金的方式来驱动更多社会资本投入，支持先进空中交通等新业态发展，是欧美等国家和地区的主要做法之一。如英国国家科研与创新署（UK Research and Innovation，UKRI）每年投资 80 亿英镑，用于各个领域的科技创新项目研究。2024—2025 财年，UKRI 的预算达到 88.74 亿英镑（约合 809.8 亿元人民币）。UKRI 负责管理的主要基金包括产业战略挑战基金、战略重点基金、全球挑战研究基金、地方实力基金、未来领袖奖学金计划以及国际合作基金等。2018 年 12 月，英国政府宣布发起“未来飞行挑战大赛”，推动下一代电动飞机、无人机和自主航空器技术研发，迄今累计支出超 3 亿英镑。这些资金都是通过 UKRI 的基金拨付（见表 10–1）。

表 10–1 UKRI 的各项基金预算

项目	总计（百万英镑）			
	2021/22	2022/23	2023/24	2024/25
国际合作基金	47	40	15	5
产业战略挑战基金	542	457	252	96
战略优先基金	183	190	155	85
地方实力基金	69	71	76	62
其他跨 UKRI 战略计划	73	50	69	78
现有战略计划的双重支持（之前称为 NPIF）	289	414	228	150
现有跨 UKRI 战略计划总计	1203	1222	795	476
新跨 UKRI 战略计划	0	100	247	464
总计	1202	1322	1042	940

资料来源：根据 UKRI 官方网站（https://www.ukri.org/）整理。

欧盟委员会下属的欧洲创新理事会（European Innovation Council，EIC）在2021—2027年的总预算为101亿欧元，投资资金也是通过基金运作管理，通常对创新企业项目的投资部分是股权投资，部分是赠与。

5. 由地方政府给予奖励或补贴支持

为了发展本地区经济，欧美等国家和地区的地方政府往往会提供直接奖补等支持，用于发展新兴航空技术、基础设施建设等。基础设施领域，美国各州为了招揽载人eVTOL企业在本地发展，或者落地生产线、研发中心等，会提供资金支持或补贴。如2023年9月，北卡罗来纳州拨款1350万美元支持华盛顿－沃伦机场AAM设施建设，包括更新基础设施、数据中心和其他必要设施。产品研制领域，对落地的企业进行奖励和补贴，尤其是对新兴的无人机、eVTOL等企业，力度更是空前的，大大超出了对传统通航企业的支持力度。如2023年11月，Joby从加利福尼亚州竞争力拨款计划中获得980万美元，以支持公司Marina工厂扩建。Joby承诺到2027年，将继续向加利福尼亚州投资4130万美元，创造690个全职工作岗位。纽约州克林顿县政府则通过纽约区域经济和社区协助项目为Beta公司提供2000万美元奖励，用于支持Beta eVTOL制造和总装厂、测试和交付中心等建设。

此外，地方政府还有提供优惠土地价格、配套资金跟投、担保贷款等，以及一揽子式的支持。

6. 加大政策性贷款和融资支持力度

对于一些资金需求量比较大的项目，尤其是新兴航空技术应用类型的项目，可能盈利周期较长，如果企业直接从资本市场融资成本较高，或者周期较长，政府会提供政策性贷款和融资支持。如2023年12月，Eve Air Mobility与巴西最大银行和金融服务公司布拉德斯科银行达成4.9亿雷亚尔（约合7.17亿元人民币）贷款担保协议，支持Eve的eVTOL开发使用；2023年5月，欧洲投资银行向德国物流无人机制造商和服务商Wingcopter GmbH提供4000万欧元准股权投资等。

7. 提供孵化器、加速器推进科技成果转化

欧美等国家和地区政府针对航空科技创业者制定了一系列的辅导计划。如2023年8月，英国研究与创新局启动AAM创业辅导计划，确定了最多达25家中小型企业、创业团队参加的为期10周的培训，由英国研究与创新局进行一对一的辅导，帮助其理解投资环境、制作各种融资材料和文本、对接投资机构等，以支持他们获得多轮次投资。

欧洲创新理事会的101亿欧元预算，也主要服务于初创公司和中小型公司，投资涵盖早期研究阶段、概念验证、技术成果转化、融资和规模壮大等各个阶段，可以提供全生命周期的资金支持。每1欧元EIC的投资，可以拉动3欧元社会投资。目前，被EIC投资的5700多家初创公司和中小企业，在后续轮次中融资超50亿欧元。每年EIC都会投资数十个无人机、eVTOL、电动飞机等下一代空中交通、智慧交通相关项目，孵化出一些有一定规模的eVTOL和无人机公司。

8. 大型企业、财团或国家资本直接参与企业投资

国家资本的直接参与可以发生在项目的各个阶段，欧美国家对企业的直接投资或资金支持，甚至可以不占股份，以奖励的方式进入。占股份的案例如法国国家科技主权基金投资法国eVTOL开发商Ascendance Flight Technologies。不占股份的典型案例有：①2023年底，西班牙政府向eVTOL开发商Crisalion Mobility提供540万欧元资金支持，主要方式是通过对项目提供赠款或部分可偿还赠款等支持，以及在项目商业化之前提供公共采购机会；②2023年6月，法国政府为VoltAero提供560万欧元研发资金，支持其Cassio 330油电混动飞机的

研发和取证，这笔投资是通过“法国 2030”投资计划项目拨付的。

另外一种情况是，大型国家主权基金对成熟企业项目的投资，通常都带有产业导入扶持的特性，除了投资整机项目外，还投资相关的机场、起降场、充电设施建设，提供销售订单、融资租赁、气象基础设施支持等。典型案例如阿联酋第三大主权财富基金穆巴达拉资本在 Archer 的 SPAC 上市期间，通过参与 6 亿美元的 PIPE 成为其股东。2023 年 10 月，阿布扎比投资部（Abu Dhabi Investment Office，ADIO）与 Archer 签约，支持其在阿布扎比和迪拜运营，并在未来若干年投入资金支持。阿联酋通过主权基金的支持，抢占中东地区 UAM 研发、制造和运营的领先优势。

还有一种常见的情况是由国家政策性银行或金融机构投资背书，再引导国家产业资本、金融资本对本国头部项目进行投资。这方面的典型案例如由日本政策投资银行领投本国 eVTOL 头部企业 SkyDrive 的 3900 万美元 B 轮融资，推动了全日本产业资本和多家大型企业对 SkyDrive 进行了后续轮次投资，SkyDrive 累计融资 147 亿日元（约合 1.12 亿美元），投资机构包括日本政府、日本开发银行、日本无人机基金、伊藤忠商事株式会社、引能仕创新合伙等。

9. 加快试点运行项目推进

由政府资助的试点运行项目，可以组织空域管理、服务社区社群、承运人、整机制造商等利益相关方充分参与，在真实的环境下对型号进行方方面面的测试，找出存在的问题并解决。欧美已启动大量城市空中交通示范运营项目，积极推进论证、评估和优化 eVTOL 运行和城市空中交通的建设方案。基于实践经验，FAA、EASA、JCAB 等摸索出了起降场、充电设施等必要基础设施的建设要求和标准；与其他行业头部企业一起研究运行概念、监管方式、运行标准、机构间的责任分工和工作界面划分等，为城市空中交通建设提供了坚实的基础。

典型的试点运行项目有：法国巴黎市政府联合巴黎机场集团（ADP）和城市交通运营商 RATP 开展的“巴黎城市空运”项目，英国考文垂市政府于 2022 年 4 月举办的 eVTOL 起降场试运营体验活动“航空一号”（Air-One），日本将于 2025 年大阪世博会期间落地载人 eVTOL 运营等。美国城市空中交通试点运行相对较缓慢，因为缺乏国家级的政府推动，但近年来也形成了洛杉矶城市出行实验室、长滩经济组织等地方性政企联合组织，推动当地试点运行。作为世界最大经济体和航空出行市场，美国也吸引了 Joby、Volocopter、Beta 等头部企业，由企业发起了一系列的展示验证飞行活动，起到了良好的社会宣传推广作用。

10. 组织各种比赛活动活跃氛围

近年来，欧美发起了大量由政府出资引导，企业、学术和科研单位等共同参与的各种未来航空器设计、运行概念验证的比赛活动，激励了全产业、全社会的参与和创新。典型的如英国“未来飞行挑战大赛”、韩国“K-UAM 挑战大赛”等。

2018 年 12 月，英国政府宣布发起“未来飞行挑战大赛”。大赛分三期进行：2019 年 10 月，正式启动第一期，以概念开发和征集为主，有约 200 个项目参与；第二期以深度开发多个航空系统相关项目为主，UKRI 在 34 个项目上投资了 3000 万英镑；2021 年 9 月，启动第三期，UKRI 投资 7300 万英镑，以展示验证和运行试验为主（见图 10-1）。

韩国政府于 2021 年 9 月提出了《K-UAM 运行概念 1.0》，提出第一阶段的目标，到 2025 年促进 UAM 服务的商业化，重点引入空管和

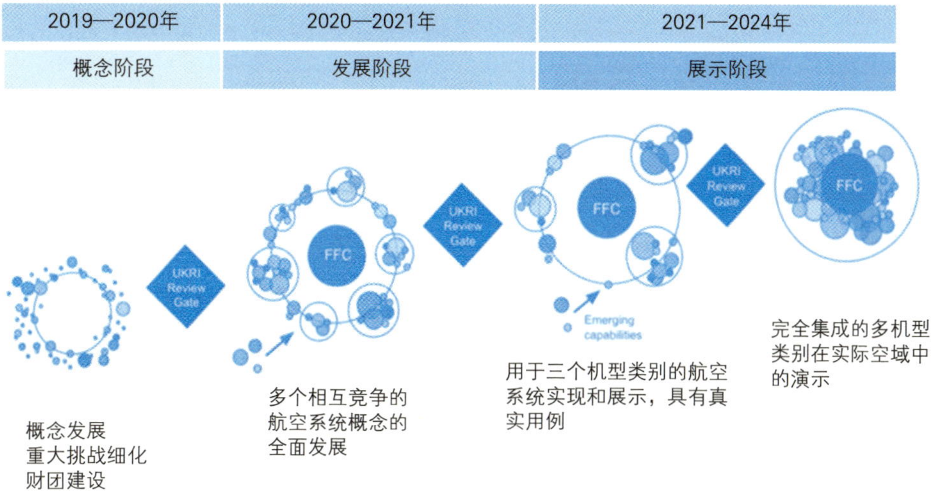

图 10–1　UKRI 的“未来飞行挑战大赛”的三个阶段

资料来源：英国研究与创新局。

运营自动化系统和在大都市地区预定航线上进行航班飞行。初期，将有飞行员在 eVTOL 上驾驶，并通过预先指定和固定的走廊飞行。计划到 2025 年在消防站、医院等公共建筑上建设 4 个垂直起降场，并通过两条走廊路线连接起来。每天运行 11 次，每人每千米收费 3000 韩元（约合 16.23 元人民币）。预计后续将增加 52 个垂直起降场，203 条固定航线，每天运行 4.3 万次以上，每人每千米收费 1300 韩元（约合 7.03 元人民币）。韩国政府计划到 2030 年，在首都圈和市区构筑连接德积岛等仁川地区和内港、白翎岛环线、金浦机场—青罗—永宗—松岛之间的固定航线网络。到 2035 年，在全国范围内部署全自动驾驶 UAM 航空器。2022 年 2 月，韩国政府为推动运行概念的加速落地，启动了“K–UAM 挑战大赛”。大赛由韩国航空宇宙研究院（KARI）和现代汽车集团、大韩航空等 124 家企业共同参加，对可能彻底变革交通系统的航空器和系统的能力与技术成熟度、社会接受度等情况进行测试。

二、相关政策支持的启示

通过对全球低空经济政策，尤其是欧美等工业发达国家和地区的支持政策的研究与分析发现，无论是传统通航还是新兴领域，政策环境营造、基础设施建设、政策性监管完善等对产业发展的作用非常大。总体来看，对我国的启示除特定的环境和条件、经济发展水平等以外，主要还有以下两个方面。

（一）对传统通用航空产业需要继续大力支持

当前，传统通用航空产业已经被证明在应急救援、医疗救援、警务航空、边远地区出行服务等领域具有不可替代的作用，仍能产生较大的经济价值。围绕传统通用航空产业建立的各种地方政府平台公司、产业基金、产业园区、飞行服务站、机场管理公司已经成为地方政府发展低空经济的主要抓手之一。因此，借鉴欧美对传统通用航空产业的政策支持，在保持现有通用航空产业产值、就业、税收等基础上再发展增量，发展以无人机、载人 eVTOL、新能源航空器等新兴技术为核心的低空经济新业态。

第一，对于仍能发挥显著社会效益和经济效益的传统通航细分业务，应出台有针对性的政策继续大力支持。美国由于传统通航产业过于发达，对无人机等新兴技术的应用反而阻力很大，有些来自既得利益集团，有些则源于历史的惯性。中国通航的工农业作业很大程度上已经被无人机、卫星遥感、5G、地面物联网、传感器等技术替代了，所以，制定通航产业发展促进政策时，对于警务航空、应急救援、医疗救援、青少年科普和爱国主义教育、国防动员、边远地区出行服务等还应高度重视，制定出台相应政策，提供补贴或税费支持。

第二，注重传统通用航空基础设施建设。虽然经历了十几年的持续建设，我国的通航产业基础设施仍然有很多内容需要提升。参照美国 NPIAS（国家综合机场系统规划）的通航机场网络规划职能：①作为国家应急救援机场网络，这些机场周边要配置必要的空间、物理资源建设方舱医院、应急物资仓库等；②作为各州市的警务航空驻场和训练基地；③作为战备机场，定期承纳部队人员物资转运、伤病员接收、后备役人员训练等；④建设国家的医疗救援、医疗转运作业机场网络；⑤建设国家基本航空出行服务的机场网络，主要是偏远地区；⑥青少年航空科普和爱国主义教育、国防教育基地等。再加入现有的航空护林机场网络、农业作业机场网络等，就可以构建一个有真实需求基础的中国版 NPIAS。

在通用航空机场网络和通用航空机场网络规划基础之上，可以借鉴美国的 AIP 项目，为我国通用机场建设运营筹集更多资金。近期，地方政府对通用机场建设热情下降，主要原因是事权下放，地方政府难以提供通用机场建设所需的庞大资金支持。因此，做一个更加细致的机场网络规划，就需要与各个行业主管机关明确责权分工，共同担负成本、共同推动通用机场网络建设。以短途运输补贴为例，过去是民航局出资占少数，地方政府出资占多数，但这类运输主要在偏远地区，由经济发展滞后的地方政府承担难以持续，这就需要中央政府的介入并提供资金。

第三，统筹行业资源，优化分工，加强对关键通用航空装备的研发和技术攻关。①在重点关键领域突破，优先考虑国家和行业发展急需、有市场需求的领域。以往我国通用航空产业对客户需求、市场和产品性能规格认知不足，产品研制难以满足市场需要，未来应以市场需求为牵引，开展技术攻关和产品研制。②加强资源协调统筹，避免重复建设。借鉴美国 AGATE、GAP 等政府主导的大型通航科研项目经验，做好前期调研和规划，识别出关键性技术和机型，形成合理的待研发项目矩阵，由综合实力较强的单位开展研制。③由国家主导的大型科研项目应具备一定前瞻性，注重新技术应用，培育颠覆性技术创新企业。此外，还应加快场景应用落地，积极推动下一代航空器的绿色清洁化（氢动力、混动、电动等）、智能化、网联化的技术研发和应用。

（二）对新兴业态领域持续加大投入形成竞争优势

欧美等国家和地区十分重视通航及相关领域的发展。美国航空系统之所以发达，得益于通航的发展。因此，欧美尤其是美国，延续对通航的支持力度，加大对低空新领域新技术新业态的政策支持力度。美国的做法是，首先，明确要在新的领域，即美国提出的先进空中交通领域占据领导地位，提出《先进空中交通协调和领导法案》《国家航空科技优先事项》《确保美国航空增长和有力领导地位法案》等，确保其要在 AAM 领域也同通航领域一样保持领先优势。这是美国基于其通航发展带来的利益所作出的战略考量。其次，美国积极推出与 AAM 相关的运行概念和管理框架，包括 UTM、UAM 等，明确美国要发展的 AAM 将是何种状态以及如何安全发展等。最后，美国发布 Innovate28 等实施方案，提出具体的促进 AAM 实现的任务举措和保障措施等，以及完善相关规则版图。其对 AAM 的整体规划体系、统筹推进思路、明确目标路径等值得我国借鉴。

目前，我国对于低空经济的支持政策，很多也同欧美一样并在大力推进落实。如把低空经济上升到国家战略高度进行顶层谋划，大型国有企业、政府平台公司积极参与并提供支持，地方政府提供奖励、补贴，开展试点运行，探索场景应用等。但仍需在以下三个方面加快推进。

第一，面对以下一代航空技术为支撑的低空经济，应设立诸如欧美一样的大型科研创新项目，时间跨度 8 ~ 10 年。通过系统梳理行业发展所需的共性技术、关键技术等，统筹协调行业资源，发挥各自优势，做好技术攻关和平台建设，加快打造一批引领市场需求、具有国际竞争力的低空装备、技术和产品，包括市场潜力巨大的整机，以及适航级的高功重比电力推进系统、高能量密度动力电池、低成本高智能化航电系统等配套产品，完善低空经济发展所需的技术、装备体系和产业链。同时加强金融、资金等保障，撬动社会资本投资跟进，加快促进低空科技创新和产业化。

第二，条件成熟时组织全国性的无人机、eVTOL 飞行比赛，通过飞行比赛验证产品性能、运行场景等，筛选优质企业、项目，为地方政府因地制宜发展低空经济提供参考，同时也通过大赛活动等将低空经济的概念、知识进行推广和普及，奠定发展低空经济的大众化基础。

第三，加强政府部门之间、中央和地方之间的统筹协调，避免各自为战、重复建设。美国交通部建立的 AAM 跨机构工作组，包括了 FAA 以及联邦政府的 19 个职能部门，如能源部、农业部、商务部、国防部、教育部、内政部等。为统筹推进低空经济发展工作和体系建设，我国也应建立一个协调机制，明确牵头推进的部门，统筹各方资源形成低空经济发展合力。应加强央地协同，明确产业发展的阶段、目标及需要投入的资源要素等，引导地方做好产业布局。有金融、创新优势的地方可以瞄准前沿技术，培育新业态；有通航发展基础的地方可以结合地方优势，加快推广应用等，形成通用航空和低空经济健康发展的良好局面。

参考文献

[1] 刁爽 . 关于开展普遍航空服务的政策建议 [J]. 中国民用航空，2012（2）.

[2] 方晓霞，余晓，叶智程 . 未来产业：世界主要发达国家的战略布局及对我国的启示 [J] . 发展研究，2023，40（2）.

[3] 李翱 . 中国通用航空产业发展研究 [D] . 四川：中国民用航空飞行学院，2014.

[4] 李军，陈祥宝 . 通用航空复合材料的发展现状与挑战 [J] . 材料导报，2022，36（14）.

[5] 孙珍 . 我国低空空域管理制度变迁的动因及模式研究 [J] . 科技创业家，2013（11）.

[6] 严剑峰 . 美国支持航空工业发展的政策及启示 [J] . 中国军转民，2010（10）.

[7] 于玲莉，杨绎雯，刘朋 . 国外促进生物医药产业创新发展监管制度的启示 [J] . 上海医药，2021，42（17）.

[8] 张慧 . 欧盟如何支持支线航空发展 [J] . 大飞机，2020（12）.

第十一章

我国低空经济政策

党中央、国务院高度重视低空经济发展，多次部署发展低空经济，提出要打造低空经济等战略性新兴产业和新增长引擎。中央及国家层面大力支持，各地方积极布局发展低空经济，出台了许多政策文件。从政策内容来看，我国低空经济相关政策主要可分为规划引导、规范发展两类；从实施主体来看，主要可分为国家政策和地方政策。

一、中央和国家层面规划政策

中央和国家层面规划政策主要是指党中央、国务院以及国家发展和改革委员会、工业和信息化部（以下简称“工信部”）、交通运输部、应急管理部、中国民用航空局（以下简称“民航局”）等出台或发布的各项规划、指导意见及政策。一般都是提出行业发展的意义和重要性、指明行业发展的方向和重点领域、制定行业发展的阶段性总体目标、规划全国层面应用示范的推广、提出指导思想和保障措施。包括部委层面完善顶层机构设计等，如民航局成立的促进低空经济发展工作领导小组及工作组，都是中央和国家层面推动低空经济发展的政策举措。截至目前，中央和国家层面对低空经济的主要政策汇总如下。

（一）规划引导类政策

中央和国家层面出台的规划政策主要是鼓励产业发展与创新，为低空经济发展指明方向。党中央、国务院先后印发实施《交通强国建设纲要》《国家综合立体交通网规划纲要》《“十四五”国家应急体系规划》等一系列规划文件，都对推动低空经济相关领域发展作出了政策安排。在具体政策方面，工信部等四部委发布《绿色航空制造业发展纲要（2023—2035年）》《通用航空装备创新应用实施方案（2024—2030年）》，并在全国18个省（自治区、直辖市）开展通用航空装备创新应用试点，同时通过首台（套）重大技术装备推广应用、人工智能“揭榜挂帅”等形式推进产业技术创新、低空装备应用及产业链建设；民航局发布《“十四五”通用航空发展专项规划》等文件，实施通用航空运营补贴，并开展民用无人驾驶航空试验基地（试验区）建设，已批准了17个民用无人驾驶航空试验区和3个试验基地；科技部通过国家重点研发计划对无人机区域组网遥感观测、航空应急救援等进行支持；农业农村部、公安部、应急管理部、交通运输部、人力资源和社会保障部（以下简称“人社部”）等部门发布文件，鼓励低空装备在执法、取证等环节应用，明确配备标准，完善从业人员标准等，优化发展环境（见表11-1）。

表11-1 2016—2023年我国无人机产业重要政策汇总表

序号	部门	政策名称	时间	政策主要内容
1	国务院	《新一代人工智能发展规划》	2017.7	突破无人机自主控制技术、发展消费类和商品类商用无人机，在无人机领域加快打造人工智能全球领军企业和品牌
2	农业农村部、财政部、民航局	《关于开展农机购置补贴引导植保无人机规范应用试点工作的通知》	2017.9	选择浙江（含宁波）、安徽、江西、湖南、广东、重庆6个省（市）开展植保无人机购置补贴试点
3	中共中央、国务院	《交通强国建设纲要》	2019.9	积极发展无人机（车）物流递送、城市地下物流配送
4	人力资源和社会保障部办公厅等	《人力资源社会保障部办公厅 市场监管总局办公厅 统计局办公室关于发布智能制造工程技术人员等职业信息的通知》	2020.2	从国家层面对无人机装调检修从业人员职业的肯定，为行业人才的选用与培养明确了方向

续表

序号	部门	政策名称	时间	政策主要内容
5	民航局	《民用无人驾驶航空试验基地（试验区）建设工作指引》	2020.5	分批逐步扩大范围，统筹推进无人驾驶航空试验区建设
6	农业农村部	《渔政执法装备配备指导标准》	2020.11	规定执法无人机配备标准
7	农业农村部、财政部	《2021—2023 年农机购置补贴实施指导意见》	2021.4	将植保无人机纳入补贴范围
8	交通运输部	《交通运输“十四五”立法规划》	2021.10	推动《中华人民共和国民用航空法（修订）》《无人驾驶航空器飞行管理暂行条例》颁布实施
9	农业农村部、国家发展改革委等	《关于完善长江流域禁捕执法长效管理机制的意见》	2021.1	按标准配备执法船艇、无人机、雷达视频监控等现代化执法装备
10	民航局	《民用无人驾驶航空试验基地（试验区）管理办法》	2021.3	具备条件的试验区可申请开展试验，民航局给予指导和支持
11		《中国民航新一代航空宽带通信技术路线图》	2021.5	全面推进新一代航空宽带通信系统在运输、通用及无人驾驶航空器运行应用
12	科技部	科技创新 2030—“新一代人工智能”重大项目 2021 年度指南	2021.7	新一代人工智能基础理论、新一代人工智能基础软硬件支撑体系等 4 个技术方向 21 项研究任务
13	民航局	《中国民用航空局关于推进民航统计现代化改革的若干意见》	2021.8	研究提出民航新业态新模式统计思路与实施路径，推进航空物流无人机等新兴领域统计调查
14	交通运输部、科技部	《关于科技创新驱动加快建设交通强国的意见》	2021.9	推动无人机（车）物流递送发展。围绕人工智能、自动驾驶、无人机等领域，研究推动相关立法

续表

序号	部门	政策名称	时间	政策主要内容
15	人力资源和社会保障部、自然资源部	《关于颁布无人机测绘操控员国家职业技能标准的通知》	2021.10	制定无人机测绘操控员国家职业技能标准并颁布施行
16	国家邮政局、国家发展和改革委员会、交通运输部	《“十四五”邮政业发展规划》	2021.12	支持推广无人车、无人机运输投递，加强配套场地和设施建设，发展无接触服务
17	国务院办公厅	《“十四五”现代物流发展规划》	2022.12	稳步发展无人机配送新业态，补齐农村物流、航空物流等专业物流短板，促进无人化物流技术装备应用
18	农业农村部、国家发展改革委、科技部等	《“十四五”全国农药产业发展规划》	2022.1	提出重点推广植保无人机，逐步淘汰背负式手动喷雾机、担架式喷枪等，重点探索无人机植保、自主巡检、无人机配送等智能场景
19	科技部、教育部、工信部、交通运输部、农业农村部、国家卫生健康委等	《关于加快场景创新以人工智能高水平应用促进经济高质量发展的指导意见》	2022.8	农业领域优先探索无人机植保等智能场景，生态环保领域重点探索环境智能监测、无人机自主巡检等场景；智慧社区领域探索未来社区、无人机配送等场景
20	应急管理部	《“十四五”应急救援力量建设规划》	2022.6	加快构建大型固定翼灭火飞机、灭火直升机与无人机高低搭配、布局合理、功能互补的应急救援航空器体系
21	国家减灾委员会	《“十四五”国家综合防灾减灾规划》	2022.7	重点强化高原型大载重无人机等亟需装备的研制与应用推广。综合利用无人机等技术，研制性能稳定、机动性强的应急交通保障装备

续表

序号	部门	政策名称	时间	政策主要内容
22	工信部、科技部、国家能源局、国家标准化管理委员会	《新产业标准化领航工程实施方案（2023—2035 年）》	2023.8	涉及研制包含无人机在内的多种航空器标准，提出研制无人机系统、平台、数据链、地面控制站等标准，以及集群无人机、网联无人机、智能无人机等标准
23	工信部等五部门	《安全应急装备重点领域发展行动计划（2023—2025 年）》	2023.9	聚焦发展需求急、技术新、市场广的十大重点场景需要的安全应急装备，加强研发及应用推广，推进空天地一体化灾情监测和多网融合通信装备、应急通信及指挥无人机、重载灭火无人机等发展

资料来源：根据公开资料整理。

1.《国家综合立体交通网规划纲要》

2021 年 2 月，中共中央、国务院印发了《国家综合立体交通网规划纲要》。其中，“推进交通与相关产业融合发展”部分指出，推进交通与装备制造等相关产业融合发展。加强交通运输与现代农业、生产制造、商贸金融等跨行业合作，发展交通运输平台经济、枢纽经济、通道经济、低空经济。

这是“低空经济”概念首次被写入国家规划，但是，由于当时处于疫情防控的特殊时期，概念的提出没有引起行业和外界的关注，但是我们也有理由相信，正是这一概念的提出，使国家层面和行业领域开始关注并深入研究这一概念的定义、内涵，并开始为后续的发展进行规划和预备，为 2023 年底中央经济工作会议正式提出低空经济并将其定义为战略性新兴产业埋下了伏笔。

2.《绿色航空制造业发展纲要（2023—2035 年）》

2023 年 10 月，工业和信息化部、科学技术部、财政部、中国民用航空局四部门联合印发《绿色航空制造业发展纲要（2023—2035年）》（以下简称《纲要》），提出到2025年，国产民用飞机节能、减排、降噪性能进一步提高，航空绿色制造水平全面提升，绿色航空产业发展取得阶段性成果，安全有效的保障体系基本建成。使用可持续航空燃料的国产民用飞机实现示范应用，电动通航飞机投入商业应用，电动垂直起降航空器（eVTOL）实现试点运行，氢能源飞机关键技术完成可行性验证，绿色航空基础设施不断夯实，形成一批标准规范和技术公共服务平台，有效支撑绿色航空生产体系、运营体系建设。到2035年，建成具有完整性、先进性、安全性的绿色航空制造体系，新能源航空器成为发展主流，国产民用大飞机的安全性、环保性、经济性、舒适性达到世界一流水平。

首先，《纲要》明确了开辟电动航空新领域的发展路径，提出小型航空器以电动为主攻方向，到2035年，新能源航空器成为发展主流，以无人化、电动化、智能化为技术特征的新型通用航空装备实现商业化、规模化应用。其次，这是我国从国家政策层面首次提到eVTOL。虽然eVTOL这一概念在全球包括我国已经发酵了好多年，而且也有了产业布局，被认为是航空业发展的重要趋势，资本市场也高度认可这一发展方向，但是，从国家层面还是第一次完整提到了这一概念，充分说明了从国家层面认可了这一发展领域，同时也提到了eVTOL在2025年实现商业化试点运行，为这一行业的发展规划了重要的时间节点，对于该领域的企业是重大的鼓舞和利好。

3.《通用航空装备创新应用实施方案（2024—2030年）》

2024年3月，工信部、科技部、财政部、民航局四部门联合印发《通用航空装备创新应用实施方案（2024—2030年）》（以下简称《实施方案》）。《实施方案》明确，发展通用航空制造业，加快通用航空装备创新应用，是塑造航空工业发展新动能新优势、推动低空经济发展的重要举措，是加快制造强国、交通强国建设的必然要求。《实施方案》提出，到2027年，我国通用航空装备供给能力、产业创新能力显著提升，现代化通用航空基础支撑体系基本建立，高效融合产业生态初步形成，通用航空公共服务装备体系基本完善，以无人化、电动化、智能化为技术特征的新型通用航空装备在城市空运、物流配送、应急救援等领域实现商业应用。航空应急救援、物流配送实现规模化应用，城市空中交通实现商业运行，形成20个以上可复制、可推广的典型应用示范，打造一批低空经济应用示范基地，形成一批品牌产品。

《实施方案》是低空产业领域最全面、最系统、最符合低空经济发展新特征的顶层规划文件，被主流媒体认为是推动通用航空产业高质量发展、培育低空经济万亿级市场规模的路线图、蓝图。

首先，对通用航空装备的技术路线进行了明确的指向，即无人化、电动化、智能化。为我国的通用航空装备制造企业指明了未来航空装备技术路线，为企业在低空经济背景下的产品研制方向和企业发展战略提供了明确的方向指引。

其次，对于低空经济首先实现商业化的应用场景也进行了规划（见图11–1），即在城市空运、物流配送、应急救援等领域实现商业应用。充分说明了以上三个领域是国家层面会重点关注和重点支持的低空经济应用领域，也是最具发展潜力的领域，为低空运营服务企业的业务布局提供了明确的参考。

在低空产业全国规划布局方面，立足发展基础和资源优势，对接国家区域重大战略，在长三角、粤港澳、成渝、江西、湖南、陕西等重点地区建设一批先进制造业集群。同时，对航空应急救援、物流配送、城市空中交通、航空消费等领域的全国示范应用也进行了全国布局（见图11–2）。

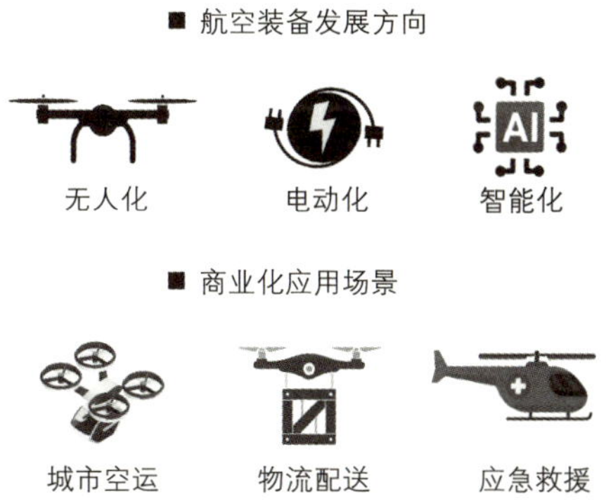

图 11-1 通用航空装备发展方向和商业化应用场景规划

资料来源：根据《通用航空装备创新应用实施方案（2024—2030 年）》整理。

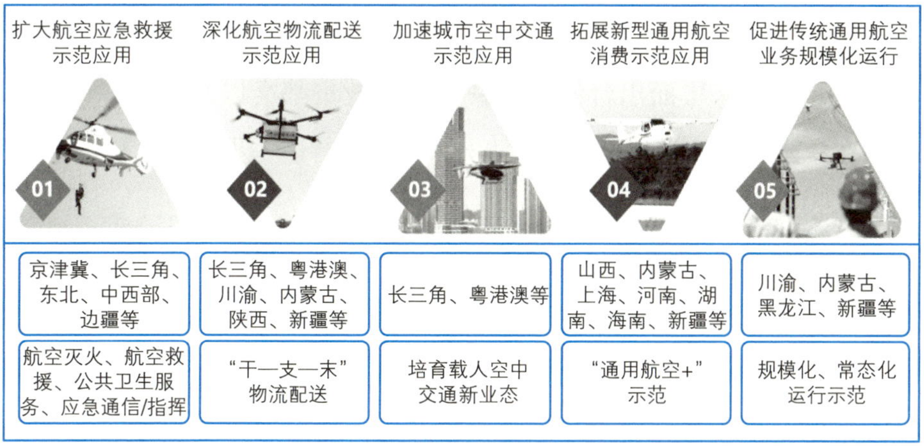

图 11-2 全国示范应用布局规划

资料来源：根据《通用航空装备创新应用实施方案（2024—2030 年）》整理。

在低空基础设施领域，针对低空运行监管，强调了加快 5G、卫星互联网等融合应用的发展，支持空天地设施互联、信息互通的低空智联网技术和标准探索。推进通用航空器北斗标配应用。推动试点地区政府与企业在低空监管服务基础设施、网络规划建设等方面协同，促进三维高精地图、气象数据、通信导航等公共信息开放。推动构建目视航线网络，支持完善运行规则，健全航空信息资料保障机制，提升飞行服务保障能力。

针对低空起降运营设施，鼓励地方政府将低空基础设施纳入城市建设规划，加强与城市运输系统连接。支持探索推进楼顶、地面、水上等场景起降点建设试点，完善导航定位、通信、气象、充电等功能服务，形成多场景、多主体、多层次的起降点网络。充分利用好现有航空基础设施，推动建设一批智能化、集成型、多用途的通用航空基础设施。鼓励新建住宅与商业楼宇预留低空基础设施。充分结合通用航空业发展特性，研究设定适用于通用航空业发展的机场建设标准。

《实施方案》是目前我国低空经济领域最权威、最全面也是最系统的政策，对低空经济发展的总体和各领域都进行了较为详细的规划和指导。后续在国家层面出台低空经济产业的政策都会以此作为参考和依据，在具体领域根据产业发展的情况和需求进行进一步的深化和明确。

4. 其他相关政策

2024 年 6 月，工信部、财政部、金融监管总局联合发布《工业和信息化部 财政部 金融监管总局关于进一步完善首台（套）重大技术装备首批次新材料保险补偿政策的意见》（以下简称《意见》），在扩大保障范围、优化保险费率、完善申报流程、调整概念内涵等方面对首台（套）重大技术装备、首批次新材料保险补偿政策进行了优化。首台（套）是指国内实现显著技术突破，拥有自主知识产权，进入市场初期尚未形成竞争优势的整机装备、核心系统及关键零部件产品。首批次是指国内实现原始创新或显著技术突破，拥有自主知识产权，进入市场初期尚未形成规模化应用和竞争优势的新材料产品。低空经济领域的航空器整机、相关材料和关键零部件产品属于首台（套）或首批次的范畴，可以享受首台（套）或首批次保险补偿政策，有助于低空产业链整机和关键零部件研发制造企业在发展初期降本增效（见表 11–2）。

表 11-2　首台（套）重大技术装备推广应用指导目录中航空装备

编号	装备名称	核心技术指标
		9.1 固定翼飞机
9.1.1	单通道干线飞机	最大设计航程≥ 4000 千米；巡航马赫数≥ 0.78；最大起飞重量≥ 70000 千克；最大载客量≥ 130 人
9.1.2	90 座级支线飞机及系列化	满客航程≥ 2200 千米；巡航马赫数≥ 0.78；最大起飞重量≥ 43000 千克；系列化机型可满足货运、医疗、应急救援等特种需求
9.1.3	70 座级涡桨飞机	最大航程≥ 1000 千米；巡航速度≥ 550 千米 / 小时；最大起飞重量≥ 27000 千克
9.1.4	50 座级涡桨飞机及系列化	最大航程≥ 900 千米；巡航速度≥ 400 千米 / 小时；最大起飞重量≥ 21000 千克；系列化机型可满足应急救援、医疗、灭火或人工影响气象等特种需求
9.1.5	双发多用途小型固定翼飞机	最大航程≥ 1300 千米；巡航速度≥ 270 千米 / 小时；最大起飞重量≥ 5600 千克
9.1.6	轻型电动飞机	最大航程≥ 180 千米；巡航速度≥ 110 千米 / 小时；航时≥ 1.5 小时；载客≥ 2 人
9.1.7	大型灭火 / 水上救援水陆两栖飞机	最大航程≥ 4000 千米；巡航速度≥ 450 千米 / 小时；最大载水量≥ 12000 千克；最大起飞重量≥ 50000 千克
		9.2 直升机
9.2.1	大型直升机	航程≥ 800 千米；巡航速度≥ 250 千米 / 小时；最大起飞重量≥ 12000 千克；有效载荷（外挂）≥ 4800 千克
9.2.2	中型直升机	航程≥ 600 千米；巡航速度≥ 220 千米 / 小时；最大起飞重量 4000 ~ 12000（不含）千克；有效载荷（外挂）≥ 600 千克
9.2.3	轻型直升机	航程≥ 600 千米；巡航速度≥ 200 千米 / 小时；最大起飞重量 2000 ~ 4000（不含）千克；有效载荷（外挂）≥ 600 千克
		9.3 无人机及其他航空器
9.3.1	中大型固定翼无人机系统	航程≥ 1000 千米；巡航速度≥ 160 千米 / 小时；最大起飞重量≥ 1000 千克；有效载荷≥ 500 千克

续表

编号	装备名称	核心技术指标
9.3.2	中大型无人直升机系统	航程≥300千米；巡航速度≥100千米/小时；最大起飞重量≥500千克；有效载荷≥120千克；航时≥3小时
9.3.3	大载重无人灭火救援直升机	最大起飞重量≥500千克；有效载荷≥200千克；作业高度60~100米；不间断作业时间≥12小时
9.3.4	载人飞艇	航程≥700千米；航时≥10小时；载客≥8人
9.3.5	电动垂直起降航空器	最大起飞重量≥500千克；有效载荷≥125千克或载人≥2人；最大飞行速度≥110千米/小时；取得中国民航局型号合格证

资料来源：工信部官网。

（二）规范发展类政策

规范发展类政策包括国家及相关部委对行业市场准入，产业投资、产品出口进行规范或限制的政策。在通用航空发展前期，规范类政策较为严格，如对通用飞机设计、制造与维修，要求外商投资时限于合资、合作；对于3吨级及以上民用直升机设计与制造，要求中方控股等。随着国家对外开放的推进及人类命运共同体的建设，航空领域外商投资准入股比限制已全部取消，2022年国家发展改革委、商务部发布的《鼓励外商投资产业目录（2022年版）》明确，通用飞机、直升机、航空发动机、地水面效应航行器制造及无人机、浮空器设计、制造维修及零部件制造为国家鼓励的外商投资产业。但相关产业投资建设项目，仍需遵守相关规定。目前，我国正在全面深化改革，推进实行市场准入负面清单的制度。《市场准入负面清单（2022年版）》规定，6吨/9座及以上通用飞机和3吨及以上直升机制造项目，由国务院投资主管部门核准；6吨/9座以下通用飞机和3吨以下直升机制造项目由省级政府核准。同时，海南自贸港、深圳、横琴粤澳深度合作区、广州南沙等重点区域实行放宽市场准入特别措施。随着全国统一大市场的建设，低空经济领域的市场准入环境将更加优化，将有利于推动技术革命性突破、生产要素创新性配置。

与此同时，国家也出台了针对无人机出口管制的相关政策，并在实时动态调整。目前，针对无人机尤其是高性能无人机实施出口管制是国际惯例。2002 年起，中国逐步对无人机实施出口管制，管制范围、技术标准与国际保持一致。近年来，无人机技术快速发展，应用场景不断拓宽，部分高规格高性能的民用无人机转用军事风险不断上升。中国作为无人机主要生产国和出口国，在充分评估论证的基础上，2023 年 7 月，商务部、海关总署、国家国防科工局、中央军委装备发展部四部门发布公告《关于对无人机相关物项实施出口管制的公告》（以下简称《公告》），决定对无人机实施出口管制，主要管制对象包括在操作人员自然视距以外能够可控飞行，最大续航时间大于等于 30 分钟，且最大起飞重量大于 7 千克或空机重量大于 4 千克，并具有《公告》列出的六大特性之一的无人驾驶航空飞行器或无人驾驶飞艇，未经许可，不得出口。从基本参数规定来看，大部分消费级无人机不在限定范围内。此外，根据《公告》，具有一些特性的物项未经许可，不可出口。这些物项主要包括具有提及特性的航空发动机、红外成像设备、无线电通信设备、民用反无人机系统等。

出口管制的实施程序较为严格，主要由出口经营者按照相关规定通过省级商务主管部门向商务部提出申请，填写两用物项和技术出口申请表并提交一系列相关文件，来办理出口许可手续。一般审批办理时长为数周或数个月，并根据不同出口量，采取不同的商签或联审方式。在《公告》基础上，2024 年 5 月 30 日，商务部、海关总署、中央军委装备发展部发布公告 2024 年第 21 号《关于对有关物项实施出口管制的公告》，于 2024 年 7 月 1 日起执行，主要内容是对航空航天结构件及发动机制造相关装备及软件、技术、工具实行出口管制。

（三）后续政策预测

以上国家层面出台的低空经济产业政策为低空经济第一阶段的爆发打好了基础，后续到了产业具体的推进和落实阶段，还需要国家层面出台更为具体的政策进行推动。根据以上政策的内容分析，结合低空经济产业发展的趋势和规律，预测后续国家层面可能在以下方面出台相应的政策。

1. 航空器研发制造

在低空经济发展背景下，航空器的构型和种类会加速创新，批量化制造也会导致航空器的数量大幅增加，尤其是无人机和 eVTOL 领域，需要进行适航取证的机型种类和数量都远远高于之前传统通用航空时代，这就给民航局适航取证管理带来了极大的压力。

因此，后续可能会针对无人机和 eVTOL 的适航取证、检验检测出台政策，例如，第三方检测机构的认证、eVTOL 专用的适航取证规则、针对新能源航空器电池的检测和适航规则等，从而在不降低航空器检测和取证要求的前提下，增加专业服务能力，为航空器研发制造的发展提供有力的支撑。

2. 低空监管服务

在低空经济发展背景下，航空器的运营场景比之前更为复杂，城市将成为低空经济的主要运营场景，例如，城市空中交通载人和物流运营等，城市的空间更为复杂，安全要求也更高，因此，传统的低空监管服务，如目前的飞行服务站等已经无法满足低空经济未来的运营场景和体量。

针对这种情况，国家可能会出台低空监管方面的专业政策，例如，低空监控全国统一体系和平台的建设标准、卫星导航和 5G 等技术手段的应用规则、地方政府的管理权限等，目的是确保低空运营的合法合规、看得见、管得住、高效率，为低空经济的发展提供充足的空间。

3. 全国试点示范

《通用航空装备创新应用实施方案（2024—2030年）》中提到了低空经济几个主要应用场景和在全国的布局。为了更有效提升地方政府承接低空试点示范的积极性，推动试点示范工作的落地，后续国家层面可能会针对重要的应用场景，如城市空中交通、航空物流、航空应急救援等推出专门的试点示范政策，对进入试点示范的地区提供政策方面的倾斜，也不排除提供资金方面的补贴。从而扎实推进低空经济产业链各环节、各场景在全国范围内进行科学有效的布局和发展。

4. 民用无人机出口

优质低空技术、装备产品、服务及解决方案走向全球将是大势所趋。我国具有民用无人机产业优势，也有着巨大的民用无人机出口诉求，农林植保、能源巡检等领域占据主要需求。如目前美国50个州的政府部门均在使用无人机，其中90%由大疆制造；另外美国41个州有约370万英亩农田使用大疆的无人机进行药物喷洒等。以至于美国在最新的《国防授权法案》中，正式解除了针对中国进口无人机的限制。此外，东南亚、非洲、金砖国家等都有着巨大的需求。在庞大需求牵引下，无人机出口管制措施还将进一步优化调整。

二、地方促进政策举措

2023年以来，全国超过20个省份将发展低空经济写入当地政府工作报告。当前，各地方政府纷纷把发展低空经济作为转变经济发展方式、培育发展新动能的重要抓手，积极抢抓低空经济产业密集创新和高速发展的战略机遇期、黄金窗口期，通过不断出台产业扶持政策、开展低空基础设施建设、推进场景创新和示范应用、推动技术创新、大力培养人才等措施，吸引低空经济领域头部企业、优质项目落户，加快形成低空经济产业集聚效应和创新生态。各地政策出台数量和密集程度，都前所未有。

（一）地方支持政策概况

全国各地政府密集举办了低空经济相关专题会议，出台了大量专项政策，包括北京、河北、山东、山西、内蒙古、湖南、安徽、四川、广东等省份纷纷出台或拟出台低空经济专项规划，并组建基金，建设产业园、测试试飞基地，成立产业联盟，设立投资促进公司、产业公共服务平台，细化划设适飞空域等，大力支持地方低空经济发展。与此同时，苏州、南京、扬州、武汉、杭州、成都、广州、珠海、惠州、绍兴及北京丰台、延庆、房山等城市和区纷纷出台低空经济政策，充分体现了低空经济的区域性特点，低空经济的城市竞争已经展开（见表 11-3）。

表 11-3　2024 年上半年省级政府低空经济规划政策与专题会议汇总

序号	省份	规划政策与专题会议	主要内容
1	北京市	《北京市促进低空经济产业高质量发展行动方案（2024—2027 年）》（征求意见稿）	力争通过三年时间，低空经济相关企业数量突破 5000 家，在技术创新、标准政策、应用需求、安防反制等领域形成全国引领示范，带动全市经济增长超 1000 亿元。到 2027 年，培育 10 亿元级龙头企业 10 家，过亿元产业链核心环节配套企业 50 家、技术服务企业 100 家；围绕应急救援、物流配送、空中摆渡、城际通勤、特色文旅等，新增 10 个以上应用场景，开通 3 条以上面向周边地区的低空航线

续表

序号	省份	规划政策与专题会议	主要内容
2	河北省	《关于加快推动河北省低空制造业高质量发展的若干措施》	围绕强化创新引领、企业培育、产业配套、试点示范、统筹保障五个方面提出15项具体政策。其中，对认定为省级制造业创新中心的，给予300万元奖励；晋级国家级重点实验室、技术创新中心等科技创新平台，给予300万～500万元奖励性补助支持
3	山西省	《山西省加快低空经济发展和通航示范省建设的若干措施》	围绕大力拓展通航应用场景、加快通航基础设施建设、提高通航研发制造水平、激发通航消费市场活力、加大通航人才培育力度五个方面提出21项支持低空经济发展的政策。鼓励市、县政府和省有关主管部门将购买通用航空公共服务（含无人机）纳入本级政府购买目录范围，列入各单位财政预算，扩大购买规模；鼓励省有关单位建立航空应急救援、航空医疗救护、警务航空等机队，对短途运输、低空旅游等通航业务给予补贴，支持常态化运营
4	吉林省	省长主持召开低空经济专题会议	结合实际优化顶层设计。进一步研究完善低空经济发展规划，系统梳理规则规制、基础设施、准入许可、空域管控等制约环节，有效解决难点问题，创新政策、机制、规则，提升发展低空经济的开放度、吸引力，全力营造最便利最充分的产业发展“软环境”。同时，坚持商业化应用导向，加快匹配支持政策。抓好试点推进。积极向上对接，集中精力支持长春市加快创建全国低空经济发展试点城市，开展体系化先行先试，努力在发展低空经济、打造产业生态方面走在前、作表率，引领示范全省低空经济高质量发展
5	浙江省	《浙江省人民政府关于高水平建设民航强省 打造低空经济发展高地的实施意见》和《十项行动方案》（征求意见稿）	通过省市县三级联动，以市场需求为牵引、以科技创新为驱动，充分发挥要素政策杠杆作用，全面助力高水平建设民航强省、打造低空经济发展高地。要财政、税收、土地、金融、人才、国资六个要素方面，具体包含33项具体政策，鼓励和支持各地因地制宜出台支持高水平建设民航强省、打造低空经济发展高地要素保障政策

续表

序号	省份	规划政策与专题会议	主要内容
6	浙江省	《推动浙江服务业高质量发展三十条措施》	大力发展低空经济，加快布局无人机、通用飞机等高端航空服务业，打造现代化航空产业集群，到 2027 年基本建成高水平民航强省。加快推进即时配送等新模式发展，鼓励有条件的地方将低空应急救援、医疗救护、智慧巡检等服务纳入政府购买服务目录。强化物流用地保障，适当降低现代物流类项目亩均投资、税收等考核指标
7	安徽省	《安徽省加快培育发展低空经济实施方案（2024—2027 年）及若干措施》	鼓励有条件的城市探索发展 eVTOL 等新型飞行器短途商业运输模式。扩大城市低空飞行，鼓励有条件的运营企业开展城市空中交通应用示范
8	安徽省	《安徽省人民政府办公厅关于印发支持通用航空产业发展若干政策的通知》	到 2027 年，低空经济规模和创新能力达到全国领先水平，打造合肥、芜湖两个低空经济核心城市，低空经济规模力争达到 800 亿元，建设 20 个左右通用机场和 500 个左右临时起降场地、起降点，全省低空智联基础设施网基本完备，通用飞机飞行力争达到 1.5 万小时，无人机飞行力争达到 200 万小时
9	安徽省	《安徽省推动空天信息产业高质量发展行动方案（征求意见稿）》	聚焦低空经济、商业航天、深空探测和卫星应用 4 个方向，开展空天信息创新引领、低空经济应用拓展（包括强化低空飞行服务保障、建设低空场景应用大市场）等六大行动，实施创新领航、“低空 +”应用、“卫星 +”应用 3 个重大工程。到 2027 年，安徽力争空天信息产业规模突破 1000 亿元，2030 年累计建成 30 个左右通用机场、量产 100 架通用飞机（含 eVTOL）

续表

序号	省份	规划政策与专题会议	主要内容
10	山东省	《山东省低空经济高质量发展三年行动方案（2024—2026年）》（征求意见稿）	明确以下四方面的重点任务：一是实施服务保障筑基行动。包括构建协同高效的低空飞行服务网、开放融合的低空飞行航线网、全域覆盖的低空监视通信网、智慧绿色的低空基础设施网。二是实施技术创新赋能行动。包括打造创新平台、推进技术攻关、激发创新动能、加强标准引领、促进成果转化。三是实施应用场景拓展行动。包括构建无人机智慧物流体系、加速城市空中交通示范应用、推进公共服务提能增效、拓展新型低空消费市场、促进传统业务规模化运行、建设标志性新场景。四是实施产业能级跃升行动。包括开展招大引强、建立验证体系、培育优质企业、加快产业集聚、构建产业生态
11		《山东省无人机产业高质量发展实施方案》	到2025年，无人机制造业产值突破100亿元，保持快速增长态势，培育10家左右产值过亿元龙头企业，培育100家左右“创新型中小企业”“科技型中小企业”“专精特新”“单项冠军”等优质企业
12	湖南省	《关于支持全省低空经济高质量发展的若干政策措施》	从加大传统通航运营补贴、加大新型航空器运营支持力度、拓展应用场景、支持新质生产力发展、加强技术创新、积极招引低空企业、促进产业集聚、完善基础设施、支持低空监视系统建设、扩大公共服务和生产应用、加大金融支持力度、汇聚低空经济专业人才12个方面发力，培育低空经济成为战略性新兴产业
13		系列支持低空经济和通航产业发展的政策	包括《湖南省低空空域协同运行试点实施方案》《湖南省低空空域划设方案》《关于支持通用航空产业高质量发展的若干政策措施》《湖南省通用航空条例》《湖南省培育通用航空产业工作方案》《湖南省低空飞行服务保障体系规划》《湖南省无人驾驶航空器公共安全管理暂行办法》等
14	广东省	《广东省推动低空经济高质量发展行动方案（2024—2026年）》	到2026年，低空经济规模超过3000亿元，基本形成广州、深圳、珠海三核联动、多点支撑、成片发展的低空经济产业格局，培育一批龙头企业和专精特新企业。全省通用飞机飞行达到15万小时，无人机飞行达到350万小时。城市空中交通、低空物流、全空间无人体系等试点示范取得积极进展

续表

序号	省份	规划政策与专题会议	主要内容
15	海南省	《海南自由贸易港建设总体方案》	2025 年底前海南自由贸易港将实施封关运作。未来随着海南自由贸易港封关运作，在带动通用航空产业进一步发展、飞行量进一步增加的同时，也存在利用“低慢小”航空器进行走私等违法活动的风险，需要进一步完善相应制度。在自由贸易港建设背景下出台《海南省“低慢小”航空器活动区域管理办法（试行）》并明确：通过通用机场和临时起降点从事民用飞行活动的航空器，参照“低慢小”航空器管理
16	四川省	《中共四川省委关于以发展新质生产力为重要着力点扎实推进高质量发展的决定》	大力发展低空经济和商业航天，支持有条件的地区建设低空经济示范区，实施航空航天重大科技专项，重点突破航空航天先进制造、通信导航与智能控制等关键技术，打造无人机、电动垂直起降飞行器等拳头产品。高水平建设国家高端航空装备技术创新中心和无人机产业创新中心、民用无人驾驶航空试验基地，推动建立低空飞行器行业标准和适航认证体系
17		《关于促进低空经济发展的指导意见》	以培育低空经济市场为重点，加快基础设施建设和低空航线网络构建，巩固拓展低空空域管理改革试点成果，增强低空飞行服务保障能力，提升通用航空制造业水平，加快形成新质生产力。到 2027 年，建成 20 个通用机场和 100 个以上垂直起降点，实现支线机场通航全覆盖。省级财政安排 2 亿元资金专项支持低空经济发展。该意见围绕培育壮大低空飞行应用市场、提升低空空域使用效率、加快低空基础设施建设、推动通航制造业发展 4 个方面提出了 12 项重点任务
18	西藏自治区	《西藏自治区支持低空经济高质量发展的若干政策（征求意见稿）》	设立低空经济发展专项资金，用于支持建设通用机场、开展通用航空业务、促进低空旅游消费、开通短途运输航线、开展通用机场运营、建设飞行服务保障体系、完善通用航空设施设备、支持无人机发展，以及建设无人机试验基地、通航小镇，培养低空经济人才，开展培训教育，举办低空经济会议及活动，开展低空经济研究等方面
19	陕西省	省长办公会议研究陕西省低空经济发展	深入研究低空经济的发展规律、技术路径、产业方向，结合陕西省产业基础和资源禀赋，找准切入点和发力点，加快构建陕西省低空经济的规划政策体系、保障支撑体系。聚焦低空物流、低空文旅和其他应用领域，坚持市场化方

续表

序号	省份	规划政策与专题会议	主要内容
19	陕西省	省长办公会议研究陕西省低空经济发展	向，加大政策引导支持力度，积极探索典型应用场景，牢牢守住公共安全底线，不断创新发展业态和商业模式，着力打造陕西低空经济特色品牌。锚定低空制造领域，发挥陕西省科教和航空工业优势，着力构建支撑技术创新的平台体系，加快关键核心技术攻关和成果转化应用，积极培育无人机、垂直起降飞机、固定翼飞机等低空制造企业，推动总装、调试、工艺辅助生产、检测、维修全产业链协同发展。加快推进低空空域改革，加强跨部门协调，不断优化空域使用程序，持续完善基础设施，努力营造低空经济发展良好生态

资料来源：根据相关资料整理。

（二）重要政策详解

1. 补贴政策

地方补贴政策主要分为低空飞行应用补贴，包括低空物流补贴、低空交通补贴等，以及基础设施补贴、标准规范制定补贴、交流推广活动补贴、人才保障补贴、资质取证补贴、鼓励技术创新补贴等。其中以技术创新、低空应用、基础设施建设等补贴条目最多，以研制取证等难度较大的项目补贴金额最大，最高可达 2 亿元。以低空物流为例，主要补贴项目涉及航线开拓、机型应用、飞行小时数等方面（见表 11–4）。

表 11–4　低空物流补贴政策（部分）

《梁平区支持低空经济高质量发展十条激励措施（试行）》	
微轻小型（起飞重量≤ 25 千克）	10 元 / 架次
中大型（起飞重量 > 25 千克）	25 元 / 架次
《深圳市支持低空经济高质量发展的若干措施》	
起点或终点至少一个在深圳市内	
小型无人机每条新开航线（每年完成 5000 架次以上）	一次性奖励 20 万元

续表

大、中型无人机每条新开航线（每年完成 1000 架次以上）	一次性奖励 35 万元
《广州开发区（黄埔区）促进低空经济高质量发展的若干措施》	
年载物飞行服务 10000 架次以上	最高 90 元 / 架次
《珠海市支持低空经济高质量发展的若干措施（公开征求意见稿）》	
轻小型无人机	30 元 / 架次
中大型无人机	90 元 / 架次
《武汉市支持低空经济高质量发展的若干措施（征求意见稿）》	
小型无人机每条新开航线（每年完成 1000 架次以上）	一次性奖励 20 万元
大、中型无人机每条新开航线（每年完成 500 架次以上）	一次性奖励 40 万元
《深圳市宝安区关于促进低空经济产业发展的若干措施》	
微轻小型（起飞重量≤ 25 千克）	30 元 / 架次
中大型（起飞重量> 25 千克）	90 元 / 架次
《深圳市龙华区促进低空经济产业高质量发展若干措施》	
微轻小型（起飞重量≤ 25 千克）	35 元 / 架次
中大型（起飞重量> 25 千克）	50 元 / 架次
《南山区促进低空经济发展专项扶持措施》	
小型无人机每条南山区内新开航线（完成 1000 架次以上）	最高一次性资助 20 万元
大、中型无人机每条南山区内新开航线（完成 500 架次以上）	最高一次性资助 35 万元
《龙岗区关于促进低空经济产业发展的若干措施》	
微轻小型（起飞重量≤ 25 千克）	25 元 / 架次
中型（25 千克 < 起飞重量≤ 150 千克）	50 元 / 架次
《盐田区关于促进低空经济产业创新发展的若干措施》	
微轻小型（起飞重量≤ 25 千克）	10 元 / 架次
中大型（起飞重量> 25 千克）	20 元 / 架次
《深圳市罗湖区促进商旅文低空应用的若干措施》	
起点和终点	小型无人驾驶航空器
都在罗湖区的航线每配送 1000 飞行架次	2 万元补贴

续表

其中一个在罗湖区的航线每配送 1000 飞行架次	1 万元补贴
起点和终点	大、中型无人驾驶航空器
都在罗湖区的航线每配送 1000 飞行架次	4 万元补贴
其中一个在罗湖区的航线每配送 1000 飞行架次	2 万元补贴

资料来源：根据相关资料整理。

2. 产业基金

目前，包括广东、安徽、江西、贵阳、北京、重庆在内的多地还谋划、成立产业基金，引导更多资金投向低空经济重点领域。例如，广东提出通过政府投资基金等方式支持低空产业发展，探索通过市场化方式组建专项基金；北京市正在筹划成立商业航天及低空经济产业发展基金，联合头部企业、调动社会投资机构，共同推动低空经济产业快速高质量发展；贵阳国家高新区构建“3+2+1”的低空经济产业基金体系，参与设立 8 只基金，基金总规模 45 亿元；沈阳市成立低空经济创新发展基金，总规模 20 亿元，一期 5 亿元。目前，全国各地新设立的低空经济相关产业基金总规模已超 1000 亿元。

当然，为确保安全，一般在重要地方、重要活动期间，地方政府还会联合有关部门划设禁飞限飞区域等，主要针对放飞无人机等“低慢小”航空器。关于禁飞限制，这对全球各国都是空域管理中的重点工作，即便像美国这样空域几乎达到全域开放的国家，也设置了各种禁飞区，例如，乔治·华盛顿故居、布什家族故居、华盛顿特区、戴维营、肯尼迪航天中心、51 区等。除此之外，还会在举行重大会议、体育赛事、领导人出访等场景下设立临时禁飞区。同样，对于我国来说，为了大力发展低空经济，目前国家空域划设和改革的政策都在研究出台过程中，关于禁飞区的具体政策也处于研究的过程中，未来肯定要进行精确的划分和管理。如何合理地设置禁飞区，既保证安全，也不限制低空经济的发展将会是一个重点研究课题和难题。

参考文献

［1］前瞻产业研究院.2024 年中国低空经济报告——蓄势待飞，展翅万亿新赛道［R］.2024.

［2］覃睿.再论低空经济：概念定义与构成解析［J］.中国民航大学学报，2023，41（6）.

［3］谢春生，郭莉，张洪.低空空域管理与通用航空规划［M］.北京：航空工业出版社，2016.

［4］粤港澳大湾区数字经济研究院.低空经济发展白皮书（2.0）全数字化方案［R］.2023.

［5］粤港澳大湾区数字经济研究院.低空经济发展白皮书深圳方案［R］.2022.

［6］张宏宏，甘旭升，孙静娟.基于 STPA-TOPAZ 的低空无人机冲突解脱安全性分析［J］.航空学报，2022（7）.

［7］中国信息协会通航分会.航空应急救援体系和能力建设发展报告（2022—2023）［R］.2023.

［8］中研普华产业研究院.2024—2029 年中国低空经济行业市场现状调查及未来发展趋势预测报告［R］.2024.

［9］朱永文，陈志杰，唐治理.空域管理概论［M］.北京：科学出版社，2018.

实践篇

第十二章
地区发展经验

当前，我国各地大力发展低空经济，加快探索布局，已形成了“深圳样板”“湖南经验”“合肥模式”等，为全国低空经济的整体统筹、系统推进提供了创新而生动的实践参考。

一、深圳市

深圳作为中国改革开放的窗口和中国特色社会主义的先行示范区，一直以来在推动经济社会发展和改革创新方面取得了显著成效。在低空经济领域，深圳市凭借其独特的前瞻性政策和创新能力，以无人机为起步并聚焦相关领域，在顶层设计、机制改革、产业布局、基础设施建设、产业技术创新等方面实施多项举措，不仅解决了低空经济发展中的诸多问题，为推动国家低空经济高质量发展作出了重要贡献，还为全国其他地区提供了宝贵的经验。国家发展和改革委员会（以下简称“国家发展改革委”）等七部委再次推广借鉴深圳综合改革试点创新举措和典型经验，22 条经验中就包括“创新低空经济发展新机制”。截至 2023 年底，深圳已拥有无人机企业 1700 多家，年产值为 960 亿元，在低空经济发展及产业生态建设等方面都走在前列。

（一）做好顶层设计指导低空经济发展

深圳通过出台一系列政策和规划文件为低空经济的发展创造了有利的政策环境和规范的管理体系。早在 2017 年，深圳便经国家发展改革委批准，成为首批通用航空产业综合示范区。2019 年，《深圳市民用微轻型无人机管理暂行办法》正式发布，划设微轻型无人机适飞空域。2022 年底，《深圳市低空经济产业创新发展实施方案（2022—2025 年）》出台，为城市低空经济产业高质量发展指明方向。2023 年，低空经济更是首次写入深圳市政府工作报告，提出建设低空经济中心，打造民用无人驾驶航空试验区，推广无人机低空物流和智能配送业务，培育发展低空制造、低空飞行等新增长点。2023年底，深圳市交通运输局等部门联合印发《深圳市支持低空经济高质量发展的若干措施》，围绕引培低空经济链上企业、鼓励技术创新、扩大低空飞行应用场景、完善产业配套环境4个方面提出20项具体支持措施。2024年,《深圳市培育发展低空经济与空天产业集群行动计划（2024—2025年）》发布，设立规模约20亿元的低空产业基金，全周期、全链条支持低空经济产业发展。深圳市7个辖区也都制定出台了低空经济发展政策、规划及举措，建立形成了深圳发展低空经济的政策规划体系。

2024年初，深圳出台全国首部低空经济产业发展地方法规——《深圳经济特区低空经济产业促进条例》（以下简称《条例》），解决产业顶层制度保障缺失、空域资源申请烦琐、政府部门职责不清、基础设施建设滞后、安全监管体系不健全等方面的问题，为深圳市加速布局“天空之城”、抢跑低空经济发展新赛道奠定了法治基石（见表12-1）。

表12-1 《条例》主要亮点及简要介绍

《条例》亮点	简要介绍
亮点一：立法明确低空经济定义	低空经济，是指以民用有人驾驶航空器和无人驾驶航空器的低空飞行活动为牵引，辐射带动航空器研发、生产、销售以及低空飞行活动相关的基础设施建设运营、飞行保障、衍生综合服务等领域产业融合发展的综合经济形态
亮点二：确立低空经济协同管理机制	（1）由市政府与空中交通管理机构、民用航空管理部门建立低空飞行协同管理机制，协调低空飞行领域的划设、飞行活动监管等重大问题，并由市交通部门承担低空飞行协同管理机制运行的日常工作； （2）由市政府建立低空经济产业发展协调机制，并由市工信部门会同市交通部门承担该协调机制运行的日常工作

续表

《条例》亮点	简要介绍
亮点三：低空飞行基础设施建设的具体计划和要求	（1）市政府统筹低空飞行基础设施的规划、建设和运营管理； （2）鼓励社会资本依法参与低空飞行基础设施建设与运营； （3）明确低空飞行基础设施的具体内容和要求
亮点四：低空飞行安全管理	（1）明确了低空基础设施的安全责任主体； （2）明确了低空飞行事故责任的认定依据； （3）明确了低空飞行违法行为的具体监管措施； （4）强调低空飞行数据安全的保护义务

资料来源：根据《深圳经济特区低空经济产业促进条例》整理。

（二）加快完善体制机制推动改革创新

改革开放40多年来，深圳的产业发展从低水平起步，通过广泛吸引投资实现突破，越过了模仿—创新阶段并已经开始走向原创性，这在世界城市发展史上没有先例。深圳发展低空经济十分注重改革创新，以体制机制改革推动产业技术创新、产业链融合培育，积极探索低空空域协同运行，完善低空飞行服务保障体系建设，加快以应用拓展牵引低空产业集聚成势，以标准集成引领低空经济创新发展。

在技术创新方面，深圳机制改革做法主要有4点。①完善创新激励政策，鼓励行业上下游联合高校、科研院所开展关键核心技术攻关，对研发项目给予资金资助支持。②加强创新载体建设，深圳市鼓励各类企业、高等院校、科研院所在深圳建设低空经济领域创新型研究机构，加快打造低空经济总部研发中心、高端智造中心、全场景示范验证中心和一站式解决方案供给中心“四大中心”，提升低空经济科技创新能力。③强化创新人才培养，深圳市大力引进全球低空领域高层次人才，对顶尖人才提供事业平台、科研经费、团队支持、生活保障等一揽子“政策包”。④支持创新金融服务，深圳鼓励金融机构开发面向低空经济产业的纯信用、低成本信贷、中长期技术研发、技术改造等贷款产品，鼓励保险公司开发针对物流、载人、城市管理等方面的低空商业应用险种，建立风险覆盖广泛的无人机保险服务体系。在多项改革举措促进下，深圳市低空经济领域技术创新成效相当明显。目前在低空经济领域全球专利布局数量已超过 1.4 万件，海外布局超过 1/3，有效专利占比超 34%。汇聚了大疆创新这只“领头雁”，道通智能与华为两只“强雁”，以及众多在细分领域掌握核心技术竞争力的“群雁”，形成了雁阵式协同演化的发展模式。

在产业链培育方面，深圳基于现有成熟完备的无人机产业链，加快改革创新，各区举措频出，进一步推动产业链成型成势。例如，南山区成立全国首个无人机产业链党委，整合链上超 160 家企业资源，帮助优化低空产品供给；开设全国首个无人机产业创新产品 3D 线上展厅，落地全国唯一国家级无人机技贸服务工作平台，吸引企业及项目入驻并开展合作。同时，深圳支持成立并发展多种产业组织，如深圳市低空经济产业协会、深圳市无人机行业协会、深圳市低空经济专家委员会、大湾区低空经济新基建联盟、深圳市低空经济融合创新研究中心、无人机试验测试公共服务平台等，加快建立并完善低空产业链生态。在系列改革举措推动下，深圳低空经济产业链更加完备健全，产业集聚效应也越来越突出，越来越多全球知名的企业选择落户深圳。目前，深圳在低空经济领域已形成融合低空制造、低空飞行、低空保障和综合服务的全产业链体系，以及长链条、广辐射的低空产业生态圈。

在空域开放及运行管理服务方面，深圳也在加大作为，计划构建高效协同的低空空域协同管理机制，力争到 2025 年，全市开放无人机适飞空域占比突破 75%，低空商业航线总数突破 1000 条。同时，健全低空运行管理服务体系，依托低空智能融合基础设施，构建支撑“异构、高密度、高频次、高复杂性”低空飞行活动的规则体系，率先开展低空融合飞行试点，加快深圳低空飞行服务平台和A类飞行服务站建设，打造低空数字空域图，逐步完善低空通信、导航、监视、气象等服务。

在技术标准制定方面，深圳支持产学研协同发展，推动运营企业、科研院所组建智慧空中交通运行实验室等创新机构，推动成立深圳市低空经济标准化技术委员会，鼓励企业联合科研机构、行业协会、产业联盟制定标准等，力求形成深圳低空经济标准引领发展之势。目前，深圳已启动首批18项低空经济领域深圳标准编制，并将发布深圳市低空经济标准体系1.0版本，在规则标准体系建设方面先行先试。

（三）各区因地制宜布局低空经济产业

深圳低空经济发展，并不是各区雷同式、口号式的发展，而是充分结合各区特点和实际布局，形成了因地制宜发展新质生产力的经验模式。通过这些做法，深圳在低空经济领域走在了全国前列，为其他地区提供了可借鉴的成功经验。

其中，南山区以其在无人机产业的深厚积累，着力布局无人机生产制造等产业，打造全国无人机产业的重要基地。福田区以其创新精神，打造全国首个“低空经济生态融合产业园”，布局发展低空创新研发、场景应用试点等。罗湖区在服务体系建设上先行一步，成立全市首家低空经济服务中心，为低空经济的发展提供专业服务和支持。盐田区凭借其独特的地理位置和政策优势，成为国家民航局认定的低空改革试点地区，建有全国首个城市空中交通（UAM）融合运行综合保障基地，大力拓展低空空域改革和飞行应用。宝安区依托其在制造业方面的强大实力，打造完备的低空经济产业链，涵盖无人机、飞行器制造、航空电子等多个领域，同时加快全空间无人体系试点。龙岗区以其独特的“一东一西”发展格局，推动低空经济东制造西应用。龙华区发布国内首个低空经济高质量发展指标体系，为低空经济的规范化、标准化发展提供重要参考。坪山区以其在通航领域的积极探索，率先开通直升机空港固定航线，加快培育低空交通出行新业态。

整体来看，深圳市各区在低空经济的发展上各具特色、协同发展，共同推动了深圳市低空经济的繁荣和进步，展现出了深圳市作为低空经济发展高地的雄厚实力和广阔前景。

（四）加快建设完善低空基础设施体系

基础设施建设是发展低空经济的首要前提，深圳超前布局建设，鼓励各区以补投结合为原则，推进低空基础设施建设。深圳既强化“硬基建”支撑，加快建设起降点、试验测试设施等，如对社会投资的公共无人机测试场、起降场，以及通信、导航、监视等公共基础设施建成并实际运营给予一次性资助。《深圳市低空起降设施高质量建设方案》提出，到2025年底，建成1000个以上低空飞行器起降点；深圳还规划部署了4个低空试验区、4个低空测试场、“十大低空经济产业园区”以及2个低空经济领域特色园区等，为低空经济发展提供基础设施和空间保障。深圳气象创新研究院正在开展低空气象监测基础设施测试验证；电子科技大学（深圳）高等研究院正在打造“风矩阵”三维多物理场耦合风洞，计划建成首个低空空域专用复杂流场模拟装置、首个飞行器智能训练平台和首个低空经济标准制定与验证平台。

深圳特别重视低空智联的“软基建”赋能，提出“四张网”的建设架构，让低空经济拥有一张“数字蓝图”。目前，深圳智能融合低空系统SILAS先锋版已发布，该系统被视为深圳的“低空大脑”，可汇集深圳全市空域的全要素数据，具备支持深圳所有同时在空合作飞行器的基础管理和服务能力。同时，深圳结合极速先锋城市建设，同步推进 5G-A 应用示范、卫星通信创新应用等信息基础设施建设。支持运营商和设备商在深圳部署低空通感试验基站，配置大张角通感设备，打造全国规模最大的 5G-A 低空通感网络。部署推进北斗高精度定位基准站建设，目前已可为超 10 万架无人机提供厘米级北斗高精度定位服务。

二、湖南省

2020 年 9 月中央空管委办公室批复《湖南省低空空域管理改革试点拓展实施方案》，湖南成为全国首批全域低空空域管理改革试点拓展省份之一。截至 2023 年底，湖南在册通用机场 17 个，通航飞行时间、经营性通航公司数量、通航制造业营收分别为改革前的 3.33 倍、1.68 倍、1.65 倍，连续举办三届通航产业博览会共签约省级项目近 100 个，总投资超 730 亿元，取得 12 项首创性改革成果。几年来，湖南是以争创第一的劲头大力推动低空经济的发展，形成了“高位推动、全域改革、构建基础、转型升级、创新驱动、拓展应用”湖南省发展模式。

（一）高位联合推动建设国家低空经济示范省

湖南省成立低空空域协同运行管理委员会，通常由省政府主要领导召集，邀请中央空管委、南部战区、民航中南地区管理局、民航中南空管局等相关负责人参加，高位联合推动低空经济的发展。2024 年 4 月召开的低空空域协同运行管理委员会第三次全体会议，提出要全力抓好低空经济发展的重点任务，努力打造国家低空经济发展示范省。力争到 2025 年，全省低空经济领域规模以上企业超 20 家，低空经济总产值达1600亿元左右，在增强产业链供应链竞争力、提高产业科技创新能力、拓展应用场景、加快基础支撑体系建设、强化服务保障能力上取得新突破。

（二）大力推动空域改革

获批首批低空域改革试点拓展省以来，湖南省大力推进低空域改革，取得了“12项全国第一”的好成绩，制定了一批可复制、可参考的法规和标准，处理好了低空域供需关系，建立了高效的低空空域运营体制和保障体系。具体如下：一是制定法规标准。湖南省颁布全国第一个省级通航法规《湖南省通用航空条例》，制定全国第一个低空目视飞行方法和全国第一个无人机管理办法等一系列标准。二是推动低空域全域开放，以超前供给培育市场需求。湖南省实施了全国第一个低空空域划设方案，发布了全国第一个省级专项低空航图，并且全国第一次获军方批量集中核准一批通用机场场址。三是建立高效的低空空域运营管理制度。湖南省促成军地民联合印发了全国第一个低空空域协同运行办法，签订实施了全国第一个由军地民三方共同签署的空域协同运行协议，建成了全国第一个可为全省提供服务的A类飞行服务站，建成全国第一个军地民协同运行管理信息系统。四是建立低空域保障体系。湖南省建成全国第一个全省域低空空域监视通信网，签订了全国第一个全域协同运行空管保障协议。同时湖南省提出，将加快推动低空空域管理改革落地见效，持续推进湖南低空空域改革试点工作成果运用与转化，优化低空飞行服务保障体系，做好湖南低空空域管理改革的下半篇文章，为湖南省低空经济高质量发展保驾护航。

（三）高起点规划建设基础设施网

2022年5月，湖南省率全国之先一次性集中获批55个通用机场场址。截至2023年底全省共有61个通用机场场址获得核准，共有10个运输机场具备通航功能，建成株洲芦淞、长沙开慧等多个通用机场，实现了“全省飞、随地飞”。下一步，湖南省提出规划布局约7000个直升机起降点，力争到2025年基本建成“1+13+N”通用机场网，2035年实现“县县有通用机场、乡乡有临时起降点”的目标。

（四）大力打造低空经济全产业链

湖南省大力打造低空制造、低空飞行、低空保障和综合服务全产业链，构建产业生态。湖南省通过招引具有核心竞争力的无人驾驶航空器、eVTOL及未来飞行汽车企业项目，构建了一个集研发、制造、试飞、审定、运营和服务为一体的低空经济产业链。同时，还积极支持通用航空领域龙头企业、高校院所突破关键核心技术，逐步解决低空飞行器整机、关键航材和核心零部件供应严重依赖进口的问题。主要做法包括四个方面。①依托产业平台打造低空制造产业集群。湖南省依托株洲航空城、长沙自贸临空区等产业平台，引进和培育低空制造企业，初步形成了优势产业集群，建成全国唯一的中小航空发动机研发基地，产品全国市场占有率达90%。②积极布局应用场景。2023年8月26日，全国首个飞行汽车跨江运行场景首飞暨《长沙市低空飞行汽车应用场景探索战略合作框架协议》签约仪式在长沙举行。此外，湖南还注重低空经济与地方特色产业的融合，大力推广无人机技术在农业领域进行创新应用，积极探索城市空中交通、低空物流、应急救援等场景应用，打造规范化、标准化、产业化并可复制推广的低空应用场景。③建设低空保障体系。在低空空域划设、低空协调运行系统、低空飞行监视系统等方面形成了一系列改革成果，利用手机App提高飞行申报审批效率，建成了低空保障体系。④完善综合服务产业。湖南省推动适航认证、飞行培训、低空金融、低空保险等综合配套产业发展。特别是在利用金融推动市场主体建设和新产品研发方面，形成了政府产业基金领投，市场基金跟进的模式，已经取得显著成效。如华羽先翔获得湖南省通航基金领投，完成数千万元天使轮融资。

三、江西省

江西是新中国航空工业的摇篮，是新中国第一架飞机的诞生地，也是国内唯一同时拥有大型旋翼机和固定翼飞机研发和生产能力的省份。截至2023年底，全省拥有航空企事业单位141家，包括整机制造及配套单位97家，运营服务单位29家，科研教育单位15家，其中规上企业65家、营业收入超过百亿元企业2家。江西已形成集科研、制造、运营、审定、试飞、服务于一体的较为完备的航空产业链条，着力打造成为全国教练机、直升机、通用飞机等研制生产的核心基地，全国领先的民机生产试飞、航空配套生产、大部件装配乃至总装的重要基地，国家通航产业发展的示范基地，航空应急救援装备制造运营综合示范基地。江西发展低空经济的经验主要有四个方面。

（一）大力推动低空空域改革

江西是全国低空空域管理改革第三轮试点拓展的三个先行省份之一。成立军地民三方共同组成低空空域协同管理机构及协调运行中心，将原先低空空域军民分块管理转变为军地民三方协同管理，取得了显著的试点效果。一是实现“四个率先”。率先获批试点空域和试点航线，率先打通军地民三方信息共享和互联互通渠道，率先研制基于北斗技术应用的通航管理系统，率先建立军地民统一协同管理机制。二是具备“四能”。通航飞行报得了、批得下、看得到、管得住。三是完善“四优”。优化低空协同运行管理机制，优化通航监视与服务平台，优化基于北斗技术的通航飞行服务系统，优化组织和投入保障。四是做到“四新”。空域划设实现新突破，“北斗＋低空”取得新进展，完全自主知识产权展现新作为，独特管理方式取得新成效。

（二）加快打造低空产业平台

打造平台，深耕产业是江西发展低空经济的最大特色。江西打造产业基地、科研平台、服务平台、融资平台等一系列载体，深耕低空产业。2022年，江西航空产业总收入达到1604.56亿元，其中航空制造规模居全国前列，2026年力争达到2500亿元。具体做法有四个方面。①打造产业基地。江西拥有南昌航空城、景德镇航空小镇、赣州低空经济产业园、南康无人机产业园、吉安桐坪航空特色小镇、景德镇市高新区航空应急救援产业园区等产业基地，构建了以南昌、景德镇为核心区，九江、吉安、赣州等地为协同区的“双轮驱动、多点支撑”的低空经济产业空间发展格局。②打造科研平台。江西拥有中国直升机设计研究所和洪都飞机设计研究所、南昌航空大学、江西飞行学院、北航江西研究院、江西先进复材研发中心、江西航空研究院等多家航空科研院所和试验基地，建成了全国首个低空空域管理暨通航飞行服务领域的院士工作站——昌飞低空空域管理暨通航飞行服务院士工作站。③打造服务平台。全国首批民用无人驾驶航空试验区落户赣州国家级低空产业园，形成通航全域的低空飞行航线网络，初步建成具有江西特色的通航飞行协调与服务系统。全国首个省局共建的民用航空江西航空器适航审定中心已全面运行，江西的适航审定能力进入全国“第一方阵”。④打造投融资平台。江西省航空产业集团有限公司、江西华赣航空产业投资有限公司等多个投融资平台先后成立，为江西航空产业投融资打下了良好基础。

（三）积极创新拓展场景应用

江西是文旅和农业大省，为低空经济发展提供了丰富的应用场景。江西因地制宜发展低空产业，特别是在推动“无人机＋场景应用”方面取得了显著成绩，2022 年南昌无人机拥有量就超过 10 万架，“低空飞行＋文旅”和“低空飞行＋农业农村”已经成为江西低空经济发展的亮丽名片。具体做法有三个方面。①发展低空文化旅游项目。南昌、景德镇、吉安、赣州等城市结合地域特点，通过建设直升机科技馆，举办飞行大会、跳伞锦标赛、国际无人飞行器创新大赛、航空嘉年华等赛事和无人机助演展演活动，促进文旅产业发展。无人机展演的蓬勃发展也培育出行业龙头企业，如空中未来科技集团是国内无人机集群表演的知名企业，2023 年在国内外 100 多个城市执飞 17.5 万架次。②发展低空生态旅游项目。南昌市瑶湖郊野森林公园直升机低空游项目，九江市庐山西海景区水上飞机、水上降落伞、热气球项目，景德镇市江西直升机科技馆，江西直升机公司直升机旅游项目，萍乡市武功山航空飞行营地项目，赣州市南康区龙回镇低空旅游项目，吉安市吉安县桐坪航空旅游特色小镇项目，抚州市资溪县大觉山滑翔伞基地项目等一大批低空生态旅游项目，促进了旅游产业的发展。③推动低空经济支撑乡村经济发展。以无人机为主的相关产业初步和乡村经济有机结合，为群众增收致富提供了坚强的交通保障。在此基础上将低空经济由单一的无人机物流领域，向农业农村、社会治理等方面拓展。

（四）大力培养低空经济人才

江西重视航空人才培养，拥有南昌航空大学、江西飞行学院、江西航空职业技术学院三所航空类高校和一所航空运动学校（省航空运动管理中心），为低空制造、低空飞行、低空保障、综合服务全产业链培养人才。

四、安徽省

安徽省近年来在发展低空经济方面取得了显著的成就。通过顶层设计的政策支持、基础设施的完善建设、产业链的有效整合和创新驱动的发展策略，安徽省在低空经济领域展现了强劲的发展势头。2023年，安徽全省低空经济规模突破400亿元，集聚包括通航控股集团、亿航智能等300余家企业，初步形成以合肥、芜湖为双核，安庆、六安、宣城等多点支撑的产业格局。安徽省奋力推动低空经济成为新经济增长点，率先探索并实施了一系列有效措施，形成了良好的示范效应，为全国其他地区提供了宝贵的经验和借鉴。

（一）完善顶层设计

安徽省政府高度重视低空经济的发展，在政府工作报告中多次提及低空经济的发展目标和策略，积极推动相关政策的出台。2021年，安徽省成为全国第三个全域低空空域管理改革试点省份。2022年，安徽省发布《安徽省支持通用航空产业发展的若干政策》，对安徽省通用航空基础设施、飞行保障体系、融资渠道、应用场景以及人才培养等方面提出了具体要求。为进一步优化低空经济顶层设计，2024年由安徽省发展改革委牵头制定的《安徽省加快培育发展低空经济实施方案（2024—2027年）及若干措施》，对安徽省低空经济发展目标、主要任务、支持举措以及保障措施等方面作了明确规定，为安徽全省低空经济发展指明了方向和发展框架。

此外，安徽省各地政府也有相关指导性政策文件陆续出台。例如，2023年，合肥市发展和改革委员会发布《合肥市低空经济发展行动计划（2023—2025年）》，提出在2024年基本建成骆岗低空融合飞行试验片区，2025 年基本建成具有国际影响力的“低空之城”。2023 年，芜湖市人民政府发布《芜湖市低空经济高质量发展行动方案（2023—2025 年）》，从产业培育—科技研发—基础设施建设—应用场景创新—人才培育—示范引领六个方面对未来三年的低空经济产业发展进行了全面部署。

（二）加强基础设施建设

安徽省积极推进低空基础设施建设。2019 年，安徽省印发《通用机场布局规划（2019—2035 年）》，统筹构建覆盖全省、规模适当、布局合理、功能完善的通用机场体系。2022 年发布实施的若干政策明确规定对通用机场运营实施补贴。同时，安徽省提出统筹考虑发展需求、规划布局和运营效益，建设规模适度的低空基础设施。鼓励各市出台低空经济支持政策，通过综合运用财政奖补、贷款贴息、基金投资、降本减费等方式支持低空智能信息网、低空飞行数据平台及低空监管服务平台等低空飞行服务系统，支持无人机、直升机和 eVTOL 起降及能源保障等新型基础设施建设。到 2027 年，建设 20 个左右通用机场和 500 个左右临时起降场地、起降点，全省低空智联基础设施网基本完备，便捷高效、智慧精准的低空飞行服务保障体系构建形成。

在推动低空智联基础设施具体举措上，安徽省正推动构建低空航路航线网、地面保障设施网和低空智能信息网。包括：开展数字化飞行规则、自由飞行模式等低空航路航线智能化研究，探索低空空域融合飞行管理机制；加快建设供各类低空飞行器起降、备降、停放、能源补给等功能的通用机场及起降场地，完善电动飞行器充换电设施、加氢站等能源基础设施；建设测试验证低空产品和服务的基础设施，开发低空商业场景和商业模式；基于省低空航线空域需要，完善通用航空智能信息网；支持低空智联新技术融合应用，按需部署无人机反制系统等。

（三）强化技术创新

安徽省聚焦固定翼飞机、无人机、eVTOL 及民用直升机等整机，中小微型航空发动机、动力电池、燃料电池、混合动力系统、机载系统及飞控系统等关键系统、零部件、关键材料及元器件等领域，推进技术创新攻关。

1. 积极推动协同创新

安徽支持头部企业联合高校和科研院所围绕飞行器整机开展产业链协同创新和模式创新，推动中小微型航空发动机、机载系统、航电系统、航空材料等领域关键技术升级，围绕低空感知管控体系和低空信息安全关键技术开展研究，有序推进要地防御技术创新迭代。在代表性项目方面，合肥建设了全国首个全空间无人体系示范项目，并与前沿技术企业合作，引入“研发总部 + 制造产业园 + 飞行运营”模式；芜湖探索“政产学研用金”一体化实践，与多个大院大所建立战略合作关系，培育 60 个国家级、省级创新平台。钻石飞机、海鹰无人机、航瑞动力、华明航电等企业加快技术攻关，成效显著。2023 年 7 月，中国首个完全拥有自主知识产权的通用航空发动机 AEC2.0L 正式获批；2024 年 1 月，XF2-T 螺旋桨取得国内首张通航螺旋桨型号合格证。

2. 建设创新支撑平台

安徽支持建设重点实验室、技术创新中心、制造业创新中心、产业创新中心、工程研究中心、产业创新研究院、工业设计中心（企业）、企业技术中心等科技创新和公共服务平台，加强科技创新资源供给，促进科技成果转移转化。此外，还鼓励企业、科研院所和智库等单位共同组建低空经济创新联盟，为低空应用场景、产业协同、安全监管、创新发展提供决策咨询和公共服务。例如，安徽省通航控股集团有限公司于2023年成立安徽省通航产业联盟，共吸纳成员单位129家，覆盖飞行器制造、北斗技术等多个重要领域，汇集行业及相关领域内多家知名企业。

3. 鼓励标准建设

支持企业、高校、科研院所编制低空飞行器制造、低空运营服务、低空基础设施等领域技术标准、管理标准、行业应用标准，形成一批国际、国家、地方、团体等标准成果。对主导制定国际、国家标准的企业，每个标准分别给予一次性最高奖补100万元、50万元。

（四）推进产业链整合培育

安徽积极推进低空制造业集群化发展，围绕产业链图谱发挥头部企业、行业协会、会展活动、应用场景专业化、常态化招商效能，招引一批战略性、标志性、引领性的重大项目，培育具有重要影响力的龙头企业，推动中小企业深度嵌入头部企业产业链、供应链、创新链和价值链，形成大中小企业融通发展格局。在具体举措方面，对于认定为省级低空经济发展示范区的，由省级财政给予500万元一次性补助，专项用于低空场景运营、参展办展、公共服务平台建设支出，鼓励地方同步安排资金合力支持。支持省级低空经济发展示范区所在区市创建省级低空经济发展示范城市，牵头组建低空综合应用城市群，推动产业协同、资源共享、场景共建。

从安徽各地市成效来看，目前合肥市聚集了100余家低空经济企业，形成了集研发、制造、销售、运营和服务于一体的产业集群；芜湖市近3年引进航空产业项目117个，协议总投资5777.59亿元，完整的产业链覆盖上下游企业近200家，已初步形成以智能制造为核心的航空产业链，涵盖了航空新材料、通航整机、卫星、无人机、发动机、螺旋桨、通用航电、航空部附件、临空经济、低空运营等。

此外，四川以市场为导向，积极探索空域运行管理模式，有关经验也值得借鉴。自 2018 年 12 月 24 日四川试点空域首飞以来，试点空域共扩展至 7800 余平方千米，包括 7 个空域和 8 条低空通道，形成环成都和贯通川南、川北的低空飞行网络，吸引了 358 家通航用户参与，安全飞行超 73 万架次、21 万小时，促进了四川省北川、金堂、自贡等通航产业园区近百个新增项目落地，总投资规模超 300 亿元。

参考文献

［1］国家低空经济融合创新中心．中国上市及新三板挂牌公司低空经济发展报告（2023）［R］.2023.

［2］郭美辰．全国首个低空空域管理暨通航飞行服务院士工作站揭牌［N］．中国航空报，2018-06-30.

［3］金家仪.2023 中国低空经济研究报告：勇闯“无人区”，多领域协调发展的经济活力［R］.2023.

［4］前瞻产业研究院.2024 年中国低空经济报告——蓄势待飞，展翅万亿新赛道［R］.2024.

［5］斯蒂芬·霍洛维．实用航空经济学［M］．深圳航空公司，译．北京：中国民用航空出版社，2009.

［6］谢春生，郭莉，张洪．低空空域管理与通用航空规划［M］．北京：航空工业出版社，2016.

［7］粤港澳大湾区数字经济研究院．低空经济发展白皮书（2.0）全数字化方案［R］.2023.

［8］粤港澳大湾区数字经济研究院．低空经济发展白皮书深圳方案［R］.2022.

［9］中研普华产业研究院.2024—2029年中国低空经济行业市场现状调查及未来发展趋势预测报告［R］.2024.

［10］朱永文，陈志杰，唐治理.空域管理概论［M］.北京：科学出版社，2018.

第十三章

产业集群及示范区

产业集群和示范试验区作为产业发展的载体和相关行业监管、市场开拓、资源要素分配等的探索区域，在低空经济特别是无人机、eVTOL 等新兴领域的发展过程中起到了十分重要的作用。国内外知名的航空产业集群很多，但对低空经济未来发展有借鉴意义的主要是民用无人驾驶航空试验基地（试验区）、eVTOL 城市群运营试点以及通用航空产业综合示范区、先进制造业集群、通航小镇等。

一、民用无人驾驶航空试验基地（试验区）

（一）总体建设情况

民用无人驾驶航空是我国民航领域“十三五”以来发展速度最快、最具活力的业态，但总体上看，我国民用无人驾驶航空目前仍处于发展的初级阶段，如何让无人机在特定的、安全可控的环境中飞起来是现在面临的重点问题。通过试验实践的方式，在实际运行中逐步积累运行数据和运行经验，不断探索民用无人驾驶航空发展规律，是解决当前问题的必由之路。为此，从 2020 年起，民航局联合地方政府开启了民用无人驾驶航空试验基地（试验区）的建设工作，主要目标是为无人机设计、制造及应用提供综合性、全方位、多场景的测试验证环境，为无人驾驶航空运行理论研究、风险评估、技术应用等提供试运行平台，并通过不断总结试运行经验探索出符合无人驾驶航空特点的运行标准和监管模式。2020 年，首批共 13 个城市入选民用无人驾驶航空试验基地（试验区），2022 年，第二批共有 7 个城市入选民用无人驾驶航空试验基地（试验区），截至目前，两批试验基地（试验区）的总数达到 20 个（见表 13-1）。

表 13-1 全国民用无人驾驶航空试验基地（试验区）名单

序号	地区	申请主体	目标定位	批准时间（年）
1	华东	上海市金山区	海岛场景	2020
2		浙江省杭州市	城市场景	
3	西南	四川省自贡市	支线物流	
4	中南	广西壮族自治区贺州市	综合应用拓展	
5		河南省安阳市	城市场景	
6	华东	江苏省南京市	综合应用拓展	
7	华北	天津市滨海新区		
8		北京市延庆区		
9	西北	陕西省榆林市	支线物流	
10	东北	辽宁省沈阳市	综合应用拓展	
11	华东	山东省东营市		
12		安徽省安庆市		
13		江西省赣州市		
14	中南	广东省深圳市	城市场景和综合应用拓展	2022
15	华北	河北省石家庄市	综合应用拓展	
16		山西省太原市		
17	西南	重庆市两江新区		
18		四川省成都市	试飞验证	
19	华东	山东省青岛市	海岛场景综合应用	
20	西北	宁夏回族自治区吴忠市	支线物流试运行	

资料来源：根据公开资料整理。

获批试验基地（试验区）后，各地开展了面向典型场景的基地建设工作，主要包括：一是汇聚各方资源，构建协同推荐机制；二是增强自主创新能力，开展核心技术攻关；三是夯实低空智能融合基础设施，完善低空飞行服务保障体系；四是培育特色场景，打造低空飞行示范标杆；五是集聚资源强链补链，打造低空经济产业示范园区；六是健全规则制度体系，完善监督管理机制；七是强化安全责任意识，提高安全管理能力。

（二）典型试验区建设经验

1. 上海金山

上海金山是唯一以海岛为应用场景的民用无人驾驶航空试验区，应用场景独特性较强，凭借广阔的空域资源、创新的服务模式、全方位的资源支持，推动无人机在海岛场景物流运输领域实现大规模商业化，进一步提升海岛间快件、生鲜等高品质、高附加值物品运输效率。

金山试验区凭借发达的区域经济和交通条件吸引了众多先进的无人机企业。上海是民航华东地区管理局和民航局上海航空适航审定中心所在地，也有同济大学等众多科研单位，对完善试验区管理，支撑试验区成果输出提供了强有力支撑。

在获批民用无人驾驶航空试验区之前，金山无人机基地被民航华东地区管理局授予民用无人机试飞基地，具备完备的无人机运行保障基础设施。基地陆上占地面积约1平方千米，按照满足中型、小型、轻型、微型无人机目视气象条件运行要求进行建设，有2条30米×800米十字专用跑道、1平方千米试飞起降场地、2000平方米无人机展厅、900平方米的综合活动展示交易大厅、2间多功能会议室和民航局授权的“优凯”云监控系统，基地及海上空域范围已布置中国移动5G基站。为保证飞机安全飞行，基地飞行服务中心内设通信、气象业务用房，保证飞行服务中心、航管联络、直拨电话、传真、气象情报、飞行动态等信息的传送，场内设置气象观测场1座，内设气象百叶箱、风向风速仪、气压仪等，用于提供本场的温度、湿度、气压、风向、风速、雨量等气象要素。

依托金山水上机场，金山区已经拥有了低空空域有人机 / 无人机混合运行的保障条件。同时成立上海金山低空运行指挥控制中心，建设远程控制塔台指挥系统，统筹试验区的运行保障资源。

金山区在民航局及有关部门的支持下，重点建设海岛场景运行试验区，主要实现以下 3 个目标。

一是基于杭州湾海域丰富的岛屿资源、市场需求进行无人机物流配送，推进陆岛间、海岛间物流网络建立，形成一套可复制、可推广的跨海无人机物流配送体系。

二是在海岛湾区超视距场景下，探索无人机空管运行和适航验证，通过试飞验证、常态化运行，收集运行数据，为中大型物流无人机适航标准建立提供支持，健全无人机运行技术体系。

三是以海岛间低空无人机物流运行场景为基础，试验区为无人机企业提供便捷的运行环境与完备的运营条件，促进企业健康可持续发展，培育一批优质的无人机制造与运营龙头企业。

2. 浙江杭州

杭州无人机试验区是民航局率先开展无人机企业试运行的区域，拥有众多互联网、人工智能、物联网企业，容易形成完整产业生态。除无人机外，杭州试验区还开展了智能网联车、人工智能等试点，具有雄厚的基础设施基础、组织保障能力和产业基础。

杭州市拥有超过 50 家从事军用和民用无人机设计、研发、生产、交付以及总装总调等业务的无人机研发制造企业，其中迅蚁、杭州海康机器人技术等无人机企业在业内享有较高声誉。有超过 100 家取得无人机经营许可的企业，在物流、农林作业、城市服务等方面，积累了一定的运营经验。

2019 年，民航局为杭州送吧物流科技有限公司颁发了《特定类无人机试运行批准函》和《无人机物流配送经营许可》，这是国内首个完成运行风险评估和验证工作的特定类无人机试运行项目，同时也是全球首个获得城市场景无人机物流试运行批准的项目。2020 年杭州获批民航局无人机试验区，目标定位为城市场景，是针对城市低空环境下无人机超视距运行，开展常态化、规模化、多元化的运行区域。

作为全国 5G 第一城，杭州移动实现杭州核心城区、县域城区及主要科创产业园 5G 连片覆盖，2020 年实现杭州城区 5G 信号全覆盖。先后开通全国第一个符合 3GPP 规范的 2.6GHz 频段 5G 基站，建成全国首个 5G 连续覆盖体验区，建成全球首个 4.9GHz 频段的连续体验线路，建成了国内规模最大、网络最完整的 5G 终端测试实验室。5G 网联无人机产业链企业可以利用实验室的 5G 网络和一体化设备做 5G 产品可行性预验证，加快新业务孵化和应用。

城市大脑为无人机应用提供重要支撑。杭州城市大脑自 2016 年建设以来，经过多年探索和发展，已成为城市运行的中枢，目前形成了警务、交通、城管等十一大系统，48 个场景同步推进，城市大脑通过对城市进行全局即时解析，有效调配公共资源，修正城市运行中的缺陷，成为治理城市的资源和能力平台，推进城市治理体系和治理能力的现代化。城市大脑将为无人机运行提供数据资源等重要支撑。

杭州市民用无人驾驶航空试验区是针对城市低空环境下无人机超视距运行，开展的常态化、规模化、多元化的运行区域。试验区充分发挥杭州“数字之城”的技术优势，依托城市大脑，针对城市低空环境，探索 5G 通信技术、物联网、人工智能、云计算、边缘计算等先进技术在无人机领域的应用，促进无人机运行管理体系完善，推动无人机大规模商业应用，打通与未来社区、智慧园区等示范应用，实现空地协同，建立空地一体无人系统的未来交通体系。

3. 江苏南京

南京市是江苏省省会、长三角城市群重要城市，经济基础良好、创新资源丰富。南京市建有经民航华东地区管理局认定的“民用无人机试飞运行基地”，并由南京市浦口高新区配套建设了“无人机飞行服务中心”。

南京市无人机产业链条完整、企业规模庞大，具有研发、集成智能无人机良好的科技基础，大力优化无人机产业创业环境、创新生态，具备建设无人驾驶航空试验区得天独厚的优势。

南京市无人机产业链条完整，拥有南京模拟技术研究所、南京模幻天空航空科技有限公司、拓攻机器人、南京奇蛙智能科技有限公司、南京大翼航空有限公司等重点企业，南京航空航天大学、东南大学等无人机领域知名高校以及南航无人机研究院等创新平台，产品涵盖军用无人机、工业级无人机、消费级无人机，产业链包含无人机整机制造、无人机飞控系统、动力系统、无人机销售、使用服务和应用服务。

南京市初步形成浦口高新区、麒麟高新区和白下高新区三个无人机产业基地，特色鲜明、优势互补、错位发展。浦口高新区集聚了南航无人机研究院江北分院、南京天禄航空科技有限公司、南京长空科技有限公司等一批无人机研发单位和应用产业，落户了在国内外具有一定影响力的工业级无人机项目和工业级无人机孵化器等，大力推进无人机基地及飞行服务中心建设，初步建成东部地区无人机产业化发展重要载体平台；麒麟高新区依托机器人产业链优势，重点发展无人机应用集成；白下高新区依托南京晨光集团有限公司等重点企业及南京航空航天大学、南京理工大学等院校科教资源优势，积极打造航空产业园，重点发展无人机整机制造等领域。

基于南京市现有无人机产业基础及应用市场需求，南京市申报建设无人机综合应用拓展试验区，重点开展无人机空中巡查、应急救援、物流配送试运行，扩展中小型无人机在工业领域的应用，形成一批特定应用场景的无人机运行标准，探索无人机监控、通信新技术应用，聚焦建设“面向大型城市综合监测的无人机应用拓展试验区”，形成军民航、地方政府、专业应用主管部门多主体、多形式监管机制，提升南京市无人机企业运营、运行能力，夯实无人机产业基础，优化无人机生态环境，为创建有南京特色的智慧城市作出积极贡献。

二、eVTOL 城市群运营试点

在 eVTOL 城市群运营试点方面，欧美国家和地区取得了显著的进展。多个城市已经启动了 eVTOL 和城市空中交通示范运营项目，为未来大规模运行积累了宝贵的实践经验。基于这些实践经验，监管机构正在逐步完善 eVTOL 运行的法规和标准，为产业的进一步发展奠定了基础。

1. 美国加利福尼亚州硅谷湾区

加利福尼亚州硅谷湾区由于独特的优势和地理条件，正在成为全球 eVTOL 产业的创新中心。硅谷在航空航天研发领域的实力十分雄厚，拥有 NASA 的艾姆斯研究中心、加利福尼亚州伯克利大学的航空未来实验室和斯坦福大学的智能系统实验室等，这些机构都在积极探索基于 eVTOL 的未来交通系统和可持续交通解决方案。此外，加利福尼亚州还拥有著名的共享汽车服务供应商 Uber，目前已在全球范围内覆盖了 70 多个国家的 400 余座城市。Uber 也是首家提出空中出租车概念的公司，联合美国联合航空公司计划从 2026 年起，在旧金山国际机场为乘客提供电动飞机出租服务。这标志着空中出租车服务的商业化运营即将启动。加利福尼亚州的埃隆·马斯克的SpaceX公司也对eVTOL表现出浓厚兴趣，并已投资了飞行汽车公司Alef Automotive。该公司的飞行汽车Model A已获得美国联邦航空管理局（FAA）颁发的特殊适航证，这为飞行汽车的展览、研究和开发提供了重要支持。

总体来看，加利福尼亚州硅谷湾区凭借其在航空航天研发领域的深厚积累、强大的创新能力和活跃的创业氛围，正加速成为全球eVTOL产业的创新高地。随着各大企业在技术研发、产品验证和商业化运营方面的持续推进，eVTOL产业有望在这里迎来更广阔的发展前景。目前，这里已经汇集了众多美国顶尖的eVTOL制造商，包括Joby、Archer、Wisk、Elroy、Kitty Hawk、Alef Aeronautics、Cora、Hoversurf、Vimana Global、Opener和Vahana等。此外，还吸引了华盛顿的Supernal公司在此设立研发中心，以及韩国的Plana Aero公司在此设立总部。

2. 美国纽约大都市区

纽约大都市区作为全球城市空中交通的起源地，正在引领eVTOL产业的发展。业界普遍认为，eVTOL将部分取代传统的通航直升机，而纽约大都市区以其繁忙的直升机运行空域，成为这一变革的前沿阵地。该区域是全球eVTOL制造商争夺的焦点，也是其推广运营服务的首选城市。

纽约大都市区拥有完善的通航基础设施和网络，包括7座运输机场和20余个通用机场，主要服务于公务机和直升机客运。曼哈顿拥有3个最繁忙的直升机场，开通了连接纽约三大枢纽机场的直升机客运服务，实现了曼哈顿与机场之间的快速通达，仅需8分钟。纽约大都市区通航业历史悠久，公众对空中交通的接受度较高。这里还是全美乃至全球高净值人群和高端商务人士的聚集地，拥有极为发达的通航运营产业。

目前，纽约 Blade Air Mobility 与 Beta Technologies 合作，计划未来用 Alia 250 连接肯尼迪国际机场和曼哈顿，为乘客提供便捷的空中交通服务。同时，Joby Aviation 已在纽约完成了从曼哈顿到肯尼迪国际机场的航线飞行验证，并进行了多次飞行演示。Joby 与达美航空一直在与纽约港务局和纽约市经济发展公司合作，共同规划空中出租车服务的运行落地，包括在肯尼迪国际机场和拉瓜迪亚机场为 eVTOL 提供必要的基础设施；与大纽约区域内的多家直升机场和固定基地运营商（FBO）达成合作，架设充电桩等设施，为 eVTOL 的运营提供支持。Archer Aviation 也通过与 Atlantic 连锁 FBO 的合作，获得了纽约区域的运营基础设施支持，并与美联航合作启动从 Newark 国际机场到曼哈顿中心直升机场的连接服务，进一步推动 eVTOL 在空中出租车领域的应用。Volocopter 也在曼哈顿中心直升机场完成了首次验证飞行等。

总体来看，纽约大都市区凭借其完善的通航基础设施、开放的创新环境和活跃的商业氛围，正在成为全球 eVTOL 产业发展的重要引擎。随着各大企业在技术研发、飞行验证和商业化运营方面的持续推进，eVTOL 有望在这里实现更广泛的应用，为城市空中交通的发展注入新的活力。

3. 法国巴黎

巴黎作为国际大都市，交通拥堵问题日益严重。通过引入 eVTOL 等新型交通工具，有望缓解交通压力，提高出行效率。巴黎与 Airbus 等航空巨头合作，推进 eVTOL 的研发和测试。

2021 年 11 月，巴黎市政府、法国民航局、巴黎机场集团宣布将在 2024 年奥运会期间开辟两条 eVTOL 试点运营航线，一条连接巴黎戴高乐机场、勒布尔歇机场（奥运媒体村所在地）和主奥运村，另一条连接巴黎伊西莱穆利诺直升机场和圣西尔学院机场，巴黎主城区周边将建成至少 3 个垂直起降场。Volocopter、峰飞等 eVTOL 企业已经和巴黎机场集团签署协议，参与 eVTOL 航线试点运营。但受到 eVTOL 适航取证进度、空中航线和垂直机起降场的环境等因素影响，该项目遭到诸多反对意见。导致奥运期间，仅有 Volocopter 公司在圣西尔学院垂直起降场成功完成了一次载人试飞（有驾驶员，但无乘客）。此次飞行正式开启了 VoloCity 机型载人 eVTOL 的运行验证，也使得巴黎成为世界上第一个在重大国际赛事期间展示飞行出租汽车交通方式的首都城市。

4. 德国柏林及慕尼黑

德国柏林的地理位置和交通网络使其成为测试城市空中交通的理想场所，目前，柏林政府正积极与多家 eVTOL 制造商和运营商合作，推动城市空中交通的发展。其中，包括与 Volocopter 等公司的合作，探索 eVTOL 在城市内的垂直起降、空中巡航和精确着陆等技术，目前正在开展相关的城市空中交通项目。此外，政府还提供了政策支持和资金补贴，以吸引更多的企业和投资者参与。

慕尼黑的航空产业历史悠久、技术实力雄厚，为 eVTOL 的研发和测试提供了有力的支持。慕尼黑地区还聚集了众多的科技人才和创新资源，为 eVTOL 产业的发展提供了源源不断的动力。慕尼黑地区拥有多家知名的航空企业和研究机构，如西门子（Siemens）、MTU 航空发动机公司（MTU Aero Engines）等，这些企业和机构共同建立了 eVTOL 研发与测试中心，致力于加快 eVTOL 在慕尼黑发展。

5. 荷兰阿姆斯特丹

荷兰的 PAL-V 公司开发了一款名为 PAL-V Liberty 的飞行汽车（见图 13-1），该车型结合了汽车和直升机的功能，可以在道路上行驶和空中飞行。PAL-V Liberty 飞行汽车具有独特的设计和先进的技术，能够在短时间内完成从汽车到直升机的转换。目前，阿姆斯特丹政府正积极与 PAL-V 公司合作，推动飞行汽车在城市内的应用。

图 13-1 PAL-V Liberty 飞行汽车

资料来源：PAL-V 公司官网。

6. 日本东京大都市区

日本政府非常关注无人机、eVTOL 等发展，很早就制定了日本先进空中交通（AAM）的发展路线图——《日本的先进空中交通：我们的发展和超越》，明确到 2030 年实现空中出租车和重型货运无人机业务全面商业化的目标。同时，成立日本无人机基金专注投资无人机和 AAM 生态项目，积极推进 eVTOL 的研发和示范运营工作。

东京大都市区具有城市空中交通发展的优良条件，拥有多家通航公司提供私人飞机、直升机旅游观光、医疗救援、警务支援等服务。在城市服务保障方面，东京仅用 5 年时间就构建了通用航空救援救护体系。2022 年，日本航空公司、三菱集团和兼松株式会社联合向日本政府提交了一份在东京大都市区启动 AAM 试点运营的项目提议。该项目计划连接东京市中心的主要交通运输枢纽、机场和岛屿，提供运输服务和观光飞行。目前，东京大都市区正以综合性规划为牵引，积极发展先进空中交通。该区域已汇集了日本实力最强的 eVTOL 企业，包括 SkyDrive，以及本田、丰田等积极投身空中交通领域的汽车企业。此外，日本宇宙航空研究开发机构（JAXA）也在与企业联合推进 eVTOL 的研发工作。

总体来看，东京大都市区在空中交通发展上，展现出了明确的规划、强大的企业实力和政府的有力引导等特点。随着各项试点项目的推进和实施，东京有望成为全球 eVTOL 产业发展的重要中心之一，为城市空中交通的未来发展提供宝贵经验和示范作用。

7. 中国粤港澳大湾区

粤港澳大湾区在我国低空经济的发展中一马当先，展现出迅猛的进展速度。得益于应用的先行先试和政策的有力支持，粤港澳大湾区通过发展产业链、基础设施和创新平台，正逐步塑造成为全球低空经济的引领者。

作为世界四大湾区之一，粤港澳大湾区拥有近 9000 万人口，经济总量超过 14 万亿元，是具有全球影响力的庞大城市群。在传统通用航空产业方面，粤港澳大湾区基础雄厚，汇聚了中航通用飞机有限责任公司、中信海洋直升机股份有限责任公司、深圳市东部通用航空有限公司等龙头企业。在新兴领域，粤港澳大湾区孕育了大疆、顺丰丰翼、极飞科技等无人机行业的领军企业，以及亿航智能、小鹏汇天、广汽等 eVTOL 创新型企业，并成功吸引了德国 eVTOL 制造商 Lilium 的落地。

粤港澳大湾区对低空经济的需求巨大且不断增长，应用场景丰富多样，为众多运营企业提供了广阔的发展空间，包括：①产业类需求：目前，粤港澳大湾区的通航需求主要集中在石油海上平台飞行和港口直升机引航，这两部分业务量占到全国的90%；②商业需求：观光娱乐、跨境飞行、城际飞行、空中通勤、空中摆渡等新业态模式正快速增长。Sky Shuttle、Heliservices 等直升机运营公司已在香港、澳门、深圳等地长期开展高端摆渡服务；③公共服务需求：无人机和载人 eVTOL 在医疗救护、山区搜救、水下救援、火灾救援等应急领域展现出巨大的应用潜力；④区域发展需求——针对粤港澳大湾区内部经济发展水平的不均衡，空中交通走廊或网络的建设将加强核心城市与县域乡村的连接，这将为县域乡村发展带来新的产业和就业机会，推动低空经济与乡村振兴的有机结合。目前，粤港澳大湾区已开通了多条低空航线，具备推进 eVTOL 运营试点的优良条件。如深圳至珠海首条低空短途运输航线已正式启用，旅客可通过乘坐直升机，往返深圳南头直升机场和珠海九洲机场，原本约 2 小时的行车时间缩短至 20 分钟，而且也有相关 eVTOL 完成了首飞演示等任务。

总体而言，粤港澳大湾区在低空经济的发展上展现出了强劲的势头和广阔的前景。随着产业的不断壮大、基础设施的完善以及创新能力的提升，粤港澳大湾区有望成为全球低空经济的重要增长极和创新高地。

8. 长三角城市群

长三角城市群是我国经济发展最活跃、开放程度最高、创新能力最强、工业基础最好的区域之一，共有 41 个城市、全部面积超 36 万平方千米，地区人口 2.4 亿人，城镇化率超过 60%，2023 年地区生产总值超 30 万亿元。长三角城市群以 4% 的国土面积、17% 的人口，创造出全国近 1/4 的经济总量，在国家现代化建设大局中具有举足轻重的战略地位。长三角城市群作为世界六大城市群之一，正在积极推进 eVTOL 产业的发展。

长三角城市群拥有雄厚的传统航空航天产业基础，是中国最大的商用飞机研发和生产基地，汇聚了大量专业技术和管理人才，以及众多“211 工程”和“985 工程”的重点理工类高校，为 eVTOL 产业的发展提供了坚实的技术和人才支撑。上海市拥有全国 70% 的民用航空体系人才，集聚全国 50% 的 eVTOL 头部创新企业，开通了浦东机场—江苏昆山、龙华机场—浙江嵊泗的空中载客航线，具有 eVTOL 运营应用的坚实基础。江苏省、浙江省通用机场数量排在全国前列，拥有民营经济活力优势，在 eVTOL 产业配套、场景创新等方面积极作为，展现出了低空经济强大的发展潜力。安徽省是全国第三个、长三角城市群第一个全域低空空域管理改革试点省份，正大力推进“骆岗公园全空间无人体系应用示范项目”，已实现了亿航 EH216-S 全球商业运行的首次飞行演示，这标志着长三角城市群在 eVTOL 商业化运行方面迈出了重要一步。

综合来看，长三角城市群城市分布密集、人员往来频繁、地域经济发达，eVTOL 创业氛围浓、科技企业多、应用场景活，有着 eVTOL 产业发展的巨大潜力。但目前，长三角城市群的 eVTOL 运行和城市空中交通应用尚处于早期阶段，仅在少数城市进行了验证试飞或演示飞行活动。随着相关试点运营的不断推进和创新探索的深入，长三角城市群有望建成一体化布局覆盖全域的多站式、智能化、网联化起降点等基础设施体系，打造出城际出行“一小时”低空交通圈（见图 13-2）。

此外，成渝地区双城经济圈，航空产业基础好、空域条件优、人员密集、山区地势等特点也非常适合发展 eVTOL 运营试点，未来也将有望成为我国城市空中交通应用的主要区域之一。

图 13-2 城市空中交通应用想象

资料来源：作者自绘。

三、其他集群及示范区探索

不同于以往通用航空产业发展聚焦产业园区的探索，低空经济的方向主要在城市，但随着低空产业的发展，低空经济也将向产业园区集聚。国内外一些对产业集群示范的探索经验值得借鉴。

（一）通用航空产业综合示范区

通用航空产业综合示范区主要由国家发展改革委提出建设，2017年1月4日，国家发展改革委印发《关于建设通用航空产业综合示范区的实施意见》提出，将北京市、天津市、石家庄市、沈阳市、大连市、吉林市、哈尔滨市、南京市、宁波市、绍兴市、芜湖市、南昌市、景德镇市、青岛市、郑州市、安阳市、荆门市、株洲市、深圳市、珠海市、重庆市、成都市、安顺市、昆明市、西安市、银川市26个城市作为全国首批通用航空产业综合示范区。

经过多年的发展，26个示范区建设进展不一。少部分示范区受行业整体情况影响，建设进展缓慢甚至停滞，但大多示范区都有所推进，为国家未来推进低空经济示范区建设、开展相关试点等奠定了产业基础。其中，一些城市以传统航空制造业为主，加快自主研发制造及创新突破；一些城市以加快引进先进制造项目为主，大力发展无人机产业，还有一些城市加快培育航空活动，打造了系列航展品牌活动等。通过示范区的带动，我国通用航空产业发展也取得了一定进展。一些自主研发制造产品都主要集中在示范区，如AG600两栖飞机在珠海，锐翔4座电动飞机（RX4E）在沈阳，首款取得中国民航TC证的AEC2.0L航空重油活塞发动机在芜湖，等等。在首批示范区的引领带动下，不仅一些地方的通用航空产值规模、经济效益、企业发展、产品技术水平得到了提升，而且在通过通用航空产业相关活动带动地方低空经济发展方面也起到了积极的推进作用。如2023年，珠海亚洲通用航空展共签订合同成交额73亿元，成交各种型号飞机239架；2023年芜湖低空经济发展大会达成合作项目36个，总投资达321亿元。

（二）先进制造业集群

先进制造业集群是在一定区域内，由先进制造企业及相关主体高度集聚形成的在创新能力、品牌效应、规模体量、市场竞争力等方面处于领先水平的产业生态系统，是制造业高质量发展的重要标志。从2019年开始，工业和信息化部实施先进制造业集群发展专项行动，通过集群竞赛的方式，围绕新一代信息技术、高端装备、新材料等重点领域，在全国范围内遴选出45个具有较强竞争力和影响力的先进制造业集群。集群布局建设了一批制造业创新中心，培育了一大批国家级单项冠军企业、专精特新“小巨人”企业，成为引领区域经济发展的重要引擎及推动制造业高质量发展的重要载体。在政府和市场的共同推动下，一些集群正在向世界级先进制造业集群迈进。从行业分布来看，目前，已有西安市航空集群、株洲市中小航空发动机集群入选了先进制造业集群培育名单。

此外，445 个国家新型工业化产业示范基地中，包括广东珠海航空产业园在内的 9 个基地属于航空制造领域；178 个国家高新技术开发区中，有 5 个与航空相关的开发区。这些国家级集群，正引领带动航空产业不断创新发展，成为发展低空经济的重要支撑。

（三）通航小镇

国际通航小镇是我国值得学习的一类产业集群模式。美国拥有很多通航小镇，其分布呈现非均质化，主要集中在较为成熟的城市群附近。如以加利福尼亚州为代表的西海岸地区，以佛罗里达州为代表的东南海岸地区，以伊利诺伊州、印第安纳州和俄亥俄州为代表的五大湖地区。城市群的地理位置、社会经济、自然环境、人口聚集等因素，为通航小镇的形成提供了客群基础、消费基础和物质基础，也推动不同发展模式的通航小镇成型和发展。从普通的通用机场到聚集人气形成宜居或宜业的小镇模式各不相同，可将国外的通航小镇分为 3 种类型。

第一种通航小镇是依托机场的跑道及相关飞行资源逐步发展形成的有产业属性的通航小镇，可称为航空产业主导型通航小镇。典型代表有美国约翰·韦恩机场的通航小镇。第二种通航小镇发展模式可概括为飞行社区型通航小镇或居住主导型通航小镇。该类小镇依托优美的自然环境形成，居住社区紧邻跑道，飞机通过滑行道连接可实现直接入户，区域内飞行爱好者众多，社区大都是私人所有，不对外运营。

典型代表有美国规模最大、最著名的云杉溪飞行社区。第三种通航小镇发展模式是航空文化（主题）注入型通航小镇，典型代表有奥什科什通航小镇，通过美国实验飞机协会（EAA）等开展的活动带动，其已成为全球飞行爱好者的聚集地，形成了以“机场场地＋临时展览建筑”“航空服务配套＋居民生活配套”为主要形式的通航小镇发展空间形态。

参考文献

［1］中国民用航空局．民用无人驾驶航空试验基地（试验区）建设工作指引［EB/OL］．中国民用航空局网站，2020-05-21.

［2］The National Academies of Sciences，Engineering and Medicine. Advancing Aerial Mobility：A National Blueprint［R］.2020.

［3］HASAN S. Urban Air Mobility（UAM）Market Study［R］.2019.

未来篇

第十四章
发展条件与困境

发展低空经济，市场是根本、空域是关键、政策是保障、技术是支撑、安全是底线。世界经济论坛发布的《先进空中交通白皮书》认为，社会接受度、运营可行性和财务可行性是影响先进空中交通推进的关键因素。其中社会接受度包含大众信任、安全、隐私保护及利益相关方教育和无缝衔接；运营可行性包含技术能力、基础设施、监管框架等；财务可行性包含商业机会、市场规模、成本效益及资金来源等。综合来看，影响低空经济发展的主要因素有制度、政策、市场、技术、资本、基建等，我国在这些方面基础不一，有优势也有劣势，有机遇也有挑战。但总体而言，优势大于劣势，机遇大于挑战，我国发展低空经济正处于战略机遇期。

一、我国基础和优势

综合来看，我国在低空经济相关领域的基础和优势主要体现在体制机制、市场潜力、技术创新及产业链基础等方面。

（一）体制机制方面

新能源汽车、高铁等发展表明，在党领导下的社会主义制度和新型举国体制，是我国发展新兴产业最突出的体制机制优势。低空经济作为国家战略性新兴领域的一部分，已经被融入了综合交通网络的长远规划中，凸显了其在整体布局中的关键地位。全国上下一盘棋，政府策略上双管齐下，既从宏观角度作出规划，也在实践层面上提出了清晰导向与实际支持措施，按照发展低空经济的一张蓝图绘到底。全国各地聚焦低空经济产业发展和监管运行两大方面，纷纷加大力度推进，展示了中央和地方对于发展低空经济的坚定决心。国际媒体认为，低空经济的崛起在中国被视为类似“莱特兄弟驾驶飞机首飞”的重要时刻，中国看到了利用低空经济促进高附加值就业机会，推动科技创新、为经济注入一些必要动力的机会，正在大力布局这一领域，希望在竞争激烈的全球市场中占据领先地位，也展现了中国发展低空经济的雄心。

在政府积极引导支持下，各大央企也都开始布局低空经济领域。航空工业官宣发布《认识低空经济 走近天空下的新蓝海》，其中明确了“低空经济国家队”的表述；中国邮政集团与中国通号对接，洽谈共促低空经济产业发展，未来将发挥各自优势，在低空经济领域开展紧密合作；中国电科通过数智赋能在低空经济场景应用上取得了系列成果。

（二）市场潜力方面

蕴含在中国式现代化中的超大规模市场优势，是我国发展低空经济的底气所在。我国人均 GDP 已达到低空出行的消费水准，受限于多种因素，巨大的低空飞行消费需求潜能难以充分释放。同时，我国人口密集，城市交通压力较大，地形复杂多样，这为低空经济发展提供了广阔的应用场景和市场需求。我国作为全球最大的汽车市场之一，新能源汽车产业的快速发展已经证明了市场对新型交通工具的巨大需求。随着经济的持续增长和国民收入水平的提升，消费者对于高质量、个性化的交通服务需求日益增加。低空经济以其独特的空中交通优势，能够提供传统地面交通无法比拟的便捷性和效率，满足市场对于快速、灵活交通方式的需求。随着技术进步和市场认知的提高，低空经济将逐渐渗透到人们的日常生产生活中，其市场规模有望实现显著增长。

根据文化和旅游部数据中心客流大数据监测显示，2024 年“五一”假期，全国国内旅游出游合计 2.95 亿人次，按可比口径较 2019 年同期增长 28.2%；国内游客出游总花费 1668.9 亿元，同比增长 12.7%，按可比口径较 2019 年同期增长 13.5%。旅游消费和个人消费市场的巨大潜力，是我国发展低空经济的良好基础。这种市场需求的增长，预示着低空经济在未来交通领域中的重要地位。如eVTOL能够在没有长跑道的情况下垂直起降，这使得它能够轻松抵达偏远山区和孤立海岛，为这些难以接触的地区提供了前所未有的可达性。这一特点不仅突破了地理限制，还为旅游业界开发新的旅游景点提供了可能，从而极大地拓展了旅游业的发展空间，偏远的山区度假、海岛旅游将变得更加方便。此外，低空经济在应急救援、物流快递等领域的应用，也展现了其多样化的市场潜力。

（三）技术创新方面

1. 创新主体丰富多元

我国低空经济领域，拥有大量的民营企业，这些民营企业创新活力很强，有着灵活的机制及充足的资金。以往造一架新型飞机往往需要耗时数年甚至十几年，先后经历型号设计、零部件制造、部件装配和整机总装等环节，时间久、投入大、过程烦琐；但对于无人机及eVTOL，特别是无人机，依靠开源代码，企业或个人仅需三个月甚至几天便可调试一套自主飞控系统，而且产品性价比还很高。同时，民营企业在市场响应速度上具有优势，能够快速适应市场变化和技术进步，及时调整产品策略和发展方向。这种技术创新的优势，在充分竞争的消费级无人机、农林植保等领域，体现得尤为明显，如大疆凭借产品性价比优势，可以牢牢占据市场主导地位。

此外，国内研究机构和高等学府在低空经济领域的科研创新中扮演着关键角色。这些机构不仅在理论研究领域取得突破，而且在技术应用和产业转化方面也发挥着重要作用。通过与企业的紧密合作，研究院所能够将科研成果快速转化为实际应用，推动了低空经济的技术创新和产业发展。例如，浙江省嘉兴市南湖区路空协同立体交通产业研究院，就是政府、研究机构和企业合作的典型代表，通过利用北斗卫星、5G 等先进通信技术，由大数据运算中心实现无人化、智慧化驾驶等新兴交通运输技术与传统交通网络的融合，助力探索应急救援运血、无人机配送、路空一体助推大综合一体化、无人车快递配送等应用场景创新应用，已取得积极进展。

2. 各类资本大力支持

我国低空经济的创新优势，得益于政府基金、金融机构、社会资本等的大力支持和促进。近年来，我国低空经济领域投融资活跃，其中无人机和 eVTOL 为主要投资赛道。有关研究报告显示，截至 2024 年 7 月，我国无人机领域共发生 524 起投融资事件，总投资金额达 455.2 亿元，涵盖无人机整机、系统及零部件制造等各个环节；eVTOL 领域共有 34 起投融资事件，总投资金额约 65.1 亿元，以早期融资为主，占比七成左右，其中 31 起投资事件集中在 2021 年及以后（见图 14–1）。2024 年上半年，我国至少有 31 家低空经济企业获得 35 笔融资，其中融资亿元级别的有 8 笔，目前我国已有十余家整机企业进入了融资“亿元俱乐部”。融资支持表明企业在初步验证了商业模式或技术可行性后，将进入快速扩张和市场占领的关键阶段，同时也展现出了我国低空经济强大的科技创新能力和投资吸引能力。

此外，我国证券市场设立了低空经济板块指数，相关上市企业股价增长明显，证券投资公司纷纷加大对行业的研判分析力度，低空经济热度持续高涨。从投资机构分布来看，以社会资本和地方基金等为主，其中华泰证券、深创投、中信证券投资低空经济企业数量较多；从趋势看，投资领域将逐步从整机延伸至关键系统、零部件全链条以及低空经济基础设施相关领域。航空产业网统计的超过 1700 个航空航天项目中，低空经济产业链相关的项目占比超 20%，包括无人机、

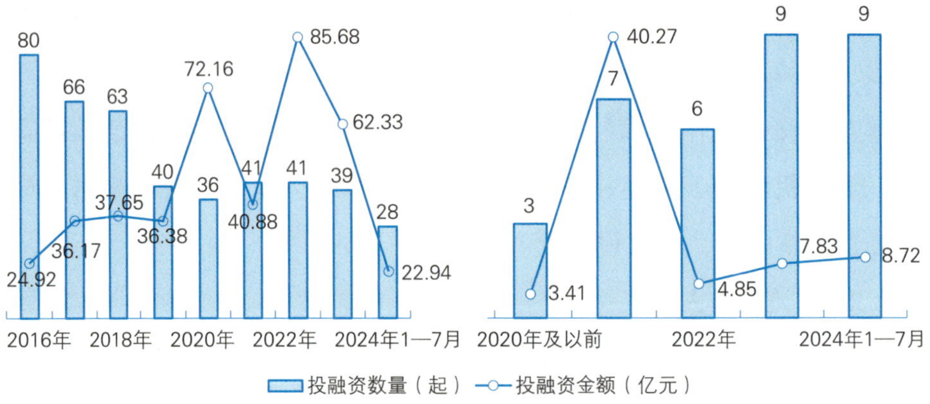

图 14-1 我国低空经济领域投融资情况
（左图：无人机，右图：eVTOL）

资料来源：36 氪研究院，《2024 年中国低空经济发展指数报告》。

飞行汽车、eVTOL 等，覆盖智慧空管项目、整机项目、飞控与导航项目、复合材料项目等。

（四）产业链基础方面

1. 工业产业链基础

我国是全球最大的制造业国家，制造业总体规模连续 14 年位居全球第一。2022 年，我国制造业增加值达 33.5 万亿元，占 GDP 的比重为 27.7%，占全球的比重接近 30%。我国拥有全球门类最齐全的制造业体系，拥有 41 个工业大类、207 个中类、666 个小类，500 种主要工业产品中有四成以上产品产量位居世界第一，完整的结构体系使我国制造业具有强大的配套循环能力和自我修复能力，在面对风险冲击时展现出难以复制的韧性和弹性。同时，我国制造业品质优，智能化、融合化、品质化水平不断提高，生产效率和产品质量持续提升。从要素条件来看，科技创新、人力资本、现代金融等生态不断优化，使得我国在制造业领域具有显著的成本优势，这有助于低空飞行器在原材料采购、生产制造等环节实现成本控制。同时，随着产业规模的扩大，规模经济效应将进一步降低单位成本，提高产业的整体竞争力。

我国轻小型无人机得以领先世界，也是因为我国具有完备的产业链，大疆能够发展成为行业龙头，就充分得益于深圳电子信息产业链齐全，能够使大疆具备规模化优势，单机成本极低，竞争对手无法达到。目前，我国是全球公认的唯一具备百万量级无人机产能的国家。强大的工业基础及产业链配套将使我国在低空经济新领域保持竞争优势。

2. 新能源汽车产业链

我国是全球最大的新能源汽车市场，拥有成熟的新能源汽车产业链。这一产业链的溢出效应为低空经济领域电动航空器、eVTOL 的产业化发展提供了技术支持和制造能力，尤其是在电机、电池、电控等关键部件的制造方面。这些技术的复用和制造能力的提升，有助于降低低空飞行器的研发和生产成本，加速产业的商业化进程。如 eVTOL 零部件有 80% 与新能源汽车重合，另外 20% 是传统航空器用到的高可行性、昂贵的零部件，这 20% 关键零部件决定了产品行不行，但与汽车共用的 80% 零部件决定了能否提供规模可达、成本可控、适合大众出行的产品。

通过国家支持和企业研发投入，我国新能源汽车动力电池快速发展，已成为“新三样”之一。国家作出新能源汽车以纯电为主的技术路线，也是得益于动力电池发展形成的技术基础和配套产业链，甚至动力电池企业开始引领整车研发。目前我国新能源汽车已形成了一个完整的产业生态系统。在动力电池领域，我国已经建立了最大规模的产业体系，技术水平达到了世界领先，动力电池占全球市场份额超过 60%。宁德时代开发了单体能量密度最高的“凝聚态电池”，并公布了 8 吨级电动飞机发展计划。未来集高安全、高能量密度、高功率、快充于一体的“三高一快”航空电池将有效助力我国低空经济绿色低碳化发展。在电机电控等领域，新能源汽车的技术发展及动力系统的集成与优化，也为我国低空飞行器的研发设计提供了技术路线的借鉴和产业链配套基础，包括卧龙电驱在内的一众新能源汽车电动推进系统企业纷纷进入低空经济领域。

此外，新能源汽车产业的制造能力对低空经济产业的制造环节具有显著的复用价值，特别是在精密制造技术的应用上。这些技术对于提升低空飞行器核心零部件的加工精度和质量至关重要。例如，新能源汽车产业在电池、电机等核心零部件的精密制造方面积累的经验，可以应用于低空飞行器的航空电子设备和复合材料结构件的制造，从而提高飞行器的整体性能和安全性。精密制造技术还能促进新材料和新工艺的研发，为低空飞行器的创新设计提供更多可能性。新能源汽车产业的自动化生产线，极大地提高了生产效率并降低了成本，低空经济产业可以借鉴这一模式，通过自动化生产线实现飞行器的快速组装和大规模生产。规模化生产经验是新能源汽车产业的又一重要优势，为低空经济产业扩大生产规模和满足市场需求提供了宝贵参考。智能制造系统的融合是新能源汽车产业提升制造能力的关键策略，为低空经济产业提供了智能化升级的路径。新能源汽车产业推进全产业链智能化的策略，为低空经济产业提升整个产业链效率和市场响应能力提供了范例。最后，新能源汽车产业的供应链管理为低空经济产业的发展提供了丰富的经验和资源。在原材料供应、零部件制造、组装和分销等关键环节，新能源汽车产业已经建立起成熟的供应链体系。这套体系通过整合上下游资源，实现了供应链的高效运作，可以为低空经济提供原材料和零部件的稳定供应，降低生产成本，提高生产效率，从而为增强整个产业的竞争力提供支撑。

3. 5G 通信技术

5G-A（5G-Advanced）技术在低空经济的智能网联中扮演着至关重要的角色。我国具有全球最大规模的 5G 网络，为发展低空经济提供了坚实的基础支撑。截至 2023 年底，全国范围内已建成的 5G 基站数量高达 337.7 万个，位居全球第一。这些基站广泛覆盖了我国所有城市的城区和县城，同时在乡村地区的覆盖率也取得了显著进展，达到了 87% 的高水平，为广大乡村居民提供了更加便捷的通信服务。5G 的广泛覆盖，使得广大民众都能轻松接触到 5G 服务，我国 5G 用户已占全球 85%。此外，我国行政村 98% 通光纤、4G 网络覆盖率 98%，基于移动通信网络建设空管一体化系统具备显著优势。中国移动利用 5G 基站对无人机低空探测验证，单半径达到 1000 米，多基站可以无缝连续探测，对无人机目标探测精度可以达到米级，单个基站可对 1280 个目标同时进行跟踪探测。

目前，三大通信运营商在低空经济领域均已有所布局，主要通过 5G-A 来解决低空通信和飞行路段监控的问题，从而实现通感一体化。中国电信依托 5G-A、卫星、互联网、天翼云等云网融合优势，深度定制智能方舱、5G 机载等网联终端，积极打造星云低空飞行服务和星巡低空服务监管平台，建设广域网络覆盖、超大通信带宽、天地一体的低空超宽带智联网，构建一张高精度、高智能、集约高效的低空感知网；中国移动打造中移凌云 5G 网联无人机管理运营平台，将融合低空感知、无人机网联飞行、空域管理、AI 分析等能力，逐步形成低空空域管理运营一体化解决方案；中国联通发布一站式无人机云平台“沃天宇”，不断探索通感一体、天地一体等创新技术方案。

4. 北斗卫星导航系统（BDS）

北斗卫星导航系统（BDS）是我国自主研发的全球卫星导航系统，

它的发展标志着中国在全球卫星导航领域占据重要地位。北斗系统的建设从1985年至1994年的演示论证期，到2003年北斗卫星导航实验系统的正式开通运行，中国成为世界上第三个拥有自主卫星导航系统的国家。北斗系统由空间段、地面段和用户段三部分组成，其中空间段由北斗导航卫星组成，地面段包括主控站、注入站和监控站，用户段则包括各种北斗系统用户终端。

目前，北斗系统已成为全球规模最大的卫星导航定位系统，拥有58颗卫星。同时，我国北斗系统已加入ICAO（国际民用航空组织）标准，可全球民航通用。截至2023年底，应用北斗系统的通用航空器超2128架，机队占比超过七成，装载北斗系统的航空器数量是2020年的7倍多。同时，随着我国商业火箭发射能力大幅提升，低轨卫星互联网建设进程将提速。低轨卫星通信赋能低空经济，将助力远期低空智能网联建设破局。

5. 其他配套基础

在轨道交通领域，我国拥有世界最先进的轨道交通装备，全国"八纵八横"高铁网主通道已建成投产约80%，城市轨道交通年客运量接近300亿人次，城市地铁列车运行的最小间隔可缩短到60秒，这都将为我国低空经济产业发展及低空飞行器运行管控提供支撑。

在人工智能（AI）领域，随着5G技术的不断成熟，AI在车联网中的应用也日益受到重视。AI技术在自动驾驶、交通流量管理、车辆行为预测和智能交通信号控制等方面的作用，是实现智能交通系统的关键。AI在低空经济中的应用将更加广泛和高效，尤其是在无人机群的协同控制、低空交通管理系统和智能低空安全监控等领域。

此外，我国在3D打印、智能制造、大数据、互联网及数字经济等领域都具有相应的优势，这都将成为低空经济发展的基础所在。

二、现实焦虑与挑战

低空经济发展的培育阶段，还面临法规标准、安全监管、技术焦虑、成本效益、国外打压、替代竞争等诸多挑战，总结有以下几个方面。

（一）法规政策挑战

1. 政策和法规尚不完善

低空经济的快速发展在全球范围内引起了广泛关注，但同时也面临着管理政策和法规方面的挑战。许多国家的低空经济管理政策和法规尚未完全适应这一新兴领域的特殊需求，存在一定的滞后性。这导致了在空域使用、飞行器监管、飞行安全等方面缺乏明确的指导和规范，从而影响了低空经济活动的规范化和有序发展。例如，无人机的普及带来了诸多便利，但同时也引发了安全和隐私方面的担忧。一些国家尚未制定明确的法规来规范无人机的飞行高度、禁飞区域以及用户的责任和义务。这导致了在某些情况下，无人机可能会误入敏感区域或造成空中交通事故，而缺乏相应的法律制裁措施。为了解决这一问题，需要政策制定者深入研究低空经济的特点，制定和完善相关法规，以促进行业的健康发展。在国际层面上，如 ICAO、EASA（欧洲航空安全局）和 FAA 等都在努力制定跨国的无人机飞行规则，以减小法规差异，促进低空经济的全球协调发展。

技术的快速发展要求政策、法规和标准能够及时更新，以适应新的技术条件和市场需求。例如，5G、卫星互联网在低空经济领域具有广泛的应用前景，但现有的法规尚未涵盖这些新技术的应用，相关规则仍不完善。又如，eVTOL 的兴起，特别是飞行汽车技术的发展，使得针对这种既可以路面行驶，又可以空中飞行的交通工具的法规标准极为滞后。此外，无人机如何向国家综合监管平台报送信息，也缺少统一制式和标准，针对审定类无人机运行，目前也缺乏具体的审定规章、标准和规范，我国已取得适航证的 eVTOL 也难以真正投向市场。

2. 空域协调机制还缺失

当前我国低空空域的分类设置较为固化，难以实现灵活调度，这一现状导致了空域资源的极大浪费，无法充分满足不断增长的低空活动需求。空域管理的审批流程效率与跨部门协作的流畅度，直接影响空域资源的利用效率。与商业航班相比，低空飞行活动因任务多样性、飞行高度与时间的不固定性，以及非标准化航线等特点，目前要求每次飞行需经过多个军民航空管制机构的协调。这一过程涉及漫长的计划申报周期、复杂的审批环节，严重拖延了通航任务的执行。尤为突出的是，即使计划最终获得批准，还需面临空军活动状态、天气条件变化等多种不确定因素，在空域没有完全精细化管理改革开放的情况下，这一问题还将持续存在。这一症结主要在于缺乏统一的指挥协调中心来高效处理低空飞行计划与实时动态。此外，信息传递机制的不健全、新技术的应用滞后等也增加了组织低空飞行的复杂度，不利于飞行活动的系统规划。因此，建立健全空域高效协同机制，对于促进企业的高效运营至关重要。

低空经济的参与者，包括无人机操作者和 eVTOL 服务提供商，需要在复杂的空域中进行操作。这不仅包括传统的低空飞行活动，还涉及新兴的无人机服务。现有的空域管理体系尚未充分考虑到低空经济活动的特点，如无人机的大量使用和城市空中交通的发展。空域管理的复杂性在于需要平衡不同的飞行需求，确保飞行安全，同时还要考虑到空域的高效利用。例如，城市空中交通的发展需要在城市上空建立新的飞行路径和规则，这会带来方方面面的影响。这要求政策制定者、空管机构和行业参与者共同努力，明确各类细分空域运行边界，建立一个更加灵活和高效的空域管理体系。按照《国家空域基础分类方法》，G、W 类空域为低空经济主要活动空域，也是地方最能明确需求、最需直接管理的空域。但是目前，G 类空域如何管、如何用还不明确，两类空域数字化管理手段也欠缺，低空空域的资源价值潜能难以释放出来。

3. 低空管控面临新挑战

城市空中交通的增长预示着大量的无人机和 eVTOL 将穿梭于城市上空。这种增长对现有的空中交通管理系统提出了更高的要求，需要能够处理更复杂的交通情况，同时保证飞行的安全性和效率。传统的 ATM 系统在设计时并未考虑到如此密集的低空飞行活动，因此，如何升级现有系统或开发新的解决方案，以适应这种增长，成为一个迫切需要解决的问题。未来的低空飞行活动，还具有很大的动态性和不确定性。为了有效应对这样的变化，空中交通管理系统必须更多地依赖自动化、智能化、数字化技术。这包括使用 5G、6G 等技术进行实时高效通信，使用人工智能进行飞行路径的自动规划和冲突预测解决，以及利用机器学习算法优化飞行流程和提高响应速度，以确保不同驾驶方式、不同运行规则、不同机载能力的航空器都能在同一低空下安全高效飞行。

在低空领域，尤其是城市环境中，确保飞行器之间以及飞行器与地面障碍物之间的安全间隔至关重要。目前，低空领域尚未建立类似高空航班的标准间隔规定，因此，研究和确定无人机之间、无人机与有人机之间的最小安全间隔成为一个重要课题，以确保有人机与无人机能够最终实现融合飞行。此外，多源技术并存、多重因素约束下如何实现快速应对、高效决策、有效管控，是低空经济安全运行面临的重大挑战，需要管控系统进行实践，还需要与城市管理系统和交通系统等之间的密切协同。

4. 适航监管策略待调整

随着无人机的大量创新和应用，适航问题成了一个突出的问题，国际组织及全球各个国家和地区的监管机构都在针对这一问题进行研究并制定应对策略。从国际经验来看，欧美国家已经建立了针对无人机多样性运行环境和设计的适航管理模式，实行风险适应的分级分类管理。

我国作为无人机研发和制造的重要国家，面对庞大的无人机企业和产品数量，加之无人机研发周期的短暂，现有的局方资源难以满足广泛的适航管理需求。我国目前官方的无人机适航审定机构只有一家，航空器适航审定人员全部加起来也只有400多人，而目前在审及需要审定的中大型无人机、eVTOL等种类已成百上千，适航审定能力远远不能满足需求。而且在审定过程中基于不同航空器类型单独制定标准、专用条件，组建专门审查组审查，耗时长、效率低。对于微轻小型无人机，也简单按照满足强制性标准要求、通过质检抽查的方式来管理，无法确保航空器产品质量与运行安全。

虽然当前针对轻小型无人机的安全、技术要求已比较全面，行业规范涵盖了多个方面，如强制性国家标准，以及专门针对无人机技术要求、试验方法及通信设备的标准GB/T38058-2019、CTSO-C213等，公安部的警用无人机标准、农业农村部的植保无人机相关标准及检测能力建设等，但关乎产品质量、安全等的其他强制性标准尚未出台，产品检验检测、适航符合性验证等能力建设也相对滞后，“一机一码”的要求难以全面落实。此外，针对中大型无人机、eVTOL的适航认证标准还欠缺，特别是分布式电推进及新型气动布局等适航规章明显滞后，不能满足产品快速迭代更新及大量创新主体的需要。针对新兴的飞行汽车该如何监管，是否需要取得汽车公告资质及航空器适航证书，移动式的垂直起降平台是否需要取得相关生产资质等，都需要制定相应的策略、规则和标准。针对动力、飞控、航电等关键系统和部件的适航验证体系也亟待建立，以确保能够满足关键部件模块化配套的需要。

从顶层来看，我国的无人机适航管理思路应聚焦于基于风险的分级分类管理，制定与无人机运行风险相适应的适航监管措施。同时，应充分利用社会力量，参照汽车管理等，建立微轻小型无人机第三方检测认证体系和中大型无人机、新能源新构型低空飞行器的第三方适航验证体系。汽车行业的发展，能够保持两三千万辆的年产销量，就得益于其大量的第三方检测机构的参与，有效提升了汽车公告审查的效率。

5. 安全风险出现新变化

（1）飞行安全观念影响公众接受水平

社会对飞行安全的顾虑是影响低空经济发展的重要因素，安全水平从某种程度上决定了一种交通方式的规模和大众化程度。人们对于空难高度关注，在于人们感觉飞机一旦失事，就会“机毁人亡”。近年来，一些明星、政要发生飞行事故，更是加重了这一观念。但实际上，统计近 70 年的飞机事故，呈明显的下降趋势，仅有 13.5% 的事故造成了超过 10 人以上的死亡。根据美国运输统计局的报告，自 20 世纪 60 年代后期以来，美国通用航空致命和非致命事故的数量以及每 10 万飞行小时的事故数量一直在稳定下降，自 20 世纪 80 年代初以来平均每起事故的总死亡人数在 0.4 至 0.3 之间波动。从整体上看，与公共航空运输相比，低空飞行事故的损失和影响要小得多（见图 14–2）。

尽管如此，受传统观念影响，低空飞行用户群体规模还是限制在小于具有日常交通需求的群体，但要大于极限运动爱好者等更为小众的群体。同时，不同于乘用车安全责任在于个人，乘用车出现道路安全事故可由保险公司来赔付，对整个道路交通影响不大，我国传统通航的安全责任被纳入航空运输公共安全范畴，一旦出现失事事故，整个

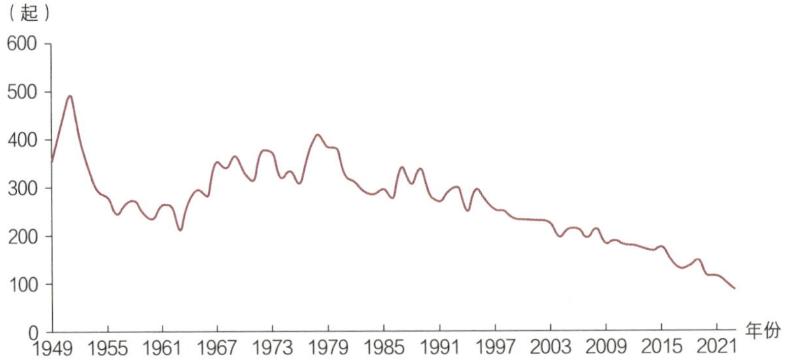

图 14–2 1949—2023 年全球飞机失事情况

资料来源：Bureau of Aircraft Accidents Archives.

航路航线甚至空域范围都受影响。面对未来大规模高密度的低空飞行，这样的安全监管责任制度远不能满足并适应需要。因此，低空经济发展亟待改革安全监管制度，提供同等级别的安全服务是公众接受低空经济，实现无人机、eVTOL 等新型航空器大规模应用的最核心要素。

（2）政府管控手段和方式有待优化

从低空经济发展的特点和趋势来看，地方政府是发展低空经济的主导者，其兼具管理方和使用方的双重角色作用愈加凸显。随着空域改革的深入推进、管理政策的不断利好，以及行业主管部门简政放权的务实推进，城市内低空安全管理责任的牵头主体已经出现由军民航逐步向地方政府转移的趋势。在这种趋势下，地方政府将面临安全管控的更大挑战，需要对原有的安全管理认知和安全管理方式进行重塑，但地方政府往往缺少手段和规范。以 120 米以下划设微轻小型无人机适飞空域为例，由于缺少相应的划设标准、技术手段等，从划设相关情况来看，一些地方政府为减少管控成本，出现过少划设，甚至“一刀切”的情况，违背了政策设计的初衷。

安全管理方式最重要的是对“软”“硬”两种条件的建设。在“软”

环境方面，大部分地方政府对承担低空安全责任明显准备不足，思想上尚未匹配低空安全管理新阶段、新要求的步伐，被动管理情况突出，大部分地方政府未与军民航建立高效的协同管理和沟通机制，对辖区内安全管理缺少前置研究。在“硬”工具方面，面对未来低空高密度海量飞行活动，以及不同应用场景的空中交通管理需求，连片成网的地面基础设施、智能网联的数字基础设施、空地一体的低空服务保障体系尚未搭建，已有的低空管控系统在连接效率和安全性方面都不够。

（3）无人机等新技术的管控要求紧迫

无人机“黑飞”、非法改装飞行等现象屡禁不绝，严重影响航空安全、空防安全及国家安全，无人机用于暗杀、袭击等现象也时有出现，特别是速度快、体型小的 FPV（First Person View，第一人称主视角）穿越机，不用 GPS 的编程自主飞行无人机，不依赖任何无线电信号的光纤线控无人机，以及“3D 打印 + 组装”的一次性低成本无人机等新技术新情况的出现，极大增加了防控、反制的难度，也对整个产业发展造成了影响。据统计，2020 年 9 月至 2024 年 8 月，韩国全国机场共查处 506 起无人机“黑飞”事件，其中有 24% 造成航班运行受阻。如此频发的安全事件，势必将对低空经济发展造成影响。

（4）引发低空安全事故的主要因素转变

以无人化、电动化、智能化为主要特征的新能源新构型低空装备，其安全事故因素更多的是航空器本身。深度求索（DeepSeek）显示，截至 2024 年 10 月，全球共发生约 120 起通航安全事故，其中约 70% 与气象、操作等人为和环境因素有关。而在无人机等新兴领域，截至 2024 年 10 月，我国共发生约 30 起低空安全事故，其中约 10 起与无人机故障有关。这些事故包括电池老化或接触不良，电机损坏、过热或电调故障，螺旋桨变形、断裂，飞控系统软件缺陷或硬件故障，传感器（如定位模块、陀螺仪等）故障，机械结构损坏等，造成失控坠机，产生次生危害。

与此同时，低空经济发展，未来将需要大量的数据交换、流通，以及庞大的算力、网络基础设施支撑，这就对低空经济相关的网络安全、数据安全监管带来挑战，运行大数据、算法与算力监管要求也将明显增加。如何确保公共安全并保护个人隐私，防止大数据“杀熟”等，也成为低空安全监管亟待解决的问题。特别是，大规模运行中的无人机，一旦被集体控制，所带来的群体失控、体系安全问题，是低空经济发展面临的最迫切的问题，需要从法规制度、技术体系等全方面予以解决。

6. 国际合作与标准化挑战

低空经济活动也包括民航活动，还具有一定的国际化特性，这意味着没有一个国家可以独立于世界其他国家来发展这一新兴领域。飞行器的跨国飞行涉及空域的开放、飞行安全、环境保护等多个方面的考量。因此，各国需要在政策和法规上进行协调，以确保跨国界的低空经济活动能够顺利进行。这种国际合作不仅限于政府间的协商，还包括企业、科研机构以及非政府组织的广泛参与。

国际标准化组织（ISO）和国际民航组织（ICAO）等机构在制定全球性标准方面发挥着关键作用。尽管国际标准化组织制定了相关标准，但各国在采纳和实施这些标准上仍存在差异。这些差异可能源于各国不同的法律体系、文化背景、经济发展水平以及技术发展阶段。例如，一些国家可能在飞行器的适航认证上有着更为严格的要求，而另一些国家则可能更加注重飞行器的环保性能。这种差异给跨国的低空经济活动带来了挑战，需要通过国际合作来逐步解决。

为了促进国际合作，需要建立统一的国际标准和法规。这包括飞行器的设计和制造标准、空域管理规则、飞行操作程序、安全监管体系以及环境保护要求等。统一的国际标准和法规将为不同国家和地区的飞行器提供平等的运营条件，减少因标准不一而产生的贸易壁垒，促进低空经济的全球化发展。在实践中，已经有一些成功的国际合作案例。例如，EASA 与 FAA 在飞行器适航认证方面进行了合作，共同制定了一系列的技术规范和认证程序。此外，一些国际项目，如城市空中交通试点项目，也涉及多个国家的合作，需共同探索低空经济的新模式和新业态。

（二）技术短板限制

我国众多的 eVTOL 初创企业并不都是脱胎自传统航空领域，很大一部分拥有来自汽车、互联网等行业的跨界基因。对于部分企业来说，适航取证既是一个全新的概念，也是检验自身技术和产品的第一块试金石。

1. 续航能力焦虑

当前，电动无人机和 eVTOL 的续航能力一直是全世界焦虑的问题。受限于电池技术，这直接影响了它们在物流、监控和空中出租车服务等领域的应用潜力。电池的能量密度是决定飞行器载重和飞行距离的关键因素，而现有的锂离子电池技术尚未能满足行业对于更长续航能力的需求。因此，开发更高能量密度、更安全、更经济的电池技术对于提升低空飞行器的续航能力至关重要。

相比新能源汽车电池，eVTOL 要求电池具有更高的能量密度。当前电池单体电芯的能量密度远低于航空燃油的比能量。电池的技术限制了飞行器的航程，因此，航空业对动力电池单元能量密度提出了明显高于电动汽车能量密度的要求（近期目标 >300Wh/kg，远期目标 >500Wh/kg）。此外，eVTOL 独特的运行剖面和任务循环以及苛刻的运行环境对锂离子电池系统提出了更高的要求，为了应对紧急迫降需求，要在低电量状态下依然保有高功率放电能力；为了满足空中出租业务等频繁使用场景，目前行业普遍要求在少于 15 分钟内充电至 80%。目前采用三元锂电，未来可能采用固态、半固态、金属电池等。当前主流化学体系锂离子电池中，三元 NCA（LiNi - $CoAlO_2$）电芯具有最佳的能量和功率性能，但成本较高、安全性较低；LFP（$LiFePO_4$）电芯具有最高的安全性，但能量密度只有三元 NCA 和 NCM（$LiNiMnCoO_2$）电芯的一半；相比之下三元 NCM 电芯综合性能最佳，三元 NCM 电池为当前 eVTOL 使用最广泛的电池。

2. 安全可靠性不足

安全性始终是低空经济技术发展的核心问题。随着低空飞行活动的增加，如何确保飞行安全、避免空中碰撞变得尤为重要。飞行器的自主导航能力、感知避障技术、应急着陆系统等可能是未来的解决举措，特别是在航空器动力系统能力提升到一定程度之后。当前，最重要的是解决飞行器的安全可靠性问题。

现有无人机的故障率和坠落概率仍远高于有人驾驶飞机，据了解，全球鹰无人机每小时的故障率是 F16 战斗机的 100 倍以上。eVTOL 的失效概率也很难达到运输类航空器的 10^{-9} 水平，目前最低水平甚至仅有 10^{-4}。尽管是单个旋翼失效水平，eVTOL 具有分布式推进系统的优势等，较低的安全水平还难以确保新型航空器被民众所接受。因此，亟待加强中大型无人机及 eVTOL 的安全性和可靠性验证，不断提升新型低空飞行器的安全、可靠水平，包括硬件冗余设计、软件故障诊断与自我修复能力等安全性能，以及防范非法入侵的信息安全措施，减少噪声和空气污染。此外，新一代通信技术对飞行器与地面控制中心间的通信至关重要，特别是在远距离、大容量数据传输方面，低空飞行器研发需多领域技术融合，解决性能提升、成本降低和安全性问题。

3. 技术标准缺失

技术标准的缺失是低空经济中的一个显著问题。作为一个新兴领域，低空经济目前缺乏统一的技术标准和规范，这导致了不同制造商生产的飞行器之间难以实现互联互通，也给监管带来了难度。统一的技术标准不仅有助于提高产品的互操作性和市场的竞争力，还能为监管机构提供明确的监管依据。因此，行业内需要建立一套涵盖设计、制造、运营和维护等方面的国际认可的技术标准和规范，以促进低空经济的健康发展。

最典型的就是充电接口标准问题，由于未来低空飞行器以电动化为主，现有 eVTOL 种类多、创新活跃，但各家充电接口都根据不同的标准来设计，导致全球 eVTOL 充电结构各异（见图 14–3）。与电动汽车类似，eVTOL 航空器目前并无统一充电标准，如 Joby、Beta Technologies 制定了不同的标准，在起降场地为它们充电，则必须安装不同类型的充电桩。国外主要标准有由 GAMA 领导的联合系统充电标准（Combined Charging System，CCS），支持者主要是 Archer Aviation、Beta Technologies、Volocopter、Overair、Wisk Aero、Eve Air Mobility 和 Lilium；以及由 Joby Aviation 制定的全球电动航空充电系统标准（Global Electric Aviation Charging System，GEACS）。对于国内，很多厂商在开发阶段采用电动汽车标准，不过，对于功耗大得多又强调快速过站、快速充电的 eVTOL 航空器，长远看是不合理的。为避免类似新能源汽车发展初期的充电接口不统一、充电桩大量重复建设等问题，应建立全球认可的充电标准，中国在这方面应发挥优势和主导作用。

（三）基础设施薄弱

1. 通用机场建设问题仍存在

通用机场作为低空经济的重要基础设施，承担着促进区域经济发展和完善综合交通网络的双重任务。然而，当前我国通用机场的建设

充电类型及名称	充电标准			
	中国	美国	欧洲	日本
AC				
参考标准	GB/T 20234	Type 1–J1772	IEC62196	Type 1–J1772
DC				
参考标准	GB/T 20234	CCS–Type 1	CCS–Type 2	CHAdeMO

图 14–3　全球 eVTOL 主要充电接口类型

资料来源：菲尼克斯（中国）投资有限公司整理。

与定位存在不明确的问题，特别是在低空经济发展新形势下，通用机场建成什么样、发挥什么功能等问题亟待厘清。一些机场可能由于缺乏清晰的市场定位，既无法满足农业作业的需求，也难以吸引旅游观光的客流，导致资源浪费和运营效率低下。因此，明确通用机场的服务方向和市场定位，对于提升其经济价值和社会效益至关重要。

针对通用机场建设中存在的问题，民航局应出台相关的建设指南，引导地方政府根据实际情况，建设低成本、简易型通用机场。这些指南将有助于简化建设程序，降低建设成本，并确保机场设计与当地经济发展需求相匹配。此外，通过地方政府的因地制宜规划，可以促进通用机场的合理布局，优化资源配置，提高机场的运营效率和服务质量。

2. 新型基础设施建设带来新挑战

为适应千万量级高密度飞行，亟待加快空域数字化表征、网格化划设，提高空域使用和申报审批效率，加快布设起降场地、充电设施及数字基础设施。当前，国内一批科研院所、互联网企业及通信运营商等都在积极部署低空数字基建，已形成低空智联网、通感一体等多种技术路线和一定的商业化模式。但由于缺乏统筹，这些基础设施仍以地方政府、企事业单位为主，容易各自为政，标准不统一、建设不规范，不利于设施互联、信息互通及跨区域低空飞行。

在垂直起降场地及平台方面，如起降场地建设程序、报批等问题还有待解决。垂直起降场地是否同通用机场建设一样，需要履行层层审批，垂直起降场地如何布局及上面的设施设备如何分布，如何确保各起降场地互联互通，起降场地如何与现有城乡基础设施协同、与城市规划建设融为一体，以及起降场地上飞行器如何停放、起降、充电、维修等问题，都摆在眼前，迫切需要解决。

在低空智联网方面，缺乏从上而下、全域统一的入网连接模式；现有 5G 等技术手段覆盖受限，缺乏卫星网络、AeroMacs（航空移动机场通信系统）等综合接入手段；缺乏统一的数据标准，不同飞行器数据类型、格式互不相同，无法统一使用；业务服务单一，缺少诸如滴滴、首汽约车等平台服务商，无法面向大众提供定制化、个性化的低空服务；规模化的链路运行性能测试与管控能力演示验证等也有待开展。特别是，空中通信、运行监管与地面基础设施建设的协同连接还缺少布局，一些企事业单位专注于低空智联网，一些则侧重于垂直起降场，各建各的体系，两者之间缺少匹配和衔接。

此外，通信能力、导航监视系统、信息处理能力等方面也存在薄弱环节，特别是城区、山区等复杂环境下的能力有待提升。随着低空飞行器数量的增加，对飞行数据的处理能力提出了更高要求，现有的信息处理系统可能无法高效处理大量飞行数据，影响了低空经济的运行效率，这些信息包括执行任务时产生的海量数据、空中交通管理的大量信息等。为应对这些挑战，需从多个层面探索综合解决方案，统一部署、统筹推进，有效提升低空经济的技术支撑能力。

（四）其他焦虑和挑战

1. 运行成本问题

考虑成本效益，是低空经济企业必须面对的一大挑战，也是目前低空产业培育阶段要解决的一大问题。欧美国家一个显而易见的现象是，尽管可支配收入水平的提高与飞行活动水平的提高相关，但由于没有考虑与飞行相关的成本，这种相关性往往出现了较大偏离。根据澳大利亚政府2017年的研究显示，一般经济情况下，包括燃料价格上涨，可能对通航飞行的小时数有显著影响。通用航空运营企业成本占比分别为：工资占45%、维护占19%、燃料占16%，三者占据企业总成本80%。2010年后，澳大利亚由于航空燃油成本上涨，导致飞行小时数下降（见图14–4）。

目前，我国低空经济企业普遍运行成本高、盈利困难。如无人机城市末端配送一单成本高达数十元，全球没有一家企业能实现无人机物流盈利，而eVTOL载人商业运行也需高额补贴。国内仅有培训、科普、航空运动等盈利情况较好，无人机医疗运输及粤港澳大湾区运行场景等能够实现收支基本平衡。

这些运行成本问题主要体现在基础设施投入大、运营收入低等方面。ASSURE的一项研究报告声称，在全美建立一个成熟的AAM客运网络总共需要2500~3000个垂直机场。FAA承认，建立这样一个AAM网络的成本是高昂的。FAA将运营收入预测与飞行次数和乘客吞吐量

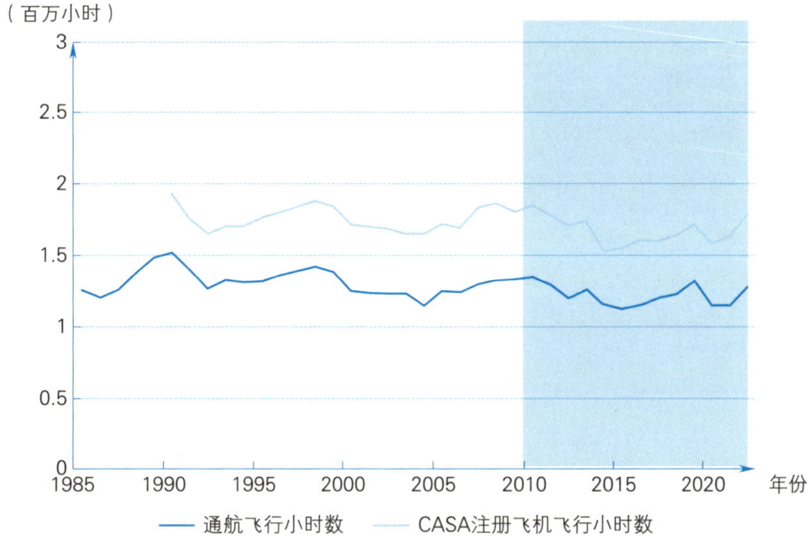

图 14-4 澳大利亚通航飞行小时数

资料来源：BITRE 官方网站数据。

预测相结合，得到每位乘客在基准预测和较低预测情况下的平均票价为 80~120 美元。近期一些 AAM 服务商给出的数据是 4 人满舱飞行价格为 136 ~ 200 美元，即每名乘客 34~50 美元，这一数字仅为 FAA 预测运营收入的一半。低空经济成本的降低，有待于规模经济的实现。麦肯锡预测，随着规模化运营，eVTOL 运营成本有望下降至 0.5~2.5 美元 / 座 / 英里，约为直升机成本的 1/5（见图 14-5）。

2. 国际打压问题

近年来，美国和欧洲等国家和地区以我国无人机产品安全性为由，多次对我国无人机企业、人员实施制裁。2023 年，总计 149 个中国个人和实体被列入特别指定国民清单（SDN），其中有 41 家中国企业被美国指定为防扩散制裁项目下的 SDN，理由是这些企业参与了无人机、弹道导弹、火箭发动机的机床零部件等敏感物项的国际扩散。2024 年以来，先后也有多家无人机企业被美国财政部海外资产控制办公室

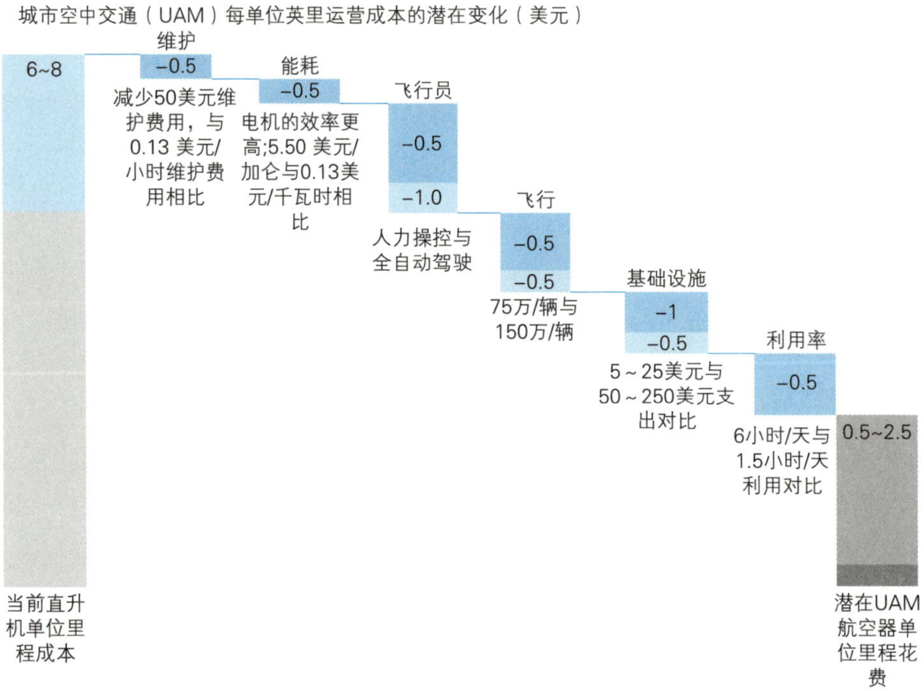

图 14-5　eVTOL 未来运营成本有望降为直升机的 1/5 左右

资料来源：McKinsey & Company、浙商证券研究所。

（OFAC）列入 SDN 等名单。美国对这些企业实行严格的出口管制、技术限制等措施，或通过“禁止采购”及“增加关税”限制在美市场，或通过“专利争端”与“投资限制”等来施加影响，已经严重影响了我国无人机产业的持续健康发展。未来，这一挑战仍将成为我国低空经济高质量发展需要面对的一大问题。

3. 替代竞争问题

低空经济的替代竞争主要体现在运输方式上，有铁路、公路及公共航空运输等对无人机物流、城市空中交通的竞争。公路网、汽车技术的进步可能会造成低空飞行量减少，高铁的快速发展有效提升了我国交通体系水平，具有通航运输不可比拟的优势，将影响低空经济布局。互联网技术的发展使得信件数量减少，远程会议等新兴工作方式增加，也可能导致选择飞机出行的人越来越少。然而在不便修建地面交通的偏远地区以及人口密度较低的区域，低空飞行可以满足人民群众出行的基本需要；而在农林植保、航空救援等领域，低空经济与高铁并无冲突；新兴的业态如网络购物、生鲜快递等也会促进低空经济的发展。但低空经济要真正实现对地面交通的替代，还需要解决大众接受、运营可行及经济效益等方面的问题，如更安全、低噪声、低成本、网络化等。

此外，低空经济的发展还面临着商业模式创新和市场接受度的挑战。正如互联网兴起前的状况，低空经济的全新商业形态和服务模式尚待探索和验证。跨行业合作和技术创新的融合也是未来需要解决的关键问题。与此同时，由于低空经济产业新兴、创新性强，地方政府、投资机构等都看到未来庞大的市场，但对产业及政策了解不够，导致出现跟风甚至一哄而上情况。特别是在无人机、eVTOL、飞行汽车等新领域，一些整机项目投资需求远远超出项目回报能力，但地方仍趋之若鹜，争相引入布局；一些好项目获得融资机会，但也有差项目浑水摸鱼等情况。总之，低空经济面临的形势严峻，我国低空经济发展，还有待系统性地统筹推进。

参考文献

［1］李蕾．积极推进我国新能源汽车高质量发展［J］．现代国企研究，2024（6）．

［2］刘薇薇，陆程懿，谢文光．基于运行风险的无人机适航管理及区块链技术应用初探［J］．民航管理，2019（2）．

［3］前瞻产业研究院.2024年中国低空经济报告——蓄势待飞，展翅万亿新赛道［R］.2023.

［4］陕西省电子技术研究所有限公司.物联网产业视点［J］.物联网技术，2024（2）.

［5］谢钢.全球导航卫星系统原理［M］.北京：电子工业出版社，2013.

［6］熊勇良，王庭喜，熊四华，等.5G无人机与远程控制系统应用分析［J］.工程技术研究，2020（23）.

［7］徐彬.基于射频的无人机检测设计与实现［D］.浙江大学，2020.

［8］张洪.全域旅游视阈下我国低空旅游项目开发策略［J］.空运商务，2019（1）.

［9］朱倩雯，崔文昌.智慧交通：运营商的新机遇［J］.通信企业管理，2020（5）.

第十五章
发展趋势及展望

在各国政府的大力支持下，在全球企业、资本积极竞逐下，在新技术的不断赋能推进下，低空经济新的体系正在建立，低空经济的产品技术、行业市场、产业体系、运行监管、基础设施等，都将出现新的趋势和特点。展望低空经济的未来，产品技术不断提升，市场规模不断增长，产业体系不断完善，监管运行更加安全高效，基础设施更加互联互通，低空经济发展极富想象空间和实践潜力。无人机产业将占据主导地位，eVTOL将成为新的增长点，低空经济在多个领域的深度融合将推动经济结构加快转型与升级，带来巨大的经济和社会效益。

一、产业及市场趋势展望

低空产业是低空经济的物质技术基础，低空产业的发展，关系到低空经济的未来，也关系到大力推进新型工业化和因地制宜发展新质生产力的探索。综合来看，低空产业和市场主要表现出如下特征。

（一）整体市场规模加速增长

随着多份支持低空经济发展的政策性、规范性文件陆续公布，加上政府的大力支持，我国“天空之城”的布局建设正步入快车道，低空经济从“起飞”到“腾飞”的蓝图愈加清晰。未来低空经济产业将继续以通用航空为主体，以无人机产业为主导，在低空消费、行业应用等市场的拉动下向技术突破、产业融合、绿色环保等方向进一步发展。传统通用航空市场将持续扩张，新型通用航空在“低空＋数字化”和“低空＋应用”的结合中展现出强大的创新精神和广阔的发展前景。国内外权威机构均预测，未来低空产业将如同新能源汽车一样，航空器数量将达到千万量级，我国低空经济规模将超万亿元。

根据华经产业研究院研究，中国低空经济市场规模近年来快速增长，得益于国家政策支持、市场需求扩大和技术创新的推动。粤港澳大湾区数字经济研究院（IDEA）在其发布的《低空经济白皮书》中提出：到 2025 年，低空经济对中国国民经济的综合贡献值将达到 3 万 ~5 万亿元。这一预测基于低空经济在物流、旅游、农业、应急救援等多个行业的深度融合和创新应用，显示出低空经济在促进经济结构转型和升级中的重要作用。赛迪研究院发布的报告预计，到 2026 年，低空经济的市场规模有望突破万亿元大关（见图 15-1），这将进一步巩固低空经济在我国经济发展中的战略地位。到 2030 年，我国低空经济有望达到两万亿元。

由于国外没有低空经济的提法，全球对于低空经济的预测主要体现在无人机和 eVTOL 两个方面。根据相关权威机构的预测，未来

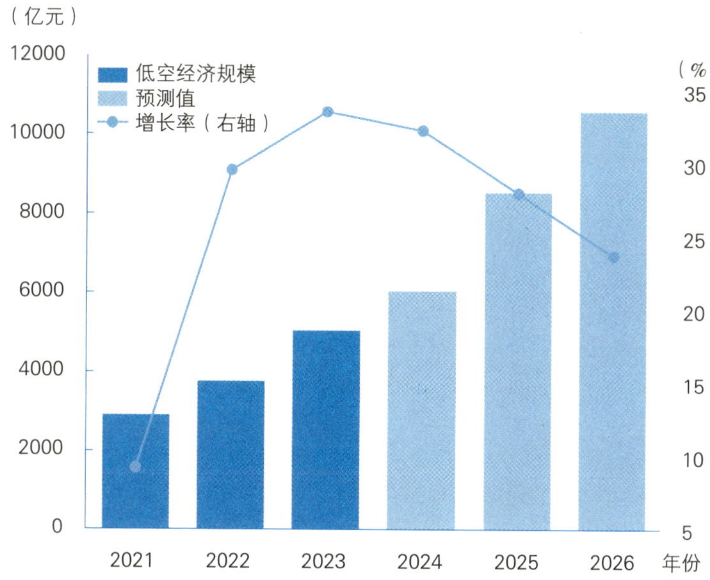

图 15-1　我国低空经济规模及发展趋势

资料来源：中国民航局、赛迪研究院。

10 年，全球无人机产业预计年均增长 10%，而中国的无人机产业发展速度更快，年均增速预计将达到 20% 以上。eVTOL 应用场景将遵循载物 / 载人—载客—私人飞行器三阶段进行演进。研究机构 EVTank 等发布的《中国电动垂直起降航空器（eVTOL）行业发展白皮书（2024 年）》预测，到 2035 年，全球 eVTOL 保有量将达到 26000 架，带动全球 eVTOL 累计市场规模预计达到 1600 亿美元。据有关机构预测，2025 年，我国 eVTOL 市场规模将达到 200 亿元。

（二）细分应用市场逐渐爆发

按照国家政策导向，未来以无人化、电动化、智能化为技术特征的低空装备将在物流配送、空中交通、应急救援等领域实现规模化、常态化应用，低空经济全面融入人民生产生活各领域。其中，最具潜力的细分市场无疑就是无人机物流配送和城市空中交通，这两大领域未来均是万亿级市场规模，是支撑起低空经济的关键。

1. 无人机物流配送将率先实现商业化

从行业应用来看，全球无人机市场增长将主要集中在行业应用特别是交通运输领域。FAA 预测，到 2028 年前，美国小型无人机注册数量将稳步增长，达到约 188 万架，但活跃数量约为 62.9 万架。相反，商业应用类无人机数量将快速增长，2028 年将达到 112.2 万架，是目前的 1.3 倍。由于安全性及满足行业监管要求等相比载人航天器要低，无人机物流配送将率先实现大规模市场应用。NASA 预测，到 2030 年，美国将需要 5 亿次的无人机物流服务。市场研究机构 MarketsandMarkets 发布的《全球无人机物流和运输市场报告》预测，未来 5 年，全球物流无人机市场将保持 21% 的年均复合增长率，其中 32% 的市场将集中在亚太地区。

我国具有巨大的物流市场需求，2023 年，我国社会物流总额高达

352.4 万亿元，已连续 8 年位居全球最大规模的物流市场。2023 年全年物流业总收入为 13.2 万亿元，反映了我国物流业的稳健增长和行业结构的优化。其中高端物流市场的拉动作用增强，特别是航空运输、多式联运、快递等细分领域对整体物流业总收入的贡献显著。例如，航空运输收入同比增长超过 20%，而多式联运和快递物流也分别实现了超过 15% 和 14% 的增长。2023 年，我国快递业务量达到约 1300 亿件，快递行业客单均价约 9.14 元，呈逐年下降趋势，表明物流行业对高效和低成本的需求持续增强。未来，我国将形成“干—支—末”无人机高效配送网络（见图 15-2）。中通研究院测算，采用“末端 + 支线”无人航空物流模式，可为物流企业降低综合经营成本 30% 以上。随着物流无人机技术的不断迭代和成熟，物流无人机有望凭借高效、低成本优势逐步取代传统物流方式。按照 10% 的渗透率估计，预计 2030 年无人机快递物流配送领域的市场规模有望突破 2000 亿元。而

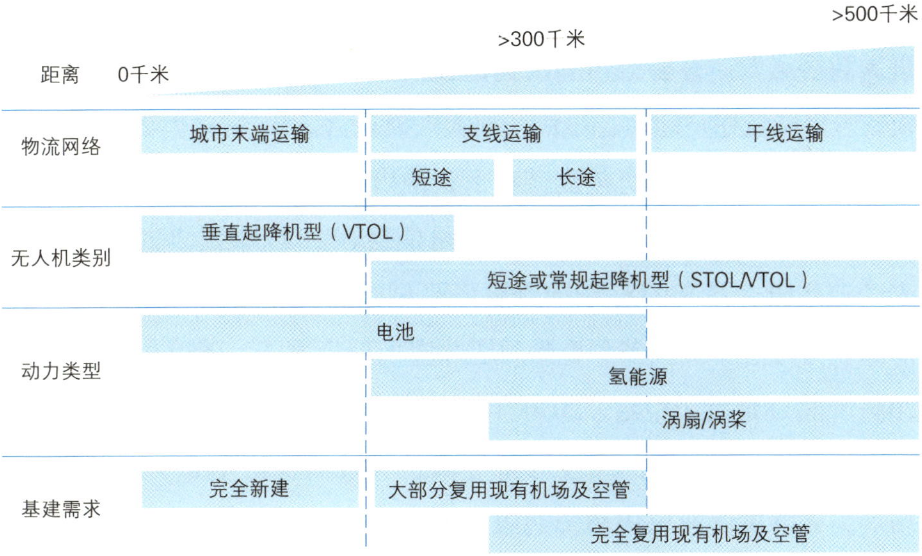

图 15-2 “干—支—末”无人机物流配送网络

资料来源：中金研究部。

2023 年我国航空物流市场规模达 955.7 亿元，未来这些市场将有一部分被干线物流无人机所取代，加上支线物流以及其他物流等方面的替代，预计在 2035 年，我国无人机物流配送市场规模将达到 5000 亿元，最终在 2040 年前后达到万亿级市场规模。

2. 城市空中交通有望加快实现跨越式增长

载人客运是城市空中交通的重点方向，也是 eVTOL 的发展方向和主要场景，但市场启动需要一段导入和培育期。欧洲航空安全局（EASA）认为，与公路运输相比，乘坐空中出租车发生致命事故的风险更低，通行时间平均节省 15~40 分钟，紧急 / 医疗运送时间节省 70% 以上，并且可以降低二氧化碳排放量。eVTOL 现阶段最主要的应用是替代直升机在测绘、消防救援、电力巡线、警用巡查、安防、医疗救护、搜救、海上石油钻井等领域的应用。在产品技术和市场成熟前，eVTOL 应用首先将在货运物流、城市服务、消防救灾等场景中启动运营，待各项技术成熟、政策完善和市场接受度提高后，将大规模进入载客运营。许多公司和机构都在构思和研究空中交通的共享出行模式，以降低用户门槛，尽快实现大规模运营。

在产业政策和投资热度带动下，国内外机构纷纷预测城市空中交通市场。FAA 预测，城市空中交通可能会在 2025 年到 2027 年正式投入商业运营，最初的有限试点服务是试验性且缓慢的，在 2030 年之前的 5 年内需要解决多个重要问题并实现稳步增长，随后在 2030 年到 2040 年将逐渐趋于稳定，2040 年之后将形成可持续且成熟的完整行业生态。预计，eVTOL、飞行汽车等低空飞行器将由 ToB/G 应用向 ToC 拓展，先解决商业应用和公共服务应用问题，再逐步推广到私人应用领域。

罗兰·贝格的研究报告认为，到 2030 年，全球将有 7000 架“飞行汽车”用于空中出租车、机场接驳和城际交通服务；到2050年，这一数量将增长至16万架，市场规模有望达900亿美元，20年间年均复合增长率达到21%。其中，具体应用场景包括城际交通（占29%）、机场接驳（占35%）和空中出租车（占36%）。麦肯锡预测，2035年，仅欧洲城市空中交通市场就将达420亿美元。摩根士丹利的报告则显示，2025年至2035年，城市空中交通业务中的货运场景将率先增长，载人场景将在2035年逐步迎来爆发。到2040年，全球城市空中交通市场规模将在中性预测下达到1万亿美元，2050年增长至9万亿美元，其中美国和中国市场分别占2.5万亿美元和2万亿美元；乐观预测，2040年全球市场规模将达到1.5万亿美元，中国有望占据全球45%的市场份额，成为全球最大的市场。由此推算，2025年中国城市空中出行将开始商业试点运行，2027年逐步推广并商业化，到2035年，中国空中交通出行市场规模有望达到3万亿元。

3. 航空应急救援等应用将不断拓展

航空应急救援以政府用户为主，属于公共服务，是最容易启动的一大市场，对于低空经济而言，以新兴航空器为主的发展十分重要。随着国家对航空应急救援能力提升的高度重视，越来越多的航空器或航空应急救援服务被采购，以消防灭火、应急搜救、紧急医疗、应急通信、物资投送等为主的应急救援场景需求将带动直升机、无人机、eVTOL等快速增长。目前我国大中型航空救援直升机在100~150架，预计到2035年，我国应急救援航空器需求总量在1000~1300架，其中eVTOL需求为280架；到2035年，航空应急救援市场预计达到300亿元规模。

此外，受无人机技术和性能提升等影响，无人机应用场景将不断增加。但与此同时，受到低成本的无人机、卫星遥感、5G、物联网等替代技术的冲击，传统通航作业规模将进一步被压缩。而涉及载人的通航运营类型，传统通航业务仍将坚挺，甚至会有所发展，这主要涉及：医疗救援、应急救援、海洋石油平台作业、警务航空、公务航空、飞行员培训及短途运输等业务形态；飞行体验、旅游观光类业务也仍将保持增长态势。这主要是受低空经济发展热度的带动导致消费需求释放，但目前实用的载人航空器还主要以传统通用飞机和直升机为主。

（三）低空产业体系日趋完善

1. 技术装备体系加快建立

低空经济具有技术经济性，其核心是技术装备。低空飞行活动的进行，需要技术装备支撑；低空产业发展和运行监管体系的创新，也需要技术装备创新来支持；低空安全更需要技术装备来保障。未来低空经济的发展，将在市场需求牵引和技术创新推动下，构建形成满足不同应用场景需求、低成本、高可靠、高性能、高安全的低空技术装备体系，支撑起整个低空产业体系建设。在物流配送领域，将形成支撑“干—支—末”配送网络的大中小无人机产品体系；在城市空运领域，将形成支撑和保障“短途运输 + 电动垂直起降”客运网络的技术装备体系；在应急救援领域，将形成高低搭配、布局合理、功能互补的应急救援航空装备体系等。

2. 应用示范体系加快形成

应用示范是当前低空经济发展的主要推进手段，其关键是进行场景创新，挖掘现实需求和潜在需求，是低空经济发展的驱动力。当前，全球主要国家和城市都在瞄准空中交通领域，加快无人机、eVTOL 及飞行汽车等示范运营，构建形成城市内或城际间的空中交通运营体系，全国各地也在加快无人机物流配送、空中交通、应急救援等应用试点示范，如开通低空航线、发布应用场景等。未来，低空多场景应用示范体系将加快建立和完善，“干支通、全网联”的航空运输网络体系将实现。在系列示范应用的牵引带动下，低空经济必将加快形成规模和提升效益。

3. 法规标准体系加快完善

法规标准是实现低空经济高质量发展的前提。低空经济大多是新领域，相关法规标准体系还有待建立完善，如 eVTOL 研制和适航、低空飞行器分级分类管理与信息平台互联监管等。未来，现有相关法规、规章、标准等要求将加快贯彻，随着技术和产业发展，对低空经济完善的法规标准体系需求将不断增强，贯穿低空装备研发设计、生产制造、试验验证、运行支持全生命周期的工业标准体系将加快建立，保障低空技术装备安全可靠的第三方检测认证体系和适航验证能力等也将加快形成。

4. 高效融合产业生态加快优化

低空经济不仅是多个产业的集合，更是一个复杂的、高度融合的产业生态系统。当前，数字化、网联化与智能化等技术已广泛应用于低空技术体系，全球主要国家和地区都在积极推进相关技术融合研究和技术验证。未来，新一代信息通信技术、数字技术、智能技术、人工智能将加快与航空技术融合，形成更加密集创新的技术环境。同时，低空经济与科技、金融等产业密切关联，未来将加快产业链、创新链、人才链、资金链等深度融合，形成科技产业金融一体化及低空产业人才体系；低空制造与运营也将加快融合，形成制造运营一体化；低空经济将与文化等融合，形成大众化低空消费和规模化行业应用的低空产业生态。

二、飞行器相关技术发展趋势

（一）传统通用航空

当前来看，传统通航已经受到了无人机、eVTOL 等冲击，前者在工农业作业等领域替代作用明显，后者对未来通用航空器设计产生了深远影响。下一代通用航空器和关键子系统的发展趋势如下。

①低成本化，以美国FAR-23部改革为代表，全球民航监管机构正在努力降低制造企业的成本负担，同时关注运行成本的降低。②低噪声，随着环保要求越来越严格，企业更加重视起降及飞行过程中对居民及环境的低噪声改进。如空客直升机在2024年4月首飞的Racer高速直升机，设计巡航速度超过400千米/小时，最大飞行速度近500千米/小时，相对于传统直升机每公里成本下降25%，噪声更低。③采用新能源技术，如电动、油电混动、氢动力等，是全球通用航空器发展的主流方向。④提高可靠性，包括降低维护维修工作量和成本等。⑤机载设备能力提升，融合新一代信息通信技术的以下系统设备将得到广泛应用：GADSS、ACARS、ADS-B、宽带卫星通信链路和北斗短报文（RDSS）等航空器定位信息播发设备；综合航电系统、自动驾驶仪、数字化航图等；连接地面和卫星通信网络，融入智慧空中出行（SAM）系统的数据链路；近地告警、激光雷达避碰、SVS/EVS等辅助降落和地面操纵设备。⑥补足关键技术装备短板，例如，目前我国缺乏的覆盖高中低各功率区间的涡轴/涡桨发动机等。

（二）无人机

未来，无人机及相关系统领域的技术趋势主要有六个。

1. 产品安全性和可靠性将得到提升

无人机领域最大的趋势就是无人机适航及标准的全面贯彻。就国内而言，2024年1月1日以后开展的中/大型民用无人机的设计（含全新设计和已定型产品设计更改）和制造活动（含全新和已定型产品生产），必须按相关要求强制进行适航管理：除局方另有规定的特殊情况外，设计方面要建立设计保证系统（DAS）、取得生产许可证和型号合格证（TC），生产方面应取得生产许可证（PC），单机应获得适航批准。除航模之外的微型、轻型和小型民用无人机，则必须遵守 GB 42590—2023 等强制性标准要求。此外，无人机生产管理规定的实施，将进一步推进无人机规范化发展。全球其他地区也在逐步向类似的方向发展，这也将进一步推动无人机产品的安全可靠性提升，有助于后续下游运营和运行监管。

2. 全域和全空间适用性得到拓展

未来，无人系统将是全空间的，从深海、地下到临近空间、太空，都将有大量无人系统从事各种工作。当然，只有一部分是属于低空经济范畴。如 2024 年 4 月，大疆 FC30 完成了珠穆朗玛峰 5300 ~ 6000 米的 15 千克货物补给运输，这就是在全新的空间地域实现无人机应用。我国最近几次南极、北极科学考察，都携带了大量的无人机，不久还将使用无人机在南极进行大规模的物资补给、吊装作业。过去基于常规场景的市场已经十分饱和，无人机企业必将向新的空间领域开拓市场。此外，分体模块化无人机、仿生无人机等异构分布式技术，激光远程充电、离子推进等动力提升技术，中高空长航时、水空跨介质、高超声速、火星探测等高性能技术，增材制造、低成本可消耗等制造技术的出现和提升，将大大拓展无人机的应用范围。

3. 大型无人机性能继续提升并将得到广泛应用

此前，厂商主要关注于门槛较低、但盈利周期短的中小型无人机市场，现在这一市场已呈现一片红海竞争态势，大量厂商转向各利基市场。符合适航要求的低成本民用大型无人机研发门槛较高，参与者相对较少。这类平台主要体现在大型植保无人机、大型物流运输无人机、人工影响天气无人机、HAPS 大型无人机、大型吊装运载作业无人机等走向实用化。如大型植保无人机作业成本已能够达到 5 元 / 亩的水平，远低于传统航空植保作业 20 元 / 亩，而且作业效率非常高，一天可作业16万亩，而中小型植保无人机一天仅能作业不足1000亩。此外，现有的轻小型无人机普遍按照1000~2000小时寿命，10^{-5}~10^{-6}飞行小时事故率来设计，这对于很多高频次和高可靠性要求的应用场景远远不够，需要大型无人机才能满足相关标准要求。

4. 无人机集群技术将进一步探索民用用途

单一无人机携带任务载荷可以同时测绘/监控的区域面积受限、或者携带的载荷有限（如灭火弹、植保药剂、吊装器材设备等），为了提高效率，可以采取集群方式作业。当前，无人机系统簇、自由合体分体无人机群、有人无人协同、无人机轨迹优化等技术已在无人机集群控制中实现突破。无人机集群并非仅在军事领域应用，2017年推出的大疆MG-1植保无人机就可以实现单控5机作业，FAA也有批准类似的作业运行。无人机集群可用于大面积快速测绘、防火巡查、农林植保作业等场景。过去尚未推广主要是由于无人机智能化程度不高，比如农林作业场景十分复杂，需要不断调整高度和作业路线，但随着边缘计算和无人机机载算力和算法的改进、自主协同水平的提高，集群化作业也将越来越多地出现。预计未来，无人机集群技术将用在物流配送等领域，有效提升大规模物流配送效率。

5. 室内高精度定位导航技术加快推广应用

目前，通常无人机依赖于卫星定位导航，还需要控制链路操纵飞行。但有很多室内运行场景，无人机还不能很好地执行任务，如地下管廊巡检、隧道巡检、复杂桥梁巡检、大型建筑物内部巡检（如核电站）等。近些年来，各厂商也在探索很多不同路径如“超声波+光流传感器”、激光同步定位与地图构建（SLAM）、视觉SLAM、动作捕捉、超宽带（UWB）定位技术、“惯性导航系统（INS）+气压高度表+地形匹配/视觉”等，随着这些技术日趋成熟，更多场景应用将得到实用化。很多室外复杂环境场景，如城市楼宇间无人机飞行，也将因此而受益。与此同时，高精定位技术的发展，也将推进无人机协同避障能力提升，确保无人机飞行更稳定、更安全。

6. 智能化和网联化将加速实现

随着新一代信息技术的深度融合，未来民用无人机将借助于5G、北斗、人工智能等技术，实现数据链路性能、机载作业能力等大幅提升和优化。借助于网络与云端的连接，可以实现更多高阶功能，如复杂环境下的航路规划和避免碰撞、基于人工智能的最优控制飞行等。在强大的算力支持下，无人机的终端性能将不断提升，这也将有助于加强无人机管控。互联网技术的应用，还将大幅提升技术流通效率，降低航空器设计难度和成本。此外，“北斗+5G+工业互联网+传感器”，可以广泛用于低空装备的研发、设计、生产流水线，实现智能化制造，同时为低空产品的销售、维护、进出口等提供支撑。

（三）eVTOL 载人空中交通

先进空中交通正在引领航空业的技术创新，在eVTOL载人空中交通领域，未来将重点在以下五个方向突破。

1. eVTOL 航程及动力性能将持续提高

现在和未来一段时间内，电池能量密度远不能与传统航空燃油相比，氢燃料电池的推进也还需要时间和技术储备。受限于当前电池能量密度不足，eVTOL普遍定位于城市或城市群内交通出行工具。但随着电池技术的发展，eVTOL续航里程、载重能力将增加，区域空中交通市场启动会水到渠成，这一市场也是能够产生较高利润水平的市场。特别是eVTOL对电池能量密度和安全性有特殊需求，适合其使用的固态电池有望率先在eVTOL市场放量。固态电池被普遍认为是下一代电池技术，已被美、欧、日、韩等主要工业发达国家和地区列为国家发展战略。2030年之后，全固态电池技术将全面突破。赛迪研究院预测，2035年之后，固态电池能量密度有望达到700Wh/kg以上，可支撑eVTOL进行更大范围、更长距离的飞行。同时，电力推进系统向更高效、更轻量、更安全的方向发展，以氢为能源的eVTOL或将被商业化应用等，这些都是推进eVTOL向城际和区域出行发展的主要因素。

2. 机载航电及智能驾驶技术加快突破应用

eVTOL航电系统要求高度集成，在满足极高安全性能的同时，要达到极低的SWaP（尺寸、重量和能耗）要求。目前，企业主要是满足适航标准的航电系统研发、取证和装机，对航电系统智能化水平关注较少，主要是安全可靠和低成本等。随着人工智能、先进传感、智能控制等技术的不断进步，eVTOL将向着高度智能化、自主化、低成本、集成化、多功能等方向加快发展。而新一代航电技术和智能驾驶技术是eVTOL实现这些能力的核心，包括使用先进的飞行控制系统（FCS）和飞行管理系统（FMS）进行起飞、飞行和降落，以及在复杂气象条件下的自动驾驶等。未来自动飞行功能将成为eVTOL必备，出于简化操作、轻量化、集成化和经济性的考虑，FCS与FMS系统的综合化设计将成为发展趋势。然而实现全自主飞行并不容易，国外具有航空背景的厂商普遍强调逐步通过有人驾驶、“有人驾驶＋简化航空器操纵（SVO）”、半自主飞行，最终实现eVTOL完全自主飞行，目前进度相对较快的Wisk Aero计划在2028年试运行eVTOL载人自主飞行。国内是以无人化为主，从遥控驾驶到自主飞行。中国电子科技集团有限公司《低空航行系统白皮书》认为，eVTOL的技术演进路线是控制交互的自动化飞行—实时交互通信的智能化飞行—全域多维交互的自主决策飞行（见图15-3）。

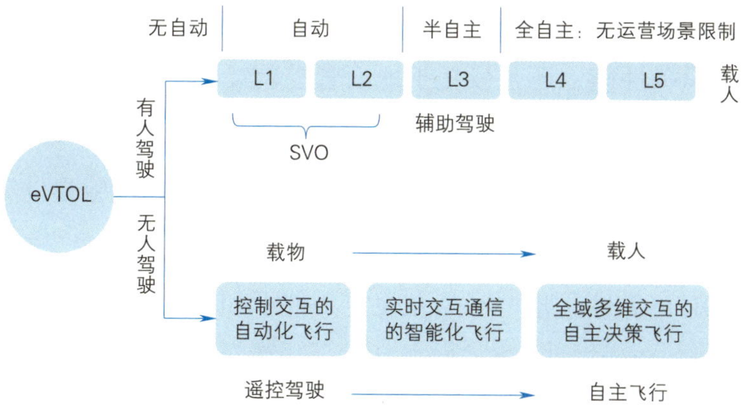

图 15–3 eVTOL 技术演进路线

资料来源：沃兰特，《"新"空中出行 / 电动垂直起降航空器驾驶员培训白皮书》；中国电子科技集团有限公司，《低空航行系统白皮书》等。

3. 产品安全可靠性技术水平不断提升

eVTOL 作为以载人飞行为主要目的的航空器，而且将在人群密集的城市上空飞行，其安全可靠性要求之高不言而喻。全球已有多个 eVTOL 企业出现原型机 / 缩比样机 / 框架机坠机事故，尽管原因多样，但仍不乏产品安全可靠性不足的问题。

eVTOL 安全性提升包括如下三项。①电池的安全系数要求远超新能源汽车，单体失效时，电池系统应该要继续工作直到 eVTOL 降落，并且有较强的抗跌落能力。②航电、飞控系统及链路安全等，涵盖通信、导航系统安全需要加强，eVTOL 近期可以沿用传统通航的甚高频语音和安全数据链，未来或将打造新的低空安全链路。③确保飞行安全的态势感知与空中避障技术加快应用，目前很多研究机构和厂商已在探索基于 UWB、激光雷达、视觉避碰、4D 雷达、合成孔径雷达、5G–A/ 智能物联网、气象激光雷达等设备和基础设施的新一代态势感知与空中避障技术的研发、验证和试点应用。基于人工智能（AI）的目标视觉识别和路径规划等技术，也有利于 eVTOL 在复杂的城市空中交通运行环境中飞行，将有着广泛的应用空间。当然，目前还存在着增强机载设备性能，还是依托于地面管控网络中心及云端提供航路规划、飞控、避碰、航行情报等服务的两大路线争议。从长远看，基于云和网络的 SAM 是大势所趋，但在 SAM 网络和基础设施建设完善前，加强 eVTOL 机载设备的可靠性仍是必需的。

eVTOL 可靠性是指“产品在规定条件下和规定时间内完成规定功能的能力”。通常认为，“可靠性是设计出来的”。为保障 eVTOL 的安全可靠性，最有效的方法就是在设计阶段充分进行可靠性设计，并通过试验完成可靠性验证评估，以获得足够安全的 eVTOL。未来，随着法规标准体系的完善，以及检测验证体系的建立，eVTOL 安全可靠性必将越来越高，预计在 2030 年将达到失效率 10^{-7}。

4. 低成本和低噪声要求将得到贯彻

尽管对安全可靠性要求高必然带来成本的增加，但 eVTOL 未来将像电动汽车一样，成为人人能用的消费品，而且由于其自动驾驶的属性，甚至不需要考驾照，适合普通大众。这就要求 eVTOL 必须考虑降低成本，包括研发、生产和维护等成本，这是 eVTOL 实现大规模商业化、常态化运行的关键。目前 eVTOL 单次飞行的价格还比较贵，适合对经济成本不敏感、对时间成本敏感的商务人士，尚不能满足大众化出行对成本敏感的需求。未来，随着技术的进步，设计和生产过程的优化，以及大批量生产带来的规模经济效应，eVTOL 成本将有望不断降低，其性价比也将同新能源汽车一样不断提高。

在噪声影响方面，因 eVTOL 的飞行环境，高噪声会带来扰民问题，甚至受到居民投诉。与传统的直升机相比，eVTOL 噪声水平要低得多，例如，峰飞盛世龙 eVTOL 的悬停噪声为 65 分贝，而 Joby S4 在巡航状态下的噪声表现为 45.2 分贝、起降阶段的噪声也低于 65 分贝，但仍远高于汽车等地面交通工具。目前，全球政府、科研机构和企业都关注航空器噪声问题，力求通过多手段降低噪声。eVTOL 要实现对高铁、轮船甚至汽车等交通工具的补充或替代，实现高效的城市空中交通，仍需不断降低噪声影响。

5. eVTOL 主流构型技术路线逐步明确

随着市场竞争的优胜劣汰，未来 eVTOL 主流构型将逐渐明确。根据 eVTOL 各种构型的技术优劣，有着更大航程、更高飞行速度和推进效率的矢量推进型 eVTOL 或将成为主流构型技术路线，而有利于降噪设计和城市场景运行的应用涵道风扇设计的机型将进一步增加。但因存在过渡状态过程，这一构型增加了总体设计的复杂性和结构重量，造成了制造维护成本和难度的问题。预计 2030 年之前，eVTOL 将延续现有构型格局，呈现以复合翼 / 倾转旋翼为主，多旋翼为补充的格局；2030—2040 年，随着倾转旋翼 / 倾转涵道技术的突破，将形成倾转旋翼为主，复合翼、多旋翼为辅，倾转涵道市场占比快速提升的格局；2040 年之后，倾转构型延续主流构型趋势，倾转涵道将占据市场主流，隐藏式推进系统 + 无翼设计构型商业化应用将逐步推广。

（四）新能源和绿色航空技术

清洁能源是全球未来的发展趋势，欧美发达国家都投入大量资源，开发下一代的可持续航空燃油（SAF）、低油耗低排放下一代民航运输飞机、氢动力、油电混动、电力推进系统、太阳能长航时无人机等航空技术。可持续性燃料和氢能航空被认为是航空业实现净零排放和碳中和的关键。各国针对氢能航空均提出了顶层路线规划，包括 2020 年欧盟发布的《氢能航空》提出，在 2028 年实现通勤类飞机认证；2020 年美国《氢能计划发展规划》提出未来 10 年以上氢能研发和示范的总体战略框架；2021 年英国《国家氢能战略》提出，2030 年要成为氢能的全球领导者，拥有 5GW 的低碳氢产能；2023 年我国《绿色航空制造业发展纲要（2023—2025 年）》提出，开展适用于氢能源飞机的新型结构布局技术研究等。

氢能航空动力两大技术路径是燃料电池和燃氢发动机，其中，前者利用氢化学能发电，然后采用电机驱动风扇 / 螺旋桨 / 旋翼产生推力运行，主要用于无人机、通航和支线客机。近 10 年，航空巨头和初创公司提出多项方案，氢能技术快速发展。2023 年，已有 Universal Hydrogen、ZeroAvia 两款基于燃料电池的支线飞机首飞成功。后者则利用氢替代传统燃气涡轮发动机的燃油，可组合成混动推进系统，常用于未来氢能干线客机动力方案。氢能混合动力在电力行业开展较早，目前已有商业电推进系统。

我国拥有全世界最完善的电动汽车产业链、大量相关人才、产业规模效应，给相关技术转移到航空应用领域打下了坚实的基础。可以预料，未来我国将是纯电、油电混动、氢燃料电池、氢内燃机、氢涡轮、氢涡轮混合动力、LNG、太阳能等多种技术路线全面推进、重点突破，在可以商业化的领域中着重发力，力争形成具备全球竞争优势的产业集群。而且，由于有中央政府的统筹规划，相关的人才培养、基础设施配套、试点示范、应用场景推广、测试取证、运营监管将进行系统的安排和落实。

三、监管运行及基建趋势

未来，低空经济的监管运行及基础设施建设，将朝着智能化网联化数字化的方向发展，推动低空飞行活动由低密度、隔离运行向大规模高密度协同安全运行转变，由技术可实现性向运营可持续性转化，形成灵活精细的低空空域管理、高效智能的飞行服务、开放融合的通导监保障、多方协同的安全监管、泛在可信的数据与信息服务的安全智慧空中出行。

（一）互联互通的基础设施体系加快建设

1. 低空硬基建布局网络化、建设标准化

低空硬基建包括垂直起降场地、充电设施设备、维修维护设施等地面设施设备，将表现出如下趋势。

（1）智能化发展

随着人工智能、大数据等技术的不断发展，低空地面设施设备将朝着智能化方向发展。通过引入智能感知、智能决策等先进技术手段，可以实现对飞行器的实时监测和精准调度；同时，还可以为乘客提供更加便捷、个性化的服务体验。我国相关政策规划文件就明确提出“支持探索推进楼顶、地面、水上等场景起降点建设试点”“推动建设一批智能化、集成型、多用途的通用航空基础设施”。

（2）网络化发展

未来垂直起降场地、充电站和维护设施等将形成网络化布局，覆盖从城市到海岛、山区、乡村等不同应用场景，门口、楼顶等都将有着不同功能的起降平台和设施，与用户无缝集成。通过建设数量众多、分布广泛的地面设施网络，可以实现航空器的无缝衔接和高效转运；同时，还可以为乘客提供更加灵活多样、高效便捷的出行选择。

（3）绿色化发展

在全球低碳发展趋势下，低空地面设施设备将更加注重绿色化发展。通过推广使用 eVTOL 等新能源航空器、建设绿色能源供应系统等措施，可以减少碳排放、降低能耗；同时，还可以为城市可持续发展

贡献力量。例如，可以建设太阳能充电站为 eVTOL 等提供绿色能源；也可以探索使用氢能、建设加氢场地及设施设备等来提供支持。

（4）标准化发展

未来，随着法规规章的进一步完善，以及低空经济规模化发展的需要，诸如《民用垂直起降场地技术要求（征求意见稿）》等基础设施标准将加快制定，低空飞行器起降标准、服务标准、安全标准、充电接口标准等也将得到统一，可供无人机和 eVTOL 使用的标准化航材、电源、停机位或停机库等将得到规范，这将有利于避免重复建设和资源浪费，同时还有利于与国际先进标准的对接和交流合作。通过标准化发展可以推动低空基础设施规范化建设和运营，是低空硬基建网络化布局、智能化绿色化发展的重要前提。

2. 低空软基建更加数字化、智能化

低空飞行运行于没有附着物相对自由的低空空域，因此有别于传统交通基础设施，低空运行天然对数字化技术有强烈的诉求和依赖。随着低空飞行活动增加，相关的低空数字基础设施建设正在提速，产业化趋势明显，预计市场规模将在 2030 年达到峰值。

（1）5G、北斗、人工智能等新技术加快融合应用

随着卫星直连终端等技术的应用，未来将形成空天地立体协同覆盖的新模式。其中，我国是以 5G-A 网络为主、卫星网络为补充，欧美发达国家将以卫星网络为主、其他网络为补充。我国 5G-A 建设进一步加速，北斗导航系统不断完善，近地低轨卫星网开始组建，未来无人机、eVTOL 等使用 5G-A、北斗等技术也将更加普及。5G-A 在低空智能网联领域的应用将呈现通感融合、天地一体化、网络智能化和交互式通信等特征。其中，天地一体化将推动卫星互联网、地面互联网和移动通信网的互联互通，构建全球无缝覆盖的信息网络体系；网络智能化通过人工智能和大数据技

术，提升网络的规划、业务分析、故障诊断和动态优化能力。而通过北斗系统提供的高精度时空信息服务，也将进一步支持低空经济中的多种应用。结合北斗、5G 基站等，构建空中交通服务网络以及建设无人机云平台、飞行服务站等低空飞行服务保障设施，将是未来各地新基建的重点发力方向。

与此同时，人工智能、大数据、机器学习等技术也将加快与现有低空通信导航监视等技术融合，推动低空运行和监管服务从依托现有基础设施向数字化低空新基建转变。如网络 AI 可辅助无人机监管，提高无人机服务质量和飞行轨迹智能化规划能力；基于区块链的统一身份认证，可以提高身份认证的安全性和可信度；通过引入智能算法，如遗传算法、粒子群优化算法等，可以对通信网络进行优化调度，实现低空复杂环境下的通信质量提升；多传感器融合可实现航空器自主避障飞行等。

（2）低空数字基建将深度融入智慧城市系统等

低空设施融入数字城市系统，是低空经济发展的必然趋势。随着新型工业化、新型城镇化以及乡村振兴的推进，我国低空数字基建必将与智慧城市建设等深度融合，国家政策提出“鼓励地方政府将低空基础设施纳入城市建设规划”“鼓励新建住宅与商业楼宇预留低空基础设施”。

通过链接城市信息模型（CIM），借助数字孪生、模拟仿真、高精度三维地图建模等技术，实现算力结合，将城市行业数据、算力资源、AI 生态进行结合及共享，构建包含空域、城市、设施、无人机等航空器的实时数字孪生系统，将为空域划设、网格化管理、容量管理、航路划设、导航规划、飞行监测、冲突探测、场站规划、城市环境感知、风险规避、应急处置、非合作目标监管等提供数字化基础，对于未来实现高德式导航、智能规划路线并寻找停机位等功能都将具有重要的推进作用。可以预见低空基础设施体系将在未来几年内得到进一步完善，低空飞行将更加便利。未来的低空飞行将依托航空器的自主化推进及低空智能网联系统的建立，依托遍布城市及随时可用的垂直起降网络等，完全不需要驾驶员或操控员，乘客可以通过手机 App 预约，并且只需触摸机载屏幕或语音操控等，即可实现高效便捷的低空出行。

（二）智能网联的系统和能力加快构建

低空智能网联系统是低空数字基建的核心，也是低空监管运行和飞行服务保障的关键。我国智慧空中出行，将主要依托低空智联网而加快实现。

1. 低空智能网联系统体系架构不断建立完善

目前，越来越多的主体参与低空智能网联系统开发建设，多种技术相互交织，亟须统一的体系架构，才能推动网络化布局的实现，从而提高整个空中交通系统的安全性和运行效率。未来需要构建更全面的“低空智能网联系统平台”，实现有人机与无人机数据信息化管理，与军民航、地方政府、各监管部门之间进行跨地区、跨层级、跨部门的信息交换与数据链接，进而简化飞行管理流程，实现区域内全部航空飞行活动的有效监管及服务保障。形成面向运营人、服务商、管理者、航空器及用户等多种角色的统一门户、可视化界面，多方共享数据、多方协同工作的体系、平台、系统及层次化架构。能够适应不断创新发展的航空技术发展，提供一站式空中交通服务，运行规则、管理机制、组织结构随着低空产业行业服务发展而不断演进。

2024 年底，工业和信息化部指导成立的低空产业联盟在广州发布了《低空智能网联体系参考架构（2024 年版）》，提出了“五方三层两体系”的低空智能网联体系框架，包括低空飞行器制造方、低空运营参与方、低空交通管理和服务提供方、低空行业监管方以及低空基础设施保障和服务提供方等 5 个核心参与方，机载终端与基础设施、数据与服务支撑、应用系统 3 个主要层，标准体系和安全体系两个关键组成部分。依托低空载具及航电系统、信息物理基础设施两类基础装备，提供低空通信、导航、监视等基础数据和能力，并通过数据和服务支撑网络实现数据信息的接入、管理和订阅 / 分发，以支撑多个服务应用云系统，确保低空物流、载人出行、公共服务、文体旅游等典型应用场景的安全高效运行（见图 15-4）。

预计未来，随着技术的发展和深度融合，低空智能网联体系将形成以现有空天地网络为基础、以多网互联融合（5G、北斗、ADS-B、链路网等）为核心、以云端资源（算力、信息、存储等）为支撑的体系架构。各种架构、接口、频率等，在技术、标准、产业、应用等方面全方位融合，具备一体架构、泛在通信、立体感知、高精导航、算力协同、安全高效、一网多能并且动态灵活等特性，形成由点成线、由线到面、由面到立体的，基于运行风险分级且不断迭代升级的，贯穿低空数字底座、低空数字航行系统、低空交通管理系统、低空飞行服务保障系统等的低空智能网联系统。将大大提高低空飞行器及相关系统、设备的覆盖能力，支撑未来大规模多样化运行场景需求，满足有效监管服务和安全风险防控的需要，确保低空飞行“看得见”“管得住”，而且“飞得好”。

2. 空中交通服务保障能力不断提升

无人机等技术的发展，正加快推动低空飞行保障体系向空中交通服务体系转变。空中交通服务体系不仅涵盖了无人机飞行的空域管理、飞行计划审批、飞行监控等方面，还涉及与其他航空器的协同运行、空中交通流量管理等多个层面。随着低空飞行器数量的快速增长，无人机等飞行安全问题日益凸显，仅靠传统以空管人员进行空域资源调配的手段难以满足要求。我国现有持证空中管制人员数量约为 17000

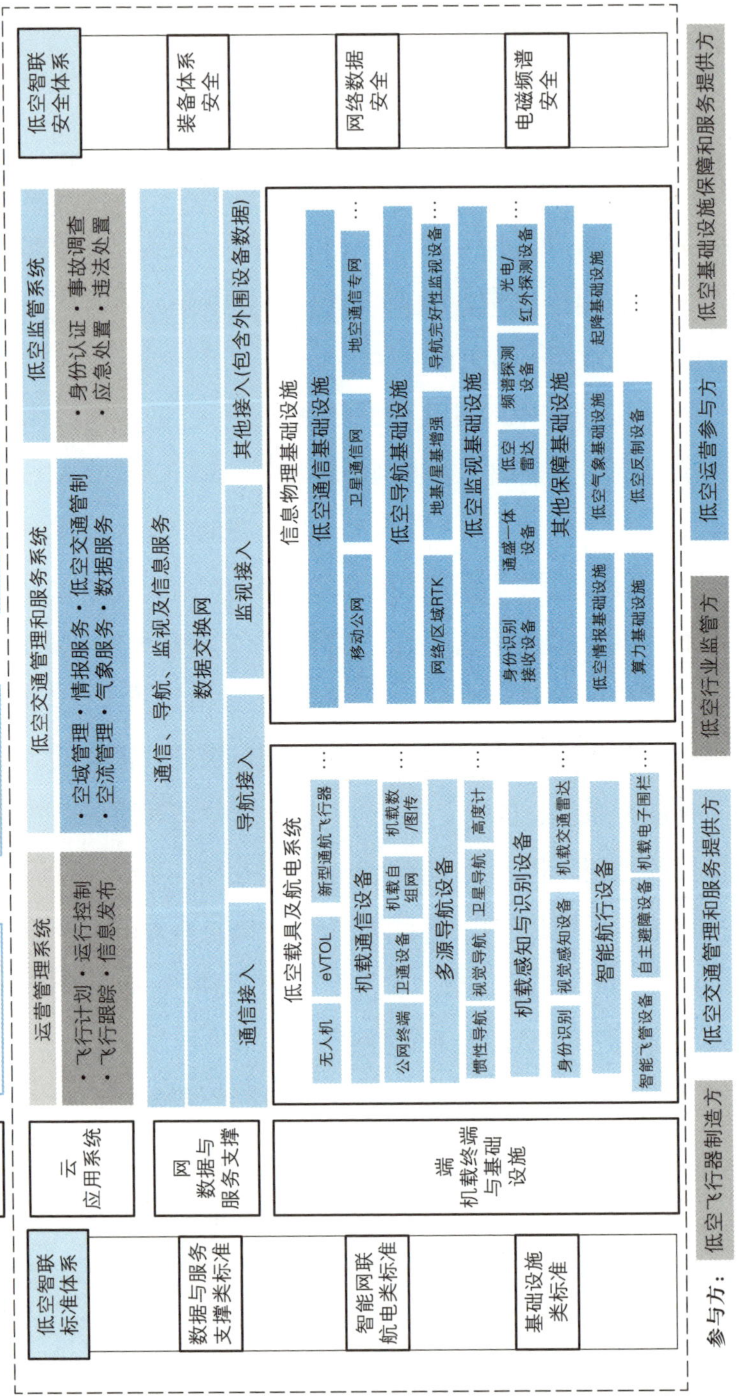

图 15-4 低空智能网联体系参考架构

资料来源：低空产业联盟。

人，且空管人员培养成本高、周期长，势必无法满足无人机、eVTOL等在大规模商业化后的庞大空管服务需求。未来的空管系统将是依托低空智能网联体系的高容量、自动化、按需及时运行的系统，是以数字感知、泛在互联和智能服务为特征的空管服务能力。

借助基于5G/6G移动通信网络的天空地一体、安全内生、AI内生的通信能力，由视觉导航、惯性导航、卫星导航等形成的融合定位授时导航能力，由主动监视、协同监视、自相关监视等系列化设备共同构建的空天地一体网络式监视能力，多源技术融合形成的CNSiM（通信、导航、监视、情报、气象）感知网络与自主运行智能协同体系，在低空软硬基础设施赋能下，未来低空交通管理及信息服务体系将加快完善，满足各类低空飞行器与地面站、其他飞行器及用户终端的高效通信和有效感知需求，在复杂多变的低空环境中的高精度导航和定位需求，对于低空飞行器进行全天候、全方位的监视管理等需要，低空协同运行管控和服务保障能力将在技术加持和规则完善下不断提升。

（三）安全高效的运行监管服务体系有望建成

为适应数字化智能化网络化的趋势，新的运行规则、监管策略、飞行服务、安全保障等手段也亟待跟上。

1. 数字化低空运行规则将更加完善

现有公共运输航空是按照计划时刻、单一航线来运行的，飞机的起降时刻与运行航路，都是经过事先安排、计划的。与之相比，低空飞行器的运行具有高频次、高密度、高复杂性、有人/无人混合的特点，需要像地面出租车一样，能够满足终端用户多样化、无延迟的即刻需求（见图15-5）。因此，需要低空信息和物理基础设施，更需要相应的标准、规则、程序等基于实时空域来动态分配资源，满足大量无人机、eVTOL快速灵活、按需即时的要求。

图 15-5 低空航路网

资料来源：潇雨，《低空经济：基于数字化“四张网”融合构想》。

随着管理模式从以管制为主向以服务为主转变，管理对象从管航空驾驶员向管无人机操作员再到管低空航行系统转变，管理主体从行业部门专业化管理向多部门联合管理转变，针对无人驾驶、数字化监管和安全保障等方面的规则将进一步完善。如无人机法规、标准，要求无人机具有可靠的被监视能力和空域保持能力，要求无人机飞行保持必要的安全间隔和遵守相应的避让规则，超视距飞行的应当掌握飞行空域内其他航空器的飞行动态等，这些要求，通过低空智能网联系统、技术等能够实现，但也需要相应的细化规则制度来配套。未来，以飞行间隔标准为核心的空中航行规则、低空智能网联系统运行及安全服务保障规则等将加快建立，满足航线网络立体化布局、空域精细化管理、飞行协同化管控等需要的运行规则也将加快建立和完善，各类飞行活动所需的飞行计划、空域申请、审批程序等必要程序将向扁平化线上管理模式转变。随着技术的发展，甚至航路航线划设、飞行活动申请等也都将变得没有必要，完全依托数字化的技术、规则等就可以实现大规模高动态安全高效飞行运行。

2. 低空安全保障能力向数据安全、网络安全延伸

数字化网络化智能化的低空经济运行，涉及大量的公共、企业和个人的关键业务和隐私数据。整个低空智联网上可能分布着数百万、数千万个信息节点，其安全环境比较复杂，管理要求非常高。从全球范围看，目前无人机飞行存在“防相撞”感知与避让不可靠、“防劫持”信息防护技术不成熟、“大载荷”的动力技术难突破等问题，网络安全和数据安全成为智能网联运行必须面对的重要挑战。发展低空经济，亟待建立完善的网络安全防护体系，加强对网络攻击的防范和应对能力。同时，还应制定严格的数据保护政策，确保用户数据的安全和隐私。尤其对于低空智联网，需要从多个方面入手，构建多层次的总体安全管控架构，设计全方位的安全管控策略，形成多领域的安全管控标准体系。同时，还需要加强对网络安全、信息安全、数据安全等问题的研究和探索，开展攻防演练、演示验证等，为低空经济高质量发展与高水平安全提供有力保障（见图 15–6）。

3. 基于飞行服务站网络的解决方案或将加快落地

从国内外来看，现有有人机飞行服务站体系与无人机交通管理系统或平台正加速融合，构建形成先进的空中交通管理体系。美欧主要是依托现有基础，从有人机的飞行服务保障体系出发，不断完善数字化空中交通监管和运行服务。我国一些低空空域管理改革试点省份，也是通过在飞行服务站建设通用航空飞行服务信息系统，接入对空监视和地空通信台站信息、军民航通航管理部门及相关信息数据库等，为低空空域全覆盖和可视化、划设目视航图、开展高效低空飞行等提供多种服务和保障（见图 15–7）。

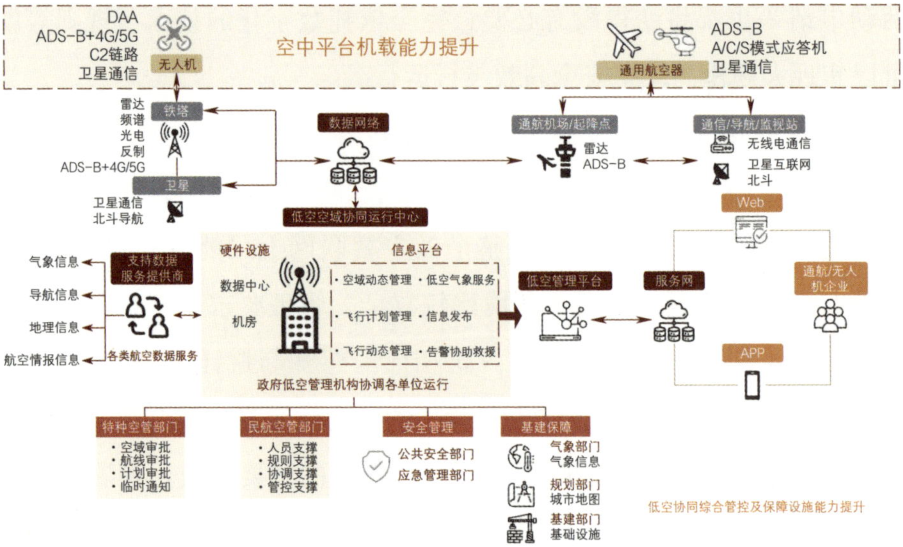

图 15-6 智能网联的空管服务系统

资料来源：《浅析低空智联网与无人机产业应用》（樊邦奎等，2021），2024（第四届）民航空中交通管理科学技术交流会，中金公司研究部。

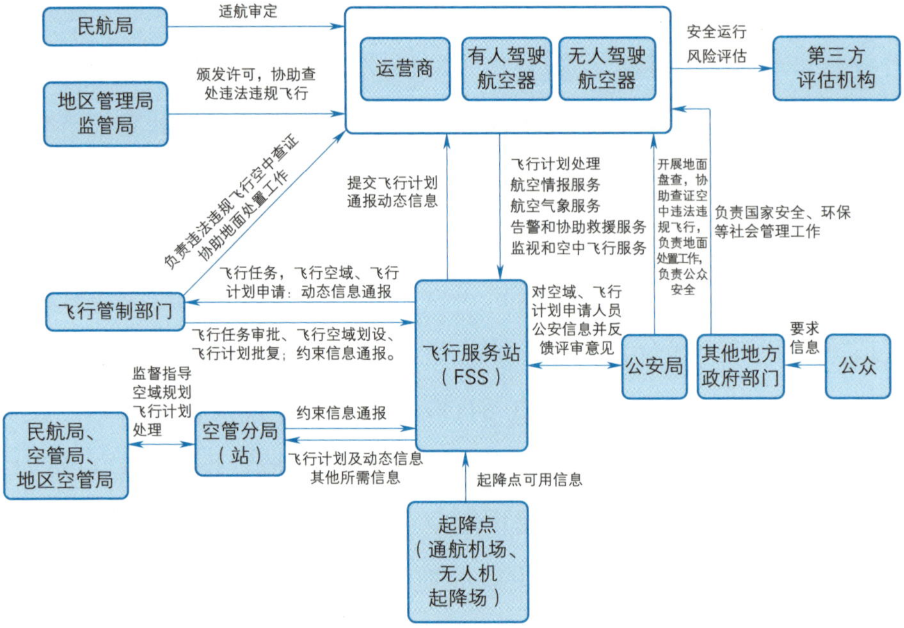

图 15-7 基于飞行服务站网络的低空监管运行及服务模式

资料来源：中国银河证券新发展研究院。

基于传统通航的飞行服务保障体系基础来建立完善未来数字化低空飞行运行制度，是更加现实的路径。近 10 年来，我国积极推进低空飞行服务保障体系建设，低空空域管理改革和低空开放取得一系列显著成就。随着一系列政策举措推进实施，我国低空飞行服务保障体系基本成型。未来，我国将依托这些基础，强化顶层设计和法规标准制定，高质量建设低空飞行服务保障体系，持续改善低空飞行活动的计划审批、空管、气象、通信、监视等服务保障。一是面向未来大规模无人机和有人机融合飞行需求，整合面向通航运行的国家信息管理系统、区域信息处理系统和飞行服务站三级飞行服务体系，以及无人机 UOM 平台，将由地方为主的城市低空智能网联系统接入局方为主的飞行服务保障系统，建设地市、省、区域、国家等多层级的低空飞行综合监管服务平台，将有人机、无人机，以及各类低空飞行要素高效融合贯通，实现市内飞行、跨区飞行的高效畅通。二是将不断完善起降设施、飞行服务设施等规划建设，布局形成网络，基于此编制低空飞行航线和地图，提供飞行信息、监管服务等，发展 USS、高德式导航、滴滴式“打飞的”等飞行服务供应商，将飞行服务供应市场化，形成“行业 + 社会”的“一站式”服务与监管模式。

4. 无人机运营合格证颁发数量将不断增加

对无人机运行进行风险评估，根据风险等级实行分级分类管理，是全球各国的主要做法。我国无人机管理将通用航空经营许可证和运行合格证合二为一，称为运营合格证。随着无人机试运行实践和运营合格审定探索进一步推进，针对风险较大的审定类运行，包括经 SORA 评估风险过高的，起飞全重 150 千克以上的大型无人机以及与有人驾驶航空器混合运行等情况，相关标准规范将不断健全，相关审定将加快推进。目前，亿航、峰飞等正在加快其 eVTOL 在载人观光、物流运输等领域的运营合格审定。未来，随着一批运营人通过大型无人机、无人驾驶 eVTOL 等运营合格审定，将极大地推动低空经营活动开展，促进低空经济的市场化产业化（见图 15-8）。

图 15-8 低空飞行展望（AI 制作）

资料来源：百度 AI。

低空经济的发展与汽车、智能网联新能源汽车产业发展相似，续航里程会逐渐突破，监管服务、运行规则、产业生态会逐步建立完善，在产品技术体系上将更加安全、可靠、绿色；在监管运行体系上更加数字化、网络化；在基础设施体系上更加立体网联，将会成为国民经济的重要产业。

总体来看，目前全球正处于低空经济培育阶段，从当前到 2027 年，无人机、eVTOL、飞行汽车等新产品新构型继续涌现，新标准体系及监管运行规则开始建立，智能网联基础设施正在统筹部署，市场应用逐渐拓展加速。2027—2035 年，低空经济发展将进入爆发阶段，各类飞行器量质齐升，高密度飞行运行及监管服务体系建立，新一代空天地一体化的信息网络系统基本建成并实现互联互通，市场应用也将实现规模化。2035 年以后，低空经济将跨入成熟阶段，全自主驾驶飞行器成熟并普遍应用，安全监管及运行服务规则成熟，基础设施体系与城乡一体、立体式网络化体系不断完善，大规模有人、无人航空器及其他无人系统高效融合，低空飞行进入家庭，应用服务模式彻底变革（见图 15–9）。

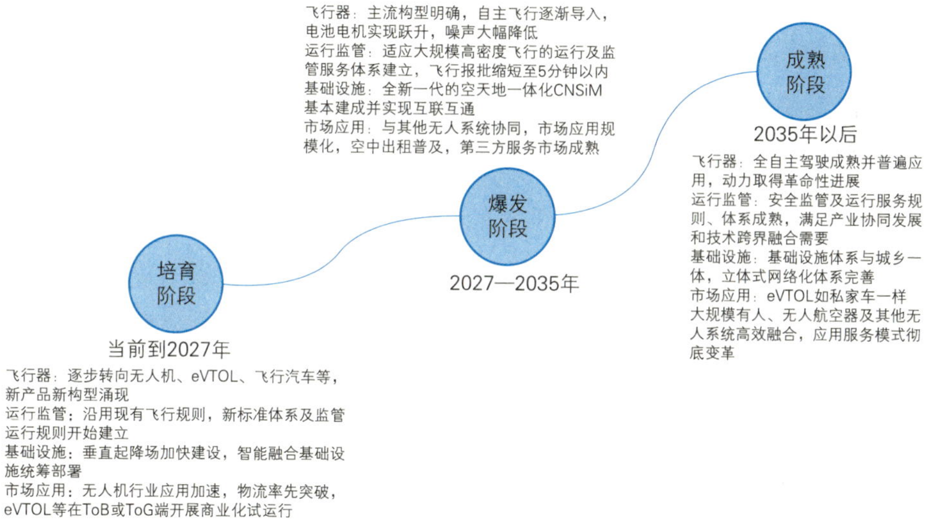

图 15–9　低空经济整体发展趋势展望

资料来源：根据相关材料整理绘制。

参考文献

[1] 毕夫 . 全球飞行汽车赛道上你追我赶 [J]. 中关村，2024(3).

[2] 陈文玲 . 基于通用航空发展现状的通用航空产业体系研究 [J]. 经济研究导刊，2019(5).

[3] 低空产业联盟 . 低空智能网联体系参考架构（2024 版）

[R].2024.

[4] 樊巍.中国无人机未来如何“发力”[N].环球时报，2023-03-13.

[5] 吕人力，于一，许东松.低空经济“新”在哪里？[J].民航管理，2024（5）.

[6] 雷童尧.我国低空经济发展现状、制约因素及对策建议[J].新西部，2024（5）.

[7] 李海旺.氢能混合航空推进系统总体性能研究[R].2023.

[8] 平新乔.新旧动能转换与高质量发展[J].人民论坛，2024（2）.

[9] 沈映春.低空经济：“飞”出新赛道[J].人民论坛，2024(8).

[10] 沃兰特.“新”空中出行/电动垂直起降航空器驾驶员培训白皮书[R].2022.

[11] 徐肖豪，王莉莉.完善国家空域资源利用政策的建议[J].综合运输，2007（6）.

[12] 徐政，郑霖豪，程梦瑶.新质生产力赋能高质量发展的内在逻辑与实践构想[J].当代经济研究，2023（11）.

[13] 语迟.低空经济是发展新质生产力的重要赛道[J].中国信息界，2024（4）.

[14] 中国电子科技集团有限公司.低空航行系统白皮书[R].2024.

[15] 张雄化.低空经济兴起及高质量发展的理论与实践：深圳的视角[J].特区经济，2023（8）.

第十六章 中国低空经济发展策略

我国低空经济发展，特别是新兴领域的发展，一方面，应充分吸收借鉴传统通用航空的经验教训，在新的赛道上培育新动能、形成新优势；另一方面，可参考新能源汽车等行业发展实践，在发展路径上少走弯路，在推进策略上有更多方法，加快做强做优做大低空经济。

一、新能源汽车发展经验

我国低空经济发展与汽车产业特别是智能网联新能源汽车产业发展有着很大的相似性，其发展历程和经验有异曲同工之妙。我国汽车产业起步于新中国成立初期，经过70多年的发展，我国汽车产业规模不断壮大，2023年汽车产销量均突破3000万辆，连续15年稳居全球第一；汽车技术水平不断提升，特别是新能源汽车，走出了一条换道超车的成功之路。我国新能源汽车发轫于21世纪初，真正开始产业化始于约10年前，到2023年，产销分别完成958.7万辆和949.5万辆，连续9年位居世界第一，市场占有率达到31.6%。总结传统汽车不断追赶尤其是新能源汽车换道超车的发展经验，对我国低空经济发展有很大的启示和借鉴作用。

（一）顶层规划和战略指引

新能源汽车发展，得益于国家不断根据产业发展情况、发展形势，针对产业发展问题，及时发布顶层规划文件，指导并明确新能源汽车的发展方向和路径。2001年，新能源汽车研究项目被列入“国家高技术研究发展计划”（简称“863计划”），新能源汽车开始得到国家大力支持。2006年出台的《国家中长期科学和技术发展规划纲要（2006—2020年）》，重点支持混合动力汽车、替代燃料汽车和燃料电池汽车等技术研发。2007 年正式实施的《新能源汽车生产准入管理规则》，对新能源汽车进行了明确定义。

2009 年 3 月，为推动工业回暖，国务院发布《汽车产业调整和振兴规划》，首次提出大规模发展新能源汽车的目标。2010 年，国务院将新能源汽车列为七大战略性新兴产业之一。

2012 年，在试点示范运营取得阶段性成果基础上，国务院出台《节能与新能源汽车产业发展规划（2012—2020 年）》，统筹兼顾传统燃油汽车的节能减排和新能源汽车的推进发展，第一次明确了以纯电驱动为新能源汽车发展和汽车工业转型的主要战略取向，是新能源汽车产业领域首个中长期发展规划。

2014 年，在试点示范运营及财政补贴结束之后，在充分调研基础上，《国务院办公厅关于加快新能源汽车推广应用的指导意见》发布，进一步明确发展纯电动汽车、插电式混合动力汽车和燃料电池汽车，并把充电设施建设纳入指导意见，提出建立长期稳定的发展新能源汽车的资金来源，即提高燃油税比例。2015 年，国家发展改革委、工业和信息化部联合发布《新建纯电动乘用车企业管理规定》，开启了新能源汽车大发展之路，2018 年《汽车产业投资管理规定》进一步进行了规范。

2020 年，为推动新能源汽车产业高质量发展，加快建设汽车强国，国务院办公厅印发《新能源汽车产业发展规划（2021—2035 年）》，规划把重点聚焦到了新能源汽车产业发展上，重点解决新能源汽车充电难等问题，提出进一步完善充换电基础设施，是新能源汽车产业发展的第二个中长期规划文件。

此外，2018 年至今，国家出台了系列智能网联汽车试点和推进政策，主要聚焦地方应用试点，国家有关部委先后出台《工业和信息化部关于加强智能网联汽车生产企业及产品准入管理的意见》《关于开展智能网联汽车准入和上路通行试点工作的通知》等文件，深圳、上海、重庆、北京、苏州等城市相继出台地方条例规章，促进智能网联汽车测试及示范应用。

在规划、意见推进实施过程中，国家统筹推进产业、科技、能源、交通、金融、数据监管、网络安全等部门协同，使市场在资源配置中发挥决定性作用，更好发挥政府作用，妥善处理好自主和开放创新的关系，最终推动我国新能源汽车产业走到世界前列，使中国能够在电动汽车产业的变革期起到策源地的作用。

（二）政府政策大力支持

政府试点推广、财政补贴、研发支持、税收优惠等政策，是新能源汽车得以快速起步、快速成长的主要助力。从“十五”期间的“863计划”到“十一五”期间的国家科技计划，国家对电动汽车研发的资金投入强度和项目规模进一步加大，其中“十一五”期间投入11.6亿元，推动电动汽车技术创新取得阶段性进展，节能与新能源汽车领域共申请专利2011项，发布国家标准30项、行业标准32项，初步形成了我国新能源汽车的标准体系。

两个中长期规划期间，中央各有关部门先后推出了近60项支持新能源汽车产业发展的政策措施，各地方政府结合自身实际出台了500多项配套政策。特别是起于2009年的“十城千辆”试点示范政策，从2010年开始，每年选择10个城市各推广约1000辆新能源汽车，政策实施3年，并对推广应用的车型给予一定的财政补助。政策初期，推广应用及补贴政策主要在公交和市政用车等公共服务领域，之后扩展到私人购买上。2013年，财政补贴从试点城市向全国无差别铺开。通过补助生产企业，企业可以将新能源汽车按照扣除补助后的价格销售，并采取逐年退坡等方式，延续到2022年，地方也对新能源汽车的限行、充电电价、停车场使用等给予特别优惠，极大地刺激了新能源汽车的购买和使用，也大大促进了新能源汽车技术迭代，新能源汽车的续航里程从补助初期150千米，提高到现在的500千米或600千米，再到800千米甚至1000千米，新能源汽车技术实现了跃升。2024年3月，国务院印发《推动大规模设备更新和消费品以旧换新行动方案》，进一步支持汽车以旧换新和新能源汽车的推广应用。

此外，考虑新能源汽车中央财政补助退出之后如何支持汽车发展，工业和信息化部等五部门于2017年提出了《乘用车企业平均燃料消耗量与新能源汽车积分并行管理办法》，即“双积分”办法，实现发展资金“取之于汽车，用之于新能源汽车”。明确新能源汽车销量的积分比例要求，如新能源汽车销量占被考核汽车企业全部汽车销量的10%，考核汽车企业超过比例则可以得到正积分，达不到即负积分，正负积分可在工业和信息化部建立的“燃料消耗量与新能源汽车积分管理平台”中交易。2023年8月，“双积分”办法进行了第二次修订并发布实施。

在产业发展初期，我国新能源汽车发展的规划思路是靠传统汽车企业作为未来新能源汽车发展的主导性力量。但经过一段时间后发现，传统汽车企业推动转型并不具有革命性，油改电存在诸多问题，充电设施缺乏，再加上电池续航焦虑，国家政策开始鼓励并大力支持具有创新活力和积极性的“新势力”跨界造车，允许没有相关资质的企业造车，互联网企业、科技型企业纷纷入局，形成了当前造车新势力蓬勃发展的局面。

（三）兼顾多种技术路线

我国新能源汽车的主流技术路线是纯电方向，但电动汽车存在多种技术路线，我国在确立纯电为主流时，也给予了其他技术路线包容发展的机会，最终通过市场的筛选和竞争，明确了主要技术路线并打造出具有国际竞争力的产业链。无论是纯电、混动还是氢能，锂电、钠离子还是固态电池，充电还是换电等，我国新能源汽车发展一直坚持以技术创新、安全可靠为主，始终瞄准智能化、电动化、网联化的发展趋势，支持鼓励各种技术路线发展。"863 计划"中就提出了电动汽车"三纵三横"的技术研发布局，三纵即混合动力汽车、纯电动汽车、燃料电池汽车；三横即电池、电机、电控，其中电池包括动力电池和燃料电池，电机包括电机系统及其与发动机、变速箱总成一体化技术等；电控包括"电转向""电空调""电制动"和"车网融合"等在内的电动汽车电子控制系统技术。在国家的规划意见中，也是提出长期支持纯电动汽车、插电式（含增程式）混合动力汽车和燃料电池汽车发展。同时，推进新能源汽车"智能 + 网联 + 电动"深度融合，通过空中下载技术（OTA），不断升级迭代整车软件系统，优化整车软硬件使用体验甚至释放新功能，进而使一款汽车持续迭代、常用常新。

（四）加快配套设施建设

国家十分重视新能源汽车的动力技术发展，围绕动力加快研发布局，大力推进相关配套基础设施建设。

1. 因地制宜、因势利导建设充电桩

在新能源汽车推广应用试点初期，试点城市政府不仅鼓励支持甚至直接投资建设充电桩，还对充电桩建好之后的运营、维护费用支出给予一定补贴。此后，国家明确"桩站先行"的适度超前建设原则，加大充电设施建设运营支持力度，大力推进充电桩建设标准化、规范化，加快推进车网互动，全面提升充电安全性与兼容性。国家及地方政策的推动极大地增加了各地方公共应用充电桩的建设，2023 年我国公共充电桩增量达 92.9 万台。

2. 加快快充模式推广与标准化

发展快充，是应对新能源汽车充电慢、长途出行需要大功率超级补电的重要举措。2011 年，我国首次制定了新能源汽车充电接口、通信协议国家标准，初步解决了充电接口统一的问题，这在世界范围内都处于领先地位。我国大力推进分布式全覆盖充电设施普及，加快形成适度超前、快充为主、慢充为辅的高速公路和城乡公共充电网络，构建高质量充电基础设施体系，地方也都陆续出台有关快充桩以及大功率充电桩的相关政策。在国家大力支持下，国内已出现了闪充、超快充、车网互动式智慧储能等技术，以此适应新能源汽车高压化、大功率充电等发展需求。

3. 大力推广换电模式

充电和换电都是电动汽车的能源补充方式，“车电分离”的换电模式兼具储能、补能和共享经济特征，特别在电动重卡等领域有优势。我国大力支持新能源汽车换电模式发展，2020 年 5 月，换电首次写入政府工作报告。2021 年，工业和信息化部会同有关部门在全国 11 个城市启动新能源汽车换电模式应用试点工作。同年 11 月，《电动汽车换电安全要求》正式实施，成为我国换电行业的第一个基本通用性国家行业标准。近年来，换电模式发展取得积极进展，据有关机构预测，到 2025 年国内换电车型占比有望达 30%。

同时，国家大力支持智能网联新能源汽车基础设施建设，通过开展车路云一体化应用试点等，推动智能化路侧基础设施和云控基础平台建设，形成统一的车路协同技术标准与测试评价体系（见图 16–1），促进规模化示范应用，目前已基于此开展智能网联汽车准入和上路通行试点。

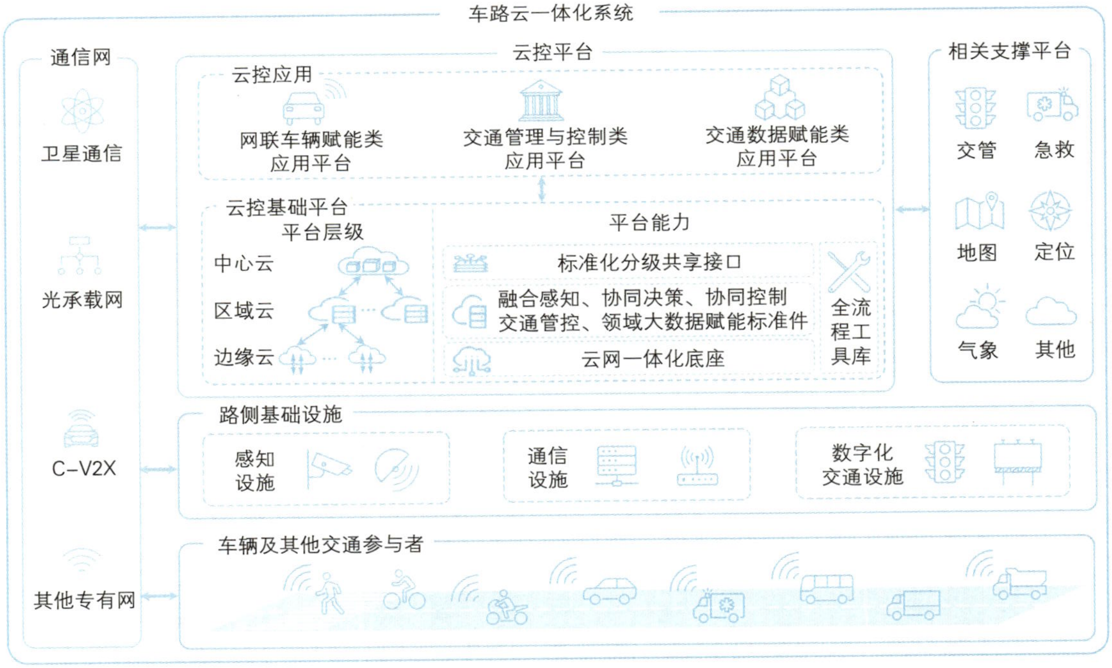

图 16-1　车路云一体化系统

资料来源：中国智能网联汽车产业创新联盟，《车路云一体化系统白皮书》。

二、发展模式及路径

（一）发展模式对比分析

结合传统通航发达国家的研究及经验总结，主要从产业发展模式及监管运行模式上对低空经济、通用航空进行对比。

1. 产业发展模式

欧美发达国家传统通航发展有着特定的历史、环境等因素，政策、经济、文化、技术各方面都值得研究学习。但总结可以发现，政府政策导向作用是传统通航快速发展的重要条件。无论是传统通航还是新兴领域，其起步和发展往往离不开政府的推动和引导。利用 PEST 分析模型，即 P（Politics，政策 / 政府）、E（Economy，经济 / 市场）、S（Society，社会）和 T（Technology，技术）分析，传统通航产业发展主要有以下 3 种模式：

（1）“P+E+T”模式

即“政府引导、市场牵引、技术创新”模式。美国、加拿大和巴西的传统通航发展就是这种模式。政府制定适宜的政策措施，提供良好的空域管理，建设完善的基础设施等，为通用航空发展提供支持。同时，政府完善创新环境，引导开拓专业化的市场领域和多元化的商业模式，推动通用航空挖掘广泛的应用市场。当前，我国低空经济发展也属于这种模式，不仅依赖政府基金投资、补贴等，而且依靠政府采购应用，大约 80% 的企业依靠政府采购而存活。政府发挥重要作用，技术创新是主动力，最终还需要市场牵引来带动整个产业发展。

（2）“P+E+S”模式

即“政府引导、市场运作、社会助推”模式。澳大利亚就是这种模式。传统通航市场中工农林作业领域是主力市场，而为公众生活提供服务的公务飞行、私人飞行、医疗救援、通勤飞行等则是最具潜力的市场领域。政府通过社会化方式，引导发展通勤航空或通用航空短途运输，可以有效促进通用航空及区域经济社会发展。

（3）“P+T”模式

即“政府引导、技术开拓”模式。欧洲多国就是采用这种模式。欧洲国家的国土面积大多不大，看似没有美国、加拿大、澳大利亚等国家的市场空间，但是法国、德国、意大利、瑞士、捷克等国家传统通航制造业相对发达，在无人机特别是 eVTOL 领域也走在全球前列，其中最主要的原因就是政府引导支持，企业不断加强技术创新。

2. 监管运行模式

从传统通航来看，监管运行分程度强弱，如我国属于强监管，空域主要为部队管理，空中交通采取管制的方式；美欧等国家空域大多以民用为主，由民航部门来管理或管制。从无人机、eVTOL 等新型航空器的监管来看，监管运行模式主要根据无人、有人两种方式进行区分，这体现在中美欧三大局方相关的规章体系建设上。各方根据自身特点和优势考量，选择了不同的路径，提出了不同的运行概念（美国先进空中交通 AAM、欧洲创新空中交通 IAM、我国“低空经济 + 智慧空中出行 SAM+ 数字通航”等）。根据 SWOT 分析，即 S（Strengths，优势）、W（Weaknesses，劣势）、O（Opportunities，机会）、T（Threats，威胁）四要素分析，各方监管运行模式的特点如下。

（1）美国方案

美国在有人机领域具有绝对的领先优势，包括技术层面和监管运行层面。但由此也导致美国在航空规章体系建设和变革的时候需要照顾庞大的传统通航机队和飞行员 / 空中交通管制员工会，很难完全推倒重建，只能走从有人驾驶到无人驾驶的技术路线。包括发展以有人驾驶为主的 eVTOL，沿用有人机规则来解决新能源航空器的适航审定基础等；基于有人驾驶推进 UTM、UAM 等实施，发展以飞行员 + 管制员控制为主、划设既定航路航线的先进空中交通，并提出了几个补丁来解决后面的运行问题。如用 SFAR 将动力升空航空器概念引入，以及解决训练和资质问题；用特殊适航认证现代化（MOSAC）补丁解决 eVTOL 的特殊类适航批准依据问题。这种“补丁式”方式是美国作出的必然选择，但也存在诸多问题，如美国在相关修正案中提出，固定翼飞机的目视飞行保证 30 分钟能量储备和仪表飞行 45 分钟能量储备，这对现阶段电动航空器极不友好。当然，美国的模式关注航空器本身的智能化自主化，通过飞机搭载成本高的机载卫星通信设备或智能感知避障系统，来对低空运行进行监管并有效防止航空器相撞。这种“人在回路、机器智能”的方案，突破了现有有人驾驶的阻力之后，将会变得相当有竞争力。而且美国还有着大量的传统通航飞机和产业人才等资源，具备潜在的规模化优势。

（2）欧洲方案

EASA 在顶层设计上希望能有一个大而全的整体解决方案，但是受制于欧洲多主权国家的空域管制和协调等约束条件，欧盟规章体系只能算是“半整体解决方案”，更多的是体现在新的概念框架提出上。欧洲提出的 U-Space 就是从顶层框架开始，提供逐步升级的服务，最终实现高度的自动化数字化连接。在空中交通方面，EASA 规章体系是覆盖有人驾驶的具备垂直起降能力的航空器即 VCA（不包括直升机）的端到端生态系统，包括“认证类别”无人机 / 无人系统的初始适航、“特定类别”无人机 / 无人系统的持续适航以及飞行运行、培训、空管等方面。欧洲最新法规认为：对于有人驾驶 VCA 未来整合到成员国的运输系统中，适用于飞机和直升机运行相同的监管框架，但具体实施规则需要作出相应修改。欧洲模式可以在概念框架、理念方式等方面提供借鉴，但还不能从根本上解决无人机大规模运行安全监管等问题。

（3）中国方案

不同于美欧延续有人驾驶的技术路线发展先进空中交通，我国是完全基于无人驾驶、电动航空、5G、北斗等技术和产业基础，摆脱传统有人机的限制而提出的技术路线和方案。我国关注的是通过无人驾驶航空器安全可靠性及空中交通管理能力的提升，由地面低空智联网等系统控制智能网联运行，实现低空飞行有序、安全、高效。甚至无须划设固定的航路航线，低空飞行器可完全在立体空间自由飞行。而且由于不以飞行器加装现有机载设备实现感知避让等能力为主要方向，整体航空器成本价格将更低、重量将更轻，是一种符合目前技术的更低成本的技术方案。以运营端为例，从最顶层的把无人机纳入到民航法，往下到无人机条例法规，落实到航空规章 CCAR-92 部，以及更下一层级的支撑航空规章落地的规则和行业标准，既有和 ICAO 标准接轨的空域划设和设计规则，也有具体的空中交通管理规则和无线电台要求，甚至还有场景级别的民航行业标准，如已经发布的物流场景中的海岛子场景，后续还会有城市场景、山区场景和高原场景等行业标准。从适航层面，也从上到下最终实现从“0”到“1”的突破，既包括无人机的适航审定能力提升，又覆盖电动航空器的适航推进，力求在无人化、电动化等全球适航审定新领域起到一定的标准、规则引领作用。从运行层面，既关注“聪明的天”，也注重“聪明的机”，力求达到空天地网云高效协同。这样积极的监管模式，使得我国低空经济发展整体走在了世界前列。

各国及地区虽然规章体系不同，但在安全方面，基本目标都一致，要求无人机等低空飞行器都能“看得见、呼得着、管得住”。通过 SWOT 分析可以看出，美国模式是选择了 ST 战略，即稳健型策略，趋利避害；我国的模式是 SO 战略，即进攻型策略，快速发展（见表 16–1）；欧洲是 WO 战略，即改善型策略，扬长避短。

表 16–1　我国低空经济发展 SWOT 分析

S（优势）： 无人机领域优势突出，eVTOL 全球并跑； 具有 5G、北斗、电池电推进等产业链优势； 低空空域加速释放，法规标准体系不断完善； 超大规模市场优势，各类主体积极参与	O（机会）： 新一代信息、新能源等与航空技术加速融合； 新能源汽车等行业换道超车经验可供借鉴； 政策大力支持，各地方积极布局； 新型举国体制优势，创新要素聚集、环境优化
W（劣势）： 传统通航基础薄弱，差距较大； 低空基础设施建设、数字化监管手段不足； 法规标准、监管策略还需完善； 低空装备性能及安全可靠水平有待提升； 运营成本仍较高，盈利企业较少	T（威胁）： 新技术新监管模式存在发展风险； 数据安全、信息安全等要求快速提升； 现有产业体系、技术环境等难以满足需要； 其他技术及交通运输方式带来的威胁

资料来源：根据前述研究总结整理。

无论哪种模式，都应确保低空经济商业可持续，充分考虑技术水平、成本效益、体制机制等多方面的因素。

（二）发展路径探讨

综合分析，结合新能源汽车产业的发展经验，我国低空经济发展，应统筹高质量发展与高水平安全，从市场、技术、空域、监管、基础设施等方面协同发力，加大政策支持力度。

1. 明确发展目标

我国低空经济发展目标，未来一定是大规模高密度高频次融合安全飞行，是千万量级的飞行器、万亿级的市场规模。大量的有人机、无人机、eVTOL、飞行汽车、电动航空器等在空中飞行，地面管控繁忙而指挥有序，低空经济全面融入生产生活、立体交通之中（见图 16–2）。

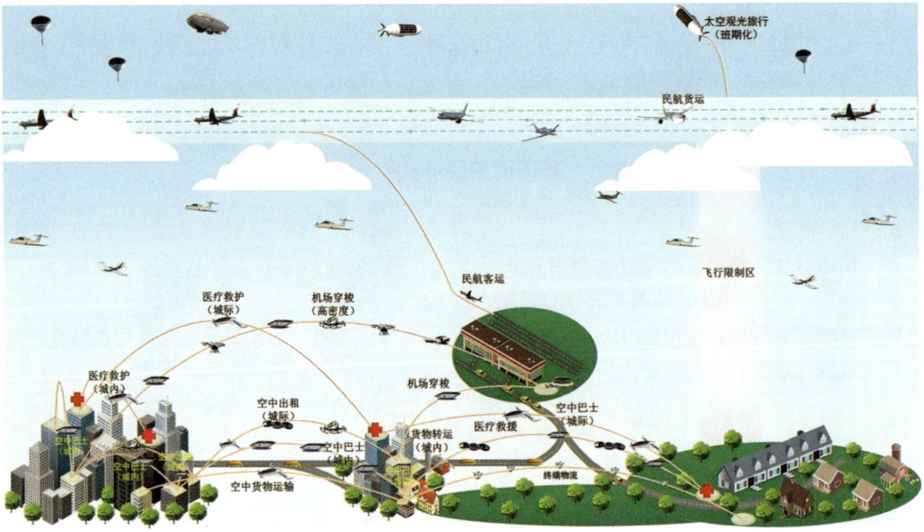

图 16-2 低空经济未来运行设想

资料来源：朱永文，陈志杰，蒲钒，等. 空中交通智能化管理的科学与技术问题研究［J］. 中国工程科学，2023，25（5）.

2. 明确技术路线

四部委发布的《绿色航空制造业发展纲要（2023—2025 年）》《通用航空装备创新应用实施方案（2024—2030 年）》均明确，未来低空装备的技术特征是无人化、电动化、智能化，低空产业特征趋势是智能化、绿色化、融合化。考虑我国低空经济发展的优劣势、面临的机会与威胁，根据相关竞争优势和比较优势理论，无人机是我们有领先优势的领域，应优先发展；eVTOL/ 飞行汽车 /SAM 是我们的比较优势领域，具有产业链及体制、市场等优势，应大力发展；传统通航是我们劣势领域，但在国家战略需要，以及支撑现阶段市场化应用的低空飞行服务保障等领域，也应该积极发展。总的来看，我国低空经济发展的技术路线是以无人机及 eVTOL 为主，主攻方向应是无人驾驶、绿色动力、数字低空（见图 16-3）。

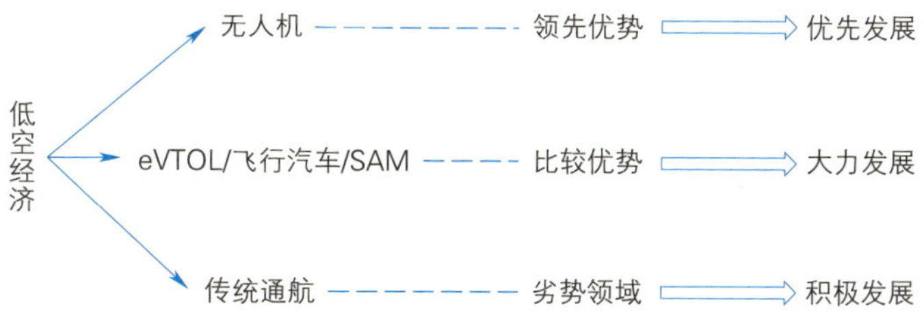

图 16-3 我国低空经济技术路线选择

资料来源：根据研究绘制。

3. 明确发展重点

针对低空经济发展趋势及主要问题，明确各方面发展方向和重点：①应用需求方面，关注航空消费群体发展缓慢的问题，亟待推进航空消费“大众化”“普及化”，有效发挥我国超大规模市场优势；②基础设施方面，关注空天地网云协同的低空智联设施体系的标准化建设、网络化布局，尤其是数字化新基建亟待加强；③监管运行方面，亟待建立新的标准体系、适航策略和监管运行规则，推进空域分级分类精细化改革、航行服务市场化、适航验证第三方服务化等；④技术创新方面，需加快解决载重航程、智能驾驶、提效降噪等问题，推进关键系统部件模块化取证等；⑤产业落地方面，亟须防止一哄而上、一哄而散，亟待统筹协调，加强应用场景创新和融资支持，加快规模化发展，降低运行成本；⑥发展安全方面，须防止体系安全问题，提升飞行器安全可靠性，强化数据安全和信息安全等，在充分保障安全的基础上促进低空飞行规模化（见图 16-4）。考虑到现阶段低空经济发展特别是低空运行，应着重解决低空产业技术装备安全可靠、绿色环保、经济实惠、可用好用的问题，基础设施互联互通、立体式、全覆盖问题，以及运行管控安全高效、规则有序、各方协同等问题，加快构建完善低空产业技术装备体系、智联设施体系及安全运行体系。

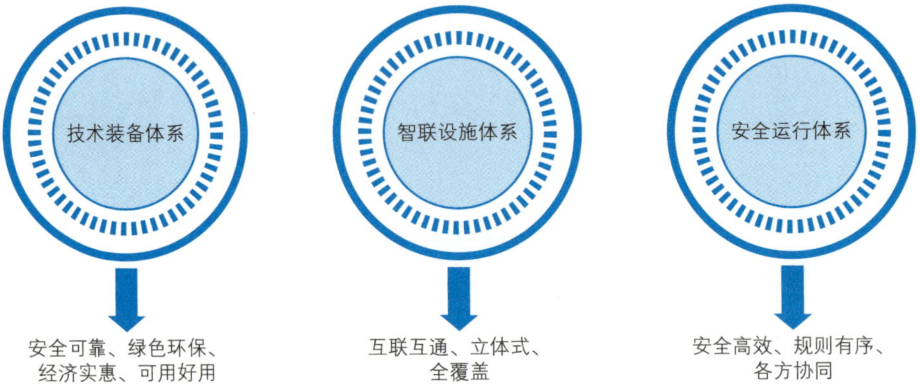

图 16–4　低空经济的重点方向

资料来源：根据研究绘制。

4. 明确发展路径

当前，低空经济发展还处于产业化初期。按照新兴技术成熟度曲线，即 Gartner 曲线：①在新技术的萌芽期，一般会有一轮炒作，这是产品融资以及初代产品上市的阶段，但也有一些投机者会趁机进行非理性的渲染，大肆宣传报道，市场往往以非理性的扩张，达到过高期望的峰值；②公众的过分关注演绎出了一系列成功的故事，同时也有众多失败的例子，行业热度逐渐熄火，开始进入泡沫化的低谷期；③在历经前面阶段后，所存活的科技经过反复试验和不断迭代，通过不断创新商业模式而逐渐成长，实现了初步的量产和服务，新技术新产品在市面上受到主要媒体与业界高度的注意，产业进入稳步爬升的光明期；④新科技产生的利益与潜力被市场接受，产业进入成熟稳定的发展阶段，进入实质生产的高峰期。因此，低空经济发展，应有对应的策略路径，以安全为底线，积极解决问题并持续投入支持，将技术成熟度曲线前移，加快应用场景创新，实现大规模应用，以科技创新和产业创新的深度融合，带动产业进入成长期、平稳期（见图 16–5）。

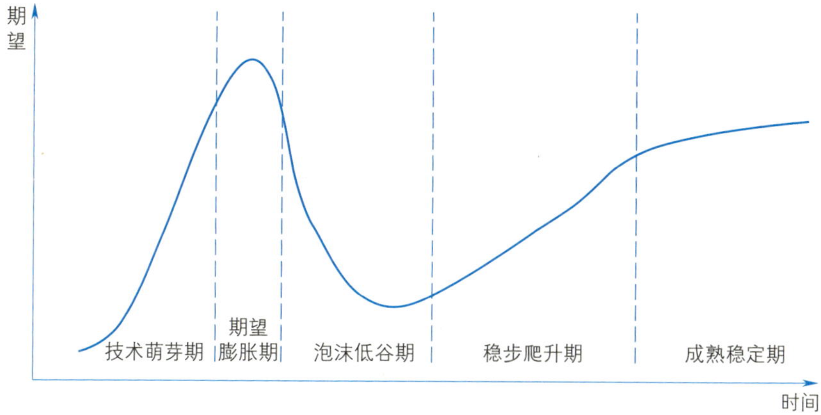

图 16-5　技术成熟度曲线

资料来源：根据 Gartner 曲线绘制。

在低空经济的培育阶段，应加快推进新兴领域发展，同时兼顾传统通航，国家政策保持长期稳定支持，地方层面因地制宜，先立后破，重点解决低空装备用在哪里及怎么用等问题。整体策略上，分级分类推进发展和监管，在放开制度限制的同时完善产业生态。产业发展模式上，推动低空经济发展由政策驱动为主向市场牵引为主的模式转变，通过应用牵引、技术支撑、政策保障，最终走向成熟，打造成具有中国特色的低空产业发展新模式。应用场景上，按照中国民航局 2022 年 8 月发布的《民用无人驾驶航空发展路线图 V1.0（征求意见稿）》，形成先载货后载客、先通用后运输、先隔离后融合的发展路径；同时与新能源汽车发展类似，先商用后民用。低空运行上，基于传统民航对飞行安全管理的延续性、低空飞行器自身及其对地面的安全性，以及大众接受低空飞行的递进性等角度考虑，遵循“先空地协同、后机载自主”的路线图，推动机载自主飞行系统与基于地面算力的低空智能融合系统形成“空地协同、以空补地”的技术范式和协同机制，以满足未来大规模高密度低空运行需要（见图 16-6）。

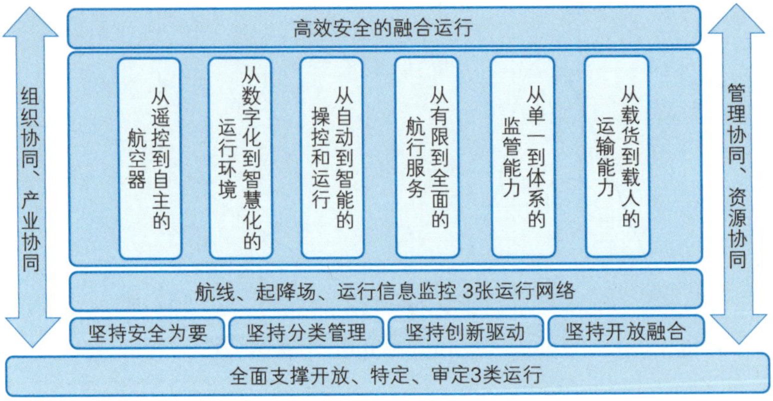

图 16–6 民用无人驾驶航空发展路线

资料来源：民航局,《民用无人驾驶航空发展路线图 V1.0（征求意见稿）》。

5. 正确处理好相应关系

推进低空经济持续向前发展，关键要处理好发展与安全、中央与地方、政府与市场、短期与长期、国内和国外等相关关系。

（1）发展与安全的关系

安全是低空经济发展的基石，正确处理发展与安全的关系是低空经济面临的重要挑战。安全是发展的前提，发展是安全的保障，安全和发展要同步推进。

低空经济所涉及的安全问题，除了飞行安全，还包含公共安全、空防安全、数据安全、网络安全等更宽更广的层面。低空经济的发展，应在确保安全的前提下寻求效益最大化，着力寻找发展与安全的合理平衡点。应处理好低空经济发展与安全的关系，一方面应确保低空技术装备安全可靠，另一方面还应确保低空运行安全，结合低空飞行器及其飞行特点，面向未来大规模运行的体系性安全风险，优化产品适航检测、低空运行监管和安全问题处置机制等，寻求有机统一。

（2）中央与地方的关系

充分发挥中央和地方两个积极性是推进低空经济发展的重要

组织保障和动力来源，主要是处理好央地政策协同和事权分工的问题。

中央负责低空经济发展的统筹规划和政策设计，制定法律法规和总体规划，统筹协调相关部门和重要领域，着力解决低空空域管理改革和低空经济发展中涉及的主要问题和突出矛盾。加强中央各部门政策衔接和政策落实，突出政策叠加效应。地方重在发挥主动性和能动性，结合发展实际，精准抓取发展中的关键突破口，创新思路方法，加强配套政策的可操作性，把政策优势转变为发展优势。低空经济是新兴产业，发展低空经济也是一项新的系统工程，应确保中央与地方事权划分落实到位，加强政策协同，协调联动，做好空地一张网、全国一盘棋。

（3）政府与市场的关系

低空经济发展既涉及政府“有形的手”，又涉及市场“无形的手”。在低空经济的培育阶段，政府发挥不可或缺的作用；在低空经济的全过程当中，市场无疑将起到主导作用。

政府重在发挥对整体行业的引领作用，兼顾扮演好低空经济管理方和用户方的双重角色，理顺部门职责关系，全面提高政府效能，实现由“管控为主”向“管理服务”、由“多头审批管理”向“集中管理服务”的方式转变。市场发挥对资源配置的决定性作用，应尊重市场发展规律，激发市场主体活力，有序引入低空经济适度竞争机制，推动建立与低空经济发展相匹配的新型生产关系，多措并举促进市场主体快速发展，形成可复制可推广的实践经验，推动有效市场和有为政府更好结合。

（4）短期与长期的关系

统筹处理低空经济短期与长期发展问题，应着重处理“短期支撑”

和“长期基础”的关系，战略上稳中求进，搞好顶层设计，把握好节奏和力度；战术上注重实效，步步为营。

针对制约发展的短期问题，同时考虑中长期结构性问题，既做好短期政策实施，加快解决当前应用场景创新、基础设施建设、低空空域开放等问题；又做好长期战略规划，把低空经济发展融入国家发展战略，建立健全低空经济持续创新、快速成长的体制机制，将低空经济打造成新的增长极。当然，低空经济发展还应注重短期效应并兼顾长远利益，杜绝头脑发热，搞大干快上，做形象工程的现象。

（5）国内和国外的关系

航空产业发展的国际性表明，处理好优化国内环境与开拓国际交流合作的关系是确保低空经济持续增长的前提条件。低空经济的发展，不能仅局限于国内，还应着眼国际，面向全球发展。

应充分发挥我国超大规模市场优势，加快开拓国内市场。依托全国统一大市场建设，构建高水平社会主义市场经济体制，进一步激发低空经济行业市场的动力活力。加快完善低空经济法规政策、技术标准、检测认证、数据体系等，更好促进新技术新产品应用。同时，应面向国际市场，加快无人机等优势技术、装备出口，输出技术服务和解决方案，加快相关行业规则制定和标准体系建设，在新兴领域起到引领作用。

总体而言，低空经济作为产业链型经济，赋能千行百业，或将形成万亿级别的市场。目前低空经济的发展目标已经明确，低空装备、低空场景、低空管控、基础设施等，将会是未来主航道。应推动低空飞行器制造的技术变革、动力变革和运营体系变革，持续跟进探索无人机低空货运、eVTOL 城市空中交通、民用直升机公共服务等领域，加快建设低空智能网、垂直起降场等，将低空经济打造成增长新引擎。

三、主要策略建议

（一）加强顶层谋划布局

1. 加强对低空经济发展的组织领导和统筹推进

加强低空经济的前瞻性思考、全局性谋划、战略性布局、整体性推进，强化顶层设计，从国家层面完善低空经济发展组织领导体系，统筹低空经济领域资源，协同各方面力量，加快推进低空经济规划制定、政策实施、重大问题研究和重点事项协调。优化低空经济发展密切相关的各部门职能和人员配置，建立覆盖空域管理、运行监管、产业发展、安防处置等低空飞行全链条全生命周期的管理机制。加强部门协同，推动完善低空经济发展政策和治理体系，促进各类先进生产要素向发展低空经济集聚。加大对地方相应主管部门的业务指导，引导地方因地制宜发展低空经济，立足地方产业基础、应用场景等开展项目建设和产业布局。

在国家层面统筹制定低空经济产业发展规划，明确低空经济发展目标、路径、思路、技术路线、重点任务和重大举措、政策，引导低空经济技术装备体系、应用示范体系、安全运行体系、基础设施体系、法规标准体系、检测验证体系等建设，加快改造升级传统通航产业，巩固提升优势无人机产业，前瞻布局 eVTOL 等新兴产业、未来产业，构建完善低空经济产业体系和发展生态。坚持市场主导、政府引导，通过专项资金补贴和政府采购等形式，建立低空经济投入增长机制，引导地方、企业、高校、科研机构积极投资。加强央地协同、区域联动，鼓励各地方加大对低空装备技术研发、应用、服务、基建等全产业链的支持力度。结合地方实际及低空经济区域性特点，围绕国家区域协调发展战略、区域重大战略发展低空经济，支持以市县、城市为落点合理布局产业链相应环节，建设低空装备制造先行区、低空经济发展示范区，起到示范引领作用。

2. 完善低空经济法律法规和标准体系

加快《中华人民共和国空域管理条例》及配套规章、实施细则的出台，完善《无人驾驶航空器飞行管理暂行条例》的相关配套规章、标准规范，加快推动飞行基本规则等涉及低空飞行管理法规的制定修订，引导地方开展低空经济立法工作。细化《国家空域基础分类方法》标准，支持各地方出台本地空域管理规范、标准，为低空飞行提供足够的空域资源。加强低空智联网络、飞行服务保障、垂直起降场地、运营合格审定等规章、标准研究制定，统一接口协议、规则规制。强化 eVTOL 适用法规、监管政策和规则的制定，明确飞行汽车的空地管理职责。在无人机及 eVTOL 动力提升、噪声影响、适航审定、检验检测、数据安全、网络安全等方面，健全相关管理制度、规章标准。制定并发布实施无人机、eVTOL 等标准体系建设指南，建立贯穿低空装备全生命周期的标准体系。鼓励开展团体标准制定，推动一批团体标准上升为行业标准、国家标准甚至国际标准。以法规标准为引领，加快低空经济技术创新和产业化发展，培育低空经济新业态新模式。

3. 促进新一代信息技术深度融合应用

以智能化、绿色化、融合化为导向，聚焦低空飞行器、飞行应用及服务、基础设施建设、安全运行监管及服务保障等方面，促进新一代信息技术、数字技术与航空制造技术等技术深度融合。加快 5G、人工智能等新技术赋能，全力推动低空经济领域技术革命性突破、生产要素创新性配置、产业深度转型升级，推进产业模式和企业组织形态变革，形成新动能新优势。强化低空科技创新引领，引导培育企业，增强创新主体地位，加快推进技术跨界融合，促进产业技术密集创新和规模快速增长，催生低空经济新技术新业态新模式新应用。充分发挥航空制造企业、高校及科研院所优势资源作用，推进技术创新和融合应用，加快建设具有完整性、先进性、安全性的现代化低空经济产业体系。

（二）加快低空管理改革

1. 推进低空空域开放

加快低空空域精细化管理改革，总结试点地区低空开放经验教训，将可推广政策进行多地区推广，形成全面低空开放。与此同时，进一步完善低空开放配套法律体系、管理保障体系等，对低空开放试点地区存在的问题，进行多模式试验，逐渐完善政策措施。完善空中交通管理运行体系，形成中央、地方、民航等空管部门参加，统筹协调、分工合作、信息共享的低空空域管理工作机制。推进 G 类、W 类非管制空域由军民航向地方管理转变，完善飞行规则，划设高韧性低空航路，由点成线、由线成片，建立全国统一、立体分层、协同高效、空域共享的低空网络。研究建立低空空域资源使用补偿机制，建立第三方评估机制，评估空域划设、使用、管理、服务等实效，确保符合低空经济发展需求。加快促进有人机与无人机融合飞行，按照隔离、过渡、融合三步实现无人机融入空域体系。

2. 简化飞行申报流程

积极探索借鉴国际先进经验，创新管理模式，由繁到简、由军到民，持续优化审批程序，缩短审批时间，提高审批效率。推动建立空域使用与飞行申请的“负面清单”制度，低空飞行用户使用非管制空域仅需报备即可自主飞行，自行承担安全主体责任。理顺低空飞行申报审批流程，加强军地沟通协调，推动飞行计划管理改为备案制或核准制。简化低空飞行任务、计划审批或备案程序，实现用户仅向一个空管单位申请或报备，明确不同类型飞行计划的申请和审批时限要求，逐步过渡到利用信息化平台实现“一窗受理、一网通办”。充分发挥飞行服务站功能，建立联合监管工作机制和信息沟通渠道，加快推进低空空域航行服务保障体系建设，利用第三方平台提高低空飞行申请效率。

3. 变革行业管理制度

依托全国统一大市场建设，加快低空经济行业管理制度性变革，激发市场主体活力，推进重飞行管制向重飞行服务、加大政府投入向激活社会资源、单项突进向多方合力加快转变。加强纵向的行业管理间横向合作，以及横向的管理层级间纵向连接，将空域管理原有的自上而下的管理思路，向自下而上的自发购买和提供服务并接入空域管理转变，发展第三方航图服务供应商，大力打造低空飞行服务体系，匹配低空飞行需求。鼓励和支持民营企业、社会资本加大对低空经济的投入，为各类经营主体提供便捷、齐全、公平的要素资源。加快推进以技术、装备创新来促进管理优化，增强低空经济政策的合理性和有效性。加速审定类无人机、eVTOL 等运行场景合格审定，促进商业化运营。

（三）大力拓展低空应用

1. 培育低空新兴消费业态

瞄准大众消费市场，积极培育和发展各类低空经济新兴消费业态。采取发放消费券等方式，鼓励利用通用飞机、直升机、eVTOL 等可载人航空器开展低空飞行体验活动。引导各地根据城市和自然景观、消费需求开发和推广低空 + 新兴消费，发展空中旅游、飞行体验、个人娱乐飞行、航拍航摄、娱乐风洞、空中观光、滑翔伞、高空跳伞、飞行表演、无人机编队表演、空中绘画、野外CS空战、有线旋翼跳伞塔、航拍景观直播、空中飞天戏剧等低空文化、娱乐和旅游项目。

2. 构建低空智慧物流体系

聚焦“干—支—末”物流配送需求，开发航空物流配送航线，探索无人机与有人机“干支通”、无人机支线末端联通的智慧物流新模式，构建“全网联”的航空物流配送网络，推动常态化低空物流配送应用。加强低空运营企业、制造企业与大型物流企业合作，探索中、大型载货低空飞行器在区域仓储中心、运输机场异地货站、江海航运物资补给中的应用。开展低空物流配送试点，在物流园区、快递分拨中心、重要商务区等布局建设无人机物流节点、物流配送起降柜等，开展无人机城际运输及末端配送应用。大力开发医疗、电子、黄金、珠宝等方面高价值产品航空物流配送，打通血站、医疗检验中心与重点医院之间的空中通道，实现对血液制品、检测样本、供体器官等进行快速转运。推动低空物流配送应用在城市、乡村、山区、海岛等规模化落地，重点拓展跨海高值海产品运输、航运物资补给、山区生态农产品转运等场景。建立低空物流信息网络，打通海、陆、空物流连接，建设智慧物流体系。

3. 开发空中交通载人应用

统筹推进城市内及城际间的短途飞行、公务飞行、商务飞行等低空飞行服务，构筑“通道＋网络”的低空航线布局，探索发展空地协同交通新业态。支持大城市统筹机场、高铁站、广场、大型酒店、商业中心、政务中心设置低空起降点，开通市内客运航线，打造低空空中交通走廊。探索构建都市圈低空飞行服务网，支持发展都市圈城际飞行、物流运输等多种类型的低空飞行服务，培育形成产品适用、价格合理、服务便捷的低空交通连廊，打造“一小时”低空交通圈、物流圈。鼓励利用直升机、eVTOL 等低空飞行器探索拓展空中通勤、商务出行、空中摆渡、联程接驳、跨境飞行等低空新业态新模式。

4. 打造低空公共服务体系

促进应急管理、卫生健康、公安、消防、农业、海关等政府部门和国有企事业单位使用大型无人机、直升机等低空飞行器履行职责。鼓励政府、国有企事业单位开展集约型采购，在医疗救援、国土测绘、环境监测、水务监测、电力巡检、道路巡检、城市管理、稽查缉私、生态治理、交通治理、人工影响天气等政府公共服务领域加快推广低空飞行器应用，发展“低空 + 公共服务”。整合航空器资源、发展中介服务组织，建立低空飞行器应用服务平台，培育集中采购、统一运营的低空飞行运营提供商，打造公共服务体系，推动低空公共服务标准化、专业化发展。

（四）培育发展低空服务

1. 加快低空装备检测验证市场化

围绕轻小型无人机检验检测、中大型无人机及 eVTOL 适航验证需求，整合相关资源，支持设立一批覆盖无人机、eVTOL 等低空装备整机、机载系统、零部件、元器件、原材料的全产业链的安全性可靠性检测验证技术研发和服务机构，提升生产检测、应用验证、综合测试等技术设备和解决方案供应能力。强化《民用无人驾驶航空器系统安全要求》及相关配套标准、规范的落实，提升第三方机构综合性检验检测能力。围绕低空飞行器适航取证，加强实验室试验、地面试验和飞行试验能力建设，建设一批风洞、“铁鸟”台等试验验证场地 / 基地，提升环境可靠性、电磁兼容、失效分析、强度试验、通信链路等试飞验证能力。鼓励相关机构开展基于运营场景的风险识别与风险等级划分技术研究，开展低空飞行器飞控、导航、链路、网络等系统的安全性评估，发展面向适航审定及数字化空中交通管理的飞行安全验证技术，形成一批指导手册和标准规范。

2. 发展航空培训科普等生产性服务业

加强飞行员、无人机操控员、eVTOL 驾驶员等培训，建设一批培训学校、训练基地及考试机构。推动培训规章体系改革，努力探索和打造适合 eVTOL 等新型低空飞行器的飞行员标准化训练体系。强化支撑飞行训练体系迭代演进的大数据交互和运用能力，实现飞行训练模式增值和提质增效。发展适应不同航空器的飞行模拟机、模拟训练设备，加快制定相应的鉴定标准，推进其满足不同级别等级的训练需求。

推进航空文化传播、青少年航空科普教育发展，以文化普及带动低空飞行兴趣提升，夯实大众化低空消费基础。支持地方发展结合航空青少年赛事、研学、航空文化创意、航空主题活动、航空延伸业务为一体的综合型航空文旅科普项目，建设航空博物馆、展示空间等。鼓励“中国飞天梦科技志愿团”、“雏鹰启航”计划等特色品牌活动发展，打造一批航空科普教育基地，不断吸引更多的社会力量参与低空经济建设。

3. 打造服务低空经济的产业生态

支持低空金融保险、数据信息服务等产业化发展，引导有条件的地方建设低空金融、数据算力服务中心。建立健全低空数据管理制度，强化数据分类分级管理，加强数据生产、传输、处理和使用全流程安全管理。鼓励金融机构、保险公司为低空装备“研产销用”全产业链提供创新产品和服务。支持发展低空产业咨询、垂直起降场地建设服务、商务交流等服务业，加强低空经济产业全生命周期服务。

（五）着力发展低空制造

1. 加强低空装备整机研制

设立低空装备发展国家重大专项，聚焦满足市场应用需求、低成本、高安全可靠的新型低空飞行器研制，给予项目补贴、落地引导等支持，推动无人化、电动化、智能化低空装备体系建设。支持结合地方产业链优势、制造业基础等引进、培育无人机、eVTOL、新型通用航空器等先进整机制造项目及优势企业。鼓励发展低空飞行器研发设计、模拟仿真、数字孪生等关键技术，打造长续航、大载重、多功能的工业级无人机及空中交通运输装备，探索仿生、混合布局、特种飞行平台等新构型整机开发，提升飞行平台通用化、模块化搭载任务执行能力。鼓励制造企业利用低空飞行器开展飞行应用，加快制造运营一体化。

2. 加快关键技术和零部件突破

通过整机牵引，引导积极布局无人化、数字化、绿色化航空技术，加强智能、高效、降噪、复杂环境适应性以及新型复材结构、新能源动力等关键技术研究，着力突破有人机关键配套系统、部件，无人机传感器、芯片，eVTOL 电机、航电系统等关键技术。加快固态锂电池、高功率密度航空电机、高效电控系统等技术攻关，发展氢能动力、混电推进系统，满足未来低空飞行器长航时、大载重需求；开展动力推进系统单独取证，支持研制一批高安全、高可靠的航空“三电”产品。聚焦机载装配、地面配套等需求，支持光电和雷达等多功能、高性能、轻量化、低成本任务设备及地面系统设备研发；加强机载航电系统模块化适航取证，发展货架产品。瞄准复杂环境适应性及高安全防控，加快长距离、高可靠、抗干扰、反劫持、防破解的飞控系统研制。加强无人机集群、惯性导航等技术研究，推动无人机集群化作业应用。大力发展低空高端制造、增材制造等产业，加快铝合金、碳纤维、复合材料等航空材料应用。

3. 建设低空经济创新发展载体

鼓励龙头企业与高校、科研院所、产业链上下游企业合作，建设一批低空经济领域新型研发机构和技术创新平台，瞄准低空经济相关的关键共性技术、前沿引领技术、颠覆性技术加强研究，打造一批具有自主知识产权和国际影响力的技术创新成果。支持地方设立低空经济创新研究中心，开展前瞻技术攻关和场景示范。鼓励龙头企业、科研机构牵头部署低空经济科技成果孵化器、加速器，孵化转化一批创新成果、产品和技术。鼓励整合行业协会、高校科研机构和龙头企业力量，共建低空经济联盟，构建技术研发、人才交流、项目合作等开放式平台。立足各地区特点和产业基础，依托试验区、示范区、运营试点地区等，支持培育建设低空经济产业集群，形成多点支撑、成片发展的低空经济产业格局。做大做强低空产业链，围绕产业链部署创新链，围绕创新链布局产业链，促进低空经济创新链、产业链、人才链、资金链深度融合。

4. 培育优质多元企业主体

培育低空经济龙头企业，支持龙头企业加大研发和产业化投入力度，牵头开展低空经济领域关键技术攻关、应用场景创新及基础设施建设，形成一批有国际竞争力和品牌影响力的研发制造企业、运营企业和服务供应商。引导企业加强产学研用协同合作，建立产学研用一体化机制，加速科技成果转移转化，在低空经济领域培育一批集成创新实力强、行业带动能力强、市场开拓力强的科技领军型龙头企业。鼓励龙头企业开放系统平台、共享试验验证等资源，引领带动一批低空经济领域高技术企业、专精特新“小巨人”企业发展。加强在低空经济产业细分领域中小企业培育，加快形成产业链上下游贯通、大中小企业融通的产业生态。鼓励企业瞄准产业链关键环节、瞄准市场应用需求，加强改革创新，既注重技术、工艺等“硬创新”，又强化商业模式、组织管理等“软创新”，提供精准匹配、安全可靠的低空技术、装备和解决方案。

（六）超前布局基础设施

1. 统筹推进空地一体基础设施建设

充分考虑各类低空飞行需求，围绕大规模高密度高频次低空安全飞行，统筹布局通用机场、直升机场、垂直起降场地、无人机自动机场等各类低空“硬基建”，以及低空智能网联系统、空管服务系统、运行指挥系统平台、应用服务云等低空“软基建”，构建起连通异构多样低空飞行器（端）—高中低空网联空域（网）—多部门多层级数字空管及安防（云）—市场化智慧飞行服务保障（服）—多元灵活应用（用）的基础设施网络体系。鼓励各地方加大对低空基础设施建设投入和支持力度，将低空基建融入城市建设规划、空间布局规划等体系中统筹考虑，构建统一标准、互联互通的地面基础设施，以及“一张网、一幅图、一个窗口、一套流程”的数字基础设施，实现对全域范围的有效覆盖，更好地支撑低空经济发展。

2. 完善地面基础设施网络化布局

加快出台垂直起降场地技术标准，明确场址选择、物理特性、障碍物限制等技术参数，促进低空飞行基础设施规范化、规模化建设。大规模布局起降网络，按照县有通航机场、乡有起降点的标准规划和逐步建设，形成多场景、多主体、多层次、有人机与无人机兼顾的起降网络。存量整合、集约布局，探索高频次、全天候、大容量的智能自主起降场布局应用。鼓励现有和新建的住宅、商业楼宇建设无人机、eVTOL 等起降场地，完善停机库、能源站、充换电设施、气象站、固定运营基地和航材保障平台等基础设施建设，为低空飞行器提供支持和维护服务。充分发挥现有通用机场功能，提升低空飞行器起降、停放、补能、维修、托管等服务能力。支持社会资本以“BOT”等方式依法参与地面基础设施建设与运营，建设开放共享、标准统一、网络布局的低空基础设施。

3. 加快低空数字基础设施建设

充分利用新一代信息通信技术、数字技术、智能技术、人工智能等，加速低空智能网联技术攻关和模式创新，基于风险及智能化程度分级分类推进低空数字基建、信息基础设施建设。融合 5G、北斗、卫星互联网、ADS-B、雷达等技术，建立低空数字化智能网联系统，加快低空飞行器识别、通信、定位、导航、监视、气象、电磁等相关配套设施网络建设，提高城市建筑物识别、微环境感知、降噪以及低空飞行智能化管理等水平。推动各地相关平台实现互联互通，整合三维地理信息、城市信息模型、感知、低空飞行空域等数据，逐步建设统一布置、多层级管理的低空监管服务体系。建设完善多层次的算力供给体系，完善 5G 基站等布局，建成感知层各类设施和传感器铺天盖地、网络层多种网络技术融合畅通、平台层各类系统平台安全高效、应用层覆盖生产生活各个领域的低空新型基础设施，满足规模化低空飞行高异构、高密度、高频次和高复杂度等需求。

4. 建立健全低空管理服务体系

坚持传统通航与新兴领域监管服务同步推进、相互融合，在现阶段依托传统通航基础，大力推动低空飞行服务站建设，完善低空飞行服务保障体系。随着技术的发展加快新兴领域低空智能网联系统建设，建立健全飞行安全监管、空域管理、应急响应一体化的安全监管体系，形成以低空智能网联系统为支撑、以低空飞行服务站为落地、以数字化监管规则为规范的低空运行监管和服务体系。建设低空飞行综合管理服务平台，推动空域协同管理、无人机飞行态势监视、跨区域低空飞行统筹协调等功能，加快“行业监管＋社会管理”体系的实现（见图 16–7）。

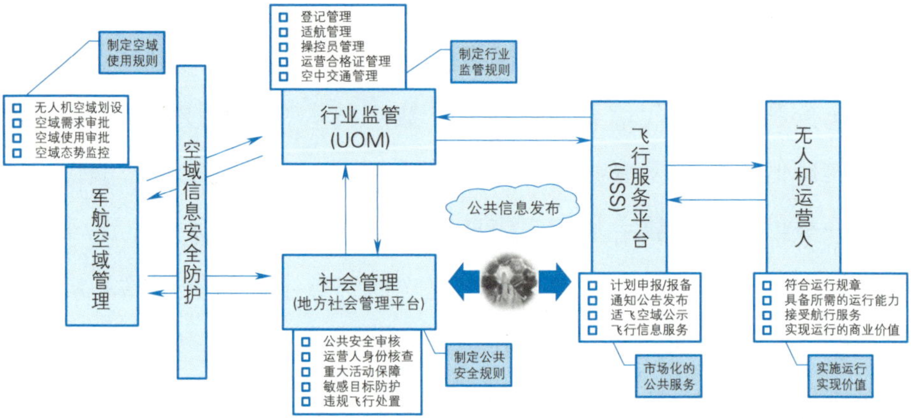

图 16–7 无人机监管运行和服务体系

资料来源：根据相关资料整理绘制。

（七）创新安全监管措施

1. 建立全过程安全联合监管机制

统筹高质量发展和高水平安全，加快探索建立包容审慎的适应性监管体系。改革低空安全监管制度，推动优化完善与低空飞行密切相关的国防安全、公共安全以及低空飞行安全责任体系，建立监管部门、地方政府及个人分类承担的安全责任制度。贯彻施行《无人驾驶航空器飞行管理暂行条例》等法规要求，加强对产品适航或检测、识别报送、适飞空域飞行等安全要求的贯彻。

加快建立跨部门、跨领域的低空安全联合监管机制，形成全过程、可追溯的安全监管体系。充分利用数字化信息化手段，基于统一的低空飞行服务平台，加强空管、民航、公安、工信、市场等部门的系统联通、信息共享和数据畅通，强化无人机“一机一码”源头牵引作用，加快提升无人机、eVTOL 等产品质量安全水平。统筹推进地方管控系统或平台建设，探索建立一体化指挥体系架构，形成对区域低空飞行活动指挥、监控、服务保障能力。实时监测低空空管、气象及飞行器动态信息，发布告警及风险等信息，严厉防范并打击“黑飞”等违法违规行为。加强对公众的宣传和教育，提高公众对无人机安全的认知和防范意识。

2. 加快无人机反制系统设备研制应用

加大对无人机反制技术的研发投入，加强光电对抗、控制信息干扰和数据链干扰、物理破坏等无人机反制技术研究，形成多体系融合的无人机反制手段，着力突破复杂环境区域内无人机侦测、识别、定位等难题。充分利用人工智能、大数据等技术手段，支持构建低空安全风险预测与应急处置大模型，实现异构、多样、高速低空飞行器的立体防御及非常态化低空安全隐患的高效处置。打造多元化应用场景，通过设定多级防御圈应对不同危险级别的空域入侵，强化重点目标单位的安全技术验证，推动反制防控技术迭代创新，不断提升低空安防能力。加强国际合作和交流，推动无人机反制技术的国际化和标准化发展。

在机场、核电站、交通枢纽、政府机关等重点区域及重大活动地区梯次配备多种软硬反制系统设备，提高立体管控水平。创新低空安防推演能力，构建快速预警、精准识别、有效处置的城市级低空安全管理综合解决方案，形成重点区域低空防御及常态化低空安全服务保障的示范应用集成，培育可推广复制的经验模式。

3. 强化数据安全和信息安全防护

全面梳理低空制造、飞行、保障、服务等环节中涉及的数据和信息，加强数据信息分类分级保护，引导低空用户、监管部门加强数据安全防护和风险监测预警能力建设，定期开展数据安全风险评估，不断提升数据安全保护水平。使用密码技术赋能低空经济，通过在生产制造、飞行、保障和服务环节正确使用密码技术，可以有效保障数据的机密性、完整性、真实性和不可否认性。在生产制造、飞行、保障和服务环节的每个重要数据节点部署流量监控设备，实时监控网络中的异常流量，及时发现各个环节的数据安全威胁。着力引导企业加强低空飞行器飞控、导航等系统篡改、窃取防护能力，强化低空数字基建数据、信息安全防护。加强无人机及新型低空飞行器数据安全、网络安全攻防演练，加快开发低空安全管控技术、装备、软件检测验证系统平台，确保低空安全。

（八）优化政策资源环境

1. 加大财税支持力度

建立低空飞行器应用分类奖补的政策体系，针对吨级无人机、载人 eVTOL 等技术密集、资金密集、研发难度大风险高的产品，实行型号奖励补助支持；针对中大型应用的无人机，采取作业补贴的方式予以支持；针对消费娱乐类无人机，通过市场化方式实现大规模应用。加大对低空领域科技创新财政支持力度，对各类研发活动、高能级创新平台建设项目予以财政补贴与奖励。落实航空产业及低空经济税收优惠政策增值税留抵退税政策、先进制造业企业增值税加计抵减政策、高新技术企业所得税优惠政策、研发费用加计扣除优惠政策等普惠性税收优惠政策。

加大对低空基础设施建设的支持力度，对符合条件的机场、起降点、维修站、无人机管理系统、低空智能网联系统等基础设施项目，通过产业基金、政府专项债券等资金予以支持。鼓励地方加大低空制造、应用、服务、基础设施建设等项目财税资金支持力度，在空间保障、场地建设、设备购置、人才引进等方面予以财政倾斜。

2. 加强金融要素保障

深化产业科技金融一体化，引导金融机构加大对符合条件的低空经济参与主体的金融支持力度，强化对低空装备制造、运营服务等重点领域和重大项目的金融要素保障。鼓励金融机构根据低空产业特点，合理确定贷款额度、期限、还款方式等，持续优化金融服务模式，积极提供满足各类市场主体融资需求的金融产品。支持低空经济企业上市融资、债券融资等，拓宽企业资金来源渠道。发挥产业基金撬动作用，支持地方设立低空经济产业发展基金、引导基金，发挥国家级产业基金、资金等作用，引领带动社会资本持续投向低空产业。

3. 强化专业人才支撑

编制低空经济核心人才库和紧缺人才图谱，完善低空经济技术人才职称评聘体系。鼓励高校强化低空经济相关学科专业建设，培养行业发展所需的研发设计、适航审定、飞行管理、运营服务、检验检测、标准制定、安全防控等各类人才。鼓励企业与高校共建人才培养和实训基地，加快推进职业教育体系建设与完善，培养符合新质生产力要求的高水平创新型人才和高素养技能人才。支持地方大力引进培养低空经济领域人才，全面落实人才工作发展扶持措施，在人才落户、安置、子女就学、职称评审、技能培养等方面给予倾斜。

4. 推进国际交流合作

构建多层次、多渠道的合作机制与模式，加强政府间沟通协调，促进企业间交流合作，形成“政府大力支持、民间广泛参与、成果互惠互利”的合作模式。搭建开放共享、互鉴共赢的交流合作平台，依托政府间合作机制、企业和学术交流渠道等，开展低空技术交流、供需对接，搭建共建共享国际合作的新平台。营造投资共促、产业共进的合作环境，强化知识产权保护和营商环境打造，鼓励投资低空产业，形成产业投资互促的良性循环体系。同时，不断调整优化出口管制政策，面向全球市场提供优势技术、装备和解决方案，实现高质量发展和高水平安全的良性互动循环。

参考文献

[1] 段洪伟，赵长辉，王琦．新型垂直起降无人机的发展［C］//中国航空学会，中国人民解放军空军装备部，中国人民解放军海军航技部，中国航空工业集团公司，北京航空航天大学．2014（第五届）中国无人机大会论文集．中航工业沈阳飞机工业（集团）有限公司，2014.

[2] 国务院新闻办政策例行吹风会介绍《新能源汽车产业发展规划（2021—2035年）》情况［J］．中国质量万里行，2020（12）．

[3] 韩玮，江红玲，闫卉．打造低空经济等若干战略性新兴产业及建议［J］．现代国企研究，2024（6）．

[4] 苗圩．换道赛车：新能源汽车的中国道路［M］．北京：人民邮电出版社，2024.

[5] 金伟．把握低空经济发展三“航道”［J］．中国发展观察，2024（4）．

[6] 金伟．探究民用航空发动机创新与开放发展之道［J］．航空动力，2019（4）．

[7] 金伟，尚勇．中国无人机安全监管［J］．科技导报，2019，37（14）．

［8］唐涛．深耕无人机反制领域为低空安全保驾护航——专访北京锐士装备科技有限公司董事长刘雄健［J］．中国安防，2023（8）．

［9］胥郁．军民融合背景下我国通航空域管理保障体系构建与实践探索［J］．长沙航空职业技术学院学报，2022，22（4）．

［10］于进勇，王超．垂直起降无人机技术发展现状与展望［J］．飞航导弹，2017（5）．

［11］张琛，金伟，郭佳．我国民用无人机产业发展与展望［J］．中国安防，2022（3）．

［12］朱永文，陈志杰，蒲钒，等．空中交通智能化管理的科学与技术问题研究［J］．中国工程科学，2023，25（5）．

后 记

想写《低空经济：以新质生产力打造经济增长新引擎》一书已久，终于在大家的支持下，本书得以完成。本书问世之时，市面上已有多本《低空经济》，从不同角度对低空经济进行了阐述。本书有别于其他书籍，汇集众智，系统全面地介绍了低空经济内涵及重点、现状和未来，诠释了低空经济从通用航空发展而来的历史脉络及未来出路，为低空经济高质量发展尽一份绵薄之力。

本书的完成，还得益于各编者的辛勤付出、仔细打磨。这些编者有的来自行业研究机构，有的来自高校，有的来自企业，覆盖发展改革、工业和信息化、民航等不同领域，有国家低空经济融合创新研究中心、工业和信息化部装备工业发展中心、工信装备工程研究院、中国民航科学技术研究院、中国民航管理干部学院、交通运输部科学研究院南湖路空协同立体交通产业研究院、新华社中国经济信息社、中国航空工业发展研究中心、国研智库、哈尔滨工业大学、北京理工大学、西北工业大学、深圳大学、中国民航大学、中国民用航空飞行学院、江西飞行学院、北京飞行者航空航天科普促进中心（中国飞天梦科技志愿团）、北京国盛航空航天科技发展研究院、中国航空运输协会、中国交通运输协会、中国信息协会、广东省无人机行业协会、中国民航工程咨询有限公司、中国再保险（集团）股份有限公司、上海特金无线技术有限公司、矢量维新（西安）宇航科技有限公司、北京千方科技股份有限公司、北京数智航云科技有限公司、北京德智航创科技有限公司、光蕊科技（深圳）有限公司等多家企事业单位的相关专家、学者。在此，向参与本书编写工作的各位编者、老师表示感谢！也非常感谢来自政府行业管理部门、高校、科研机构、地方有关部门及各相关企业的领导、专家等提供的真知灼见和大力支持！感谢中国发展出版社的充分协调，将本书纳入国务院发展研究中心党组成员、副主任隆国强总主编的现代化新征程丛书！

然而，本书纵使内容翔实，但仍属一孔之见，难以面面俱到。低空经济既新兴又高端，其发展涉及方方面面，还有诸多问题亟待解决，包括低空飞行器本身的技术问题、低空智能网联体系和新型基础设施体系建设问题、低空行业管理与安全监管及服务保障问题等。解决这些问题需要经过不断的探索和实践，需要大量的资源投入和支持。也有待集众家之所长，更加深入细致地研究，这也是本书需要努力改进的地方。

在本书成形之时，国家发展和改革委员会低空经济发展司（简称“低空司”）已经成立。低空司官方网站载明：低空经济发展司是负责拟订并组织实施低空经济发展战略、中长期发展规划，提出有关政策建议，协调有关重大问题等的职能司局。此外，工业和信息化部也成立了低空产业发展领导小组，中国民用航空局成立促进低空经济发展工作领导小组，各地方纷纷出台政策、积极部署，低空经济的顶层设计、地方政策落地、行业发展、安全监管等都在积极稳妥地推进过程中。相信在这一新型举国体制的优势之下，我国低空经济必将进入一个新的历史阶段，迎来更加美好的明天！